KRAUS · BRIEFE AN SIDONIE NADHERNY

KARL KRAUS
BRIEFE AN
SIDONIE NADHERNY
VON BORUTIN

1913-1936

ZWEITER BAND

Editorischer Bericht · Bildteil
Erläuterungen
von Friedrich Pfäfflin

KÖSEL-VERLAG MÜNCHEN

Redaktionelle Beratung: Walter Methlagl

ISBN 3-466-10126-3
© 1974 by Kösel-Verlag GmbH & Co, München.
Printed in Germany.
Gesamtherstellung: Graphische Werkstätten Kösel.

Januaris   15. Sept. 33

Man frage nicht, was all die Zeit ich machte.
Ich bleibe stumm;
und sage nicht, warum.
Und Stille gibt es, da die Erde krachte.
Kein Wort, das traf;
man spricht nur aus dem Schlaf.
Und träumt von einer Sonne, welche lachte.
Es geht vorbei;
nachher war's einerlei.
Das Wort entschlief, als jene Welt erwachte.

für Sidi

        K. K.

Janovice   13. Sept. 33

Man frage nicht, was all die Zeit ich machte.
Ich bleibe stumm;
und sage nicht, warum.
Und Stille gibt es, da die Erde krachte.
Kein Wort, das traf;
man spricht nur aus dem Schlaf.
Und träumt von einer Sonne, welche lachte.
Es geht vorbei;
nachher war's einerlei.
Das Wort schlief ein, als jene Welt erwachte.

für Sidi
K.K.

Das Faksimile des Gedichtes ›Man frage nicht‹ mit einer Textvariante
in der letzten Zeile wird in Originalgröße wiedergegeben. Es erschien
in F 888 vom Oktober 1933, S. 4. Die Handschrift befand sich im Besitz
von Sidonie Nádherný (Sammlung Walter Methlagl, Solbad Hall).

Das Öffentliche und das Private

Man glaubte ihn zu kennen: Die ›Fackel‹ erschien im Neudruck, in 39 Bänden mit 23 000 Seiten. Nahezu alle von ihm selbst zusammengestellten, thematisch geordneten Bücher sind unter der Herausgeberschaft Heinrich Fischers wieder erschienen, zum Teil sogar als Taschenbücher mit hohen Auflagen. Nur das Korpus der Nestroy- und Offenbachbearbeitungen und die dazu gehörenden ›Zeitstrophen‹ (1931) sowie die Frühschriften, die vor der Gründung der ›Fackel‹ liegen, wurden bisher nicht wieder ediert. So liegt das Werk von Karl Kraus 1974, im Jahr seines 100. Geburtstages, in einem Umfang vor wie nie zu seinen Lebzeiten.

Dieser erste Band mit Briefen von Karl Kraus nimmt unter den noch zu erwartenden Briefsammlungen und Briefwechseln mit Freunden und Mitarbeitern seiner Zeitschrift eine hervorragende Stellung ein. Schon jetzt darf man sagen: Keine der anderen Korrespondenzen erstreckt sich über so viele Jahre, und keine hat den gleichen Grad von Intensität wie diese Briefe an Sidonie Nádherný von Borutin.

»...Selten ist es, daß in einem Manne die Gabe sprühenden Witzes, zersetzender Satire und einer alles zermalmenden Schärfe des Urtheils mit einem Herzen gepaart wäre, welches ein weiches sein muß, um der äußersten Raserei der Liebesleidenschaft fähig zu sein...« Karl Kraus exzerpiert diese Stelle aus einer Swift-Monographie in einem Brief vom 23./24. 9. 1915. Jahre später, am 5./6. 11. 1921, zitiert er diesen Satz noch einmal wörtlich. Swifts Stella-Geheimnis wiederholt sich nur einmal in einem Jahrhundert: in der »Liebestodesangst«, die der Satiriker Karl Kraus mit Sidi durchlebt.

Dem an Umfang und Intensität außerordentlichen Monumentalwerk der ›Fackel‹ entspricht dieses 23 Jahre umschließende Briefwerk; dort die permanente und totale Öffentlichkeit; hier der sorgfältig gehütete private Bezirk, im Schutz der Mauer des Parks von Janowitz. Beide »Lebensweisen«, die öffentliche und die private, unterstehen *einem* strengen moralischen Prinzip: dem Anspruch, Sein und Schein zur Deckung zu bringen.

9

Nachdem nun die Hälfte dieses Lebens vor dem Leser ausgebreitet wird, ist dies vielleicht das Überraschendste: Weichheit, Zärtlichkeit, Rücksichtnahme, die Fähigkeit zur Nachsicht und zum Verzeihen, das Korrigieren von Urteilen und Verurteilungen entsprechen nicht dem Bild des unnachsichtigen Satirikers und Polemikers, dessen Werk Freunde und Feinde von jeher in zwei einander sich befehdende Lager spaltet, weil Anspruch und Ablehnung wie nirgends sonst zur Identifikation herausfordern. Der über seine Adoranten ausgegossene Spott wird zumindest verständlich: Eigene Erfahrungen, die eine Lebenshaltung ausmachen, sind nicht übertragbar. Intellektuelle Redlichkeit ist keine Handelsware.

Der von Kurt Wolff überlieferte Ausspruch, daß Karl Kraus nicht der *Richter* seiner Zeit war, sondern »das *Gewissen* der Zeit und ... ein Gerechter«, findet seine Bestätigung. Auch Bertolt Brecht betont die Passivität, unter der die »Verurteilungen« geschahen: »Als die Zeit Hand an sich legte, war er diese Hand.«

Aus solcher Haltung erklärt sich die unüberwindbare Trennung des Öffentlichen und des Privaten: Als Maximilian Harden die Beziehung von Karl Kraus zu der früh verstorbenen Schauspielerin Annie Kalmar einen »grotesken Roman« nannte, schlug Karl Kraus zurück: Hier »hört für mich die Geneigtheit zu einer literarischen Erledigung« auf. »Mein grotesker Roman lag Herrn Harden nicht als Rezensionsexemplar vor...« Die hier veröffentlichten Dokumente zur Kontroverse mit Franz Werfel zeugen von der Verwundbarkeit des Betroffenen, der mit Schweigen reagiert. Nachdem die Differenz zwischen der »Niedrigkeit und Hoheit in einem Herzen« ausgerechnet ist, erfolgt die Abrechnung ohne Rücksicht auf den Kreditoren. Werfels Roman-Einfall von 1920 gibt den persönlichen Anlaß auf erschreckende Weise preis. Für Kraus ist Werfel nur noch ein (Sünden-)Fall im Literaturbetrieb.

Öffentlichkeit: Das war das ›Theater der Dichtung‹, dessen Wirkung sich in vielen oft nur zufällig überlieferten Einzelberichten Dritter widerspiegelt. Die Berichte über die Abende des ›Theaters der Dichtung‹ und ihren Verlauf stehen in diesen Briefen *vor* allen Mitteilungen über ›Fackel‹-Aufsätze oder Buchveröffentlichungen, wenn diese sich nicht auf Sidonie Nádherný beziehen.

Zwischen 1914 und 1936 finden 622 (von insgesamt 701) Vorlesungen oder Veranstaltungen des ›Theaters der Dichtung‹ statt. Dazu kommt die Bühnen- und Funkregie in Berlin und Wien. Das ›Theater der Dichtung‹ war ein Politikum, ein Agitationsmittel, das Kraus selbst, zumindest in den letzten Jahren, über die Wirkung der ›Fackel‹ stellte.

1933 setzt Karl Kraus, gegen die Machtergreifung der Nationalsozialisten in Deutschland, einen zwölfteiligen Shakespeare-Zyklus aufs Programm, in der Hoffnung, Wien könne noch von der Macht Shakespeares ergriffen werden. Es ist schon der Rückgriff auf die eigene Vergangenheit: »Shakespeare hat alles vorausgewußt«, schrieb er 1902. Er allein nahm ihn wörtlich. Die Briefe an Sidonie Nádherný schließen mit dem Satz: »Die Weltdummheit macht jede Arbeit – außer an Shakespeare – unmöglich.« Öffentlichkeit: Das war auch die ›Fackel‹. Wie sorgfältig Kraus aber die Trennung zwischen dem Öffentlichen und dem Privaten beachtete, zeigt der Verzicht auf die Preisgabe des Neuen, »was über Nacht zugewachsen« ist. Wenn Gedichte veröffentlicht werden, sind die Anlässe verschleiert, die Daten unterdrückt, die Titel verändert, das Zusammengehörende getrennt. ›Schäfers Abschied‹, ein Akrostichon auf »SIDI«, das den Schmerz des Erlebens mit erschütternder Offenheit zur Sprache bringt, wird in einer völlig überarbeiteten Fassung den ›Worten in Versen‹ anvertraut. »Bekenntnisbücher« nennt er die ›Worte in Versen‹. Der Abdruck in der ›Fackel‹ unterbleibt wie in vielen anderen Fällen.

Die absolute Trennung der Bereiche wurde mit einer großen Einsamkeit erkauft. Sidonie Nádherný berichtet, daß sie sich der »Wiener Clique« stets ferngehalten habe. In der Öffentlichkeit haben Karl Kraus und seine »Braut vor Gott« sich stets nur mit »Sie« oder »man« angeredet. In den ersten Jahren dürften nur Adolf Loos und Ludwig von Ficker das Geheimnis von Janowitz gekannt haben: Loos hatte Sidonie zusammen mit Karl Kraus kennengelernt und war deshalb nach Janowitz eingeladen worden. Ficker war 1915 unter erbärmlichen Umständen in Beneschau stationiert, und Kraus besuchte ihn auf einer Fahrt zum Schloß.

Kraus selbst ist sich der Zudringlichkeit seiner Leidenschaft bewußt, mit der er seine Welt retten will. Die »Maßlosigkeit, der das Leben nicht genügen kann«, und die »Unhaltbarkeit eines Lebens, dem die Erfüllung versagt bleibt«, münden in die verzweifeltsten Selbstrettungsversuche und Mystifikationen: Die Verwandlungen in den Boten des toten Lieblingsbruders Johannes, in den Hund Bobby und das Pferd Yér; der Park von Janowitz als Paradies und Gegensatz zur Wiener Hölle; das Insel-Motiv; das »erste Menschenpaar«. Die Unmöglichkeit der

Überwindung des »Milieus« sublimiert die Beziehung zu einer Ur-Begegnung zwischen Mann und Weib. Für Otto Weininger ergab sich erst aus der absoluten Sexualität des Weiblichen und dem Schöpfertum des Männlichen die Summe des Menschen. »Der Mann ist der Anlaß der Lust, das Weib die Ursache des Geistes«, schreibt Kraus 1914. Am 28. April dieses Jahres feiert er seinen »Wiedergeburtstag«.

Die Aufrufung der Kennwörter – »blaues Glas«, »Hainbach«, »Geist des 1. April« – und die Angebote von Reisemöglichkeiten, die Besorgung von Reitutensilien, Feuerlöschgeräten, Singvögeln oder eines Kahns für den Teich im Park von Janowitz, das An- und Absetzen von Vorlesungen oder die Konsultierung des Hellsehers Schermann machen dagegen deutlich, daß es um die Existenz geht und nicht um die Erfüllung eines Programms. Die in den Briefen immer wieder festgestellte Gleichzeitigkeit von Wunsch und Erfüllung oder der ständige Hader mit den Zustellbedingungen der k.u.k. Österreichischen Post, die durch jedes den vorangegangenen Brief überholende Telegramm vergessen gemacht werden sollen, demonstrieren das unerfüllbare Bedürfnis nach Bestätigung und Zuspruch für einen, dessen Öffentlichkeit nach Tausenden zählte.

»Hab ich nur dein Ohr, find' ich schon mein Wort:«, schreibt er in dem Gedicht ›Zuflucht‹, »wie sollte mir's dann an Gedanken fehlen? Von zwei einander zugewandten Seelen ist meine flüchtig, deine ist der Hort.« Sidonie Nádherný ist die »Hörerin«. Sein Werk wächst durch »die Theilnahme eines einzigen (des einzigen) Menschen, von dem es sich gefühlt weiß, also mehr als verstanden«.

Es entstehen die neun Bände der ›Worte in Versen‹, die ›Epigramme‹, ›Die letzten Tage der Menschheit‹ und der Plan zu einem Werk »Zur Sprachlehre«. In seinem ›Theater der Dichtung‹ ersetzt er die publikumswirksamen Vorlesungen ›Aus eigenen Schriften‹ durch Goethe, Shakespeare, Offenbach, Nestroy, Raimund und die Wiederentdeckung der vergessenen Dichter des 17. und 18. Jahrhunderts.

»Hätte ich nur zu sagen, daß die Blume schön sei, so könnte ich es in einer häßlichen Welt, die es nicht erlaubt, auch für mich behalten. Weil ich einer bin, der die Schönheit der Blume aus der Häßlichkeit der Welt beweist, was sie noch weniger erlaubt, so kann ich's nicht bewahren. In solchen Leiden lebe ich.« (6. 7. 1915)

Editorischer Bericht

1. Textgestaltung

Die Briefe, Postkarten und Telegramme, die dieser Edition zugrunde liegen, werden heute im Brenner-Archiv an der Universität Innsbruck verwahrt. Michael Lazarus deutet in seinem ›Nachwort‹ zum ersten Band an, wie diese Briefe gefunden wurden: Im Februar 1971 übergab er die vollständige Sammlung, ergänzt durch wesentliche Teilnachlässe von Albert Bloch, Erna Pollinger und der Familie Jahoda, jener Forschungsstelle, die den gesamten Nachlaß von Ludwig von Ficker verwaltet und bearbeitet. Damit entstand neben der umfangreichen Sammlung des Karl Kraus-Archivs an der Wiener Stadtbibliothek eine zweite bedeutende Forschungsstätte für den Schriftsteller Karl Kraus, der sich schon in F 368–369 vom 5. 2. 1913 zu der von Ludwig von Ficker geleiteten Zeitschrift ›Der Brenner‹ bekannte: »Daß die einzige ehrliche Revue Österreichs in Innsbruck erscheint, sollte man, wenn schon nicht in Österreich, so doch in Deutschland wissen, dessen einzige ehrliche Revue gleichfalls in Innsbruck erscheint« (a. a. O., S. 32). Ludwig von Ficker war einer der wenigen engen Vertrauten von Karl Kraus. Daß *dieser* Teil seines Nachlasses im Brenner-Archiv aufbewahrt wird, ist eine glückliche Entscheidung.

Neben den 1072 Briefen, Postkarten und Telegrammen von Karl Kraus an Sidonie Nádherný aus den Jahren 1913–1936 konnte Michael Lazarus dem Brenner-Archiv eine Teilabschrift der Briefe mit dem Titel ›Extrakte der Briefe von Karl Kraus an mich‹ [EX] übergeben. Sidonie Nádherný hat mit dieser Abschrift nach der Wiederbegegnung mit Karl Kraus im Jahre 1921 begonnen und sie im wesentlichen bis 1922 abgeschlossen. Die Auszüge aus den Briefen der späteren Jahre dürften erst nach dem Tod nachgetragen worden sein. Ein vom 17. Juni 1936 datiertes blaues Heft [BlH] in Oktav mit einer »Erklärung der Gedichte (50) von Karl Kraus« trägt die Aufschrift: ›Nach meinem Tod zu lesen.‹

Aus dem Nachlaß von Albert Bloch stammen die Briefe Sidonie Nádhernýs an Albert Bloch [BAB] und dessen Korrespondenzen mit Carl Dallago, Ludwig von Ficker, Werner Kraft, Ernst Křenek, Mechtilde Lichnowsky, Oskar Samek, Berthold Viertel, u. a.

13

Eine maschinenschriftliche Kopie des Manuskripts der ›Dritten Walpurgisnacht‹, die von Frau König-Jahoda hergestellt wurde und dessen Drucklegung seinerzeit aus bekannten Gründen unterblieb, ergänzt die Sammlung, die weitere Zimelien enthält; diese blieben, ebenso wie die erwähnte vom Drucktext abweichende Fassung der ›Dritten Walpurgisnacht‹, hier unberücksichtigt.

Der hier vorgelegte Text folgt philologisch getreu der Briefsammlung Karl Kraus/Sidonie Nádherný, die vollständig und ohne jede Kürzung wiedergegeben wird. Die Differenz in der Zählung der Schriftstücke ergibt sich aus der Zusammenfassung von sieben textidentischen telegrafischen Geldanweisungen unter einer Nummer. Es handelt sich um 442 Briefe, 458 Telegramme und 164 Post- oder Ansichtskarten. Nur wenige Schriftstücke dürften verlorengegangen sein.

Sidonie Nádherný hat die Briefe dreimal in Auszügen abgeschrieben. Die erste Abschrift ist bisher noch nicht wiederaufgefunden worden. 1922 sind die erwähnten ›Extrakte der Briefe‹ [EX] entstanden, die mit der Eintragung ›Mein Nachwort‹ abschließen, das hier auf den Seiten 689–690 abgedruckt wird. Zwischen Herbst 1947 und dem 13./14. September 1948 entstand eine dritte Teilabschrift für Albert Bloch [Briefabschrift = BA] nach chronologischen, biographischen und werkbiographischen Gesichtspunkten. Bei dieser Gelegenheit dürften die Original-Briefe, -Karten und -Telegramme von Sidonie Nádherný datiert und innerhalb der einzelnen Kategorien numeriert worden sein.

Beide Abschriften – EX und BA – gehen restlos in dem Textbestand der wieder aufgefundenen Originale auf. Dadurch ist die Vollzähligkeit der überlieferten Stücke weitgehend gesichert. Was verloren ist, dürfte schon auf dem Postweg an die Adressatin verlorengegangen sein.

Für die Datierung konnten die Angaben Sidonie Nádhernýs nur unter Vorbehalt als Quelle dienen, da sie immer wieder von zuverlässig feststellbaren Datierungen auf den Originalbriefen oder vom Poststempel abweichen. Für die vorliegende Edition wurden alle Schriftstücke, ohne Ansehung des Typus, mit einer fortlaufenden Nummer versehen, wobei die Versendungsart als Brief = B, Karte = K oder Telegramm = T hinter der Briefnummer vermerkt ist. Nicht eigens nachgewiesen wurde der »rekommandierte« Brief, auf den der Briefschreiber ohnehin in wichtigen Fällen immer wieder zu sprechen kommt.

Die Briefumschläge sind, mit wenigen Ausnahmen, erhalten geblieben. Das erleichterte die Feststellung von Aufgabeort, Datierung und Aufenthaltsort der Empfängerin. Auf die Briefnummer folgt der Absendeort, wenn es sich *nicht* um Wien handelt, das Datum, gegebenenfalls Wochentag und Zeitangabe. Inkonsequenzen wurden dabei bewußt in Kauf genommen. Vom Poststempel erschlossene Daten sowie alle Angaben, die nicht von der Hand von Karl Kraus stammen, stehen in eckigen Klammern. Der Empfangsort wird am rechten Satzspiegelrand angegeben, wenn die Sendung *nicht* nach Janowitz (Vrchotovy Janovice) ging. Wechselnde Schreibweisen für Hotel- und Ortsadressen wurden beibehalten; Ausnahmen bilden die vereinheitlichten Schreibweisen »Prag« für »Praha«, »Rom« für »Roma«, »Florenz« für »Firenze«. Privatanschriften bleiben unberücksichtigt: Prag bedeutet in der Regel die Adresse der Stadtwohnung von Karl und Sidonie Nádherný, Smetanagasse 18, St. Moritz die Villa Manin sur, Našice die Adresse von Dora Gräfin Pejacsevich, der Jugendfreundin. Anrede und Grußformel fehlen in vielen Schriftstücken. Bis 1918 lautet die Anschrift in der Regel »S. H. Baronin Sidonie Nadherny«; später einfach »Sidi Nadherny« bzw. »Sidi Nadherny-Thun«. Der Papiertypus der Briefe ist, der langen Dauer der Korrespondenz entsprechend, unterschiedlich. »Briefpapier« kannte Karl Kraus nicht. Er verwendete in der Regel ein glattes Manuskriptpapier, etwas kleiner als DIN A 5, das er mit seiner minutiösen Schrift, von links oben nach rechts unten schmäler werdend, bedeckte. Ergänzungen am Rand wurden in den Textzusammenhang gestellt, wenn Karl Kraus durch eine Linie die Stelle bezeichnet hat, an die der Nachtrag gehörte. Hinzufügungen, die er mit einem Stern kennzeichnet, stehen entweder am Fuß der entsprechenden Seite oder am Schluß des Schriftstücks. Einfache, doppelte oder mehrfache Unterstreichungen werden in *Kursiv* wiedergegeben. Anstreichungen am Rande blieben unberücksichtigt. Der Text folgt buchstabengetreu dem Wortlaut des Originals. Zusätze der Herausgeber, unleserliche Stellen oder zweifelhafte Lesarten stehen in eckiger Klammer. Auch orthographische Eigenheiten und Schwankungen, die von der heute gebräuchlichen Form abweichen, wurden beibehalten: z. B. »gieng« statt »ging« usw. Deutlich wird das langsame Abrücken von der th-Schreibung in

15

den zwanziger Jahren. Vergleiche dazu die ›Elegie auf den Tod eines Lauts‹ [W 7,37–40]. Für die ss-Schreibung verwendet Kraus zwei verschiedene Zeichen: Das lange ſ ausschließlich zwischen zwei Vokalen, das runde s als Schluß-s am Wortende, aber auch in Konsonantenverbindungen. Die gleichfalls vorkommende Schreibung mit ß tritt gegenüber dem runden s stark zurück, so daß etwa die bei Kraus' argumentatorischem Sprachstil häufig vorkommende Konjunktion »daß« mit »ss« geschrieben erscheint. Da eine konsequente Handhabung der »ss«-bzw. »ß«-Schreibung nicht ersichtlich war, die ›Fackel‹ und alle übrigen von Kraus selbst überwachten Drucke den allgemeinen Regeln folgen, wurde hier normiert.

In den Telegrammen, deren verstümmelter Text oft Gegenstand der Korrespondenz ist, wurde die Wortfolge nicht angetastet. Gewisse Schwierigkeiten boten jedoch jene Telegramme, bei denen sich die aufgeklebten Textbänder abgelöst hatten. Sie wurden unter Berücksichtigung der Längen der aufgeklebten Streifen und eines sinnvollen Textzusammenhangs »rekonstruiert«. Buchstabenverdrehungen wurden, wenn sie sinnstörend waren, stillschweigend korrigiert. Besonderheiten der telegraphischen Textübermittlung blieben dagegen erhalten: »ae« neben »ä«, »oe« neben »ö«, »ue« neben »ü«, »sz« neben »ss« oder »ß« usw. Es ist nicht auszuschließen, daß Teile des Textes in den Telegrammen verlorengegangen sind.

Die in der Regel abgekürzten Personen- und Ortsnamen wurden im Text nicht aufgelöst. Das mag für den Leser beschwerlich sein. Die Briefpartner wußten natürlich, um wen oder was es ging. Aber der versiegelte Briefstil ist, zumindest in den ersten Jahren, als Neugierige zu fürchten waren, ein durchgehendes Kennzeichen dieser Korrespondenz. Die Teilung der Ausgabe in einen Text- und einen Anmerkungsband, die parallel benutzt werden können, erleichterte die Entscheidung, hier nicht mit pedantischer Ergänzungsfreudigkeit einzugreifen. Die Abkürzungen werden, wo möglich, in den Anmerkungen aufgelöst. Häufig vorkommende Abkürzungen, die dem Leser ohnehin bald geläufig sein werden, sind zudem im Abkürzungsverzeichnis auf einer Beilage zum ersten Band zusammengestellt, um ein ständiges Nachschlagen zu vermeiden.   *Walter Methlagl*

2. Anmerkungen

Keine der bisher erschienenen Kraus-Editionen von Heinrich Fischer, dem treuen und eifersüchtigen Sachwalter des Werkes, enthält Anmerkungen oder Erläuterungen, die bestimmte Sachzusammenhänge erklären oder die Identifikation von Personen erleichtern. Heinrich Fischer verwies die immer wieder vorgetragenen Wünsche vornehmlich jüngerer Leser auf einen Aphorismus von Karl Kraus, der das vordringliche stoffliche Interesse als nur hinderlich für das Verständnis seines Werkes bezeichnet hatte:»Meine Leser glauben, daß ich für den Tag schreibe, weil ich aus dem Tag schreibe. So muß ich warten, bis meine Sachen veraltet sind. Dann werden sie möglicherweise Aktualität erlangen.« [W 3,164] Anders verhält es sich bei diesen Briefen, wo der Umfang des Anmerkungsteils fast den Verdacht nahelegt, als müsse eine wohlüberlegte Zurückhaltung aufgehoben, durchbrochen werden. Die Abtrennung des Anmerkungsbandes vom Brief*werk* – denn diese Briefsammlung ist keine mehr oder weniger beliebige Aneinanderreihung von Einzelbriefen – hat die Entscheidung erleichtert, die hier zum ersten Mal öffentlich werdende private Existenz von Karl Kraus in einen bio-bibliographischen Zusammenhang zu stellen, der auch das Verdeckte und Versteckte aufhellt. Briefe sind Dokumente, Zeugnisse, die »zur Geschichte des Fortlebens eines Menschen« gehören – »und eben, wie in das Leben das Fortleben mit seiner Geschichte hineinragt, läßt sich am Briefwechsel studieren«, stellte Walter Benjamin gegenüber Ernst Schoen am 19. 9. 1919 fest, nachdem er Goethes Briefwechsel mit dem Grafen Reinhardt gelesen hatte. Wobei nicht verschwiegen sei, daß Benjamin sich eben an jener Stelle entschieden gegen Anmerkungen in Briefwechseln ausspricht, »wodurch diese Dokumente soviel und in der Art Leben verlieren, wie ein Mensch durch einen Aderlaß. Sie werden blaß...« Die bisherige Editionspraxis Heinrich Fischers und diese Warnung wurden nicht leichtfertig umgangen: Zu viele Sachzusammenhänge würden jedoch ohne Kommentar unverstanden bleiben; der persönliche Umgang von Karl Kraus gehört auch heute noch zu den gut gehüteten Geheimnissen; die Kenntnis der 23 000 Seiten der ›Fackel‹ kann bei keinem Leser vorausgesetzt werden; und schließlich – dies gegen Benjamins Einsicht – bedarf der sich in Zitaten

17

erinnernde Briefstil von Karl Kraus durchaus der Einübung und Hilfestellung.

Bisher sind nur die Briefe von Karl Kraus an Sidonie Nádherný gefunden worden. Die Gegenbriefe fehlen. Dennoch sind diese Briefe kein Monolog, sondern Zeugnisse eines Dialogs, der manchmal, in kleinen Zitatfetzen, durchschimmert. Das muß ausdrücklich hervorgehoben werden, denn der »Vollkommenheitswahn« des Briefpartners könnte die leisere Stimme der Partnerin übertönen. Sie kommt deshalb in Tagebuchauszügen, knappen Kommentaren, Erläuterungen und mit ihren Briefen an Albert Bloch [BAB] immer dort zu Wort, wo Belege zugänglich waren.

Die bisher erschienenen Monographien über Karl Kraus – von Leopold Liegler über die beiden hervor-ragenden Arbeiten von Werner Kraft und Paul Schick bis hin zu den Untersuchungen von Caroline Kohn und Hans Weigel – mußten auf den Schlüssel zum Verständnis des lyrischen (und sprachtheoretischen) Werks verzichten, der mit diesen Briefen der Öffentlichkeit übergeben wird. Deshalb wurden, wo immer möglich und wo die Hellhörigkeit des ersten Lesers ausreichte, Hinweise auf das Monumentalwerk der ›Fackel‹ gegeben, die, obwohl sie im Neudruck vorliegt und *die* systematische Ergänzung zur Ausgabe der ›Werke von Karl Kraus‹ in 17 Bänden darstellt, eben nicht als »bekannt« vorausgesetzt werden kann.

Das im Manuskript vorliegende ›Personenregister zur Fackel‹ von Franz Ögg, dessen Erscheinen aus kalkulatorischen Gründen in Frage gestellt ist, und die umfassende ›Karl-Kraus-Bibliographie‹ von Otto Kerry, München: Kösel 1970, ermöglichten zudem die Darstellung der Beziehungen von Karl Kraus zu den in diesen Briefen erwähnten Personen in einer Weise, die einer in Zukunft denkbaren intensiveren Beschäftigung der Fachgermanistik mit dem Werk von Karl Kraus dienlich sein kann. Die Nachweise aller vorkommenden Titel von Karl Kraus und der Schriften über ihn verwenden die Sigel der Kerry'schen Bibliographie.

Während der Sammlung der weit verstreuten Materialien zu diesem Kommentar wurden in der Bundesrepublik, in der DDR, in Österreich, der Schweiz, der Tschechoslowakei, in England, Frankreich und den USA zahlreiche, bisher unbekannte Photographien von Karl Kraus, Sidonie Nádherný und ihrem gemeinsamen Freundeskreis aufgefunden, von denen ein Teil in diesen Band aufgenommen werden konnte. Sie ergänzen das hier entworfene

Bild von Karl Kraus und seiner privaten Existenz und gehören in den Zusammenhang des Materialienbandes, ohne Teil des Briefwerks zu sein. Sie sind nicht Illustration des Textes, sondern dienen der Vergegenwärtigung einer Person und ihrer Umwelt. Die Anmerkungen stützen sich im einzelnen auf folgende, bisher unveröffentlichte Quellen:

Extrakte der Briefe von Karl Kraus an mich (von ihm gewünscht zwecks einmaliger eventueller Veröffentlichung) [EX]: Chronologische Teilabschrift von der Hand Sidonie Nádhernýs (Tinte) mit knappen Anmerkungen (Bleistift) über gemeinsame Treffen, werkbiographische Einzelheiten und andere erklärungsbedürftige Stellen. Die Abschrift entstand 1922 und 1936 [?] und wurde in einen in Leder gebundenen Band mit Goldprägung, Format 27,8 × 20,2 cm, eingetragen, wie er üblicherweise für Gästebücher verwendet wird. Die Blätter sind von 1 bis 263 paginiert. Gegenüber dem mit Bleistift eingetragenen Titel ist das in Band I, Seite 7, faksimilierte Blatt eingeklebt. (Brenner-Archiv, Innsbruck)

Briefabschriften [BA] für Albert Bloch: Teilabschrift der Briefe von Karl Kraus an Sidonie Nádherný (Typoskript) in drei Teilen. [1] Äußerungen in den Briefen über die 53 Widmungsgedichte, *Die letzten Tage der Menschheit*, *Untergang der Welt durch schwarze Magie*, *Worte in Versen*, u. a.; 31 Blätter im Format DIN A 4; [2] *Briefe persönlichen Inhalts*: Chronologische Teilabschrift; 93 Blätter im Format DIN A 4; [3] Äußerungen in den Briefen über Rolland, Trakl, Karl Borromäus Heinrich, Rodin, Liegler, Ficker, Franz Janowitz, Claudius, Goethe, Ernst Hardt, Schermann, Altenberg, Rilke, Werfel, Elisabeth Reitler, u. a., *Verschiedenes*; 19 Blätter im Format DIN A 4. Die Abschrift entstand zwischen November 1947 und dem 13./14. 9. 1948 in Janowitz für Albert Bloch. Sie enthält gleichfalls Sach- und Personenerklärungen sowie Datierungen der Gedichte. (Karl Kraus-Archiv der Wiener Stadtbibliothek, Wien)

Briefe an Albert Bloch [BAB]: Zwischen dem 1. 10. 1947 und dem 9. 9. 1950 schrieb Sidonie Nádherný 52 Briefe und Postkarten an Albert Bloch. Oskar Samek hatte ihr im Sommer 1947 den Band *Ventures in Verse. Selected Pieces*, New York: Ungar 1947, zugeschickt, der Nachdichtungen folgender Gedichte von Karl Kraus enthält: *Jugend* [W 7,178–182]; *Nach dreißig Jahren* (Auszug) [W 7,518–529]; *Le papillon est mort* [W 7,489]; *Unter dem

19

Wasserfall‹ [W 7,249]; ›An eine Falte‹ [W 7,187]; ›Auferstehung‹ [W 7,188]; ›Straßenrufe‹ [W 7,231]; ›Der Siebenschläfer‹ [W 7,117–118]; ›Das arme Leben‹ [W 7,426]; ›Todesfurcht‹ [W 7,375–376]; ferner einige Gedichte von Albert Bloch auf Karl Kraus: ›Before his death mask. Karl Kraus Died 12 June 1936‹; ›On the verge. In memoriam Karl Kraus‹; ›Ventures in verse. On an April 28th, the Birthday of Karl Kraus‹. Sidonie Nádherný dankte Samek am 20. 8. 1947 für den Band; sie drückte ihre Bewunderung über die Qualität der Übersetzungen aus. Samek übergab Bloch eine Teilabschrift dieses Briefes, der ihr nun, am 13. 9. 1947, direkt schrieb und sie an den Band ›Poems‹, Boston: The four Seas Co. Publishers [1930] [EA 28], erinnerte, dessen Übersetzungen Kraus ausdrücklich autorisiert hatte. In ihrem ersten Brief an Albert Bloch schreibt Sidonie Nádherný am 1. 10. 1947: »Vielleicht entschliesse ich mich, Ihnen einmal die wahren Manuscript-Titel u. Daten aller mir gewidmeten Gedichte zu senden, auch seine 2 letzten noch ungedruckten [...] In einem Band zusammengefasst, würden sie eine biographische Lebensgeschichte darstellen. Ihnen als Dichter, Ihnen als Unbekanntem, Ihnen als Erstem.« Am 18. 11. 1947: »... Ihr Brief gab mir das sichere Gefühl, daß Sie der einzige Würdige sind, sie [die auf die Gedichte bezüglichen Briefstellen] kennen zu lernen...« Sidonie Nádherný kopierte die erwähnten BA und erläuterte in ihren Begleitbriefen die näheren Lebensumstände von Karl Kraus, nach denen sich der »ferne Freund« angelegentlich erkundigte. EX und BA vermeiden übrigens ebenso wie alle Briefe an Albert Bloch den Namen der Grafen Carl Guicciardini und Max Thun. (Brenner-Archiv, Innsbruck)

Die *Tagebücher* [Tb] Sidonie Nádhernýs: Überliefert sind 16 Reisetagebücher, drei chronologisch angelegte Tagebücher, die zum Teil größere Sprünge in den Eintragungen aufweisen, und zwei Merkbücher für Konzerte und Theater. Berücksichtigt wurden vor allem das Reisetagebuch Paris (1906) mit der Eintragung über die erste Begegnung mit Rainer Maria Rilke [A-c-46/2], das Tagebuch 1911–1912 [A-c-47/2], das Tagebuch 1912–1942 [A-c-24/3] und das Tagebuch 1919–1928 [A-c-46/9]. Sie werden auch dann zitiert, wenn die Trivialität einer Reaktion in bestürzendem Gegensatz zu den Forderungen und Hoffnungen der Brief-»Werbungen« steht. Die Tagebücher sind in langen Passagen englisch geschrieben. (Staatsarchiv Prag, Land- und Forstwirtschaftliche

Abteilung Beneschau: Bestand Großgrundbesitz Vrchotovy Janovice, Familienarchiv Nádherný von Borutin)
Blaues Heft [BlH]: Die »Erklärung der Gedichte (50) von Karl
Kraus« wurde am 17. 6. 1936, fünf Tage nach dem Tod von Karl
Kraus, begonnen und in ein blaues Oktavheft mit Bleistift eingetragen. Auf dem Titelschildchen steht: ›Nach meinem Tod zu lesen.‹ Sidonie Nádherný beschreibt zunächst die letzten Lebenstage
von Karl Kraus und gibt dann zu fast jedem der durchnumerier-
ten und datierten Gedichte Hinweise über Motive und Anlässe.
Am Schluß des Heftes werden alle Gedichte chronologisch aufgeführt. Die Erläuterungen werden in den Anmerkungen in extenso
zitiert. Diese Auflistung ist Bestandteil des hier folgenden ›Chronologischen Verzeichnisses der datierbaren Gedichte und Epigramme‹. (Brenner-Archiv, Innsbruck)
Gedichte und Epigramme: 1971 tauchten im Wiener Handel 30
Gedichte auf, die Karl Kraus Sidonie Nádherný gewidmet hatte
und die sich in ihrem Besitz befunden haben müssen. Näheres über
die Provenienz konnte nicht ermittelt werden. Diese Handschriften
wurden mit den Druckfassungen verglichen, datiert und jeweils
chronologisch eingeordnet. Stark abweichende Manuskriptfassun-
gen werden im vollen Wortlaut wiedergegeben. Einige bisher unveröffentlichte Gelegenheitsgedichte können hier zum ersten Mal
mitgeteilt werden. (Handschriftensammlung der Österreichischen
Nationalbibliothek, Wien, Ser. nov. 14.485)
Sämtliche Gedichte und Epigramme (Inschriften), die im Text erwähnt werden, wurden mit den in der Wiener Stadtbibliothek
befindlichen handschriftlichen Satzvorlagen verglichen, datiert und
chronologisch eingeordnet (Karl Kraus-Archiv in der Wiener
Stadtbibliothek, Wien). Berücksichtigt werden konnten ferner
einige Gedicht-Handschriften in Privatbesitz: Franz Glück, Wien;
Edwin Hartl, Wien; Walter Methlagl, Solbad Hall; Wilfried
Kirschl, Innsbruck; Klaus Schultz, München. Die Fundstelle wird
jeweils nachgewiesen.
Für die Kommentierung wurden zudem zahlreiche veröffentlichte
und unveröffentlichte Briefe von und an Karl Kraus herangezo-
gen. In der Handschriftenabteilung der Wiener Stadtbibliothek
wurden folgende Konvolute mit Briefen an Karl Kraus eingesehen und von Fall zu Fall berücksichtigt: Peter Altenberg, Ludwig
von Ficker, Karl Borromäus Heinrich, Siegfried Jacobsohn, Helene
Kann, Erwin Moritz von Lempruch, Leopold Liegler, Max Lob-

kowicz, Adolf Loos, Thomas G. Masaryk, Kete Parsenow-Otto, Georg Trakl, Frank Wedekind, Franz Werfel sowie bisher unveröffentlichte Briefe von Kurt Wolff und seinen Verlagsmitarbeitern. (Karl Kraus-Archiv der Wiener Stadtbibliothek, Wien) Die Briefe und Widmungsgedichte von Karl Kraus an die Fürstin Mechtilde Lichnowsky konnten im M.-Lichnowsky-Nachlaß der Bayerischen Akademie der Schönen Künste, München, eingesehen werden. Das im Staatsarchiv Troppau (Opava/ČSSR) verwahrte Familienarchiv der Fürsten Lichnowsky mit Beständen aus den Schlössern Grätz und Kuchelna konnte nicht eingesehen werden. Nach freundlicher Auskunft von Dr. Zdeněk Šolle, Prag, sind in dieser Sammlung keine Krausiana verwahrt. Das ›Fremden-Buch‹ des Fürstlichen Schlosses Grätz‹ befindet sich noch heute in den Sammlungen von Grätz.
Kopien der Briefe von Karl Kraus an Mary Gräfin Dobrzensky wurden dankenswerterweise von Herrn H. R. Fischer, London, zur Verfügung gestellt. Eine Einsichtnahme in das Familienarchiv Dobrzensky, das im Staatsarchiv Zámrsk, Bezirk Ustí nad Orlicí/ ČSSR, aufbewahrt wird und das nach einer Mitteilung von Herrn Kurt Krolop, Halle, zumindest jene Autographen der Freunde und Briefpartner von Karl Kraus enthält, die dieser der Herrin von Schloß Pottenstein schenkte, wurde bisher nicht gestattet.
Die unveröffentlichten Tagebücher, Notizen und Aufsätze von Franz Werfel konnten mit freundlicher Genehmigung von Professor Adolf D. Klarmann, Philadelphia, im Verlag Langen-Müller/Herbig, München, eingesehen werden, der eine Veröffentlichung unter der Herausgeberschaft von Adolf D. Klarmann vorbereitet. Er gestattete auch die Zitierung jener Textzeugen, die in diesem Zusammenhang von Bedeutung sind.

Die seit 1968 in Vorbereitung befindlichen Briefe von Rainer Maria Rilke an Sidonie Nádherný standen in einem Umbruchexemplar zur Verfügung. Sie erschienen inzwischen unter dem Titel: ›Rainer Maria Rilke, Briefe an Sidonie Nádherný von Borutin‹, Herausgegeben von Bernhard Blume, Frankfurt/Main: Insel 1973. (*Rilke/Nádherný*)
Ausführliche Berücksichtigung fanden folgende Buchveröffentlichungen, die jeweils nur unter dem in Klammern aufgeführten Kurztitel genannt werden:

22

Ludwig von Ficker, ›Denkzettel und Danksagungen‹. Reden und Aufsätze‹, Herausgegeben von Franz Seyr, München: Kösel 1968. (*Ficker, ›Denkzettel‹*)

Werner Heck, ›Das Werk Adalbert Stifters. 1840–1940. Versuch einer Bibliographie‹, Wien: Kerry 1954. (*Heck*)

Otto Kerry, ›Karl-Kraus-Bibliographie‹, München: Kösel 1970. (*Kerry*)

Werner Kraft, ›Karl Kraus. Beiträge zum Verständnis seines Werkes‹, Salzburg: Otto Müller 1956. (*Kraft, ›Beiträge‹*)

Ludwig Münz/Gustav Künstler, ›Der Architekt Adolf Loos. Darstellung seines Schaffens nach Werkgruppen / Chronologisches Werkverzeichnis‹, Wien/München: Anton Schroll 1964. (*Münz/Künstler, ›Adolf Loos‹*)

Rainer Maria Rilke und Marie von Thurn und Taxis, ›Briefwechsel‹, 2 Bde, Besorgt durch Ernst Zinn, Mit einem Geleitwort von Rudolf Kassner, Zürich: Niehaus & Rokitansky/Insel 1951. (*Rilke/Thurn und Taxis*)

Georg Trakl, ›Dichtungen und Briefe‹, 2 Bde, Historisch-kritische Ausgabe, Herausgegeben von Walter Killy und Hans Szklenar, Salzburg: Otto Müller 1969. (*Trakl I* bzw. *Trakl II*)

Hans Maria Wingler, ›Oskar Kokoschka. Das Werk des Malers‹, Salzburg: Galerie Welz 1956. (*Wingler, ›Kokoschka‹*)

Kurt Wolff, ›Briefwechsel eines Verlegers. 1911–1963‹, Herausgegeben von Bernhard Zeller und Ellen Otten, Frankfurt/Main: Heinrich Scheffler 1966. (*Wolff, ›Briefwechsel‹*)

Weitere benützte Literatur wird jeweils am Ort nachgewiesen.

Einen breiten Raum nehmen die Nachweise der Vorlesungen bzw. der Veranstaltungen des ›Theater der Dichtung‹ ein. Sie wurden bewußt als Gegenprogramm zur zeitgenössischen Theaterpraxis entwickelt, wenn etwa Shakespeares ›König Lear‹ als Kontrast zu einer Aufführung am Burgtheater ins Programm aufgenommen wurde. Die Bedeutung des ›Theater der Dichtung‹ für Karl Kraus und die Wirkung seiner »Aufführungen« sind bisher kaum hinlänglich untersucht. Allein Hans Weigel hat in seinem Buch ›Karl Kraus oder Die Macht der Ohnmacht‹, Wien/Frankfurt/Zürich: Molden 1968; verbesserte Ausgabe: München: Deutscher Taschenbuchverlag 1972, die These vom »Theatermenschen« Karl Kraus vertreten. Die Briefe geben zahlreiche Belege für diese Leidenschaft, der im vorliegenden Fall sogar die Berichte über die Arbeit

23

an der ›Fackel‹ untergeordnet werden. Alle Veranstaltungen werden deshalb mit großer Sorgfalt nachgewiesen. Die unter dem ›Fackel‹-Zitat in der Regel abgedruckten Programme, Vorworte, Auslassungen über bestimmte Anlässe oder Presseresonanzen sind für das Verständnis von Karl Kraus unerläßlich. Jede Vorlesung wird bei der ersten Erwähnung nachgewiesen. Bei späteren Erwähnungen wird nur noch auf die erste Anmerkung verwiesen.

Sidonie Nádhernýs englisch geschriebene Tagebücher weichen in Rechtschreibung, Orthographie und Satzkonstruktion häufig von den geltenden Regeln ab. Der Text folgt buchstabengetreu den Vorlagen.

Werktitel, d. h. die Titel von Büchern, Gedichten oder Essays, werden nur bei der ersten Erwähnung bibliographisch nachgewiesen oder wenn der Leser den Zusammenhang nicht selbst eindeutig erkennen kann. Über das Werkregister auf den Seiten 411 bis 419 kann die erste Notiz in den Anmerkungen, durch Kursivsatz hervorgehoben, leicht gefunden werden.

Personen sind gleichfalls nur einmal mit genauen biographischen Angaben berücksichtigt, falls nicht neue, der Erklärung bedürftige Umstände hinzukommen. Das Personenregister auf den Seiten 420–437 erleichtert die Auffindung des Erstnachweises durch die angegebene Kursivziffer.

Es wäre vermessen zu glauben, daß man imstande wäre, alle Einzelheiten aufzulösen. Viele Zusammenhänge bleiben im dunkeln; manches ergibt sich aus den Erörterungen. An vielen Stellen steht ein »nicht ermittelt«; fehlende Beilagen, die grundsätzlich am Anfang einer Anmerkung aufgeführt werden, sind nachgewiesen. Jeder Leser benütze die Anmerkungen im übrigen in dem Maße, in dem sie ihm willkommen erscheinen.

3. Chronologisches Verzeichnis der datierbaren Gedichte und Epigramme (Inschriften) von Karl Kraus mit Fundnachweisen

Das lyrische und epigrammatische Werk von Karl Kraus bekommt durch diese Briefausgabe besondere Bedeutung. Deshalb lag es nahe, nach dem Verbleib der Gedichthandschriften zu forschen, die sich im Besitz von Sidonie Nádherný befunden haben müssen. Erfolgreich war diese Suche bisher nicht. Aber der Zufall wollte es, daß im November 1971 »30 eigh. Gedichte, teilweise m. U. an seine Freundin Sidonie Nadherny« neben einigen anderen Autographen von Karl Kraus durch das Wiener Dorotheum angeboten wurden. Das Konvolut wurde von der Handschriftenabteilung der Österreichischen Nationalbibliothek [ÖNB], Wien, erworben.

Daß es sich bei diesem Fund freilich nur um einen Teilnachlaß von Sidonie Nádherný handeln kann, geht aus den Aufzeichnungen im Blauen Heft [BlH] von 1936 und aus den Briefabschriften [BA] für Albert Bloch von 1947/48 eindeutig hervor. Beide Aufstellungen wurden deshalb in diesem Verzeichnis berücksichtigt, zumal sie Datierungen vornehmen, die zweifellos auf die Originalmanuskripte zurückgehen. Unsicherheiten ergeben sich allerdings dort, wo die Empfängerin den Tag der Übergabe als Entstehungsdatum fixiert. Ist kein Originalmanuskript nachweisbar, so wurde zunächst BlH von 1936 zitiert, BA von 1947/48 nur dann, wenn genauere Datierungen oder Ortsangaben gemacht worden waren. In einigen Fällen geht BA jedoch mit großer Wahrscheinlichkeit direkt auf das Manuskript zurück, während BlH Angaben aus dem Gedächtnis oder aus den Briefen wiedergibt.

Die beiden Kataloge der »Sidi-Gedichte«* werden, zumal sie voneinander abweichen, hier wiedergegeben. Sie sind mit Sicher-

---

* Katalog des BlH: 1. Leben ohne Eitelkeit; 2. Verwandlung; 3. Vor einem Springbrunnen; 4. Krankenschwestern; 5. Abschied und Wiederkehr; 6. Wiese im Park; 7. Aus jungen Tagen; 8. Sendung; 9. Fahrt ins Fextal; 10. Zum Namenstag; 11. Landschaft; 12. Epigramm aufs Hochgebirge; 13. Memoiren; 14. Drei; 15. Gespräche; 16. Zuflucht; 17. Der Besiegte; 18. Die Fundverheimlichung; 19. Als Bobby starb; 20. Wiedersehn mit Schmetterlingen; 21. Verlöbnis; 22. Vallorbe; 23. Phantasie an eine Entrückte; 24. Der Hörerin; 25. Vergelt's Gott; 26. An eine Falte; 27. Bange Stunde; 28. Auferstehung; 29. Sehnsucht; 30. Schäfers Abschied; 31. Slowenischer Leierkasten; 32. Unter dem Wasserfall; 33. Verwandlung II; 34. Wollust; 35. Sage von Steinen; 36. Traum; 37. Die

heit unvollständig. Es wäre falsch, jedes an eine Frau gerichtete Gedicht von Karl Kraus dem »Sidi«-Erlebnis zuzuordnen – und etwa die Gedichte an Else Cleff, Annie Kalmar, Mechtilde Lichnowsky oder Elisabeth Reitler lassen ja auch andere Adressaten klar erkennen –, aber die Briefe zeigen doch, daß das Umfeld weit größer ist, als es die Notizen von Sidonie Nádherný vermuten lassen. Deshalb wurden *alle* bisher zugänglich gewordenen Handschriften von Gedichten und Epigrammen in diesem Verzeichnis berücksichtigt.

Die Wiener Stadtbibliothek [WStB] verwahrt die umfangreichste Sammlung; dabei handelt es sich in der Regel um Satzmanuskripte. Insgesamt ist festzustellen, daß von den 23 000 Seiten der ›Fackel‹ bisher nur ein minimaler Teil in Manuskripten nachweisbar geworden ist. Diese Zusammenstellung läßt deshalb keine verbindlichen Rückschlüsse auf die Produktionsphasen an den ›Worten in Versen‹ zu. Aber eingeschränkt auf die ›Fackel‹ Nr. 472–473 vom

Verlassenen; 38. Als ein Stern fiel; 39. Schnellzug; 40. Eros und der Dichter; 41. Du seit langem einziges Erlebnis; 42. Du bist sie, die ich nie gekannt; 43. Verlust; 44. Erlebnis; 45. Dank; 46. Dein Fehler; 47. Fernes Licht mit nahem Schein; 48. Sturm und Stille; 49. Am Kreuz; 50. Der Strom; [51.] Das Wunder. Als ungedruckte Gedichte werden zusätzlich aufgeführt: Wie arm ist der Wasserfall, 2. 9. 18 [bisher nicht aufgefunden]; Der Gärtnerin, 7. 7. 1932; Immergrün, 1. 10. 33.

Katalog in BA: 1. Leben ohne Eitelkeit; 2. Verwandlung; 3. Vor einem Springbrunnen; 4. Die Krankenschwestern; 5. Abschied und Wiederkehr; 6. Wiese im Park; 7. Aus jungen Tagen; 8. Sendung; 9. Fahrt ins Fexthal; 10. Zum Namenstag; 11. Landschaft; 12. Drei; 13. Gespräche; 14. Zuflucht; 15. Der Besiegte; 16. Als Bobby starb; 17. Wiedersehn mit Schmetterlingen; 18. Verlöbnis; 19. Vallorbe; 20. Phantasie an eine Entrückte; 21. Der Hörerin; 22. Vergelt's Gott; 23. An eine Falte; 24. Bange Stunde; 25. Sehnsucht; 26. Huldigung der Künste am Namenstag; 27. Aus Gewohnheit; 28. Zum Namenstag; 29. Schäfers Abschied; 30. Auferstehung; 31. Unter dem Wasserfall; 32. Slowenischer Leierkasten; 33. Verwandlung; 34. Sage von Steinen; 35. Vor dem Schlaf; 36. Traum; 37. Die Verlassenen; 38. Als ein Stern fiel; 39. Eros und der Dichter; 40. Du bist sie, die ich nie gekannt; 41. Verlust; 42. Du seit langem einziges Erlebnis; 43. Erlebnis; 44. Dank; 45. Dein Fehler; 46. Fernes Licht mit nahem Schein; 47. Dialog; 48. Sturm und Stille; 49. Am Kreuz; 50. Der Strom; 51. Das Wunder; 52. Der Gärtnerin; 53. Immergrün. (Die Titel werden hier jeweils in der Lesart der Zusammenstellungen wiedergegeben).

25. Oktober 1917, die zwischen dem 26. September und dem 9. Oktober 1917 entstand, läßt sich exemplarisch verdeutlichen, in welchen Schüben und Produktionsprozessen dieses Heft entstand. Sämtliche Beiträge sind in datierten Handschriften nachweisbar. *Zur Anlage des Verzeichnisses:* Stehen mehrere Gedichte oder Epigramme unter einem Datum, so kann die Reihenfolge nicht als gesichert betrachtet werden. Zusammenhänge auf einem Manuskriptblatt wurden möglichst beibehalten. Da es sich aber in der Regel um Reinschriften für den Setzer handelte, ist der Produktionszusammenhang ohnehin nicht eindeutig rekonstruierbar. Die Datierungen werden philologisch genau wiedergegeben: Sie scheinen oft erst nachträglich notiert worden zu sein. Titelvarianten werden verzeichnet. Textvarianten, von wenigen Ausnahmen abgesehen, nur in den Anmerkungen. Unter »E« wird der Erstdruck in der ›Fackel‹, der Erstdruck in den Einzelausgaben der ›Worte in Versen‹ [EA 39] und der Fundort in der Ausgabe der ›Werke von Karl Kraus‹ [W 7 = ›Worte in Versen‹, München: 1959] angegeben. Besondere Aufmerksamkeit verdienen jene Gedichte, die bewußt nicht der breiten Öffentlichkeit durch einen Abdruck in der ›Fackel‹ ausgesetzt werden sollten.

16. 11. 1914   *Leben ohne Eitelkeit:* Handschrift nicht überliefert. Datiert von SN in BlH: »Nov. 1914«; »Janow. 1. 12. 1914«. SN in BA: »Wien, 16. Nov. 1914.« E: F 406 bis 412, 140; EA 39.1, 39; W 7, 12.

14. 3. 1915   *Verwandlung:* Handschrift nicht überliefert. Datiert von SN in BlH: »Rom, März 1915 (14. 3.), Sonntag.« SN in BA: »Rom, Sonntag, den 14. März 1915. Im Manuskript lautet der Titel: ›Zu Sidies Hochzeitstag‹.« E: F 406–412, 136; EA 39.1, 7; W 7, 11.

30. 4. 1915   *Vor einem Springbrunnen:* 2 Handschriften in ÖNB, Titelvariante: ›Mit Dir vor einem Springbrunnen (Frascati 30. April 1915)‹. Datiert von SN in BlH: »Rom, 30. 4. 1915, Frascati.« E: F 406–412, 137–138; EA 39.1, 60–61; W 7, 51.

16./17. 8. 1915   *Die Krankenschwestern:* 2 Handschriften in der ÖNB, Titelvariante der ersten Fassung: ›Der Tod eines Schmetterlings‹. Datiert: »Schloß Janowitz 16./17. August 1915«. E: F 406–412, 147–148; EA 39.1, 56 bis 57; W 7, 49–50.

27

6./7. 11. 1915   *Abschied und Wiederkehr:* Handschrift und Korrekturabzug des F-Drucks in ÖNB. Datiert: »6./7. Nov.
15«. E: F 413–417, 227; EA 39.1, 64–65; W 7, 54–56.

16. 11. 1915   *Wiese im Park:* Handschrift im Besitz von Wilfried
Kirschl, Innsbruck. Datiert: »16. Nov. 15«. E: F 413–
417, 128; EA 39.1, 59; W 7, 51.

4./5. 12. 1915   *Aus jungen Tagen:* 2 Handschriften in der ÖNB, Titelvarianten: ›Sidi!‹. Datiert: »3./4. Dez. 15« und
»4./5. Dez. 1915«. E: F 418–422, 59; EA 39.1, 62;
W 7, 53.

9./10. 12. 1915   *Sendung:* 3 Handschriften in der ÖNB, Titel- und
Textvarianten: »Erster Entwurf«, datiert »9. Dez.
15«: ›Wiederfinden im Diesseits‹; ›Johannes‹, datiert
»9./10. Dezember 1915«, unterschrieben »Karl Kraus
für Sidi Nadherny«; ›Sendung‹, datiert »9./10. Dez.
15«, unterschrieben »Karl Kraus für Sidi Nadherny
im dritten Jahre seiner Freundschaft.« E: F 437–442,
72; EA 39.1, 70; W 7, 60.

29. 1. 1916   *Fahrt ins Fextal:* Handschrift in der ÖNB, Titelvariante: ›Fahrt ins Fexthal‹. Datiert: »St. Moritz
29. Januar 1916 Karl Kraus«. E: F 418–422, 40; EA
39.2, 13–14; W 7, 67–68.

30. 3. 1916   *Einem schwerhörigen Freunde:* Handschrift in der
WStB IN 107.233, Titelvariante: ›Für A. L.‹. Datiert:
»Wien 30. März 16«. E: F 423–425, 16; EA 39.2, 43;
W 7, 70.

31. 3. 1916   *Verzicht:* Handschrift in der WStB IN 107.240. Datiert: »Wien 31. März 16«. E: F 423–425, 16; EA
39.2, 37; W 7, 85.

25./26. 6. 1916   *Zum Namenstag:* Handschrift in der ÖNB. Datiert:
»Janowitz 24./25. Juni«, Zusatz von SN [?]: »1916«.
E: erschien nicht in F; EA 39.2, 38; W 7, 85.

9./10. 8. 1916   *Landschaft* (Thierfehd am Tödi, 1916): Handschrift
in der WStB IN 107.249, Titelvariante: ›Thierfehd/
1916‹. Datiert »9./10. August«. Handschrift in der
ÖNB, Titelvariante: ›Thierfehd/1916‹. Datiert: »10.
August«. E: F 437–442, 73; EA 39.2, 66; W 7, 108.

18. 8. 1916   *Epigramm aufs Hochgebirge:* 2 Handschriften mit
Textvarianten in der ÖNB. Datiert: »St. Moritz, 18.
August 1916«. E: F 437–442, 42; EA 39.2, 35–36; W 7,
83–84.

3. 10. 1916   *Memoiren:* Handschrift nicht überliefert. Datiert von
SN in BlH: »3. 10. 16«. E: F 437–442, 54–55; EA 39.2,
19–21; W 7, 71–73.

28

19./21. 10. 1916 *Drei:* Handschrift in der ÖNB. (Akrostichon auf »Sidi«, »Dora«, »Karl«). Datiert: »19./20. oder 20./21. Okt. 16 vor der Abreise«. E: erschien nicht in F; EA 39.2, 38. W 7, 86.
Gespräche: Handschrift in ÖNB. Datiert: »19./20. oder 20./21. Okt. 16«. Handschrift der Satzvorlage in der WStB IN 107.222. Datiert: »19./20. Okt. (20./ 21.?)«. Teil-E: F 443–444, 24; EA 39.2, 40; W 7, 87. Vollständiger Text in dieser Ausgabe, S. 245–246.

21./22. 10. 1916 *Vor dem Einschlafen:* Handschrift in der WStB IN 107.238. Datiert: »21./22. Okt. 16«. E: F 443–444, 33 bis 34; EA 39.2, 22–23; W 7, 73–75.

23./24. 10. 1916 *Zuflucht:* Handschrift nicht überliefert. Datiert von SN in BlH: »24. 10. 1916«. SN in BA: »Wien, 23./24. Oktober 1916.« E: F 443–444, 4; EA 39.2, 7; W 7, 63.

26./27. 10. 1916 *Der Besiegte:* Handschrift der Satzvorlage in der WStB IN 107.256. Datiert: »26./27. Okt. 16«. E: F 443 bis 444, 12; EA 39.2, 37; W 7, 85.
Der Unähnliche: Handschrift der Satzvorlage in der WStB IN 107.256. Datiert: »26./27. Okt. 16«. E: F 443 444, 12; EA 39.2, 37; W 7, 85.

27./28. 10. 1916 *Der Reim:* Handschrift der Satzvorlage in der WStB IN 107.251. Titel- und Textvarianten: ›Vom Reim‹. Datiert: »27./28. Okt. 16«. E: F 443–444, 31–32; EA 39.2, 31–33; W 7, 80–82.
Selbstlose Gesellschaft: Handschrift in der WStB IN 107.222. Datiert: »27./28. Okt. 16«. E: F 443–444, 24; EA 39.2, 40; W 7, 87.
Gerüchte: Handschrift in der WStB IN 107.223, Titelvariante: ›Die Gerüchte‹. Datiert: »27./28. Okt. 16«. E: F 443–444, 25; EA 39.2, 40; W 7, 88.

29./30. 10. 1916 *Den Neubildnern:* Handschrift der Satzvorlage und Umbruchkorrektur in der WStB IN 107.246 und IN 107.263. Datiert: »29./30. Okt. 16«. E: F 443–444, 25; EA 39.2, 39; W 7, 87.

30./31. 10. 1916 *An den Schnittlauch:* Handschrift der Satzvorlage in der WStB IN 107.250. Datiert: »30./31. Okt. 16«. E: F 443–444, 10; EA 39.2, 44; W 7, 91.

31. 10./1. 11. 1916 *Grabschrift für ein Hündchen* (Woodie, gestorben 22. Mai 1913): Handschrift der Satzvorlage in der WStB IN 107.255. Titelvariante: ›Woodies Tod‹. Datiert: »31. Okt./1. Nov. 16«. E: F 443–444, 11; EA 39.2, 45; W 7, 92.

28. 10./1. 11. 1916 *Abenteuer der Arbeit:* Handschrift der Satzvorlage in

der WStB IN 107.247. Datiert:»28. Okt. 16«. Fahnenabzug in der WStB IN 107.247/I–II mit Textvarianten und Ergänzungsmanuskript IN 107.252. Datiert:»30./31. Oktober 16«. Umbruchabzug in der WStB IN 107.247/III–V mit Textvarianten und Ergänzungsmanuskript IN 107.266. Datiert:»31. Okt. / 1. Nov. 16«. E: F 443–444, 5–8; EA 39.2, 8–12; W 7, 63–67.

1./7. 11. 1916   *Die Fundverheimlichung:* Handschrift nicht überliefert. Datiert von SN in BlH:»1. u. 7. Nov. 16.« E: F 445–453, 170–176; EA 39.2, 46–54; W 7, 93–100.

19. 11. 1916   *Mit der Uhr in der Hand:* Handschrift der Satzvorlage und Entwurf in der WStB IN 169.779, Textvarianten. Datiert:»19. Nov. 16«. E: F 445–453, 150; EA 39.2, 60–61; W 7, 104.

22./23. 2. 1917   *Als Bobby starb* (22. Februar 1917): Handschrift in der ÖNB, ohne Untertitel. Datiert:»geschrieben St. Moritz 22./23. Februar 1917«, unterschreiben:»Karl Kraus für Sidonie Nadherny«. E: F 454–456, 63–64; EA 39.2, 55–56; W 7, 100–101.

1./2. 7. 1917   *Wiedersehn mit Schmetterlingen:* Handschrift in der ÖNB. Datiert:»Thierfehd 1./2. Juli 17«. E: F 462–471, 86–87; EA 39.3, 9–10; W 7, 118–119.

29. 7. 1917   *Wahnschaffe:* Handschrift in der WStB IN 107.254. Datiert:»(Zürich 29. Juli 17)«. E: F 462–471, 74; EA 39.3, 65; W 7, 167–168.

Juli 1917   *Bomben auf den Ölberg:* Handschrift in der WStB IN 172.763. Datiert:»Juli 1917 Thierfehd«. E: F 472–473, 3; EA 39.3, 54; W 7, 157–158.

9./10. 8. 1917   *Zwei Soldatenlieder:* Handschrift der Satzvorlage in der WStB IN 107.245. Datiert:»9./10. August 17«. E: F 462–471, 74; EA 39.3, 52; W 7, 155–156.

11. 9. 1917 [?]   *Der Heldensarg:* Handschrift der Satzvorlage in der WStB IN 107.248. Datiert:»Janowitz [?] 11. [?] 9.17«. E: F 462–471, 75; EA 39.3, 66; W 7, 168.

17./18. 9. 1917   *Verlöbnis:* Handschrift der Satzvorlage in der WStB IN 107.217. Datiert:»vollendet 17./18. Sept. 17«. E: F 462–471, 79–80; EA 39.3, 11–12; W 7, 120–121.

26./27. 9. 1917   *»Die Kunst sich zu freuen«:* Handschrift in der WStB IN 172.775. Datiert:»(26./27. IX. 17)«. E: F 472–473, 17; EA 39.3, 30; W 7, 136.
Der neue Wiener: Handschrift in der WStB IN 172.774. Datiert:»(26./27. Sept. 17)«. E: F 472–473, 10; EA 39.3, 33; W 7, 139.

Bahrs Himmelfahrt: Handschrift in der WStB IN 172.773. Datiert: »(26./27. IX. 17)«. E: F 472–473, 19; EA 39.3, 29; W 7, 135.
Die kranke Valuta: Handschrift in der WStB IN 172.759. Datiert: »(26./27. IX. 17)«. E: F 472–473, 8; EA 39.3, 34; W 7, 140.

27./28. 9. 1917 *So lesen wir alle Tage:* Handschrift in der WStB IN 172.761. Datiert: »(27./28. Sept. 17)«. E: F 472–473, 6; EA 39.3, 68; W 7, 170.
Knappes Leben: Handschrift in der WStB IN 172.760. Datiert: »(27./28. Sept. 17)«. E: F 472–473, 7; EA 39.3, 56; W 7, 159–160.
Der allgemeine Verteidigungskrieg: Handschrift in der WStB IN 172.762, Titelvariante: ›Der allgemeine Vertheidigungskrieg‹. Datiert: »(27./28. Sept. 17)«. E: F 472–473, 1; EA 39.3, 39; W 7, 171.
Die Schuldfrage: Handschrift in der WStB IN 172.762. Datiert: »(27./28. Sept. 17)«. E: F 472–473, 1; EA 39.3, 69; W 7, 171.
Der neue Pair: Handschrift in der WStB IN 172.752. Datiert: »(27./28. IX. 17)«. E: F 472–473, 16; EA 39.3, 34; W 7, 140.

28./29. 9. 1917 *Einem Polyhistor:* Handschrift in der WStB IN 172.758. Datiert: »28./29. IX. 17«. E: F 472–473, 24; EA 39.3, 19; W 7, 127.

29. 9. 1917 *Die Werte:* Handschrift in der WStB IN 172.772. Datiert: »(29. Sept. 17)«. E: F 472–473, 5; EA 39.3, 67; W 7, 169.

29./30. 9. 1917 *Die Instrumente:* Handschrift in der WStB IN 172.757. Datiert: »(29./30. Sept. 17)«. E: F 472–473, 12; EA 39.3, 59; W 7, 162.
Ausgleich: Handschrift in der WStB IN 172.770. Datiert: »29./30. IX. 17«. E: F 472–473, 7; EA 39.3, 56; W 7, 159.
Der Bericht vom Tag: Handschrift in der WStB IN 172.770. Datiert: »29./30. IX. 17«. E: F 472–473, 4; EA 39.3, 35; W 7, 141.
Linguistik: Handschrift in der WStB IN 172.770. Datiert: »29./30. IX. 17«. E: F 472–473, 30; EA 39.3, 70; W 7, 172.
Das Originalgenie: Handschrift in der WStB IN 172.771, Titelvariante: ›Werdegang eines Chefredakteurs‹. Datiert: »(29./30. Sept. 17)«. E: F 472–473, 16; EA 39.3, 19; W 7, 127.

30. 9./1. 10. 1917   *Tradition:* Handschrift in der WStB IN 172.752. Datiert: »(30./1. X 17)«. E: F 472–473, 3; EA 39.3, 54; W 7, 157.
Mit Gott: Handschrift in der WStB IN 172.752. Datiert: »(30./1. X 17)«. E: F 472–473, 2; EA 39.3, 63; W 7, 166.
Prager Klassiker: Handschrift in der WStB IN 172.758. Datiert: »(30./1. X. 17)«. E: F 472–473, 24; EA 39.3, 29; W 7, 135.
Gerhart Hauptmann: Handschrift in der WStB IN 172.751. Datiert: »(30./1. X 17)«. E: F 472–473, 19; EA 39.3, 27; W 7, 133.
Richard Dehmel: Handschrift in der WStB IN 172.751. Datiert: »(30./1. X. 17)«. E: F 472–473, 20; EA 39.3, 27; W 7, 133.
An denselben: Handschrift in der WStB IN 172.751. Datiert: »(30./1. X. 17)«. E: F 472–473, 20; EA 39.3, 28; W 7, 134.
Hugo v. Hofmannsthal: Handschrift in der WStB IN 172.751. Datiert: »(30./1. X. 17)«. E: F 472–473, 20; EA 39.3, 28; W 7, 134.
Kriegsküche: Handschrift in der WStB IN 172.754. Datiert: »(30. IX./I. X. 17)«. E: F 472–473, 8; EA 39.3, 57; W 7, 160.
Die Kriegsberichterstatterin: Handschrift in der WStB IN 172.755. Datiert: »(30. IX./I. X. 17)«. E: F 472–473, 5; EA 39.3, 35; W 7, 141.
Für Nichtraucher: Handschrift in der WStB IN 172.755. Datiert: »(30. IX./I. X. 17)«. E: F 472–473, 8; EA 39.3, 33; W 7, 139.
Die Redensart: Handschrift in der WStB IN 172.755. Datiert: »(30. IX./I. X. 17)«. E: F 472–473, 8; EA 39.3, 57; W 7, 160.
Vorräte: Handschrift in der WStB IN 172.753, Titelvariante: ›Vorräthe‹. Datiert: »(30./1. X. 17)«. E: F 472–473, 7; EA 39.3, 56; W 7, 159.
Der Flieger: Handschrift in der WStB IN 172.753. Datiert: »(30./1. X. 17)«. E: F 472–473, 3; EA 39.3, 55; W 7, 158.

1. 10. 1917   *Kinematographischer Heldentod:* Handschrift in der WStB IN 172.753. Datiert: »(1. X. 17)«. E: F 472–473, 5; EA 39.3, 54; W 7, 157.
Aschermittwoch: Handschrift in der WStB IN 172.753. Datiert: »(1. X. 17)«. E: F 472–473, 30; EA 39.3, 69;

W 7, 172.
Einem Strategen: Handschrift in der WStB IN
172.776. Datiert: »(X. 17)«. E: F 472–473, 4; 39.3, 69;
W 7, 171.
Vergnügungsanzeigen: Handschrift in der WStB IN
172.776. Datiert: »(1. X. 17)«. E: F 472–473, 12; EA
39.3, 60; W 7, 163.
Berichtigung: Handschrift in der WStB IN 172.758.
Datiert: »(1. X. 17)«. E: F 472–473, 24; EA 39.3, 29;
W 7, 135.
Burgtheater-Tradition: Handschrift in der WStB IN
172.767. Datiert: »(1. X. 17)«. E: F 472–473, 11; EA
39.3, 58; W 7, 161.
1./2. 10. 1917 *Unsere Post:* Handschrift in der WStB IN 172.754.
Datiert: »(1./2. X. 17)«. E: F 472–473, 13; EA 39.3,
59; W 7, 162.
Propaganda: Handschrift in der WStB IN 172.754,
Titelvariante: ›Umgekehrte Propaganda‹. Datiert:
»(1./2. X. 17)«. E: F 472–473, 10; EA 39.3, 57; W 7,
160.
Die Balten und die Letten: Handschrift in der WStB
IN 172.755. Datiert: »(1./2. X. 17)«. E: F 472–473,
15; EA 39.3, 61; W 7, 165.
Die Zwangslage: Handschrift in der WStB IN
172.753. Datiert: »(1./2. X. 17)«. E: F 472–473, 25;
EA 39.3, 15; W 7, 123.
Der Vorleser: Handschrift in der WStB IN 172.757.
Datiert: »(1./2. X. 17)«. E: F 472–473, 23; EA 39.3,
18; W 7, 126.
Die deutsche Schuldfrage: Handschrift in der WStB
IN 172.756. Datiert: »(1./2. X. 17)«. E: F 472–473,
1; EA 39.3, 62; W 7, 165.
Wie es kam: Handschrift in der WStB IN 172.756.
Datiert: »(1./2. X. 17)«. E: F 472–473, 1; EA 39.3,
62; W 7, 165.
Expansion: Handschrift in der WStB IN 172.756,
Titelvariante: ›Export‹. Datiert: »(1./2. X. 17)«. E:
F 472–473, 2; EA 39.3, 62; W 7, 166.
Der Satiriker geißelt die Schwächen: Handschrift in
der WStB IN 172.764. Datiert: »(1./2. Okt. 17)«. E:
F 472–473, 18; EA 39.3, 26; W 7, 132.
Deutsche Literaturgeschichte: Handschrift in der
WStB IN 172.764. Datiert: »(1./2. Okt. 17)«. E: F
472–473, 29; EA 39.3, 17; W 7, 125.

Den Psychoanalytikern: Handschrift in der WStB IN 172.768. Datiert: »(1./2. X. 17)«. E: F 472–473, 25; EA 39.3, 15; W 7, 123.

Sonderbare Gäste: Handschrift in der WStB IN 172.768. Datiert: »(1./2. X. 17)«. E: F 472–473, 25; EA 39.3, 15; W 7, 123.

Die neue Generation: Handschrift in der WStB IN 172.768. Datiert: »(1./2. X. 17)«. E: F 472–473, 24; EA 39.3, 20; W 7, 128.

2. 10. 1917 *Marmor-Chronik:* Handschrift in der WStB IN 172.765. Datiert: »(2. X. 17)«. E: F 472–473, 21; EA 39.3, 31; W 7, 137.

Der Fremdenverkehr: Handschrift in der WStB IN 172.766. Datiert: »2. Oktober 17«. E: F 472–473, 12; WA 39.3, 58; W 7, 161–162.

Der Ruf der Wienerstadt: Handschrift in der WStB IN 172.766. Datiert: »2. Oktober 17«. E: F 472–473, 11; EA 39.3, 58; W 7, 161.

Repressalien: Handschrift in der WStB IN 172.766. Datiert: »2. Oktober 17«. E: F 472–473, 13; EA 39.3, 59; W 7, 163.

Zwischen den Schlachten: Handschrift in der WStB IN 172.769. Datiert: »2. Oktober 17«. E: F 472–473, 6; EA 39.3, 55; W 7, 159.

Siegesfeier: Handschrift in der WStB IN 172.769. Datiert: »2. Oktober 17«. E: F 472–473, 6; EA 39.3, 55; W 7, 158.

Ehrendoktorate: Handschrift in der WStB IN 172.769. Datiert: »2. Okt. 17.« E: F 472–473, 4; EA 39.3, 35; W 7, 141.

Der Geschäftskrieg: Handschrift in der WStB IN 172.777. Datiert: »2. Okt. 17«. E: F 472–473, 2; EA 39.3, 69; W 7, 171.

Sprachgebrauch: Handschrift in der WStB IN 172.777. Datiert: »2. Okt. 17«. E: F 472–473, 13; EA 39.3, 60; W 7, 163.

Das Lebensmittel: Handschrift in der WStB IN 172.777. Datiert: »2. Okt. 17«. E: F 472–473, 5; EA 39.3, 67; W 7, 169.

Jahreszeit: Handschrift in der WStB IN 172.777. Datiert: »2. Okt. 17«. E: F 472–473, 30; EA 39.3, 70; W 7, 172.

Wahlspruch: Handschrift in der WStB IN 172.777. Datiert: »2. Okt. 17«. E: F 472–473, 31; EA 39.3, 71;

W 7, 173.

2./3. 10. 1917 *Eifersucht ist immer unberechtigt:* Handschrift in der
WStB IN 172.778. Datiert: »2./3. X. 17 (5/6)«. E: F
472–473, 27; EA 39.3, 21; W 7, 129.
Die Geschlechter: Handschrift in der WStB IN
172.778. Datiert: »2./3. X. 17«. E: F 472–473, 28; EA
39.3, 22; W 7, 130.
Kompliment: Handschrift in der WStB IN 172.778.
Datiert: »2/3. X. 17«. E: F 472–473, 28; EA 39.3, 22;
W 7, 130.
Dank: Handschrift in der WStB IN 172.778. Datiert:
»2./3. X. 17«. E: F 472–473, 28; EA 39.3, 22; W 7,
130.
Der Anstoß: Handschrift in der WStB IN 172.778.
Datiert: »2./3. X. 17«. E: F 472–473, 27; EA 39.3, 21;
W 7, 129.
Girardi im Burgtheater: Handschrift in der WStB IN
172.767. Datiert: »2./3. X. 17«. E: F 472–473, 11; EA
39.3, 58; W 7, 161.

3. 10. 1917 *Die Tauglichen und die Untauglichen:* Handschrift
in der WStB IN 172.779. Datiert: »(3. Okt. 17)«. E: F
472–473, 30; EA 39.3, 71; W 7, 173.
Vor dem Heldentod: Handschrift in der WStB IN
172.779. Datiert: »(3. Okt. 17)«. E: F 472–473, 30;
EA 39.3, 70; W 7, 172.
Täuschung: Handschrift in der WStB IN 172.780.
Datiert: »(3. Okt. 17)«. E: F 472–473, 25; EA 39.3,
20; W 7, 128.

3./4. 10. 1917 *Die Schwärmer:* Handschrift in der WStB IN 172.767.
Datiert: »3./4. X. 17«. E: F 472–473, 31; EA 39.3,
72; W 7, 175.
Goethe-Ähnlichkeit: Handschrift in der WStB IN
172.793. Datiert: »3./4. X. 17«. E: F 472–473, 31; EA
39.3, 74; W 7, 176.
Made in Germany: Handschrift in der WStB IN
172.789. Datiert: »(3./4. X. 17)«. E: F 472–473, 2; EA
39.3, 62; W 7, 166.
Verkehrte Götterwelt: Handschrift in der WStB IN
172.789. Datiert »(3./4. X. 17)«. E: F 472–473, 2; EA
39.3, 63; W 7, 166.
Vallorbe Mai 1917: Handschrift in der WStB IN
172.783. Datiert: »(3./4. Okt. 17)«. E: F 472–473, 32;
EA 39.3, 83; W 7, 184.
Das abgeschaffte Orchester: Handschrift in der WStB

IN 172.781. Datiert: »(3./4. X. 17)«. E: F 472–473, 23; EA 39.3, 18; W 7, 126.

Der Erotiker: Handschrift in der WStB IN 172.782. Datiert: »(3./4. Okt. 17)«. E: F 472–473, 16; EA 39.3, 16; W 7, 127–128.

Luxusdrucke: Handschrift in der WStB IN 172.782. Datiert: »(3./4. Okt. 17)«. E: F 472–473, 22; EA 39.3, 32; W 7, 138.

4. 10. 1917 *Revolution:* Handschrift in der WStB IN 172.789. Datiert: »(4. X. 17)«. E: F 472–473, 15; EA 39.3, 61; W 7, 164.

Die Claque: Handschrift in der WStB IN 172.789. Datiert: »(4. X. 17)«. E: F 472–473, 23; EA 39.3, 19; W 7, 127.

Zeichen und Wunder: Handschrift in der WStB IN 172.787. Datiert: »(4. X. 17)«. E: F 472–473, 14; EA 39.3, 60; W 7, 164.

Revolution in Deutschland: Handschrift in der WStB IN 172.787. Datiert: »(4. X. 17)«. E: F 472–473, 14; EA 39.3, 60; W 7, 164.

Der Mann und das Wort: Handschrift in der WStB IN 172.787. Datiert: »(4. X. 17)«. E: F 472–473, 27; EA 39.3, 24; W 7, 131.

Czernins Rede: Handschrift in der WStB IN 172.787. Datiert: »(4. X. 17)«. E: F 472–473, 15; EA 39.3, 34; W 7, 140.

Aufforderung: Handschrift in der WStB IN 172.792. Datiert: »4. X. 17«. E: F 472–473, 26; EA 39.3, 14; W 7, 122.

Die Satire ist wehrlos: Handschrift in der WStB IN 172.786. Datiert: »4. X. 17«. E: F 472–473, 26; EA 39.3, 16; W 7, 124.

Bitte an Verehrer: Handschrift in der WStB IN 172.786. Datiert: »4. X. 17«. E: F 472–473, 28; EA 39.3, 15; W 7, 123.

In eigener Regie: Handschrift in der WStB IN 172.786. Datiert: »4. X. 17«. E: F 472–473, 14; EA 39.3, 61; W 7, 164.

Wie man's anpackt: Handschrift in der WStB IN 172.788. Datiert: »(4. X. 17)«. E: F 472–473, 27; EA 39.3, 16; W 7, 124.

4./5. 10. 1917 *Auszeichnung eines Überlebenden:* Handschrift in der WStB IN 172.788. Datiert: »(4./5. X. 17)«. E: F 472–473, 4; EA 39.3, 35; W 7, 141.

Zusammenhänge: Handschrift aus der WStB IN 172.790. Datiert: »(4./5. X. 17)«. E: F 472–473, 9; EA 39.3, 68; W 7, 170–171.
Der triftige Grund: Handschrift in der WStB IN 172.790. Datiert: »(4./5. X. 17)«. E: F 472–473, 9; EA 39.3, 33; W 7, 139.
Ersatz: Handschrift in der WStB IN 172.790. Datiert: »(4./5. X. 17)«. E: F 472–473, 13; EA 39.3, 60; W 7, 163.

5./6. 10. 1917 *Ich und der Stoff:* Handschrift in der WStB IN 172.784. Datiert: »(5./6. X. 17)«. E: F 472–473, 18; EA 39.3, 75; W 7, 176–177.
Beschwörung des bösen Geistes: Handschrift in der WStB IN 172.784. Datiert: »(5./6. X. 17)«. E: F 472–473, 19; EA 39.3, 27; W 7, 133.

6. 10. 1917 *Glossen werden Symbole:* Handschrift in der WStB IN 172.791. Datiert: »(6. Okt. 17)«. E: F 472–473, 17; EA 39.3, 27; W 7, 133.

6./7. 10. 1917 *Warnung des Lesers:* Handschrift in der WStB IN 172.791. Datiert: »(6./7. X. 17)«. E: F 472–473, 29; EA 39.3, 17; W 7, 125.
P. A.: Handschrift in der WStB IN 172.784, Titel: ›Peter Altenberg‹. Datiert: »(6./7. X. 17)«. E: F 472 bis 473, 21; EA 39.3, 31; W 7, 137.
Begehrlichkeit: Handschrift in der WStB IN 172.794. Datiert: »(6./7. Okt. 17)«. E: F 472–473, 28; EA 39.3, 22; W 7, 130.
Höllenangst: Handschrift in der WStB IN 172.785. Datiert: »6./7. und (7. X. 17)«. E: F 472–473, 21; EA 39.3, 16; W 7, 124.

7./8. 10. 1917 *Derselbe:* (zu: Hugo v. Hofmannsthal): Handschrift in der WStB IN 172.785. Datiert: »(7./8. X. 17)«. E: F 472–473, 20; EA 39.3, 28; W 7, 134.

8. 10. 1917 *Klassiker-Ausgaben:* Handschrift in der WStB IN 172.795. Datiert: »(8. X. 17)«. E: F 472–473, ??; EA 39.3, 20; W 7, 128.

8./9. 10. 1917 *Instanz des Reimes:* Handschrift in der WStB IN 172.795. Datiert: »(8./9.X. 17)«. E: F 472–473, 26; EA 39.3, 16; W 7, 124.
Es klingt anders: Handschrift in der WStB IN 172.795. Datiert: »(8./9.X. 17)«. E: F 472–473, 26; EA 39.3, 72; W 7, 174.

22./23. 10. 1917 *Phantasie an eine Entrückte:* Handschrift in ÖNB; Handschrift in WStB IN 107.239. Datiert: »22./23.

Okt. 17«. E: erschien nicht in F; EA 39.3, 76; W 7, 177.

23./24. 10. 1917 *Es werde Licht:* Handschrift in der WStB IN 107.241. Datiert: »23./24. Okt. 17«. E: erschien nicht in F; EA 39.3, 82; W 7, 183.

26. 10. 1917 *Ein leicht verständliches Epigramm:* Handschrift in WStB IN 107.235. Datiert: »26. Okt. 17«. E: erschien nicht in F; EA 39.3, 71; W 7, 173–174.
Sinn oder Gedanke: Handschrift in der WStB IN 107.237. Datiert: »26. Okt. 17«. E: erschien nicht in F; EA 39.3, 71; W 7, 173.

26./27. 10. 1917 *Etymologie:* Handschrift in der WStB IN 107.236. Datiert: »26./27. Okt. 17«. E: erschien nicht in F; W 3, 59; W 7, 163.

27./28. 10. 1917 *Unterricht:* Handschrift in der WStB IN 107.243. Datiert: »27./28. Okt. 17«. E: erschien nicht in F; EA 39.3, 72; W 7, 174.

29. 10. 1917 *Der Hörerin:* Handschrift nicht überliefert. Datiert von SN in BA: »Wien, 29. Oktober 1917.« E: F 443–444, 29; EA 39.2, 28; W 7, 83.

1. 11. 1917 *Vergelt's Gott:* Handschrift nicht überliefert. Datiert von SN in BlH und BA: »1. Nov. 1917«. E: erschien nicht in F; EA 39.3, 7; W 7, 117.

13. 11. 1917 *Grabschrift* für Elisabeth Reitler: Handschrift der Satzvorlage in der WStB IN 107.218. Datiert: »(13. Nov. 17)«. E: erschien nicht in F; EA 39.3, 23; W 7, 130.

13./14. 11. 1917 *Bunte Welt:* Handschrift der Satzvorlage in der WStB IN 107.219. Datiert: »(13./14. Nov. 17)«. E: erschien nicht in F; EA 39.3, 67; W 7, 169.

26./27. 12. 1917 *Das zweite Sonett der Louise Labé:* Handschrift in der ÖNB. Datiert: »St. Moritz 26./27. Dez. 17«. E: F 474–483, 82; EA 39.4, 68; W 7, 242.

26./29. 12. 1917 *An eine Falte:* Handschrift in der ÖNB. Datiert: »St. Moritz 26./29. Dezember 1917«. Handschrift der Satzvorlage in der WStB IN 107.231. Datiert: »St. Moritz 26./27. Dez. 17«. E: F 474–483, 83; EA 39.4, 7; W 7, 187.

27./28. 12. 1917 *Die Büßerin:* Handschrift in der WStB IN 107.226. Datiert: »St. Moritz 27./28. Dez. 17«. E: F 508–513, 17; EA 39.4, 11; W 7, 189.

30./31. 12. 1917 *Silvester 1917:* Handschrift der Satzvorlage in der WStB IN 107.214. Datiert: »St. Moritz, 30./31. Dez. 17«. E: erschien nicht in F; EA 39.4, 23; W 7, 198.

1./2. 1. 1918 *Die Flamme der Epimeleia:* Handschrift der Satzvorlage in der WStB IN 107.253. Datiert: »St. Moritz 1./2. Jänner 18«. E: F 474–483, 85–86; EA 39.4, 14–15; W 7, 191–192.

30./31. 1. 1918 *Bange Stunde:* Handschrift der Satzvorlage in der WStB IN 107.227. Datiert: »30./31. I. 18. St. Moritz«. E: F 474–483, 78–80; EA 39.4, 63–65; W 7, 238–240.

1./2. 4. 1918 *Sprichwörter:* Handschrift der Satzvorlage in WStB IN 107.258. Datiert: »1./2. April 1918«. E: F 474–483, 50; EA 39.4, 24; W 7, 199.
Straßenrufe: Handschrift der Satzvorlage in der WStB IN 107.244. Datiert: »1./2. April 1918«. E: F 474–483, 119; EA 39.4, 55; W 7, 231.

2. 4. 1918 *Die unzulängliche Macht:* Handschrift der Satzvorlage in der WStB IN 107.260. Datiert: »2. April 18«. E: F 474–483, 118; EA 39.4, 56; W 7, 232.

2./3. 4. 1918 *Affaire Friedjung:* Handschrift der Satzvorlage in der WStB IN 107.274. Datiert: »2./3. April 1918«. E: F 474–483, 51; EA 39.4, 24; W 7, 199.

13./14. 6. 1918 *Flieder:* Handschrift der Satzvorlage in der WStB IN 107.221. Datiert: »(13./14. Juni 18)«. E: F 508–513, 21; EA 39.4, 60; W 7, 235–236.

18. 6. 1918 *Auferstehung:* Handschrift nicht überliefert. Datiert von SN in BlH: »Janowitz, 1918. Juni« und »Janowitz, 18. 6. 1918«. SN in BA: »Janowitz, Juli 1918 [?]«. E: erschien nicht in F; EA 39.4, 9; W 7, 188.

23. 6. 1918 *Sehnsucht:* Handschrift in der ÖNB, Titelvariante: ›Einodis‹ (anagrammatisches Akrostichon »Sidonie«). Datiert: »Janowitz 23. Juni 18«. E: erschien nicht in F; EA 39.4, 4; W 7, 187.
Huldigung der Künste zum Namenstag: Handschrift in der ÖNB (Akrostichon auf »Sidonie«). Datiert: »Janowitz, zum 25. Juni 1918«. SN in BA: »(23. Juni. – Ungedruckt)«. E: im vorliegenden Band, S. 294.
Aus Gewohnheit: 2 Handschriften in der ÖNB (Akrostichon auf »Sidonie«). Datiert: »Janowitz, zum 25. Juni 1918«. SN in BA: »(23. Juni. – Ungedruckt.)« E: im vorliegenden Band, S. 297.
Zum Namenstag: 2 Handschriften in der ÖNB. (Akrostichon auf »Sidi«). Datiert: »Janowitz, zum 25. Juni 1918«. E: im vorliegenden Band, S. 298.

23./24. 6. 1918 *Schäfers Abschied:* Handschrift in der ÖNB, (Akrostichon auf »Sidi«) Titel- und Textvarianten: ›Klagelaute zum 25. Juni 1918‹. Datiert »23./24. Juni 18«. E: erschien nicht in F; EA 39.4, 70–71; W 7,

244–245. E der Urfassung: im vorliegenden Band, S. 294–297.

31. 7. 1918 *Verwandlung:* Handschrift in der WStB IN 107.212. Datiert:»Pottenstein, 31. Juli 1918«. E: erschien nicht in F; EA 39.4, 73–74; W 7, 247–248.

23. 8. 1918 *Unter dem Wasserfall:* Handschrift in der ÖNB. Datiert:»Janowitz, August 18«. SN in BA:»Janowitz, 23. August 1918.« E: F 508–513, 76; EA 39.4, 75; W 7, 249.

25. 8. 1918 *Slowenischer Leierkasten:* Handschrift in der ÖNB. Datiert:»Janowitz 25. VIII. 18«. E: F 508–513, 29; EA 39.4, 72; W 7, 246.

8. 9. 1918 *Sage von Steinen:* Handschrift der Satzvorlage in der WStB IN 107.220. Datiert:»8. Sept. 18«. E: erschien nicht in F; EA 39.4, 10; W 7, 188–189.

24./25. 9. 1918 *Absage:* Handschrift der Satzvorlage in der WStB IN 107.229. Titelvariante gestrichen: ›Bekenntnis‹. Datiert:»24./25. Sept. 18«. E: F 499–500, 26–27; EA 39.4, 20–21; W 7, 195–197.

30. 9./1. 10. 1918 *Einem Grüßer:* Handschrift der Satzvorlage in der WStB IN 107.257. Datiert:»30. Sept./1. Okt. 18«. E: erschien nicht in F; EA 39.4, 25; W 7, 200.

Verschiedene Grüßer: Handschrift der Satzvorlage in der WStB IN 107.257. Datiert: »30. Sept./1. Okt. 18«. E: erschien nicht in F; EA 39.4, 26; W 7, 201.

1. 10. 1918 *Reiseabenteuer:* Handschrift der Satzvorlage in der WStB IN 175.450. Datiert:»1. Okt. 18«. E: erschien nicht in F; EA 39.4, 26; W 7, 201.

1./2. 10. 1918 *Religionskrieg:* Handschrift der Satzvorlage in der WStB IN 175.449. Datiert:»1./2. Okt. 18«. E: erschien nicht in F; EA 39.4, 53; W 7, 229.

Die militärische Lage ist günstig: Handschrift der Satzvorlage in der WStB IN 175.452. Datiert:»1./2. Oktober 18«. E: erschien nicht in F; EA 39.4, 54; W 7, 230.

Mittel und Zweck: Handschrift der Satzvorlage in der WStB IN 175.451. Datiert:»1./2. Okt. 18«. E: erschien nicht in F; EA 39.4, 52; W 7, 228.

3./4. 10. 1918 *Die veränderte Lage:* Handschrift der Satzvorlage in der WStB IN 107.216. Datiert:»3./4. Okt. 18«. E: erschien nicht in F; EA 39.4, 53; W 7, 229–230.

6./7. 10. 1918 *Die Parole:* Handschrift der Satzvorlage in der WStB IN 107.215. Datiert:»6./7. Okt. 18«. E: erschien nicht in F; EA 39.4, 54; W 7, 230.

14./15. 10. 1918   *Optimismus:* Handschrift der Satzvorlage in der WStB IN 107.213. Datiert: »14./15. Okt. 18«. E: erschien nicht in F; EA 39.4, 55; W 7, 232.

20. 10. 1918   *Wollust:* Handschrift der Satzvorlage in der WStB IN 107.225. Datiert: »20. Okt. 18«. E: erschien nicht in F; EA 39.4, 69; W 7, 243.

Dezember 1918   *Vor dem Schlaf:* Handschrift nicht überliefert. Datiert von SN in BA: »Wien, Dezember 1918.« E: F 508–513, 23; EA 39.4, 62; W 7, 237.

20. 2. 1920   *Den Verlassenen:* Handschrift nicht überliefert. Datiert von SN in BlH: »20. 2. 1920.« und »20. 1. 1920 [?]«. SN in BA: Titelvariante: ›Die Verlassenen‹, »Wien, 20. Februar 1920.« E: F 521–530, 92; EA 39.5, 17; W 7, 263.

6./8. 3. 1919   *Traum:* Handschrift der Satzvorlage in der ÖNB. Datiert: »6./7. 7./8. März 1919«. E: F 508–513, 73–75; EA 39.5, 18–20; W 7, 263–266.

20./24. 3. 1919   *Nach zwanzig Jahren:* Handschrift der Satzvorlage in der WStB IN 107.232. Datiert: »(20.–24. März 1919)«. E: F 508–513, 1–7; EA 39.5, 7–13; W 7, 253–259.

9. 4. 1920   *Als ein Stern fiel:* Handschrift in der ÖNB, mit Kuvert, das von SN datiert wurde: »9. 4. 20.« SN in BA: »Wien, 4. April 1920 [?]«. E: F 544–545, 39–40; EA 39.5, 70–71; W 7, 314 315.

13./14. 4. 1920   *Legende:* Handschrift der Satzvorlage in der WStB IN 107.228. Datiert: »(13.) 14. April 20«. E: F 544–545, 36–37; EA 39.5, 21–22; W 7, 266–268.

Juni 1920   *Schnellzug:* Handschrift nicht überliefert. Datiert von SN in BlH: »Juni 1920«. E: F 544–545, 38; EA 39.5, 69; W 7, 313–314.

28./29. 12. 1920   *Eros und der Dichter:* Handschrift in der ÖNB. Datiert: »28./29. Dez. 20«. E: F 561–567, 69–71; EA 39.6, 7–9; W 7, 331–333.

13./14. 1. 1921   *Die Räuber:* Handschrift der Satzvorlage in der WStB IN 107.230. Datiert: »13./14. I. 21«. E: F 561 bis 567, 4; EA 39.6, 54; W 7, 366.

26. 8. 1921   *Du bist sie, die ich nie gekannt:* Handschrift mit der Notiz von SN: »Janow., zum Abschied am 2. 9. abends b. Sidonienhaus überreicht« und Fahnenabzug mit der Widmung »Ihr gewidmet von K.« in der ÖNB, Titelvariante im Manuskript: ›Du bist Sie die ich nie gekannt‹. Datiert: »26. [27.?] August 21«. E: F 577–582, 68–69; EA 39.6, 24–25; W 7, 345–346.

26./27. 8. 1921   *Auf die wunderbare Rettung der Wunderbaren.*
Handschrift im M.-Lichnowsky-Nachlaß der Bayerischen Akademie der Schönen Künste, München, Un-
tertitel-Variante: »(11. 8. 21)«. E: erschien nicht in
F; EA 39.6, 12; W 7, 336.

1. 12. 1921   *Verlust:* Handschrift nicht überliefert. Datiert von
SN in BlH: »1. 12. 21« bzw. »Wien, 1. 12. 21«. SN in
BA: »Wien, 1. Dezember 1921.« E: erschien nicht in
F; EA 39.6, 23; W 7, 344–345.

23. 1. 1922   *Du seit langem einziges Erlebnis:* Handschrift nicht
überliefert. Datiert von SN in BlH: »Ende Jänner
22« bzw. »Mai 1921 [?]«. SN in BA: »Wien, 23. I.
1922«. E: F 568–571, 34; EA 39.6, 10; W 7, 334.

23./24. 1. 1922   *An eine Heilige:* Handschrift im M.-Lichnowsky-Nach-
laß der Bayerischen Akademie der Schönen Künste,
München. Datiert: »23./24. Januar 1922«, unterschrie-
ben: »für Mechtilde Lichnowsky Karl Kraus«. E:
F 588–594, 54; EA 39.6, 62; W 7, 373.
Erlebnis: Handschrift in der ÖNB. Datiert: »23./24.
I. 22«. E: F 588–594, 57; EA 39.6, 20; W 7, 343.

24./25. 1. 1922   *Dank:* Handschrift in der ÖNB. Datiert: »24./25. I.
22«. E: F 588–594, 58; EA 39.6, 27; W 7, 348.

25./26. 1. 1922   *Dein Fehler:* Handschrift in der ÖNB. Datiert: »25./
26. I. 22«. E: F 588–594, 56; EA 39.6, 22; W 7, 344.

31. 1./1. 2. 1922   *Fernes Licht mit nahem Schein:* Handschrift in der
ÖNB. Datiert: »31. I./1. II. 22«. E: F 588–594, 55;
EA 39.6, 21; W 7, 343.

Juni 1922   *Dialog:* Handschrift nicht überliefert. Datiert von SN
in BA: »Wien, Juni 1922«. E: F 595–600, 63; EA
39.6, 26; W 7, 347.

2./3. 8. 1922   *Sturm und Stille:* Handschrift in der ÖNB, Titel- und
Textvarianten: ›An die Unbekannte‹. Datiert: »2./3.
8. 22«. E: erschien nicht in F; EA 39.6, 28; W 7, 348.

13./14. 5. 1925   *Der Mäzen:* Handschrift im Besitz von Franz Glück,
Wien (aus dem Nachlaß von Ludwig Münz). Datiert:
»13./14. V. 25«. E: F 691–696, 1–2; EA 39.8, 26–27;
W 7, 438–439.

Mai 1925   *Am Kreuz:* Handschrift nicht überliefert. Datiert von
SN in BlH und BA: »Mai 25«, bzw. »Wien, Mai
1925«. E: F 691–696, 56; EA 39.8, 36; W 7, 447.

11./12. 7. 1925   *Der Strom:* Handschrift im Besitz von Klaus Schultz,
München. Datiert: »11./12. Juli 25«. E: F 697–705, 76;
EA 39.8, 10; W 7, 433.

Dezember 1925   *Das Wunder:* Handschrift nicht überliefert. Datiert von SN in BlH und BA: »Dez. 1925«. E: F 691–696, 23; EA 39.8, 37; W 7, 447–448.

30. 8./1. 9. 1930 *Gespenst am Tag:* Handschrift im Besitz von Edwin Hartl, Wien. Datiert: »Eisenberg 30. VIII./1. IX. 30«. E: F 838–844, 140; EA 39.9, 52; W 7, 509.

7./8. 7. 1932 *Der Gärtnerin:* Abschriften von SN in BA und für Ludwig von Ficker, Brief vom 22./23. 11. 1936, Brenner-Archiv. Datiert: »Janovice, 7./8. 7. 1932«. E: Kraft, ›Beiträge‹, a. a. O., S. 351; wieder abgedruckt im vorliegenden Band, S. 380. Faksimile der Abschrift von SN auf S. 107.

13. 9. 1933 *Man frage nicht:* Handschrift der Satzvorlage im Deutschen Literaturarchiv/Schiller-Nationalmuseum, Marbach a. N. Datiert: »13. Sept.«. Handschrift im Besitz von Walter Methlagl, Solbad Hall, mit Textvariante. Datiert: »Janovice 13. Sept. 33«, unterschrieben: »für Sidi K. K.«, Faksimile im vorliegenden Band, S. 7. E: F 888, 4.

1. 10. 1933 *Immergrün:* Abschriften von SN in BA und für Ludwig von Ficker, Brief vom 22./23. 11. 1936, Brenner-Archiv. Datiert: »Janovice, 1. Oktober 1933 für Sidi.« bzw. »Janovice, 1. 10. 33«. E: ›Forum‹, Wien 1954, I, 4, S. 21, und Kraft, ›Beiträge‹, a. a. O., S. 351; wieder abgedruckt im vorliegenden Band, S. 387. Faksimile der Abschrift von SN auf S. 106.

Sidonie Nádherný
in ihren Tagebüchern und Briefen

>»Du bist *sie, die* ich nie gekannt,
>die ich nicht nahm, die ich nicht hatte.
>Du keine Gattin, ich dein Gatte
>in einem andern Eheband.«
>Karl Kraus, 26. 8. 1921

>»Wie soll man übrigens den geistigen Ver-
>kehr mit einer Frau aufrecht erhalten, die
>nur zu zwei Büchern eine wahre Beziehung
>hat: zum Kursbuch und zu ›Worte in Versen‹!«
>Karl Kraus, 2. 10. 1916

Wer war Sidonie Nádherný? Sie wurde am 1. Dezember 1885 auf Schloß Janowitz als drittes und letztes Kind von *Karl* Borromäus Johann Ludwig Ritter Nádherný von Borutin und der Amalie *(Amélie)* geb. Freiin Klein von Wisenberg geboren. Das katholische Geschlecht der Nádherný stammt aus Böhmen. Stammvater war der 1672 geborene Martin Nadherny, der am 2. März 1746 in Narisow starb und dessen Söhne, Bartholomäus Nadherny (1727 bis 1805) und Franz Nadherny (1734–1804), die beiden Linien des Hauses begründeten.

Die Familie wurde erst im 19. Jahrhundert geadelt. Der rasche soziale Aufstieg der Nádherný, aus dem naturgemäß eine Verpflichtung für die jeweils neue Generation wurde, läßt sich genau belegen.

Sidonie *(Sidi)* Amalie Wilhelmine Karoline Julie Maria Nádherný von Borutin stammt aus der Ersten, der Älteren Linie der Namensträger. Am 15. August 1833 wurde ihr Urgroßvater, Johann Nádherný (1772–1860), von Kaiser Franz I. mit dem Titel »Edler von« in den Österreichischen Adelsstand aufgenommen und mit einem Wappen beliehen. Johann Nádherný, der als wohlhabender Prager Bürgersohn bezeichnet wird, verkaufte 1805 Schloß Kamenitz a. d. Linde an den Grafen Franz von Sickingen, der es aber schon 1806 an Johann Joseph Rilke, den Urgroßvater Rainer Maria Rilkes, weiterveräußerte.

Johann Nádherný hatte den südböhmischen Besitz Kamenitz innerhalb weniger Jahre zu blühendem Wohlstand entwickelt: 1799 richtete er ein Eisenwerk mit Hochöfen ein; drei Eisenstabhämmer und zwei Schmieden wurden angegliedert. Für die Arbeiter in den Betrieben mußten vier neue Siedlungen gebaut werden. Dazu kamen Obstbau, Land- und Forstwirtschaft. Im Jahre 1800 wird der Besitz auf 713 000 fl. geschätzt. 1799 war er noch mit 360 000 fl. veranschlagt worden.

Johann Joseph Rilke konnte Schloß Kamenitz nur fünf Jahre lang halten. Nach den Napoleonischen Kriegen mußte er es bereits 1811 wieder verkaufen. Die Bedeutung, die man in der Familie Rilke der Schloßherrenschaft beimaß, und der »Adelskult« um die erbliche Nobilisierung von Rilkes Onkel Jaroslav Rilke Ritter von Rüliken im Jahre 1873, sind noch bei Rainer Maria Rilke spürbar: Schloß Kamenitz a. d. Linde wurde das Urbild des Schlosses im ›Cornet‹.[1]

Ludwig Johann Ignatz Nádherný (1808–1868), der Großvater Sidonies, wird auf Allerhöchste Entschließung am 20. Juli 1865 in den Österreichischen Ritterstand mit dem Prädikat »von Borutin« aufgenommen; am 8. September des gleichen Jahres »vermehrt« der Kaiser sein Wappen. Er ist Besitzer der Herrschaften Chotoviny, Dub, Jistebnice, Adersbach, Veselíčko und Přehořov. Sein vierter Sohn ist *Karl* Borromäus Johann Ludwig (geb. Prag 6. 3. 1849), der Vater von Sidonie Nádherný, der als »Herr auf Janowitz« bezeichnet wird.

Das am Ende des 16. Jahrhunderts erbaute Renaissanceschloß Janowitz, wenige Kilometer westlich der Straße von Prag über Beneschau nach Tabor, wurde 1762 barockisiert. Der Stiegentrakt wurde von Franz Theodor Dallinger ausgemalt. 1856 erhielt das Schloß seine heutige Form im neugotischen Stil.

Karl Nádherný stirbt bereits im Alter von 46 Jahren, am 26. 3. 1895, in Janowitz. Er hinterläßt eine 40jährige Witwe und drei unmündige Kinder im Alter von elf und neun Jahren: Der Bruder *Johannes* Nepomuk Ludwig Adalbert Sidonius Karl Othmar Julius Maria war am 21. März 1884 in Janowitz geboren; Sidonies Zwillingsbruder, *Karl* Borromäus Maria Ludwig Hubert Adalbert, ebenda am 1. Dezember 1885. Auf Allerhöchste Entschließung werden die Witwe Amélie Nádherný von Borutin und ihre

[1] Hugo Rokyta, ›Das Schloß im ›Cornet‹ von Rainer Maria Rilke‹, Wien: Bergland 1966.

Kinder am 13. 5. 1898 in den Österreichischen Freiherrnstand mit einer abermaligen Vermehrung des Wappens erhoben. Die soziale Stellung der Familie wird deutlich, wenn man sich die Größe des Besitzes vor Augen führt: 1906 umfaßt die Herrschaft das »Allodialgut« Janowitz mit Patronatskirche und Pfarre; das Schloß liegt in einem 16 ha großen Park, der von einer Mauer umgeben ist. Zum Besitz gehören die Meierhöfe Karlshof mit 332,64 ha, Podol mit 151,58 ha und Brastic mit 89,83 ha. Der Marktflecken Vrchotovy Janovice mit 35 Häusern und 304 böhmischen Einwohnern verfügte über 305,58 ha Nutzfläche, wobei die Statistik nichts darüber aussagt, ob einer der Meierhöfe in dieser Berechnung berücksichtigt ist. Den Nádhernýs gehören in Janowitz 135,17 ha Wald, in Podol 78,38 ha Wald, eine Spiritusfabrik in der Meierei Karlshof und eine Ziegelei. Der Kastralreinertrag aus dem Verkauf von Korn, Gerste, Weizen, Hülsenfrüchten, Spiritus, Mastvieh, Bau- und Brennholz wird im Berichtsjahr auf 9 322,04 K beziffert, die Grundsteuer auf 3 417,16 K. Der Einlagewert im Jahre 1879 [dem Jahr des Kaufs?] betrug 182 000 fl.[2] Die Güter sind an E. Peschek in Janowitz verpachtet. Die Familie lebt im Vergleich mit anderen herrschaftlichen Gütern in relativem Wohlstand. Zu der Herrschaft Janovice kommen die in der Umgebung liegenden Meierhöfe Křesice und Voračice hinzu. Johannes Nádherný bereitet sich trotz vielseitiger literarischer und künstlerischer Interessen auf die Übernahme der Verwaltung der Güter vor. Karl Nádherný studiert in Prag und Heidelberg die Rechte. Die junge Baronesse besucht Konzerte und Theater in Prag und unternimmt 1906, zusammen mit ihrer Mutter, eine Reise über Stuttgart nach Paris, wo sie am 26. April im Atelier Auguste Rodins in Meudon-Val-Fleury den »jungen Schriftsteller« Rainer Maria Rilke kennenlernt, der bald nach Janowitz eingeladen wird. Es entsteht eine recht lebhafte Korrespondenz zwischen ihr und Rilke, die bis zu seinem Tod andauert. An Allerseelen 1907, dem 2. November, kommt Rilke zum erstenmal aufs Schloß. Er berichtet darüber an Clara Rilke am 4. 11. 1907:
»...von Janovic wäre viel zu erzählen. Schon die Wagenfahrt durch den verglasten harten Herbstnachmittag und das naive Land war so schön [...] Und plötzlich glitt man [...] in ein Park-

[2] Ignaz Tittel, ›Schematismus und Statistik des Großgrundbesitzes und größerer Rustikalgüter im Königreiche Böhmen‹, Prag: 1906.

46

tor, und es war Park, alter Park, und kam ganz nahe an einen heran mit seinem feuchten Herbst. Bis nach mehreren Wendungen, Brücken, Durchblicken, durch einen alten Wassergraben abgetrennt, das Schloß aufstieg, als, oben zurückgebogen wie aus Hochmut, mit Fenstern und Wappenschildern ungleichmäßig bedeckt, mit Altanen, Erkern und um Höfe herumgestellt, als sollte sie nie jemand zu sehen bekommen. Die Baronin, die verwitwet ist, blieb (es war Allerseelentag) zurückgezogen; die schöne Baronesse (die wie eine Miniatur aussieht, welche ein Jahr vor der großen Revolution gemacht worden ist, im letzten Augenblick) kam mir mit ihren beiden sehr sympathischen jungen Brüdern auf der Schloßbrücke entgegen; wir gingen durch den Park; als es schon dämmerte, durch das merkwürdige Schloß (mit einem unvergeßlichen Speisesaal), während zwei Diener mit schweren Silberarmleuchtern in die tiefen Gemächer wie in Höfe hineinleuchteten. So blieben wir ganz unter uns und (was bei der Kürze der Zeit besonders angenehm war) tranken schließlich Tee (wozu es Ananasscheiben gab) und waren gerne beisammen, jeder des andern froh. Es war ein bißchen wie eine Kindergesellschaft, nur daß es keine Großen gab und man die Spielzeugschachteln innerlich aus- und einpackte...«[3]

Dann kommt Rilke auf die Verbindung der beiden Familien durch den Besitz des Schlosses Kamenitz zu sprechen: »Dabei ergab sich im Gespräch das Merkwürdige, daß Kamenitz an der Linde, das Schloß in Böhmen, welches unserem Urgroßvater gehörte, zu einer anderen Zeit (vielleicht hernach) Eigentum eines Ahnen dieser Nadhernys war; eines direkten Vorfahren...«[3]

Rilke besuchte Janowitz noch zweimal: Vom 27. August bis Mitte September 1910, nach dem frühen Tod der Mutter der drei Geschwister, die am 20. Juli 1910 in Wien verstorben war, und vom 10. bis 15. August 1911.

[3] Rainer Maria Rilke, ›Briefe‹, Herausgegeben vom Rilke-Archiv in Weimar. In Verbindung mit Ruth Sieber-Rilke besorgt durch Karl Altheim, Wiesbaden: Insel 1950, S. 209–213. – Über den Besuch im August/ September 1910 liegen folgende Zeugnisse vor: Rilke an Marie Taxis am 30. 8. 1910; in: Rilke/Thurn und Taxis, a. a. O., S. 25–28; Rilke an Katharina Kippenberg am 22. 8. 1910 in: ›Rainer Maria Rilke – Katharina Kippenberg‹, Wiesbaden: Insel 1954, S. 14–15. – Über den Besuch im August 1911: Rilke an Anton Kippenberg am 10. und 15. 8. 1911, in: Rainer Maria Rilke, ›Briefe an seinen Verleger. 1906–1926‹, Wiesbaden: Insel 1949, S. 133 ff.

Schon nach dem ersten Besuch auf dem Schloß bittet Rilke den Schloßherrn, unbeschadet der direkten Korrespondenzen mit Sidonie, um die Vermittlung kleiner Liebenswürdigkeiten an die »verehrte Schwester«. Er rät ihm, nachdem beide besser miteinander bekannt geworden sind, sich doch von den Aufgaben der Gutsverwaltung durch Einstellung eines Verwalters zu befreien. Die acht Briefe Rilkes an Johannes Nádherný sind bisher noch nicht im Zusammenhang veröffentlicht worden.[4] Schloß Janowitz und seine Herrin sind für Rilke die Sicherheitsgarantien eines ungesicherten Lebens. »Glauben Sie mir,« schreibt Rilke am 28. Februar 1911 an Johannes, »Janowitz hat eine feste Stelle in solchem Heimatgedanken, es steht mir stark in Gefühl und Angedenken, ganz stark.«[5] Rilke erinnert Sidonie immer wieder an das Versprechen, ihm Janowitz als Rückzugsmöglichkeit aus der Welt offen zu halten. Aber er kehrt nach 1911 nicht mehr nach Böhmen zurück.

Sidonie Nádherný unterstützt Rilke auch materiell; sie setzt sich entschieden für seine Freistellung vom Militärdienst ein, und selbst Karl Kraus, der von Rilkes Intervention gegen die von Sidonie erwogene Verbindung mit ihm nichts ahnte, half Rilke um seiner Freundin willen. Der Besuch Rilkes in Nyon am Genfer See (1919) auf dem Sommersitz der Gräfin Mary Dobrzensky, der ihm auch zu längerem Aufenthalt durch Sidonies Vermittlung angeboten war, bestimmt ihn schließlich, ständigen Wohnsitz in der Schweiz zu nehmen.

»Die schöne Baronesse« verbringt die Sommer- und Wintermonate auf Reisen. Nach dem Tod der Mutter in Begleitung der Irin Mary Cooney (der Kinderfrau »May-May«), die seit Frühjahr 1884 im Hause lebt. 1907 Brüssel – Loewen – Lüttich – Kassel – Weimar – Hamburg – Lübeck – Bremen – Utrecht – Amsterdam – Haarlem – Leiden – Rotterdam – Antwerpen – Gent – Brügge. 1909 Florenz. 1909/1910 Rom. 1910/1911 Bosnien. 1911 London. Im Oktober 1912 wird sie von ihrem Bruder Johannes nach Triest eingeladen: Man fährt gemeinsam nach Venedig, wo Sidonie einen Freund des Bruders kennenlernt: Charles Vincenz. Nach mehreren turbulenten gemeinsamen Unternehmungen kehrt sie über

[4] Staatsarchiv Prag, Abteilung Beneschau, Inv. Nr. A-c-73.
[5] Hugo Rokyta, ›Zámek Vrchotovy Janovice v životě a díle R. M. Rilka‹, in: ›Sborník vlastivědných prací z Podblanicka‹, Band 4/1962, herausgegeben von Jiří Tywoniak, Beneschau: Okresní archiv 1962, S. 129–132.

München, wo sie mit den beiden Rilkes zusammentrifft, nach
Janowitz zurück. Am 25. November 1912 erschießt sich Vincenz
in einem Hotel auf Capri. Die Gründe bleiben im dunklen.
Sidonies Zuneigung zu ihrem Lieblingsbruder Johannes, der als
der Erstgeborene, gerade 26jährig, die Verantwortung für Besitz
(und Familie) übernehmen mußte, aber vielleicht auch der Versuch, sich aus seiner Bevormundung zu befreien, führen zu ständigen Fluchtversuchen durch ausgedehnte Reisen: Im Dezember
1912 reist sie über Oberbayern wiederum nach Italien. In Pistoia
begegnet sie dem Grafen Carl Guicciardini wieder, der später eine
heikle Rolle hinsichtlich der »standesgemäßen Heirat« übernehmen sollte. Sie bereist Unteritalien – Sizilien – Tunesien – die
Provence und trifft Ende April in Paris wieder mit Clara und
Rainer Maria Rilke zusammen. Clara Rilke, die Schülerin Rodins,
beginnt am 2. Mai 1913 unter der Aufsicht des Meisters mit der
Arbeit an einer Porträtbüste Sidonies, die im September 1914
fertig wird.
In Paris erreicht Sidonie die Nachricht vom Tod ihres Bruders
Johannes, der sich in München, während einer langwierigen ärztlichen Behandlung, das Leben genommen hat. Sidonies Tagebuch-
eintragungen brechen ab. Eine spätere Eintragung hält nur das
Datum fest: »28. of May 1913.«
Die ›Münchner Neuesten Nachrichten‹ beschränken sich auf die
lakonische Notiz: »Frhr. Johannes Nadherny v. Borutin ist im
30. Lebensjahre an Herzlähmung am 28. Mai in München plötzlich verstorben. Die Beisetzung erfolgt in aller Stille in der Familiengruft in Chotowin.«[6]
In dieser Lebenslage lernt Sidonie Nádherný am 8. September
1913 Karl Kraus kennen. Sie ist noch nicht 28; Karl Kraus ist 39.
Sie spricht von der »Wüste«, aus der sie komme. »Retten wollen –
da wird Sünde u. Betrug zur Reinheit, Gut-sein. Beides zu vermögen, muss man weiter, weiter – oh, da gibt es keine Grenzen,
kein Genügen. Rücksichten, Denken, Feinheit, Treue – werden
unmenschlich – menschlich nur die Bessessenheit [!], die Sünde.
Denn ich will die echte Versuchung, will tief erschüttert werden,
um zu wissen, wie ich erlöst werden kann. – Warum gibt es keinen, der *all* mein Schenken nehmen kann – der es begreift? Warum ist alles zu wenig! – K. K. steckt in meinem Blut; er macht
mich leiden. Er gieng mein[em] Wesen nach, wie keiner noch,

[6] ›Münchner Neueste Nachrichten‹, München, Nr. 277 vom 3.6.1913, S. 3.

49

er begriff, wie keiner noch. – Ich kann nichts tun, wenn ich ihn nicht vergesse. Janowitz 14. 9. 13.«
»K. K. hat mir ein neues Reich eröffnet, neue Möglichkeiten. Wie wunderbar hat er das getan. – Ein Telegramm: Tiefen Dank. –
19. 9. 13.«
Am 5. Oktober 1913 trifft Sidonie Nádherný Rainer Maria Rilke und Lou Andreas-Salomé bei der von Jakob Hegner in Hellerau veranstalteten Aufführung des Mysterienspiels ›L'Annonce faite à Marie‹ von Paul Claudel. Rilke und Sidonie lernen gemeinsam Franz Werfel kennen. Beide sind von seiner Erscheinung so abgestoßen, daß Werfel sich für die herablassende Behandlung schließlich nur durch bösartige Bemerkungen über die schöne Baronesse zu retten versucht, was Kraus wiederum veranlaßte, von seiner Bekanntschaft mit Werfel keinen Gebrauch mehr zu machen. Rilke dürfte die neue Lebenswendung gespürt haben, die durch die Begegnung mit Karl Kraus, der ihm fremd war, bei Sidonie eingetreten ist. Doch die folgenden Tagebuch-Konfessionen lassen noch keine Irritation durch den »Freund Rainer« erkennen:
»K. K. hat mir geschrieben: »Lassen Sie sich nicht ganz mitnehmen«, u. ich habe geantwortet: Ganz mitnehmen, das ist das Schönste...« Der Text bricht ab. Einige Zeilen sind herausgeschnitten. Die Eintragung stammt vermutlich vom 11. Oktober 1913.
Nach einer weiteren Eintragung vom 2. 12. 1913 schweigt das Tagebuch bis zum 28. 8. 1914. Dazwischen liegt die erfolgreiche Intervention Rilkes gegen eine Verbindung mit Karl Kraus. Nun ist nicht mehr davon die Rede, daß – will man retten und gerettet werden – »Sünde u. Betrug zur Reinheit« werden. Skrupel der Untreue gegenüber dem toten Bruder werden mächtig: »I rather continue in english, it is more like I feel. In all this time, alas, my spirit has not grown brighter, I feel even sadder than at first, for I never can forget, not even for an instant, *how much* I have lost, & even un everywhere I miss Joh[annes]. I have a feeling, as could I not hold my life, as were it ebbing away after him...« (28. 8. 1914).
Rilke hatte das Wort »Jude« in seinem sorgfältig abwägenden, behutsam argumentierenden Brief vom 21. Februar 1914 nicht ausgesprochen. Aber es steht überall zwischen den Zeilen, wenn er der Freundin nahelegt, daß Karl Kraus, »dieser ausgezeichnete Schriftsteller«, ihr nur *fremd* sein könne. Sein Leben und das ihre

50

seien völlig verschieden. Gewiß, er, Rilke, habe durchaus sympathische Erinnerungen an Karl Kraus; dieser sei ein guter Ratgeber für die Freundin, wenn... aber... trotzdem... Der »letzte, unaustilgbare Unterschied« wird postuliert.[7] Als Kind hatte Sidonie ihrem Bruder Johannes in einem Album auf die dort vorgedruckte Frage: »Deine unüberwindliche Abneigung:« geantwortet: »Gegen Juden«.[8] Das Standesvorurteil und die übernommene kindliche Argumentation sind nicht verwunderlich. Sie machen verständlich, *warum* Rilkes Argumentation solche Wirkungen haben konnte.

Sidonie ist zerrissen von Unentschlossenheit: Kraus, das ist »the greatest, dearest, kindest, best, most noble & most worthful man that exists [...] He has given me all happiness that was possible to give. He is the only man living. I never knew so strong a heart, so true a character [...] K. K. shall always remain the *glory &* *crown* of my life!«, notiert sie gleichfalls am 28. 8. 1914.

Im Frühjahr 1914 war Sidonie mit ihrem Bruder Karl erneut nach Venedig gereist. Sie verbrachte durch Vermittlung von Rainer Maria Rilke einen Nachmittag auf Duino bei Fürstin Marie und Prinz Pascha von Thurn und Taxis. Rilke erkundigte sich am 13. Juni 1914 neugierig bei der Fürstin, »ob und wie Ihnen Sidie Nádherný vorkam...« Sehr behutsam distanziert er sich von der Freundin, denn »– ich habe keine rechte Vorstellung, wie es jetzt mit ihr steht...«[9] Die Antwort der Fürstin, ihr Urteil über das »arme arme Mädel«, wie sie bei früherer Gelegenheit[10] genannt wird, ist nicht überliefert. – Karl Kraus kaufte ein Auto, ihrer Reiselust zuliebe, und reiste den beiden Geschwistern bis Graz entgegen. Über Mariazell kehrte man gemeinsam nach Wien zurück.

Anfang Juli 1914 fuhren die Geschwister und Karl Kraus in die Dolomiten. Der ausbrechende Weltkrieg zwang den Baron zur vorzeitigen Rückreise. An seine Stelle für die 29jährige Schwester und den 40jährigen Karl Kraus tritt Mary Cooney. Über Innsbruck, wo sie Ludwig von Ficker besuchen, kehren sie nach

[7] Rilke/Nádherný, a. a. O., S. 214–218.
[8] Staatsarchiv Prag, Abteilung Beneschau, Inv. Nr. A-c-40.
[9] Rilke/Thurn und Taxis, a. a. O., S. 384.
[10] Rilke hatte der Fürstin am 11. 6. 1913 über den Tod von Johannes Nádherný berichtet; sie bat ihn am 17. 6. 1913 aus Duino, der Schwester ihr Beileid auszusprechen. Rilke/Thurn und Taxis, a. a. O., S. 293–299.

Wien bzw. Janowitz zurück. »What shall become of Janow[itz], who knows? And what of me? Shall I marry? Or ever stay here? Or die soon? I must make my testam[ent] for I want K. K. to get a meadow...« (28. 8. 1914).
»...Ch[arley] is against dear K. K., it is very sad...« (11. 9. 1914). Karl Nádherný schafft immer neue Gründe und Vorwände, um ein häufiges Zusammensein mit Karl Kraus zu verhindern. Reisen nach Wien können nur unter Bewachung stattfinden. Im Oktober 1914 ist Sidonie wieder in Rom und Florenz, über Weihnachten in Našice bei Dora Pejacsevich, ab Januar erneut in Italien mit der einen kurzen Unterbrechung – bis Mai 1915: »...When I began this journal, Joh[annes] was living – and now? And in it's continuance, my heart knew a sacred great love – and now? –«, notiert Sidonie am 25. 2. 1915 in Rom.
Unfähig zu einer Entscheidung, willigt sie schließlich in eine »standesgemäße Heirat« mit dem Grafen Carl Guicciardini aus Usella bei Florenz ein. Die Heirat soll jedem der beiden Partner Freizügigkeit in allen ihren Beziehungen lassen. In den Briefen von Karl Kraus und in den Gutachten des Graphologen und »Hellsehers« Schermann, dessen Bestätigungen andauernder Leidenschaft und eines glücklichen Ausgangs zu den *Höllentälern* in dieser »Liebestodesangst« gehören, wird diese Ehe als das notwendige Zugeständnis an das »Milieu«, den Adel, charakterisiert. Karl Kraus schreibt das Gedicht ›Verwandlung‹, Rilke die ›Worte zu einer Fest-Musik‹: Sie sollen in der Vertonung von Dora Pejacsevich bei der Trauung gesungen werden. Aber die Hochzeit wird wenige Tage vor dem angesetzten Termin, dem 6. 5. 1915, wieder abgesagt. Die offizielle Begründung ist die Einberufung des Bräutigams zum Militärdienst.
»K. K., so kind, so good«, ist die nun mehrmals wiederkehrende Formel für den sich in Leidenschaft verzehrenden Geliebten. »I cannot make his life happy – because my thoughts & feelings are in the past« (22. 7. 1915). Sidonie war über Lugano nach Zürich gefahren. Kraus kauft ein weiteres Auto – das erste wurde in Wien requiriert. Es wird in Ragaz eingestellt, als sie im Juli die Alternative Janowitz/Italien zugunsten von Janowitz entscheidet.
Ermüdungen treten ein. Sidonie erwägt aufs neue, »Comtess Guicciardini« zu werden, um ihre Pflicht gegenüber dem Vater und den Brüdern zu erfüllen, »then I could die. But not sooner« (1. 8. 1915). Lebensangst und Todessehnsucht wechseln einander

ab. Kleine Affairen mit flüchtigen Bekanntschaften bringen nicht die erhofften »Rettungen«: Reisen und immer neue Reisen demonstrieren wenigstens nach außen hin rastlose Aktivität. Den August 1915 verbringt Karl Kraus in Janowitz. Doch Sidonie geht mit neuen Fluchtgedanken um:» I want freedom, solitude or *new* people. Suede? Switzerl[and]? – And Carlo [Guicciardini]? A ridiculous idea« (1. 8. 1915).

Dora Gräfin Pejacsevich bestürmt die Freundin, gegenüber Karl Kraus weniger hart zu sein. Sie sieht ihn leiden. Aber Sidonie vertraut ihrem Tagebuch an, daß der Hochzeitsplan vor allem auch dazu dienen sollte, sich von ihm zurückziehen zu können. Sie könne nur zerstören oder lieben: Eine Alternative, welche die Gegner von Karl Kraus auf ihn projizierten. Kraus hatte an den ›Letzten Tagen der Menschheit‹ gearbeitet und sein viertes »Sidie«-Gedicht geschrieben: ›Die Krankenschwestern‹. ›Leben ohne Eitelkeit‹ war unter dem ursprünglichen Titel ›Alles oder nichts‹ zum 29. Geburtstag der Baronesse am 1. 12. 1914 entstanden. ›Verwandlung‹ war das »Hochzeitsgedicht«; ›Vor einem Springbrunnen‹ bezeichnet das Wiederfinden bei Kraus' zweiter Rom-Reise.

Im Oktober 1915 ist Sidonie Nádherný zum zweitenmal in der Schweiz. St. Moritz, die Villa Manin sur wird für die Kriegsjahre der bevorzugte Aufenthaltsort. Schon im Januar 1916 reist sie mit den Bedienten Elise und Fritz, mit May-May und dem Leonberger Hund Bobby erneut nach St. Moritz. Alle Versuche des Bruders, sie für die finanziellen Schwierigkeiten der Gutsverwaltung zu interessieren, mißlingen. Karl Kraus widmet ihr den ersten Band der ›Worte in Versen‹: »Sidonie Nadherny zu eigen«. Er verbringt die Monate Januar/Februar in St. Moritz. Im Mai 1916 reisen sie gemeinsam durch die Schweiz, besuchen Carl Spitteler und treffen Marcel Ray. Über Wien und Našice kehrt Sidonie Ende Mai nach Janowitz zurück: Karl Kraus und Adolf Loos kommen aufs Schloß. Aber schon am 28. Juli kehrt die Rastlose wieder in die Schweiz zurück.

Das Tagebuch bricht ab. Die erste neue Eintragung vom 3. 11. 1916 ist erfüllt von der Hoffnung auf eine neuerliche Schweizer Reise, die gegen alle Bitten von Karl Kraus am 16. Dezember 1916 von Wien aus angetreten wird. Sidonie bleibt bis zum Sommer. ›Worte in Versen II‹ von 1917 erscheint mit der Widmung: »Dem Park von Janowitz«.

Auf den gemeinsamen Winterreisen und Sommerausflügen in der Schweiz entstehen die großen Natur- und Landschaftsgedichte: ›Fahrt ins Fextal‹, 29. 1. 1916; ›Landschaft‹, 10. 8. 1916; ›Epigramm aufs Hochgebirge‹, 18. 8. 1916; ›Als Bobby starb‹, 23. 2. 1917; ›Wiedersehn mit Schmetterlingen‹, 2. 7. 1917. Die sogenannte Akt-Ausgabe der ›Letzten Tage der Menschheit‹ wird abgeschlossen.

»K. K., I wish he'd love me less«, notiert sie am 8. 11. 1917, »for in my heart are other dreams & faithful I cannot be & no man should want that of a woman, for it must make her fade.« Eine neue Schweizer Reise für Anfang Dezember wird vorbereitet; Pläne für Norwegen und Schweden müssen – da man sich ja immerhin im Krieg befindet – aufgeschoben werden. Kraus besucht »Sidi« auch diesmal in St. Moritz und kommt Anfang Juli 1918 nach Janowitz: »speaking it over with dear, kind Dora [Pejacsevich], we concluded, that a separation must be; I can stand him always less & less; the greater his love grows, the less I can return…« (18. 7. 1918).

Gemeinsame Ausflüge auf Schloß Pottenstein zu Gräfin Mary Dobrzensky können die wachsende Entfremdung nicht mehr aufhalten. »K. K. He is a great load on my life« (14. 8. 1918). »There was a goodbye for ever between K. K. & me – he who loves as no man ever did…« (1. 10. 1918). »With K. K. I am finished, it is soon a year that I have not seen him. I feel as were all that fever of love – all those men I loved & that loved me – gone for ever…« (11. 9. 1919). Die Beschwörungen der Jahr für Jahr erscheinenden ›Worte in Versen‹ mit den Widmungen »Der Hörerin« (Band III, 1918) und »Dem Tag von Vallorbe« (Band IV, 1919) bleiben ungehört.

Als Sidonie am 26. Dezember 1919 nach vielen Jahren dem Grafen Max Thun wieder begegnet, der im September 1913 die Bekanntschaft zwischen ihr und Karl Kraus hergestellt hatte, ist es »as to some dear remembrance or a longing. It is not *he* who is before me, nor *I* before him.« Die Überforderung durch den »Vollkommenheitswahn« von Karl Kraus kann sich nicht deutlicher aussprechen. Das Gefühl der Gleichstellung gibt ihr Sicherheit. Karl Kraus und die Freundin Dora Pejacsevich, die vor ihrer Heirat mit Otto von Lumbe steht, versuchen noch einmal, vergeblich, das dialektische Verhältnis »von zwei einander zugewandten Seelen« [11] zu beschwören.

54

Sidonie flüchtet zu Max Thun, der ihre Unentschlossenheit respektiert. »He asks for no word of love & he claims no love nor promise, gives none, therefore we agree« (26. 12. 1919). Als Thun am 29. Dezember 1919 überraschend nach Janowitz kommt und vor der begeisterten Skiläuferin im Park seine Skikünste demonstriert, fühlen beide sich gegenseitig bestätigt. Max Thun bleibt über Sylvester auf dem Schloß. Die Möglichkeit, sich mit ihm einer bislang unlösbaren Aufgabe zu entledigen – der »standesgemäßen Heirat« –, leuchtet ihr ein.

Am 7. Januar 1920 gibt Thun in Prag zusammen mit seinen Schwestern ein großes Abendessen für Sidonie, Karl Nádherný und Dora Pejacsevich. Karl Nádherný ahnt nicht, daß er an der »Verlobung« seiner Schwester mit dem Grafen Thun teilnimmt. Er wird erst wenige Tage vor der Hochzeit in die Pläne eingeweiht, widersetzt sich dem Vorhaben – wie alle anderen Freunde – mit großer Entschiedenheit. Sidonie flieht wieder nach St. Moritz. Die Hochzeit findet am 12. April 1920 in Stift Heiligenkreuz im Wienerwald statt. Beide Familien nehmen nicht daran teil. Trauzeugen sind der Klosterpförtner und der Stiftsmesner. Karl Kraus läßt Sidonie einige Tage vor der Hochzeit das Gedicht ›Als ein Stern fiel‹ überbringen. ›Worte in Versen V‹ von 1920 ist »Den Verlassenen« gewidmet.

Nur wenige Monate leben Sidonie Gräfin Thun und Hohenstein und Max Graf Thun zusammen, zunächst in verschiedenen Wohnungen in Wien, dann in Prag. Den September 1920 verbringt Sidonie bereits wieder auf Reisen in Deutschland und in der Tschechoslowakei. Im November verläßt sie die gemeinsame Wohnung, kehrt aber nocheinmal zurück. Am 20. Dezember 1920 flieht sie endgültig nach Wien: »Destroyed all dreams, destroyed that strange mysterious love, that bound me to M. T.«, notiert sie am 1. 1. 1921, nachdem sie zu Karl Kraus zurückgekehrt ist. Sie sieht Max Thun nie mehr wieder, obwohl ihre Ehe erst am 15. 9. 1933 geschieden wird. Seit 24. 11. 1933 führt sie wieder ihren Geburtsnamen.

Die Leidenschaft für Karl Kraus flammt erneut auf. Sidonie verbringt den ganzen Januar 1921 in Wien und kopiert die Briefe, Telegramme und Postkarten von Karl Kraus an sie: Alles in allem mehr als 700, stellt sie fest. »He is my best, my truest friend.«

[11] Karl Kraus, ›Zuflucht‹ [W 7, 63].

(12. 2. 1921). Dann reist sie wieder nach Našice und von dort, im April, nach Italien, wo sie Carl Guicciardini wiederbegegnet. Aber schon nach einem Tag Florenz kehrt sie nach Wien zurück. Ein Ausflug mit Karl Kraus in den Wienerwald, Autofahrten durch Böhmen und Mähren zu der Freundin Mechtilde Lichnowsky werden absolviert. Stolz notiert Sidonie in ihrem Tagebuch die zurückgelegten Strecken: 1000 Kilometer im Auto! Karl Kraus umwirbt sie mit großen Liebesbriefen. Der Plan einer Weltreise wird erörtert; er erwägt, die ›Fackel‹ aufzugeben und sie »umarmt den Atlas«. Bei der Landreform von 1919 mußte der Großgrundbesitz Janowitz auf 360 ha Land verzichten. Den notwendigen finanziellen Einschränkungen stehen immer exzentrischere Pläne entgegen. 1922 wird ein Haus für »20 Millionen« verkauft. Karl Kraus gelingt es noch einmal, sie persönlich für seine Arbeit zu interessieren: Die Sprachlehre wird vorbereitet, und sie liest die Korrekturen für ›Untergang der Welt durch schwarze Magie‹ und den 5. Akt der ›Letzten Tage der Menschheit‹. Band VI der ›Worte in Versen‹ (1922) ist »Dem Knaben Lenker« gewidmet, eine Verschwisterung des Knaben Lenker aus ›Faust II‹ mit Sidonies Autoleidenschaft.

Karl Kraus erhofft erneut eine Verbindung mit Sidonie Nádherný. Das Gedicht ›Du seit langem einziges Erlebnis‹ entsteht im Januar 1922, nachdem die Freundin Mechtilde Lichnowsky zwischen ihr und ihm zu vermitteln versuchte.

1922, im Juli, wird eine Autotour durch Franken unternommen; im August/September fährt sie zusammen mit Karl Kraus an die Ostsee. Als der Plan einer Weltreise immer weiter hinausgeschoben wird, reist Sidonie am 24. Januar 1923 mit May-May nach Ägypten – Palästina – Syrien und Griechenland. Während ihrer Abwesenheit stirbt die Jugendfreundin Dora Pejacsevich an den Folgen einer Geburt in München. Im Sommer ist sie in Berlin; im Dezember in Paris »With K. K. I broke, I found out, that even he has a small bad character...«, notiert sie am 24. Januar 1924.

Das Reisefieber gibt sie nun nicht mehr frei: Im Januar 1924 reist Gräfin Thun-Nádherný erneut nach Kairo – Konstantinopel – Genua. Im Sommer drei Wochen Strobl am Wolfgangsee, ein Monat England; Salzburg; München. 1925 Berlin – Jena – Weimar; Dresden; Florenz. 1926 Bad Gastein; Florenz. 1927/1928 zusammen mit ihrem Bruder nach Schweden und im gleichen Jahr, zusammen mit Mary Cooney, im Auto nach Schweden –

Norwegen – Dänemark. Bayreuth. Italien. 1928 Schweiz. 1930 England und Irland. Im Frühjahr 1931 Italien. Erst der Tod ihres Bruders Karl, der am 18. September 1931 nach einer Blinddarmoperation an Lungenembolie überraschend stirbt, verändert ihr Leben entscheidend. Sie lebt zurückgezogen auf dem Schloß, umgeben von ihren Hunden Rover, Pyri, Sandi und Flock, einer Koppel ausgesuchter und ausgefallener Exemplare, die ihr von Freunden geschenkt wurden. Zunehmende finanzielle Schwierigkeiten zwingen zum Verkauf von Bildern und Gobelins. 500 000 Kč Erbschaftssteuer müssen gestundet werden; sie werden schließlich als Hypothek aufs Schloß übernommen.»Größere Reisen«, wie zum Beispiel Anfang 1935 nach Florenz, werden von Karl Kraus subventioniert.

Die Sommermonate verbringt Sidonie als Gärtnerin im Park; ein Steingarten wird angelegt. Mit Anna und Alice Masaryk entsteht ein nachbarschaftlich-freundschaftlicher Austausch über gärtnerische Erfahrungen. In den Wintermonaten wird ein Katalog der Schloßbibliothek und anderer Sammlungen des Schlosses angelegt. Sidonie schreibt eine »Geschichte von Janowitz«, die bisher nicht aufgefunden wurde.

Miss Cooney lebt inzwischen in Prag. Karl Kraus, »the true friend«, kommt regelmäßig nach Janowitz. Sonst unterbrechen nur kleine Ausflüge zu Fürst Max und Gillian Lobkowicz auf die Schlösser Raudnitz und Eisenberg die Janowitzer Einsamkeit.

Das Tagebuch enthält nun erstmals knappe Hinweise auf die politischen Ereignisse. Dollfuß' Austrofaschismus wird unter dem Eindruck der vielen in die ČSR emigrierten österreichischen Sozialdemokraten sehr skeptisch beurteilt, skeptischer jedenfalls, als Karl Kraus das tut, der sich am 6. März 1934 in einem großen Brief über »das kleinere Übel« Dollfuß und die bis 1934 von den Sozialdemokraten propagierte Anschlußforderung ausspricht. Sidonie Nádherný war Tschechin und sie optierte für die selbständige Tschechoslowakische Republik und keineswegs für die deutschen Minderheiten.

1936. »Began New Year with K. K. by Chlum[eckys]. In Vienna till 21. of Febr[uary]. Nearly all nights by L[oved?] K[arl]. He suffered with bad headaces since knocked down by a bycicle on the 4. of Febr[uary]. Once he took a walk with me & Rover in the Prater [...] K. K. came from the 1.–3. of March [nach Janowitz]. Met him then in Prague on the 9., then Roudnice [...] sold

Gobelin on the 26. (21 500 Kč). K. K. here from 10.–14. of April, admired Rover [Rover war ein Geschenk von Karl Kraus] [...] K. K. telegr[aphed] to Rover on his birthday, the 26., & came here from 30.–4. of May.« Beim Abschied auf dem Bahnhof in Bene-schau bittet Karl Kraus Sidonie, ihm testamentarisch lebensläng-liches Wohnrecht in Janowitz zu bestimmen. »On the 31. K. K. wanted to come, put it off as cold weather. On the 5. of June news from Gretl [Chlumecky] that K. K. ill, on the 11. telegr[amm] from Gretl that »hopeless«, left at once, at 6 in Vienna – the same night he died.« Es kam »sein Tod, der mein Leben abschloß«, schreibt sie am 1. 10. 1947 an Albert Bloch.

Am 15. Juni wird Karl Kraus begraben, nicht in Janowitz, wie er und Sidonie es gewünscht hatten, sondern auf dem Wiener Zen-tralfriedhof. Nur wenige Freunde folgen dem Sarg. Sidonie, die sich stets von dem Wiener Bekanntenkreis von Karl Kraus distan-zierte, kehrt allein in die Einsamkeit von Janowitz zurück, die ihr jetzt ganz deutlich bewußt wird. Sie schreibt die ›Erklärung der Gedichte (50) von Karl Kraus, soweit sie mir gewidmet waren, d. h. uns und unserer Liebe u. unserer Freundschaft, die bis zu seinem Todestag, den [!] 12. Juni 1936, andauerten...‹ [BlH] und beendet die ›Extrakte der Briefe‹ [EX] am 11. 9. 1936. Im August trifft sie sich mit Mechtilde Lichnowsky: Wir redeten nur von Karl Kraus, schreibt sie in ihrem Tagebuch.

»Bald sind es 5 Monate, daß das Unbegreifliche geschah, und das letzte Licht erlosch«, heißt es am 2. 11. 1936 – dem Allerseelentag – in einem Brief an Ludwig von Ficker.[12] »Höllische Einsamkeit umgibt uns in der Finsternis.« Sie beklagt die »trostlose Stille«, fühlt, »wie einsam sie [die Welt] geworden ist, seit der Einsame uns verlassen hat«. In »unerbittlichem Schweigen« und »undurch-dringlichem Dunkel« fühlt sie sich zurückgelassen. Die kollektive Trauer verschleiert nur schwach die persönliche Verzweiflung. Er war nach dem Tod des Bruders Karl »der einzige Trost u. Inhalt, der letzte Lichtstrahl meines einsamen Lebens«[13].

Über die folgenden Jahre gibt das Tagebuch nur noch knappe Jahresberichte: 1939: »A year of misery...«; 1940: »Always here with M[ay]-M[ay], except in the summer with M.-M. a week in

[12] Sidonie Nádherný an Ludwig von Ficker am 2. 11. 1936. Brenner-Archiv.
[13] An Ludwig von Ficker am 22./23. 11. 1936, a. a. O.

Prag & in Nov[ember] by M[?].«; 1941: »Never left this place.
Since June war with Russia, since Dec[ember] with Amerika.«
1942: »Darling M[ay]-M[ay] died on the 11. of Jan[uary], could
not walk since the 8. of Sept[ember], got always weeker, from
the 1. of Jan[uary] no more left her bed, confused, always sleep-
ing, last week without concience...«
Im Sommer 1942 muß Sidonie Nádherný Schloß Janowitz verlassen. Heinrich Himmlers Waffen-SS errichtet zwischen der
Hauptstraße Prag–Tabor als östlicher Begrenzung, der Moldau
als westlicher Begrenzung, dem Flüßchen Sasau im Norden und
der Bahnlinie Olbramovice-Sedlčany im Süden einen Truppen-
übungsplatz. Die gesamte Bevölkerung, etwa 50000 Menschen,
wird evakuiert. Schloß Janowitz wird als Panzerreparaturwerk-
stätte benützt. Die Standortverwaltung residiert auf dem nahen
Schloß Konopischt, das einst dem österreichischen Thronfolger,
Franz Ferdinand, gehört hatte. Sidonie Nádherný zieht in ein
Kätnershäuschen auf dem Meierhof Voračice, der nur einige
hundert Meter von der Grenze des Truppenübungsplatzes entfernt liegt. Dieser Hof allein war ihr geblieben. Das Schloß wird
geräumt. Die Möbel werden in einer Scheune eingelagert.
Nach der Befreiung durch die Alliierten wird das Schloß zunächst
von Truppen der Roten Armee besetzt. Die Baronin zieht deshalb
in das unterhalb des Schlosses liegende Forsthaus, das sie mit
dem Lehrer des Ortes teilt. Alle Hoffnungen, die sich auf den
Tag der Befreiung stützten, wurden zerstört. Sie lebe einsam und
schweigsam und bevorzuge Hunde-Gesellschaft, schreibt sie an
Albert Bloch,[14] für den sie seit November 1947 noch einmal die
Briefe von Karl Kraus in Auszügen kopiert [BA]. Bloch, der in
Amerika lebende Übersetzer von Karl Kraus, dem sie nie in
ihrem Leben persönlich begegnet ist, ist ihr »einziger Umgang«.
Nur Prager Freunde kommen noch manchmal aufs Schloß. Sonst
lebt sie in fremder Umwelt: Die tschechische Sprache sei ihr immer
fremd geblieben; sie habe nie ein Buch in dieser Sprache gelesen,
obwohl die ›Letzten Tage der Menschheit‹ tschechisch erschienen
seien. Mit ihren Brüdern habe sie nur englisch gesprochen, und
deutsch: – »denn man war ja früher Österreicher.«[15]
Bereits Ende Januar 1948, also noch vor dem kommunistischen
Staatsstreich unter Klemens Gottwald, wird eine neue Bodenre-

---

[14] Sidonie Nádherný an Albert Bloch am 18. 11. 1947. Brenner-Archiv.
[15] An Albert Bloch am 18. 3. 1948, a. a. O.

form proklamiert. Die Parzellierung in Grundstücke von maximal 50 ha pro Person ist im Oktober 1948 abgeschlossen. Von der Regierung bestellte Verwalter übernehmen den Besitz. »Bin ich dazu da, das Ende von Schloß und Park zu bezeugen«, fragt sie sich in einem Brief an Albert Bloch, »nachdem ich soviele Jahre meines Lebens ihrer Schönheit widmete?« Aber sie nimmt ihr persönliches Schicksal – die Evakuierung durch die Deutschen als deutschsprachige Tschechin und die Enteignung durch die Tschechen, nachdem der Krieg »gewonnen« war – mit erstaunlicher Gelassenheit hin: »Millions have suffured the same pain during the war – but was it for this continuation that »peace« was established?«[16]

Zum erstenmal erscheint sie befreit von den Bedrängungen des Tages, befreit von den Zwangsvorstellungen des Milieus. Sie spricht offen über ihre Beziehungen zu Karl Kraus und Rainer Maria Rilke, von dem sie sagt, sie hätte ihn als Mensch, nicht aber als Dichter geschätzt – so, als bezöge sie noch nachträglich eine Position von Karl Kraus.

Seit Weihnachten 1948 lebt Sidonie hauptsächlich bei Freunden in Prag. Sie bemüht sich um ein englisches Visum. Als es nicht eintrifft, geht sie am 11. September 1949 mit nur leichtem Handgepäck über die tschechisch-bayerische Grenze. Ihre zurückbleibenden Bekannten glauben an eine legale Ausreise. Erst später erfährt Sidonie von einer geplanten Verhaftung wegen »politischer Unzuverlässigkeit«.

Sie reist nach London, wo sie mit Mechtilde Lichnowsky und Mary Dobrzensky zusammentrifft; die Freundinnen sehen sich fast täglich. Möglicherweise um den verzweifelten Plan einer Weiterreise nach Südamerika zu finanzieren, berät sie sich mit Albert Bloch über den Verkauf der Briefe von Rainer Maria Rilke, die sie mitgenommen hat. Richard von Mises erwirbt die Sammlung von über 200 Briefen für £ 450.–. Im übrigen wird sie von Czech Refugee Trust Fond wöchentlich mit 3 £ unterstützt.

Häufige Wohnungswechsel und die Landaufenthalte – u. a. bei Lord Robert Gilbert Vansittart in Denham oder bei Verwandten der Freunde Lobkowicz in der Grafschaft Cork in Irland – wirken belebend und anregend auf sie. Doch plötzlich bittet sie Albert Bloch um die Rückgabe der Briefabschriften: »... Wenn ich

[16] An Albert Bloch am 29./30. 1. 1948, a. a. O.

60

nicht früher geschrieben habe, so war es, weil ich immer zögerte, ob ich es wagen darf, etwas Ihrem Herzen zu entreissen: wenn es Ihnen nicht allzu schmerzlich ist, möchte ich Sie bitten, mir alle Abschriften meiner K. K. Briefe zu senden. Ich weiss, es war bestimmt, dass sie bei Ihnen bleiben sollten. Seither aber hat sich mein Leben von Grund aus verändert, auch insofern, dass ich nichts von K. K. ausser 2 Bilder u. Die ausgewählten Gedichte, um mich habe u. mir ist bange um etwas Persönliches...«[17]

Ihr Selbstbewußtsein und die Beurteilung der eigenen Lage zeugen von großer Entschiedenheit. Sie distanziert sich von den Sentimentalitäten der Emigranten:»›Heimweh‹ – ich habe eine Abneigung gegen dieses, jetzt so oft gehörte Wort unter meinen ›Kollegen‹ [...] Heimatlos bin ich, seit *er* uns verliess. Alles andere war dann nur eine Schale...«[18]

Die Rückkehr aus Irland nach England war für Ende Juni 1950 geplant, um das Visum für Argentinien zu beantragen.

Doch im August 1950 wurde Sidonie Nádherný wegen eines Krebsleidens in das Hospital in Harefield/Middlesex eingeliefert. Am 9. September schreibt sie, noch immer aus dem Hospital, an Albert Bloch:

»I have given up my permanent address in London & please send me therefore the letters [von Karl Kraus] to High Trees, Chalfont St. Peter, Bucks., the address you know, which will be always mine, till in about 6 weeks I'll go to a friend in Italy to get away from the cold winter London climate...«

Den Winter erlebt sie nicht mehr. Am 30. September 1950 stirbt Sidonie Nádherný im Harefield-Hospital.

Zwei Tage später berichtet Mechtilde Lichnowsky dem Freund Albert Bloch:»She died on Sept. 30th. She never had the sligtest suspicion, never knew what had happened & what was killing her [...] I was taken by a car to attend the funeral yesterday; the owner of the car was late & so everything was over before we reached the little church in Denham, service and burial [...] The day was THE ONE perfect day, Indian Summer. She did not suffer.–.–.«[19]

---

[17] An Albert Bloch am 12./13. 4. 1950, a. a. O.
[18] An Albert Bloch am 27. 2. 1950, a. a. O.
[19] Mechtilde Lichnowsky an Albert Bloch am 2. 10. 1950. Brenner-Archiv.

»...

Sylvia dachte an frühere Zeiten, an das herrliche Einst, in welchem sie, wie sie glaubte, im Mittelpunkt alles Geschehens stand. Eine innere Stimme sagte ihr das ... Du warst jung, du warst schön, du besaßest, was zu besitzen das Leben bezaubernd macht und kostbar. Und sie gedachte der Freundschaft mit Demeter, dessen Tod vor vierzehn Jahren so jäh das Glück vernichtete, das den Inhalt ihres Lebens darstellte, nicht ununterbrochen, aber immerwährend. Ihre Schönheit war seinem Geist gewachsen und wußte sich ihm in jeglicher Weise anzupassen, um so leichter, als er bei ihr schöpferische Kraft nicht erwartete, nur ein Mitdenken, Mitgehen, ein Stillhalten, wenn die seine am Werk war. Die Dinge sind selten genau so, wie man sie sich in seiner Abenteuerlust ausdenkt und vorstellt. So war er, wie sie annahm, vom Gedanken beglückt, daß sie seinem Geist mühelos zu folgen imstande war; in Wirklichkeit fand solch ein Zusammenklang nicht statt; doch konnte sie seine Gesinnung und Einstellung bestimmten Welten gegenüber in ihr Gefühlsleben aufnehmen und weit genug verstehen, besonders wenn eine seiner Welten Natur hieß, Bäume und Landschaft und Tierleben. Was Menschen betraf oder Abstrakta, so mußte sie angelernt werden. Wie dem auch sei, war ich nicht schön und anziehend und treu und zuverlässig?, sagte die innere Stimme.

...«[20]

[20] Mechtilde Lichnowsky, ›Der Zeichner‹ [Über den Tod von Sidonie Nádherný], in: ›Zum Schauen bestellt‹, Esslingen: Bechtle 1953, S. 105 bis 111.

Bildteil

Quellennachweis

Franz Graf Dobrzensky, Ascona 31. Tilbert Eckertz, Berlin/DDR 62, 63, 64, 65 (Photos Joël-Heinzelmann, Berlin-Charlottenburg). Otto Kerry, Wien 67, 68 (Photos Trude Fleischmann). Edwin Hartl, Wien 9, 66. Gabrielle de Kochznovszky, Cascais 24. Paul Liegler, Wien 38. Fürstin Gillian Lobkowicz 72, 73. Valentine von Lumbe, Matzing 29. Friedrich Pfäfflin, München 16, 19, 20, 21. Willi Reich, Zürich 74. Lotte Reiss-Jacobi, Deering/USA 76. Hans Roeder, Zürich 30. Brenner-Archiv, Innsbruck 1, 8, 13, 14, 15 (Photo Kosel, Wien), 22, 23, 26, 27 (Atelier Zach, Beneschau), 28, 35 (Photo Renaud, Glarus), 36, 37, 39, 41, 43, 44, 47, 48, 53, 54, 55, 56, 57, 60, 69, 70, 71 (Photos Joël-Heinzelmann, Berlin-Charlottenburg), 78, 79 (Photos Steffi Brandes, Berlin), 80 (Photo Pestry Tyden, Prag), 81 (Photo Dorit, Karlsbad), 84, 85, 91, 92, 93. Kösel-Verlag, München 4, 5 (Photo d'Ora, Wien), 61, 82, 83 (Karl Kraus-Film), 86. Richard Lányi Verlag, Wien, aus: Peter Altenberg, ›Nachlese‹ 40. M.-Lichnowsky-Archiv bei der Bayerischen Akademie der Schönen Künste, München 49, 50, 51, 52. Staatsarchiv Prag, Abteilung Beneschau, Beneschau 2, 3, 10, 11, 12, 13, 17, 19, 46, 58, 94. Tschechisches Literaturmuseum, Prag 89, 90. Wiener Stadtbibliothek, Wien 6, 7 (Photo H. Ephron, Wien).

22./23.

Licht und Dolch – beides zusammen gibt
Ihre Erscheinung – haben Wünsche gereizt.
Oder waren es Ihre Wünsche?
Wie soll ich danken? Wie so, indem
ich bitte: Lassen Sie sich nicht ganz mitnehmen!
In dem entsetzlichen Lokal war ich seit
damals nicht. Wohl aber an jenem
Sonntag im schwarz umhängten Zimmer,
und dachte darüber nach, wie man
Ihnen folgen könnte, wenn Sie
entschweben wollen.

—

Ich habe kein Briefpapier, weil ich
nie Briefe schreibe. Dieses hier
hat der Dolch zurechtgeschnitten.
Es ist auch kein Brief, sondern
nur was, was ich lieber nachts
im Theater in ein Ohr gesagt hätte, u
wenn ein Auge ganz wo anders wär.

4 Karl Kraus [1908]. Das Photo war als Brustbild auch als Postkarte verbreitet. Alban Berg schickt diese
Karte am 10. 8. 1919 an Hermann Watzmann: »Was sagst Du dazu? Ich bin in hellster Begeisterung und
wünschte nur, all' die Zeitungsschmierer u. Journalisten sähen das Bild: sie schwiegen tiefbeschämt – oder
preisten überschwänglich [!] wie ich!!« [Sammlung Hans Swarowsky, Wien]

1 [Seite 65:] Karl Kraus an Sidonie Nádherný am 22./23. 10. 1913 [Originalgröße]
2 [Seite 66:] Sidonie Nádherný [1916/1917 in der Schweiz]
3 [Seite 67:] Sidonie Nádherný [1916/1917 in der Schweiz]

5 [1908]

6   Karl Kraus [1900]
mit einer Widmung an Annie Kalmar

7   Karl Kraus [1900]
mit einer Widmung an Annie Kalmar

8   Karl Kraus [1902]. Postkarte aus Bad Ischl an seine Schwester Marie Turnowsky

9 [1907?]

10 Sidonie Nádherný [1907]

11 Sidonie Nádherný [1907]

12 Sidonie, Karl und Johannes Nádherný [1912?]

13 »Sein erster Sommer in Janowitz« (Sidonie
Nádherný). August 1914 auf der Wiese im Park

14 [August 1914]

Karl Kraus
zur Erinnerung an gemeinsame Tage von
Sidi Nádherny
Janowitz 1913–14.

15 Sidonie Nádherný [1914]. Das Bild hing in der Wohnung von Karl Kraus

16 Toreinfahrt Schloß
Janowitz [1971]

17 Schloß Janowitz von
Süden [1930]

18 Schloß Janowitz von
Südwesten [1930?]

19 Schloßteich im Park
von Janowitz [1971]

20 Schloßteich im Park
von Janowitz [1971]

21 Wiese im Park [1971]

22 Sommer 1915

23 Karl und Sidonie Nádherný, Karl Kraus [Sommer 1915]
24 Dora Pejacsevich, Sidonie Nádherný, Karl Kraus [Sommer 1915]
25 Karl und Sidonie Nádherný, Karl Kraus [Sommer 1915]

26 Adolf Loos

27 Ludwig von Ficker in Beneschau [1915]

28 Georg Trakl mit der Familie Ludwig von Fickers [1914]

9　Valentine
Niny] Baronesse Mladota [1912]

0　Helene Kann [1904]

31　Mary Gräfin Dobrzensky [1918]

32/33/34 [1915?]

5 Der neue Opel wird
vorgeführt: Mary Cooney,
Sidonie Nádherný und
Karl Kraus im Sommer
1915 in Glarus

6 Mary Cooney und
Karl Kraus auf der Schweizer Reise [Sommer 1915]

7 Sidonie Nádherný und
Karl Kraus

38 Leopold Liegler

39 Raphael Schermann

40 Peter Altenberg
und Adolf Loos

*Architekt Adolf Loos und
Peter Altenberg!
Zwei, die sich „Einzige-Trotzer".
Über Loos, was bisher
unrichtig war!*

1918

Peter Altenberg

41 In St. Moritz, Villa Manin sur,
mit Bobby [25. 2. 1916]

42 »K. K. & Bobby Villa Manin sur,
St. Moritz, 25. II. 1916« [Sidonie Nádherný]

43 Thierfehd, das Tal des Tödi. »Die Berge stehen vor der Ewigkeit wie Wände.« August 1917

44 Thierfehd, August 1917

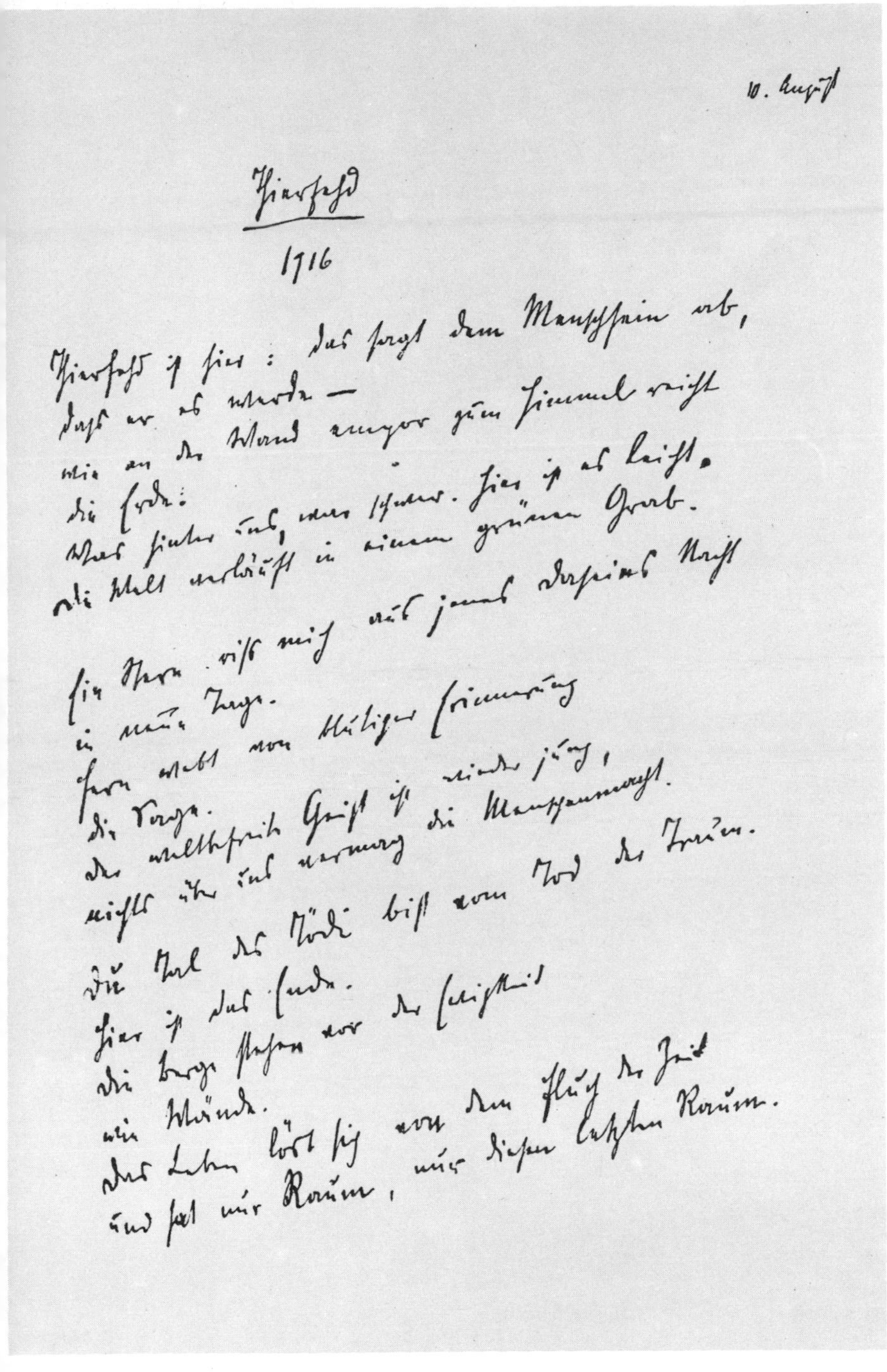

45 Faksimile der Reinschrift des Gedichts für Sidonie Nádherný [geringfügig verkleinert]

46 Sidonie Nádherný [1916/1917 in der Schweiz]

47 Paßbild mit der Widmung von Karl Kraus an Sidonie Nádherný: »für Einodis   Lenzburg, 12. Mai
1917«

48 [1920]

49/50/51/52 Erster Aufenthalt in Kuchelna bei Fürstin Mechtilde Lichnowsky[?] [August 1920]

53 Karl Kraus, Karl Ná-
dherný, Mechtilde Lich-
nowsky vor Schloß Jano-
witz [August 1921]

54 [August 1921]

55 Karl Kraus, Sidonie
Nádherný, Karl Nádherný,
Ludwig Sprissl [August
1921]

56 Karl Kraus, Mary
Cooney, Sidonie und Karl
Nádherný [Sommer 1921]

57 Karl Kraus, Sidonie
Nádherný, Mary Cooney
auf der Wiese im Park
[September 1921]

58　Mechtilde Lichnowsky

59　Mechtilde Lichnowsky [1914]

60　Mechtilde Lichnowsky

61 [August 1921 in Kuchelna?]

66 Dieses Porträt wurde von der Buchhandlung Richard Lányi, Wien, als Postkarte zugunsten der »Gesellschaft der Freunde« verkauft [Dezember 1921]

67 [1928]

68 [1928]

69 [Frühjahr 1929]

70 [Frühjahr 1929]

71   [Frühjahr 1929]

72 Gillian Lobkowicz [1965]

73 Fürst Max Lobkowicz [1960]

74 Helene Kann

75 Georg Knepler [1931?]

76 [1930?]

77 [1930]

78 Adolf Loos [1930?]

79 Adolf Loos [1930?]

80 60. Geburtstag von Adolf Loos am 10. 12. 1930 im Haus Müller, Prag: Karl Nádherný [stehend, 2. von links]; sitzend: Hans Müller, Lina Loos, Frau Müller, Adolf Loos, Karl Kraus, Sidonie Nádherný, Niny Lumbe-Mladota.

81 [1933]

84 »Sein letztes Bild. Sommer 1933« [Sidonie Nádherný] am Schloßteich im Park von Janowitz

85/87 Die beiden von Karl Kraus selbst nicht mehr veröffentlichten Widmungsgedichte. Abschrift Sidonie Nádhernýs für Ludwig von Ficker [Originalgröße]

Janowitz, 1.10.33.

Immergrün

Hohes Amt, in Gottes Erde
spätrer Schönheit Samen senken,
dass Gewesenes immer werde,
sich der Geberin zu schenken.

Viele Kreaturen harren
deiner Wartung in der Runde.
Ziehst du mühvoll deinen Karren,
folgen dir zwei treue Hunde.

Und zwei treue Hände graben
zwischen Gräbern neues Leben.
Grant die Welt, so sollst du haben
Immergrün, von dir gegeben.

86 Sidonie Nádherný im Park von Janowitz [1947/1948]

Janovice, 7./8. 7. 1932

Der Gärtnerin

Blick um dich, wie das Leben leuchtet,
wenn sich dein liebend Auge feuchtet:
sieh, wie für dich das Herz der Erde loht!
In deines Gartens Heiligtume
betrauerst vergebens du den Tod:
wo deine Thräne fiel, blüht eine Blume.

88/89   Schloß Janowitz: »Interieur zur Zeit der Aufenthalte von RMRilke«

90/91/92   Die Wohnung von Karl Kraus, Wien, Lothringer Straße 6, wo er seit 1912 lebte

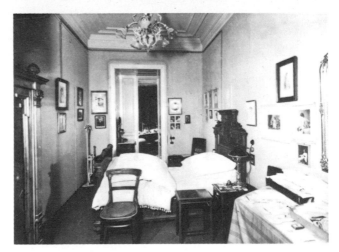

93 Schloß Janowitz von Osten [1940?]

Erläuterungen

[1]   15. 9. 1913

SN in BA: »Nach unserer ersten Begegnung in Wien am 8. Sept[ember]«
1913. Die Bekanntschaft zwischen KK und SN vermittelte Max Graf
Thun, vgl. Anm. 7. SN in Tb v. 12. 9. 1913:»Caféhaus, Gespr. ü. Dichter, wie St. George, Rilke, Dehmel, Hoffmannsthal [sic] etc., m. Auto in
die Adria Austell., K. K. allein zurück. Soupper Bar Bristol – ü. Wüste
gesprochen, Wunsch mich allein zu sehen, u. doch dabei zu sein – wie es
dann war im Heiligenkreuzhof [sic] – Fiaker Praterallee, gleitende
Sterne – nach 10 Min. gekannt – Helfen unmöglich – das Nichtheran-
lassen führt in Abgründe – wünschen, etwas wünschen – wohin blickt
diese Frau, warum kann man nicht dort sein – der Blick – die Stimme,
klagend, hell u. doch kaum vernehmbar, verschollen – Einfluss auf
Rilke's Gedichte – nichts für Sie, ich werde jetzt arbeiten – schweigende
Versprechen mit zitternder Hand – seit vielen Jahren hat mich keine
Frau so berührt – erkennt m. Wesen, dass es Reisen, Freiheit braucht –
ich soll da sein, wenn er arbeitet. W. Wald beschlossen. – 3 U. zurück...«
In F 381–383 v. 19. 9. 1913, S. 69, erster Hinweis auf beginnende Beschäftigung mit Gedichten:»Die Sprache tastet wie die Liebe im Dunkel
der Welt einem verlorenen Urbild nach. Man macht nicht, man ahnt ein
Gedicht.« [W 3, 338]. Das Gedicht ›Der sterbende Mensch‹ wird abgedruckt, S. 74 ff [W 7, 57 ff].

[2]   September 1913

Ansichtskarte in Kuvert: Heiligenkreuzerhof in Wien. SN in Tb v.
15. 10. 1913:»Schöne Radierung: Heiligenkreuzhof [sic] u. Karte.«
Glas der Teetasse war blau: SN in Tb v. 12. 9. 1913:»Nächster Tag
[9. 9. 1913] Gabel b. Loos – um 4 Autofahrt nach Hainbach – weite
Landschaft, Sommernachtswiese, Schönheit, Schweigen – Arbeitszimmer
– Chaiselongue – Du Liebstes, sag, was hast du in der Wüste erlebt,
warum hat man dich nicht erwürgt, das wolltest du doch – Thee i. grün.
Glas –. Souper b. Schwarzwald – [...] – Regenguss. – Souper i. Caféhaus –
Heiligenkreuzhof [sic] – Abschied. – – –«

[3]   20. 10. 1913

Leseabend: Vorlesung aus eigenen Schriften im Kleinen Musikvereinssaal, Wien, am 22. 10. 1913. Programm: F 386 v. 29. 10. 1913, S. 9.
Heiligen Kreuzerhof: s. Anm. 1 und 2.
Brünn: Vorlesung aus eigenen Schriften im Deutschen Haus, Brünn, am
21. 10. 1913. Programm: F 386, a. a. O., S. 9. In Brünn und Wien erste
öffentliche Vorlesung eines Gedichts: ›Der sterbende Mensch‹, s. Anm. 1.

113

[4] 22./23. 10. 1913

Beilage: ein Blatt.
Duft und Dolch: SN in BA: »Duft u. Dolch: Mit Wünschen zu einer Vorlesung hatte ich Blumen u. ein Elfenbein-Papiermesser geschickt.«
Lokal: SN in BA: »(Café Imperial)«.
Prater: s. Anm. 1.

[5] 26. 10. 1913

Komme nachts: SN in EX: »27. Nov. in J. zum 1. Mal«. KK kam von Dresden: Vorlesung aus eigenen Schriften im kleinen Saal des Künstlerhauses, Dresden, am 25. 11. 1913. Programm: F 389–390 v. 15. 12. 1913, S. 21. Am 28. 11. 1913 Vorlesung aus eigenen Schriften im Central-Saal, Prag. Programm: F 389–390, a. a. O., S. 21.

[6] 2. 12. 1913

Beilage: Zeitungskritik aus dem ›Bookman‹, New York, Oktober 1913, von A. v. Ende.
Mehr wünsche ich nicht: am 1. 12. 1913 feierte SN ihren 28. Geburtstag. B.: Vorlesung aus eigenen Schriften im Royal-Saal, Budapest, am 10. 12. 1913. Programm: F 391–392 v. 21. 1. 1914, S. 28.
in Ihrer Sprache: bezieht sich auf die Beilage. SN sprach und schrieb englisch. Die Kritik aus dem ›Bookman‹ wurde in F 389–390 v. 15. 12. 1913, S. 26, gekürzt nachgedruckt. Dort heißt es u. a.: »But the man who is so much in the public eye is in his private life of an almost morbide reserve, and beyond a few intimate friends, is personnally unknown to the wide circle of admirers which he has won through his books of aphorisms, keen-edged like blades of Damascene steel, yet coming down with the force of a sledgehammer, and essays, plain and unadorned in diction, yet radiant with the light of genius.«

[7] 5. 12. 1913

M. Th.: Maximilian *[Max]* Maria Moritz Graf Thun und Hohenstein (geb. Lissa a. E. 14. 12. 1887; gest. Wien 12. 4. 1935), Dr. med., Sportarzt. Beschäftigte sich eingehend mit Bewegungslehre, deren Thesen er – wie aus einem Bericht der ›Neuen Freien Presse‹, Wien, Nr. 22 792 v. 28. 2. 1928 hervorgeht – in der Wiener Gesellschaft durch Vorführungen mit »vier herzigen Aeffchen« zu popularisieren suchte. »In liebenswürdigem Plauderton spricht er, während er auf dem Kopf steht, über die statische und dynamische Funktion der Bewegung. Er hüpft im Froschsprung und läuft auf allen Vieren als Pferd im Schritt, im Trab, im Galopp, im spanischen Tritt, ohne während dieser komplizierten Gangarten seine Aphorismen über Bewegungskultur auch nur sekundenlang zu unterbrechen...« Aus dieser Zeit dürfte auch die folgende Veröffentlichung stammen: ›Holzschnitte zur Natürlichen Bewegungslehre des Dr. Thun-Hohenstein Von Karl Fränkel‹, Privatdruck, o. O., o. J., WStB IN 113.128.

– Thun, der an schweren psychischen Störungen litt, wird in späteren Briefen, häufig als »der Biolog« oder »der Krebserreger« erwähnt. Heiratete am 12. 4. 1920 in Stift Heiligenkreuz, für KK und alle Freunde völlig überraschend, SN. Schon im Herbst 1920 wurde die Ehegemeinschaft aufgegeben, am 15. 9. 1933 gerichtlich geschieden. SN führte lt. Erlaß v. 24. 11. 1933 nun auch wieder offiziell ihren Mädchennamen. SN in BAB am 10./11. 2. 1948, sie habe Max Thun nach 1920 nicht mehr gesehen.

16.: Vorlesung aus eigenen Schriften im Kleinen Musikvereinssaal, Wien, am 16. 12. 1913. Programm: F 391–392 v. 21. 1. 1914, S. 28. SN in EX: »Ich in Wien zu einer Vorlesung am 16. 12.«.

Bruder: Felix Oswald Maria Graf Thun und Hohenstein (geb. Wien 23. 4. 1891; gest. Wien 11. 2. 1938), Offizier und Gesandter des Malteser-Ordens in Österreich.

Bar. Niny M.: Baronesse Valentine *[Niny]* Marie Mladota von Solopisk (geb. Linz 11. 2. 1891), Jugendfreundin der Geschwister Nádherný, lebte bis zu ihrer Verheiratung auf den Janowitz benachbarten Schlössern Roth Hradek und Amschelberg; heiratete am 21. 1. 1914 Anton Freiherr Codelli von Codellisberg, Sterngreif und Fahnenfeld (geb. Neapel 22. 3. 1875; gest. Porto Ronco 26. 4. 1954); 1921 geschieden. Am 16. 11. 1922 Heirat mit Karl Ritter von Lumbe (geb. Wien 16. 4. 1885; gest. Matzing bei Seeham 17. 10. 1967).

L.: Adolf Loos (geb. Brünn 10. 12. 1870; gest. Kalksburg bei Wien 23. 8. 1933), hatte SN am 9. 9. 1913 kennengelernt, s. Anm. 2. Mit KK nachweislich seit 14. 3. 1900 bekannt, WStB IN 138.838, wird schon in frühen F-Nummern von Mitarbeitern wegen seiner Kritik an den Secessionisten gerühmt. Erste nachweisbare Stellungnahme für Loos durch Kraus in F 32 v. Mitte Februar 1900, S. 31. Loos richtete 1900 das Eßzimmer des F-Mitarbeiters Otto Stoessl ein, Werk-Verz. 10; um 1903 die Wohnung Reitler, Werk-Verz. 16; 1905 die Wohnung von Alfred Kraus, dem Bruder von KK, Werk-Verz. 19; 1907 die Wohnung von Rudolf Kraus, gleichfalls ein Bruder von KK, Werk-Verz. 21. Loos förderte den jungen Oskar Kokoschka, den er 1908 mit KK und Peter Altenberg bekannt macht. Loos' berühmtester Aufsatz ›Ornament und Verbrechen‹ entstand vermutlich 1908, vgl. Adolf Loos, ›Sämtliche Schriften in zwei Bänden‹, Hrsg. von Franz Glück, Bd. I, Wien/München: Herold 1962, S. 437–458. KK reagierte in F 279–280 v. 13. 5. 1909, S. 8: »Der Verschweinung des praktischen Lebens durch das Ornament, wie sie Adolf Loos nachgewiesen hat, entspricht jene Durchsetzung des Journalismus mit

Geisteselementen, die zu einer katastrophalen Verwirrung führt. Die Phrase ist das Ornament des Geistes...« Dieser Gedanke wird in ›Heine und die Folgen‹, F 329–330 v. 1. 9. 1911, S. 10, fast wörtlich wieder aufgenommen und bleibt bis zu der ›Rede am Grab‹ am 25. 8. 1933, F 888 v. Oktober 1933, S. 1–3, für die gegenseitige Wertschätzung bestimmend. Loos beteiligte sich an dem Aufruf zur Unterstützung von Else Lasker-Schüler, erstmals in F 366–367 v. 11. 1. 1913, US 3, und an der ›Rundfrage über Karl Kraus‹, in: ›Der Brenner‹, III. Jg., Heft 18 v. 15. 6. 1913, S. 841. – Am 15. 12. 1913 erscheint in F 389–390, S. 37, der Aphorismus: »Adolf Loos und ich, er wörtlich, ich sprachlich, haben nichts weiter getan als gezeigt, daß zwischen einer Urne und einem Nachttopf ein Unterschied ist und daß in diesem Unterschied erst die Kultur Spielraum hat. Die andern aber, die Positiven, teilen sich in solche, die die Urne als Nachttopf und die den Nachttopf als Urne gebrauchen.« [W 3, 341]. – Über KK und Adolf Loos, s. Kerry K 1402–1407; ferner: Adolf Loos, ›Sämtliche Schriften‹, Hrsg. von Franz Glück, Bd. 1, Wien/München: Herold 1962.

Lesezimmer Krantz: Hotel, Wien I, Neuer Markt.

Sacher: Hotel und Restaurant in der Philharmonikerstraße, hinter der Staatsoper.

Hotel Imperial: Hotel und Café, Wien I., Kärntner-Ring 16; über viele Jahre KKs Stammcafé.

[9]   8. 12. 1913

Ansichtskarte von Budapest.

[10]   12. 12. 1913

B.: Budapest.
15.: SN in EX: »Ich in Wien zu einer Vorlesung am 16. 12.«.

[12]   18. 12. 1913

Tabor: In dem bei Tabor gelegenen Ort Chotovin war der am 28. 5. 1913 in München aus dem Leben geschiedene Lieblingsbruder SNs, *Johannes* Nepomuk Ludwig Adalbert Sidonius Karl Othmar Julius Maria Freiherr Nádherný von Borutin, Herr auf Janowitz, Voračice und Křesice (geb. Janowitz 21. 3. 1884) in der Familiengruft der Älteren Linie Nádherný beigesetzt worden. Tabor und Chotovin werden deshalb in den Briefen immer wieder als Schlüsselwörter für das Andenken an den toten Bruder verwendet. Später wird Johannes Nádherný neben seinen beiden Eltern im Park von Janowitz beigesetzt. Die »Wüste«, von der SN in

Tb v. 12. 9. 1913, s. Anm. 2, spricht, bezieht sich auf *dieses* Erlebnis und den vorangegangenen Selbstmord eines Freundes von SN und Johannes Nádherný am 25. 11. 1912; SN in Tb zwischen 9. 11. 1912 und 21. 12. 1912.
(L. nicht.): bezieht sich auf den Plan einer gemeinsamen Reise von Loos und KK nach Janowitz.

[14]   22. 12. 1913

Wir kommen: KK und Adolf Loos verbrachten Weihnachten in Janowitz; KK blieb dort allein bis mindestens 2. 1. 1914.

[16]   30. 12. 1913

Brief wurde in Janowitz geschrieben; chronologische Einordnung durch Numerierung von SN gesichert. – Eine an das ›Prager Tagblatt‹ eingeschickte Berichtigung zu Äußerungen über Max Oppenheimer und Oskar Kokoschka trägt die Datierung: »z. Zt. Janowitz, am 2. Januar 1914«, s. F 395–397 v. 28. 3. 1914, S. 22; vgl. ›Kokoschka und der andere‹, in F 339–340 v. 30. 12. 1911, S. 22.

[17]   11. 1. 1914

SN in EX: »Ich am 10. 1. in Wien«. Sie kehrte vermutlich erst am 16. 1. 1914 nach Janowitz zurück, während KK nach Innsbruck reiste.

[18]   14. 1. 1914

Innsbruck: Vorlesung aus eigenen Schriften im Kleinen Musikvereinssaal, Innsbruck, am 13. 1. 1914. Veranstaltet vom ›Brenner‹. Nachweis: F 395–397 v. 28. 3. 1914, S. 35.
Salzburg: Vorlesung aus eigenen Schriften im Saal des Österreichischen Hofs, Salzburg, am 12. 1. 1914. Veranstaltet vom ›Brenner‹. Nachweis: F 395–397, a. a. O., S. 35.

[19]   15. 1. 1914

Ansichtskarte von Innsbruck.

[21]   17. 1. 1914

Bobby: ein Leonberger Hund; vgl. das Gedicht ›Als Bobby starb. (22. Februar 1917)‹ [W 7, 100–101].

117

[22]   18. 1. 1914

Brief K.: nicht ermittelt.

Semper idem: unwandelbar; Wappenspruch der Nádhernýs.

[23]   19. 1. 1914

Wann Ankunft?: SN war v. 22. 1.–28. 1. 1914 in Wien.

[24]   19. 1. 1914

Beilagen: 3 Zeitungsausschnitte aus der ›Salzburger Chronik‹ v. 15. 1. 1914 und der ›Salzburger Wacht‹ v. 14. 1. 1914; nicht erhalten. *Salzburg und Innsbruck:* Vorlesungen, s. Anm. 18.

[26]   29. 1. 1914

Nachricht dass gut: SN war am 28. 1. 1914 nach Janowitz zurückgefahren.

[28]   31. 1. 1914

wann eintreffe: SN in EX: KK am »2. 2. u. 19. 2. in Jan.«.

[31]   Februar 1914

Brief wurde möglicherweise in München geschrieben, wo sich SN und KK vermutlich am 13. 2. 1914 trafen, vgl. Anm. 52. Chronologische Einordnung durch Numerierung von SN gesichert.

[32]   15. 2. 1914

München: Vorlesung aus eigenen Schriften im Richard Wagner-Saal, München, am 13. 2. 1914. Programm: F 395–397 v. 28. 3. 1914, S. 36.

[33]   15. 2. 1914

Ansichtskarte aus München von Gisèle und Friedrich Heß-Diller mit Zuschrift von KK; mit Baron Friedrich Karl Georg Heß-Diller (geb. Wien 31. 3. 1847; gest. Branek/Mähren 8. 9. 1922) und Gisela, geb. Gräfin von und zu Gallenberg (geb. Laibach 12. 10. 1862) war KK nachweislich seit 1908 bekannt.

[34]   16. 2. 1914

Mannheim: Vorlesung aus eigenen Schriften im Hof- und National-
theater, Mannheim, am 15. 2. 1914. Programm: F 395–397 v. 28. 3. 1914,
S. 38.

Charleys Schlossaussicht: bezieht sich auf SNs Zwillingsbruder, *Karl*
Borromäus Maria Ludwig Hubert Adalbert Freiherr Nádherný von
Borutin (geb. Janowitz 1. 12. 1885; gest. Prag 18. 9. 1931), Dr. jur.; nach
dem Tod seines Bruders Johannes Verwalter der Güter.
Zürich: Vorlesung aus eigenen Schriften im kleinen Tonhalle-Saal, Zü-
rich, am 16. 2. 1914. Veranstaltet vom Lesezirkel Hottingen. Programm:
F 395–397, a. a. O., S. 38.
Heidelberg: Vorlesung aus eigenen Schriften im Lesesaal der Stadthalle,
Heidelberg, am 17. 2. 1914. Programm: F 393–397, a. a. O., S. 38.

[37]   Februar 1914

KK am 19. 2. 1914 in Janowitz, s. Anm. 28. Der Brief könnte also am
20. 2. 1914 geschrieben worden sein.
Das erste Exemplar: Möglicherweise handelt es sich um die Ausgabe
der ›Chinesischen Mauer‹ mit 8 Originallithographien von Oskar Kokoschka, Leipzig: Kurt Wolff 1914 [EA 9] SN in BAB am 18. 2. 1948:
Sie besitze zwei Exemplare, eine broschierte Ausgabe und ein Perga-
mentexemplar, das folgende Widmung enthielt: Exemplar Nr. 1 [von
200] »und gehört Sidi Baronin Nádherný in unendlicher Erinnerung an
Schloß Janowitz und seine gütige Herrin am 5. März 1914 in Wien überreicht von Karl Kraus.« München: Karl u. Faber, Auktion 100, am 17. 5.
1966.

[38]   undatiert

SN in EX: »Ich anf. März in Wien…«

[40]   6. 3. 1914

alle lieben Passagiere: SN hatte in Wien zwei Nachtigallen gekauft.

[41]   6./7. 3. 1914

Ansichtskarte des Wiener Tierschutzvereins mit folgendem Text: »Es ist
dasselbe Herz, das Menschenleid ermisst / Und das in ihrer Not die
Vögel nicht vergisst.«
M.: nicht ermittelt.

[42] 7. 3. 1914

Beilage: nicht erhalten.
Ch.: Charley, später auch Charlie geschrieben: Karl (bzw. Carl) Nádherný.

[43] 9. 3. 1914

Empfang der Briefe immer zu bestätigen: Die Diskretion bei der Postzustellung in Janowitz war nicht immer gegeben. KK verwendet hier und künftig auch die Anrede in der dritten Person: man.
Programm: für Vorlesung aus eigenen Schriften im Kleinen Musikvereinssaal, Wien, am 11. 3. 1914. Programm: F 395–397 v. 28. 3. 1914, S. 36.
Exemplar der Wiener Auflage: F 393–394 erschien am Samstag, dem 7. 3. 1914.
Tangy: Hund SNs.

[46] 11. 3. 1914

Kinderbild: Ein Kinderbild SNs hing bis 1936 in der Wohnung von KK; am 11. 3. 1914 Vorlesung, s. Anm. 43.

[48] 12. 3. 1914

Beilage nicht erhalten; Zusammenhänge nicht ermittelt.

[49] 13. 3. 1914

Beilage: Obwohl KK in [43] B mitteilt, »Programm wird diesmal nicht gedruckt«, muß es sich um das Programm der Vorlesung vom 11. 3. 1914 handeln. Beilage nicht erhalten.
»Durch der Zeitung«: ›Alle, die durch der Zeitung‹, Glosse, wurde am 11. 3. 1914 gelesen. Erstdruck: F 354–356 v. 29. 8. 1912, S. 33–34.
»Geistesgegenwart in Beneschau«: nicht ermittelt.
Prag: Vorlesung aus eigenen Schriften im Central-Saal, Prag, am 4. 4. 1914. Programm: F 398 v. 21. 4. 1914, S. 19.
Berlin: Vorlesung aus eigenen Schriften im großen Architektensaal, Berlin, am 1. 4. 1914. Programm: F 398, a. a. O., S. 19.
Wien: Vorlesung aus eigenen Schriften im Großen Beethovensaal, Wien, am 22. 4. 1914. Programm: F 399 v. 18. 5. 1914, S. 17.
Bielitz: Vorlesung aus eigenen Schriften im Kaiserhof-Saal, Bielitz, am 21. 3. 1914. Nachweis: F 398 a. a. O., S. 18.

Ostrau: Vorlesung aus eigenen Schriften im Stadttheater, Mährisch-Ostrau, am 22. 3. 1914. Nachweis: F 398, a. a. O., S. 18.
Brünn: Vorlesung aus eigenen Schriften im Deutschen Haus, Brünn, am 23. 3. 1914. Nachweis: F 398, a. a. O., S. 18.

[51]   14./15. 3. 1914

blaue Tasse: s. Anm. 2.
Smetanagasse 18: Wohnung der Geschwister Nádherný in Prag seit 28. 8. 1911.
Nichts von Prag!: bezieht sich auf die geplante Prager Vorlesung am 4. 4. 1914, s. Anm. 49.

[52]   17. 3. 1914

Rilke: SN war seit 1906 mit Rainer Maria Rilke (geb. Prag 4. 12. 1875; gest. Val Mont bei Montreux 29. 12. 1926) befreundet. Am 26. 4. 1906 besuchte sie zusammen mit ihrer Mutter, Amalie Freifrau Nádherný von Borutin, geb. Freiin Klein von Wisenberg (geb. Zöpfau 24. 8. 1854; gest. Wien 20. 7. 1910) das Atelier August Rodins in Meudon-Val-Fleury. Rilke, der Sekretär Rodins, führte die beiden Damen durch die Sammlungen der Villa. SN in Tb ›Paris 1906‹, S. 45, StA Prag/Beneschau A-c-46/2:»Die Werke, teils i. Marmor, teils Gips, zeigte ein jüng. Herr, Schriftsteller, u. machte zu jedem äusserst feine Bemerkungen. Mit grösster Liebe enthüllte er jedes Stück…«
Rilke wurde nach Janowitz eingeladen. Er weilte dort am 2. 11. 1907, vom 27. 8. 1910 bis Mitte September 1910 und vom 10.–15. 8. 1911. Zeugnisse dieser Besuche liegen vor in Briefen an Clara Rilke v. 4. 11. 1907, an Fürstin Marie von Thurn und Taxis-Hohenlohe v. 30. 8. 1910, an Katharina Kippenberg v. 22. 8. 1910 und an Anton Kippenberg v. 10. und 15. 8. 1911. Sechs unveröffentlichte Briefe, eine Briefkarte und ein teilweise veröffentlichter Brief an Johannes Nádherný aus der Zeit v. 16. 12. 1907 bis 30. 6. 1911 werden in Beneschau aus dem Nachlaß Nádherný verwahrt, StA Prag/Beneschau A-c-73, und Hugo Rokyta, ›Die böhmischen Länder‹, Salzburg: St. Peter 1970, S. 213.
SN stand mit Rilke seit jenem Besuch in Meudon-Val-Fleury in brieflicher Verbindung: Rainer Maria Rilke, ›Briefe an Sidonie Nádherný von Borutin‹, Hrsg. v. Bernhard Blume, Frankfurt: Insel 1973. Sie dürfte ihm von ihren häufigen Begegnungen mit KK berichtet haben. SN und KK hatten die in München lebende Frau des Dichters, Clara Rilke-Westhoff, die an einer Büste von SN arbeitete, vermutlich am 13. 2. 1914 besucht. Rilke an SN am 21. 2. 1914:»sie war glücklich über Ihr Dortsein, sehr *sehr* froh über den Marmor und, wie Sie richtig

vermuthet haben, äußerst unzufrieden mit KK.« Und nun beginnt das
äußerst geschickte Argumentieren, um SN zu verunsichern. Da ist zunächst die »unerwarteteste Besorgnis« über die Beziehung zu KK, die er
mit seinen »sehr sehr entfernten, sehr sehr knappen und allerdings leb-
haft sympathischen Erinnerungen an KK« in Einklang zu bringen suche;
KK sei sicher ein guter »Rathgeber«, durch den sie »von hundert Dingen« höre, durch den sie »Bücher und Verhältnisse sich zu eigen machen
und in schönen und vielfältigen Gesprächen [...] Ihren neuen inneren
Besitz erproben und befestigen« könne. Aber: »es kommt vor, und ist
mir dreiviermal geschehen, daß ich über geistige Wege (Umwege, wenn
man so will) einen Menschen, ohne es zu merken, näher in mein Leben
einbezog, als ich eigentlich meinte, als ob man vergäße, daß man mit
der geistigen Existenz des Anderen auch sein anderes, möglicherweise
sehr fremdes Dasein fortwährend einsaugt –, es kann da zu einem Punkt
kommen, wo man, gleichsam erwachend, ihn wie einen Fremdkörper in
allen Gliedern fühlt, ja sich selber, um seinetwillen, am ganzen Leibe
fremd wird.« Er, Rilke, sei »nun fast bestürzt in der Vorstellung«, es
könne ihr, »bei einem sehr kontinuierlichen Umgang mit Karl Kraus,
etwas Verwandtes widerfahren [...] denn sehen Sie, liebe Sidie (bedenken Sie *sein* Leben, bedenken Sie das *Ihre*): er kann Ihnen nicht anders
als *fremd* sein, ein fremder Mensch; ein Sie nahe angehender ausgezeich-
neter Schriftsteller; ein Geist, der auf den Ihren von glücklichstem Einfluß sein kann, wenn ... wenn: die Distanz keinen Moment verloren geht,
wenn Sie irgend einen letzten unaustilgbaren Unterschied, auch im Geistigen noch, zwischen sich und ihm aufrechthalten: *denn so viel er sein
mag und ist,* die Anwendung, die er seinem Geiste geben mußte, hat aus
diesem *ein zu einem bestimmten Gebrauche einseitig geschärftes Instru-
ment gemacht, – ...*« Freundschaft, »eine Freundschaft *ganz in Waffen*«,
sei denkbar, rät Rilke, der seine Besorgnis »tant bien que mal und
plutôt mal als bien, aber wie's mein Herz eben zu leisten vermag« als
»alter Freund« ausspreche. – Der »letzte unaustilgbare Unterschied«,
KKs Judentum, trifft. SN läßt sich umstimmen und gibt den Gedanken
an eine Heirat auf. Vgl. Rilke/Nádherný, a. a. O., S. 214–218 und Ilse
Blumenthal-Weiss, ›Rainer Maria Rilke und das Judentum‹, in: ›Deutsche Rundschau‹, 84. Jg., 1958, S. 268 ff.
dieses Fest: bezieht sich auf die Vorlesung in Prag und ein Zusammentreffen, s. Anm. 49.
vor Menschen stehen: Vorlesungen in Bielitz, Mährisch-Ostrau und
Brünn, s. Anm. 49.

[53] 17. 3. 1914

Ludwig: Ludwig Sprissl, Diener in Schloß Janowitz.
SN in BA: KK »18.–19. in Janowitz«.

[54] 19. 3. 1914

Durch Boten gesandt.

[57] 20. 3. 1914

»Wunder der Technik«: Bezieht sich möglicherweise auf die Einrichtung
des Telefons in Janowitz. Noch in den 40er Jahren hatte das Schloß die
Telefonnummer 1.
Gräfin D.: Gräfin Maria Theodora *[Dora]* Pauline Sophie Pejacsevich
v. Veröcze (geb. Budapest 10. 9. 1885; gest. München 5. 3. 1923), lebte
auf dem Majorat Našice/Slawonien; heiratete am 14. 9. 1921 Ottomar
von Lumbe; musikalisch begabt: eigene Kompositionen, die KK Arnold
Schönberg vorlegte. Schriftstellerische Arbeiten, vgl. ›Aphorismen‹, in:
›Die Weltbühne‹, XIX. Jg., Nr. 8 v. 22. 2. 1923, S. 227. Wie aus einem
Beileidsbrief an Johannes Nádherný zum Tod von Amélie Nádherný
hervorgeht, kannten sich die Familien seit 1896 aus Meran, StA Prag/
Beneschau A-c-79 Nr. 17.
wilde Gegenden: vgl. Vorlesungen, Anm. 49.
Wiener Vorlesung: fand erst am 22. 4. 1914 statt; vgl. Anm. 49.
Baron W.: Baron Weiss-Tessbach [?], ein Rechtsanwalt.
einen Gruß für Tabor: vgl. Anm. 12.

[58] 20./21. 3. 1914

Beilage: getrocknetes Veilchen.
Tabor (Chotowin): Der Besitz Chotovin bei Tabor gehörte seit 1806 der
Älteren (I.) Linie der Nádherný von Borutin. 1914 wurde der Besitz von
Erwin Nádherný (geb. Chotovin 30. 3. 1876; gest. Chotovin 19. 8. 1944)
verwaltet.
Grillparzer-Zeilen: In F 400–403 v. 10. 7. 1914, S. 96, veröffentlicht:
»Ein bisher unveröffentlichtes Manuskript Grillparzers. Zum 400. Heft
der Fackel übersendet von den Geschwistern Freiherrn Carl und Freiin
Sidonie Nadherny von Borutin. [Grillparzers Zeilen in Faksimile:] Den
du beklagst, den Verlust, / Beklag' ich nicht minder; / Es leben dem Guten
in jeder Brust / Geschwister und Kinder. // Baden am 31 Juli 891 [sic] /
FrGrillparzer«.
Kutschiert man morgen: SN in BA: »Die Anrede »Man« wurde in *nicht*
rekom. Briefen angewendet, aus Misstrauen gegen den Postmeister«, vgl.
Anm. 43 und [76] B.
Eros: SN in EX: »(Der Name unseres Pferdes)«.

[59] 23. 3. 1914

Bielitz ... Ostrau ... Berlin: s. Anm. 49.

123

Ansichtskarte von Brünn.
Brünn ... Ostrau: s. Anm. 49.
Förster- und Hegerbestien: bezieht sich vermutlich auf einen Bericht aus Janowitz.
Hanako: japanische Schauspielerin.
Bisamratten: vgl. [71] B, wo Bisamratten als in Europa höchst seltene Tiere bezeichnet werden. Hervorzuheben ist der Zusammenhang, in dem »Bisamratten« wenig später in F 398 v. 21. 4. 1914, S. 19, erwähnt werden. Dort heißt es in der ersten öffentlichen Auseinandersetzung mit Werfel: »In Prag, wo sie besonders begabt sind und wo jeder, der mit einem aufgewachsen ist, welcher dichtet, auch dichtet und der Kindheitsvirtuose Werfel alle befruchtet, so daß sich dort die Lyriker vermehren wie die Bisamratten, wächst eine Lyrik wie folgt: ...« Es folgen drei Gedichte von H. G. [das ist Hans Gerke] und Max Brod im Wortlaut. Für die literarische Öffentlichkeit mußte diese Polemik gegen Werfel, den leidenschaftlichen Kraus-Apostel, überraschen. Noch in der ›Rundfrage über Karl Kraus‹ des ›Brenner‹, Jg. III, Heft 20 v. 15. 7. 1913, S. 934–935, bezeichnete sich Werfel als »Ohnmächtig gegen das Ereignis, mit dem unerklärlich dieser Mann in mein Leben trat. Denn hinter allem Essayistischen, das ich über Karl Kraus schreiben könnte, stünde gebieterisch und unverrückbar die Stunde, die meinen Planeten an den seinen bindet.« Und in den ›Weissen Blättern‹, Jg. I, Nr. 5 v. Januar 1914, S. 436–438, wurden drei Gedichte »Karl Kraus zugeeignet«: ›Der Held‹, ›Der gute Mensch‹, ›Das Jenseits‹, jetzt in: Franz Werfel, ›Gesammelte Werke‹, ›Das lyrische Werk‹, Hrsg. v. Adolf D. Klarmann, Frankfurt: S. Fischer 1967, S. 144 ff. – Vgl. Anm. 70.
Berlin: s. Anm. 49.
Sonntag in Janowitz: SN in EX: »In Jan. 31. 3.«, »5. 4. [Sonnntag]«, »9. 4.«.
Riesenarbeit: F 395–397 ist auf der Textseite 1 mit dem Datum vom 28. 3. 1914 ausgewiesen, auf dem Umschlag: »März-April 1914«.

Gurrelieder: Chorwerk nach Texten von Jens Peter Jacobsen für Soli, Sprecher, Chor und Orchester (1910/1911) von Arnold Schönberg (geb. Wien 13. 9. 1874; gest. Los Angeles 13. 7. 1951), das am 23. 2. 1913 unter Franz Schreker in Wien und am 6. 3. 1914 unter Schönberg in Leipzig uraufgeführt wurde. Ein Konzert am 27. 3. 1914 ließ sich nicht ermitteln. – Schönberg und KK hatten vor 1909 »schon seit mehreren Jahren freundschaftlichen Umgang«. Vgl. Willi Reich, ›Arnold Schönberg oder der konservative Revolutionär‹, Wien/Frankfurt/Zürich: Molden 1968, besonders S. 56 ff. mit den dort erstmals abgedruckten Briefen von Schönberg. KK nahm ihn gegen die ungerechtfertigten Angriffe der Wiener Presse in Schutz, F 272 v. 15. 2. 1909, S. 34–35, und F 374–375 v. 8. 5. 1913, S. 24–25, wo u. a. von Loos' Stellungnahme für Schönberg berichtet wird. In F 300 v. 9. 4. 1910, S. 9, wurde ein Lied Schönbergs nach Stefan George, ›Das Buch der hängenden Gärten‹ faksimiliert. Er beteiligte sich an dem Aufruf zur Unterstützung von Else Lasker-Schüler, erstmals in F 366–367 v. 11. 1. 1913, US 3, und an der ›Rundfrage über Karl Kraus‹, in: ›Der Brenner‹, Jg. III, Heft 18 v. 15. 6. 1913, S. 843.

[62] 26. 3. 1914

Beilage: gepreßtes Veilchen und Blatt.
22. April: s. Anm. 49.
Brünn: s. Anm. 49.
»Dolch«-Papier: s. Anm. 4.
wegen Druckerei unmöglich: F 395–397 sollte ursprünglich am 28. 3. 1914 erscheinen, vgl. Anm. 60.

[64] 27. 3. 1914

drei Reisebegleiter: KK brachte am 31. 3. 1914, auf der Durchfahrt nach Berlin, drei japanische Nachtigallen nach Janowitz.

[65] 28. 3. 1914

Donnerstag 22. 1.: Diesen Brief hatte SN *vor* der Intervention durch Rainer Maria Rilke geschrieben. Er ist nicht erhalten.

[66] 1. 4. 1914

KK am 31. 3. 1914 in Janowitz.

[67] 2. 4. 1914

Gestern gut verlaufen: Vorlesung, s. Anm. 49.

[69] 6. 4. 1914

KK am 5. 4. 1914 in Janowitz.

Heute dieser Brief des Herrn W.: Franz Werfel (geb. Prag 10. 9. 1890; gest. Beverly Hills 26. 8. 1945) war KK bei dessen Vorlesung in Prag am 4. 4. 1914 begegnet; am 2. 4. 1914 las Werfel, damals Lektor bei Kurt Wolff in Leipzig, im Prager Mozarteum aus eigenen Schriften. Der Brief Werfels vom 6. 4. 1914, WStB IN 140.815, wird mit freundlicher Genehmigung von Adolf Klarmann mitgeteilt:

Prag 6. April

Verehrter Herr Kraus
Aus Ihrem kühlen Händedruck und einer ausweichenden Antwort Kornfelds glaube ich vermuten zu können, was es zwischen uns gibt.
Es schmerzt mich, daß Ihr Gefühl und Ihre Wertschätzung für mich nicht ausreichte [!], mich in einer Sache, die mich selbst betrifft, als Ersten zur Rede zu stellen.
Ich kenne aus vielen Gesprächen Ihr unerbittlich moralisches Gedächtnis, wenn es sich darum handelt, aus den niedrigen Taten eines Menschen die logische Kette zu machen, bin aber deshalb nur doppelt überzeugt, daß dieses Gedächtnis ebensowenig Art und Charakter eines Menschen vergessen kann.
Ich bin Franz Werfel [von KK unterstrichen und mit einem Ausrufezeichen versehen] und mein Wesen ist nachzulesen, und mögen tausend Tatsachen gegen mich ein System bilden, kann ich trotzdem nichts Gemeines getan haben.
Wenn Sie nur einen Augenblick glauben, ich könnte eine Schweinerei, eine *willentliche Bosheit* [von KK unterstrichen] begangen haben, erklären Sie auch meine Produktion, durch dieses Gefühl schon, für Lüge und Schwindel. Denn ich weiß gewiß, daß auch Sie *nicht meinen* werden, daß Niedrigkeit und *Hoheit* in einem Herzen abwechseln können. [von KK unterstrichen und mit der Bemerkung »(Sehr richtig)« versehen]
Ich mag Unvorsichtigkeiten begangen haben, es mögen Irrtümer kolportiert worden sein, aber gerade deshalb hätten Sie mich zuerst, vor allen andern zur Rede stellen sollen. Das wäre meiner Ansicht nach Ihre Pflicht gewesen, denn ich glaube an die Versicherung Ihrer Sympathie, die Sie mir manchmal gaben. Sie aber wiesen, der Sie viel gegen mich auf dem Herzen hatten, meinen Besuch, durch den alles hätte aufgeklärt werden können, am Samstag ab. Dafür weiß aber vermutlich nur Kornfeld von dieser Sache, die mich angeht, mehr als ich.
Ich bin mir, wenn es sich, wie ich ahne, um die Äußerung über eine Dame handelt, die ich in Wien weitergab, des *reinsten* [von KK unterstrichen] Herzens bewußt, ebenso aber auch des Versprechens, daß [!] Sie so gütig waren mir zu geben, als mich die Unvorsichtigkeit meines Klatsches bestürzt machte.
Ich hoffe aber zuversichtlich, daß ich so viel wert bin, ehe diese Affäre

anderen als Kornfeld zu Ohren kommt, selbst interpelliert zu werden – zumal es mir den Eindruck macht, als ob alles schon *als aufgeklärt* [von KK unterstrichen] und unumstößlich dahingestellt *worden* [von KK unterstrichen] wäre.

Ich begrüße Sie mit *unverwandeltem* Ausdruck
Ihr
Franz Werfel [von KK unterstrichen und mit einem Ausrufezeichen versehen]

Leipzig, Haydnstr 4^{II}

Vorgefallen war folgendes: SN und Rainer Maria Rilke trafen Werfel bei der von Jakob Hegner veranstalteten Aufführung von ›L'Annonce faite à Marie‹ von Paul Claudel am 5. 10. 1913 in Hellerau bei Dresden zum ersten Mal. Unmittelbar vorher, am 15. 9. 1913, hatte Rilke an SN geschrieben:»Ich lese es und lese es vor unablässig, *wußten Sie denn von ihm und daß er ein junger Prager sei?*: es ist ein großer, großer Dichter«, Rilke/Nadhérný, a. a. O., S. 195. Gemeint ist Franz Werfel und sein Gedichtbuch ›Wir sind‹, Leipzig: Kurt Wolff 1913. Das Zusammentreffen war eine Enttäuschung. Am 20. 10. 1913 heißt es in einem Bericht Rilkes an Fürstin Maria von Thurn und Taxis:»A Hellerau et à Dresde j'ai beaucoup vu Franz Werfel. C'était triste,»ein Judenbub« sagte Sidie Nadherny (die von Janowitz herübergekommen war, ganz erschrocken) et elle n'avait pas complètement tort. J'étais tout préparé d'ouvrir mes bras à cet adolscent, et au lieu de le faire, je les retenais sur mon dos comme l'indifférent qui se promène...«, Rilke/Thurn und Taxis, a. a. O., S. 321 ff. Am 20. 10. 1913 an SN:»Werfel, am letzten Abend, da wir ihn sahen, sagte uns ein schönes neues Gedicht, wenn ich ihn nicht sehe, bin ich wieder reiner für ihn, ...«, Rilke/Nádherný a. a. O., S. 199. Vgl. Franz Werfel, ›Begegnungen mit Rilke‹, in: ›Das Tagebuch‹, Berlin, Jg. 8, Heft 4 v. 22. 1. 1927, S. 140–144: Eduard Goldstücker, ›Rainer Maria Rilke und Franz Werfel. Zur Geschichte ihrer Beziehungen‹, in: ›Acta Universitatis Carolinae 1, Philologica 3, Germanistica Pragensia 1‹, Praha: Universita Karlova 1960, S. 37–70.
Zwei kleine Bemerkungen von SN in BA erhellen den Zusammenhang: »Ich hatte ihn [Werfel], von Rilke mir vorgestellt, verächtlich behandelt«. Werfel wehrte sich gegen die spürbare Ablehnung mit dem Gerücht,»Dass er [Rilke] mich liebe.« Diese»Sensation« wurde KK, der SN kurz vorher kennengelernt hatte, von Paul Kornfeld hinterbracht. Erstaunlich ist, daß schon der erste Biograph Werfels, Richard Specht, ›Franz Werfel. Versuch einer Zeitspiegelung‹, Wien/Berlin/Leipzig: Paul Zsolnay 1926, S. 220, diese»Klatschgeschichte« kennt und ablehnt: »Keinesfalls bin ich bereit, zu glauben, daß es eine belanglose Klatschgeschichte war, die Werfel und Kraus nach nicht allzu langem, aber höchst intensivem und enthusiastischem Umgang entzweite...« Aber so

wenig die Beziehung von KK zu Annie Kalmar ein »grotesker Roman«
war, der »Herrn Harden [...] als Rezensionsexemplar« vorlag, so wenig
ertrug die Freundschaft zwischen KK und SN die »Motivensuche in seinem Privatleben«. Vgl. das auslösende Moment in der Harden-Polemik:
›Seine Antwort‹, in: F 257–258 v. 19. 6. 1908, S. 15–48, bes. S. 46–47.
KK hatte Franz Werfel vermutlich bei seiner ersten Prager Vorlesung
am 12. 12. 1910 kennengelernt. Gedichte von Werfel als Vorabdruck aus
›Der Weltfreund‹, Berlin: Axel Juncker 1911, erschienen in F 321–322
v. 29. 4. 1911, S. 31–33, und in F 326–328 v. 8. 7. 1911, S. 37. KK zeigte
diesen Gedichtband mehrfach an, zuletzt in F 339–340 v. 30. 12. 1911,
S. 47–51, indem er erneut fünf Gedichte abdruckte. Werfel beteiligte
sich an der ›Rundfrage über Karl Kraus‹, in: ›Der Brenner‹, Jg. III,
Heft 20 v. 15. 7. 1913, S. 934–935, und veranlaßte Kurt Wolff, sich als
Verleger von KK zu bewerben. Vgl. Kurt Wolff, ›Autoren, Bücher, Aben-
teuer. Betrachtungen und Erinnerungen eines Verlegers‹, Berlin: Klaus
Wagenbach o. J., S. 75–99.
Prag 4.–5. April!!: SN in Prag, Vorlesung s. Anm. 49. KK in Janowitz.

[71] 8. 4. 1914

W.-Sache: Werfel-Sache, s. Anm. 70.
zusammen nach J.: KK am 9. 4. 1914 in Janowitz.
Lyriker: bezieht sich auf Franz Werfel.
Teich vor meinem Hause: Anspielung auf den Teich im Park vor dem
Schloß von Janowitz.

[72] 14. 4. 1914

Čekarna: tschech., Warteraum.
Gräfin: Dora Pejacsevich, s. Anm. 57.
Baron: Karl Nádherný, s. Anm. 34.
»Sprüche und Widersprüche«: Die 3., veränderte Auflage erschien 1914
bei Albert Langen, München [EA 32a].

[73] 15. 4. 1914

Abreise von Janowitz: Aufenthalt am 14. 4. 1914 in Janowitz wahrscheinlich, aber nicht gesichert.
Hotel K.: Hotel Krantz.

[75] 17. 4. 1914

Hainbach: s. Anm. 2. Vorderhainbach bei Weidlingau, wo KK als Kind

den Sommer verbrachte; westlich von Wien. Die von SN in Tb v. 12. 9. 1913 erwähnte »Sommernachtswiese«: Hohe Wand Wiese. »Hainbach« wird zum Schlüsselwort für die erste Begegnung.
nach Rückkunft aus Ungarn: Fahrt zu Dora Pejacsevich nach Našice [?].
in blauer Tasse: s. Anm. 2.

[76]   18. 4. 1914

Dr. K.: Dr. Victor Kienböck (geb. Wien 18. 1. 1873; gest. Wien 23. 11. 1956), bis 1920 Rechtsanwalt von KK; seit 1920 christlich-sozialer Abgeordneter; 1922–1924 und 1926–1929 Finanzminister; 1932–1938 Präsident der Nationalbank.
nächsten Brief: SN wurde von dem Schriftsteller [?] Adolf Schirmer umworben.
»Grabschrift im Biedermeierstil«: bezieht sich vermutlich auf den Grabstein für Johannes Nádherný.

[77]   20. 4. 1914

Sitze erster oder zweiter Reihe: bezieht sich auf die Platzreservierung für die Vorlesung am 22. 4. 1914, s. Anm. 49.
Praterfahrt: s. Anm. 1.

[78]   21./22. 4. 1914

SN in Wien bis 28. 4. 1914.

[79]   28. 4. 1914

40. Geburtstag von KK.

[80]   28. 4. 1914

Heiligenkreuz: Zisterzienserkloster aus dem 12. Jh., am Ausgang des bei Baden beginnenden Helenentals.

[82]   30. 4. 1914

SN in BA: »Für die Augen des neugierigen Postmeisters geschrieb.«
am 6.: SN in EX: »In J. 6.–12. 5.« 1914.
Café Pucher: bis Sommer 1914 Stammcafé von KK.

[83]   30. 4. 1914

Verstümmelung der Depesche: s. [81] B.

[84]   11. 5. 1914

seinem Adel und seiner Heiligkeit: bezieht sich auf Johannes Nádherný.

[85]   12. 5. 1914

Deiner schwesterlichen Sehnsucht Unterthan: SN in BA: »ich konnte über den Tod meines am 28. Mai 1913 verstorbenen unendlich geliebten Bruders Johannes lange nicht hinwegkommen.«

[86]   13. 5. 1914

G.: Carl Graf Guicciardini (geb. 15. 4. 1875; gest. 1935?), Patrizier von Florenz, Leutnant im nicht aktiven Stande des Kavallerieregiments Montferrato Nr. 13; nachweislich seit Ende Dezember 1912 mit SN befreundet; damals besuchten SN und ihre sie begleitende Kinderfrau, Miss Cooney, den guicciardinischen Landsitz Usella bei Florenz, vgl. Tb v. 31. 12. 1912.

[88]   15. 5. 1914

Baronin H.: Baronin Gisela Heß-Diller.
zum heutigen Tage: 15. Mai: Namenstag von Johannes Nádherný.
Venedig: SN plante eine Reise nach Venedig, die sie am 27. 5. 1914 über Wien antrat.

[89]   16. 5. 1914

Beilagen: zwei Bild-Ausschnitte über Gräfin Vera Esterhazy aus ›Illustrirtes Wiener Extrablatt‹, 43. Jg., Nr. 131 v. 13. 5. 1914.
S. = L.: Sidie = Liebe.
das allererste Exemplar: F 399 v. 18. 5. 1914.
Prozeß der Gfn. Esterhazy: Vgl. F 400–403 v. 10. 7. 1914, S. 27 f., ›Gräfinnen‹, und F 395–397 v. 28. 3. 1914, S. 62.
das andere halten: ›Prager Presse‹.

[90]   17. 5. 1914

Hainbach: KK und SN planten, Pfingsten – 31. 5.–1. 6.1914 – gemeinsam

130

in Hainbach zu verbringen, doch SNs Venedig-Reise vereitelte das Vorhaben.

[92]   19. 5. 1914

Lothringerstraße 7: KK wohnte seit 1912 bis zu seinem Tod: Wien I, Lothringerstraße 6.

[93]   20. 5. 1914

habe Berlin Konferenz mit Verleger: Ein Vorwand, um nach Janowitz kommen zu können.

[94]   20. 5. 1914

SN in BAB am 28./29. 2. 1948: »Zur Erklärung, warum K. K. im J. 1914 nicht öfters nach Janow. kommen konnte: Charlie, durch Krieg und allerlei Sorgen nervös, war damals gegen öftere Besuch[e] von ihm, u. es war mir oft schwer, den Ansprüchen von beiden nachzukommen.« Vgl. vor allem den Einfluß Rilkes.
Juni in Janowitz: SN in EX: KK »In J. 15.–29. 6.«
Joh.-Tag: Todestag von Johannes Nádherný, 28. Mai.
Thräne um J.: Träne um Johannes Nádherný.
bis zum 25.: Zum 15. Geburtstag der F: Vorlesung aus eigenen Schriften im Großen Beethovensaal, Wien, am 27. 5. 1914. Programm: F 400–403 v. 10. 7. 1914, S. 45 ff.

[95]   27./28. 5. 1914

Theilnahme zum heutigen Tage: Todestag von Johannes Nádherný: 28. Mai.

[96]   27./28. 5. 1914

Beilage: Jasmin-Zweig.
Überstanden: bezieht sich auf Vorlesung v. 27. 5. 1914, s. Anm. 94.
Gruppierung der Lichtbilder: gezeigt werden sollte u. a. das Photo ›Otto Ernst als Strandläufer von Sylt‹, abgedruckt in F 398 v. 21. 4. 1914, S. 28. Der Verleger Alfred Staackmann ließ unmittelbar vor Beginn der Vorlesung die Vorführung verbieten. KK las deshalb: ›Mitteilung eines landesgerichtlichen Dekrets: Verbot der Vorführung von Otto Ernst‹, in: F 400–403 v. 10. 7. 1914, S. 46 f.

Südbahn: Vom Wiener Südbahnhof reiste SN am 27. 5. 1914 nach Venedig.

[100]   29. 5. 1914

Professor P.: Lou Andreas-Salomé (geb. Petersburg 12. 2. 1861; gest. Göttingen 5. 2. 1937), die Freundin Nietzsches und Vertraute Rilkes, hatte SN bei dem Zusammensein in Hellerau, s. Anm. 70, den Arzt Professor Dr. Friedrich Pineles, Wien I, Liebiggasse 4, zur Behandlung einer »Pseudo-Leukämie« empfohlen.

[102]   29./30. 5. 1914

der Biolog: Max Thun, s. Anm. 7.

Krebs-Erreger: Max Thun, s. Anm. 7.

[103]   31. 5. 1914

Duino: Schloß der Fürsten Thurn und Taxis bei Nabresina/Adria. Erstes und wahrscheinlich einziges Zusammentreffen SNs mit Rilkes mütterlicher Freundin, Fürstin Marie von Thurn und Taxis-Hohenlohe (geb. Venedig 28. 12. 1855; gest. Lautschin 16. 2. 1934) und dem Prinzen Alexander (Sascha) (Pascha) Thurn und Taxis (geb. Mzell 8. 7. 1881; gest. Duino 11. 3. 1937), dem dritten Sohn der Fürstin. In Briefen hatte Rilke die Fürstin am 11. 6. 1913 vom Tod Johannes Nádherný unterrichtet. Sie schrieb am 17. 6. 1913 aus Duino an Rilke: »Wie mir leid thut um den armen Nádherný und das arme arme Mädel – Wollen Sie es ihr schreiben da ich sie nicht kenne – und sie nicht mit einem Brief sekieren will?«, Rilke/Thurn und Taxis, a. a. O., S. 299. Am 3. 6. 1914 trägt Rilke SN »Grüße der Fürstin und den lieben Freunden auf Duino« auf, Rilke/Nádherný, a. a. O., S. 221–222. Und am 13. 6. 1914 fragt er die Fürstin neugierig und sich gleichzeitig distanzierend: »Aber Sie schreiben gar nicht, ob und wie Ihnen Sidie Nádherný vorkam, – ich habe keine rechte Vorstellung, wie es jetzt mit ihr steht, kurz eh sie zu Ihnen fuhr, schrieb sie mir aus Venedig und ich antwortete, aber das war seit Weihnachten unsere einzige Verständigung.« Rilke/Thurn und Taxis, a. a. O., S. 384.

[109]   3. 6. 1914

biologisches Puppchen: Max Thun plante den Kauf eines Opel, Modell ›Mein Puppchen‹.

[112] 4. 6. 1914

(Dienstag ist Vortrag): Zum ersten Mal Vorlesung aus Shakespeare, Nestroy und Raimund, Begleitung Otto Janowitz, im Mittleren Konzerthaussaal, Wien, am 9. 6. 1914. Programm: F 400–403 v. 10. 7. 1914, S. 47 f.; vgl. die Notiz ›In Künstlerkreisen verlautet‹, F 400–403, a. a. O., S. 48–50.

[113] 5. 6. 1914

Wottitz: Bahnstation von Janowitz.

[114] 5. 6. 1914

Panhans: Hotel auf dem Semmering.
Erzherzog Johann: Hotel in Graz, Sackstraße.

[116] 9. 6. 1914

Kuvert ohne Adresse.
N.: nicht ermittelt.
P.: Friedrich Pineles.
Yér: Pferd SNs.
Eros: Pferd SNs.

[118] 11. 6. 1914

P. A.: Peter Altenberg, d. i. Richard Engländer (geb. Wien 9. 3. 1859; gest. Wien 8. 1. 1919). Seit 1894 mit KK bekannt, wurde nach Altenbergs eigenen Auskünften von Arthur Schnitzler, Hugo von Hofmannsthal, Felix Salten, Richard Beer-Hofmann und Hermann Bahr entdeckt, vgl. ›So wurde ich‹, in: ›Semmering 1912‹, Berlin: S. Fischer 1913, S. 35–36, und in F 372–373 v. 1. 4. 1913, S. 24 f.; ›Wie ich mir Karl Kraus »gewann«‹, in: ›Vita ipsa‹, Berlin: S. Fischer 1918, S. 165–167. KK sandte im Sommer 1895 Skizzen von Peter Altenberg an Samuel Fischer, der sein erstes Buch herausbrachte: ›Wie ich es sehe‹, Berlin: S. Fischer 1896. Vgl. Peter de Mendelssohn, ›S. Fischer und sein Verlag‹, Frankfurt: S. Fischer 1970, S. 214–217. Altenberg gehörte seit 1899 zu den Mitarbeitern der F; er schrieb eine Grabschrift für Annie Kalmar, F 81 v. Ende Juni 1901, S. 18–21: ›Wie Genies sterben‹. 1903 Redakteur der Zeitschrift ›Kunst. Monatsschrift für Kunst und alles andere‹, von der unter Altenbergs Redaktion fünf Hefte erschienen; sie enthielt bis zur letzten Ausgabe – Heft X/XI – Beiträge von Peter Altenberg. Die unter dem Titel ›Das Andere‹ von Adolf Loos geschriebene Beilage der Zeitschrift er-

schien in zwei Heften. KK unterstützte Peter Altenberg auch finanziell und bewahrte ihm bis zum Tod, trotz mancher Störungen die Freundschaft, vgl. ›Rede am Grabe Peter Altenbergs. 11. Januar 1919‹, in F 508–513 v. Mitte April 1919, S. 8–10 und ›Peter Altenberg. Rede am Grabe‹, Wien: Richard Lányi 1919 [EA 27]. Altenberg beteiligte sich an der ›Rundfrage über Karl Kraus‹, in: ›Der Brenner‹, Jg. III, Heft 18 v. 15. 6. 1913, S. 840. Vgl. ›Auswahl aus seinen Büchern von Karl Kraus‹, Wien: Schroll 1932, S. 418 bzw. Zürich: Atlantis ²1963, S. 417 und K 794–810.
G.: nicht ermittelt.

[119]   12. 6. 1914

Das Kuvert enthält nur ein Blatt mit aufgeklebten Anzeigen, die im Faksimile, geringfügig verkleinert, wiedergegeben werden.

[120]   12. 6. 1914

Mittwoch: Ausflugsziele im Wiener Wald. Mauerbach liegt bei »Hainbach«.
möchte mit Auto: KK plante eine Fahrt nach Janowitz mit dem Wagen. Der Chauffeur, der SN und KK auf der Rückreise von Venedig gefahren hatte, sollte gleich zurückgeschickt werden.

[121]   13. 6. 1914

Wottic, Amschelberg, Selčan oder Beneschau: Orte in der Nachbarschaft von Janowitz.
Mariazell: Station auf der Rückreise von der Venedigfahrt.

[122]   14. 6. 1914

SN in EX: KK »vom 15.–29. 6. in J.«

[125]   1. 7. 1914

Sonntag: 28. 6. 1914.
Nachricht: Die Ermordung des österreichisch-ungarischen Thronfolgers Erzherzog Franz Ferdinand d'Este (geb. Graz 18. 12. 1863) und seiner Gemahlin, Gräfin Sophie Chotek (geb. Stuttgart 1. 3. 1868) in Sarajewo am 28. 6. 1914 durch den bosnischen Studenten Princip, der im Auftrag der nationalistischen Geheimorganisation »Schwarze Hand« arbeitete.
R.: nicht ermittelt.

Arbeit entsetzlich: In der am 10. 7. 1914 erscheinenden F 400–403 stehen drei Beiträge, die sich auf Franz Ferdinand beziehen: ›Franz Ferdinand und die Talente‹, S. 1–4; ›Glossen‹, S. 5–16; ›Die Intimen‹, S. 16–18. KK stellte also das gesamte Heft um.

am 10. reisen zu können: KK und SN planten für Juli/August 1914 eine Autofahrt nach Oberitalien, die am 13. 7. 1914 von Linz aus angetreten wurde, s. Anm. 132.

Die Rosen von K.: ›Die Intimen‹ sollte ursprünglich unter dem Titel ›Rosen von Konopischt‹ erscheinen. Auf Schloß Konopiste bei Beneschau empfing Erzherzog Franz Ferdinand am 12.–14. 6. 1914 Wilhelm II. und Großadmiral Tirpitz. Das Interesse des deutschen Kaisers an dem noch heute berühmten Konopister Rosengarten galt als Vorwand für den politisch brisanten Besuch, auf dem die deutsch-österreichische Bündnispolitik abgestimmt wurde. – Konopiste liegt etwa 20 km von Janowitz entfernt. SN in Tb v. 28. 8. 1914: »We [SN und KK] had saw him [Franz Ferdinand] some day [...] in his gardens.«

[126] 2. 7. 1914

die schönste und unvergeßlichste aller Wiesen: die Wiese im Park von Janowitz.

R. v. K.: Rosen von Konopischt, s. Anm. 125.

vielfache Umwälzung: Die Umstellung der F 400–403, s. Anm. 125.

Kahn: für den Janowitzer Schloßteich. Anspielung auf Goethe, ›Faust II‹, V/›Palast‹, Z. 11145–11146.

[127] 3. 7. 1914

traurige Brief: nicht ermittelt.

Erleichterung des Termins: für Italienreise.

F.: F 400–403 v. 10. 7. 1914, ein Heft mit 96 Seiten Umfang.

gewisse Eventualitäten: bezieht sich vermutlich auf die Privatklage des Verlegers Staackmann, s. Anm. 191.

Café Imperial: Die Nachricht, daß der Ministerrat nach der Ermordung Erzherzog Franz Ferdinands ins Café Pucher, KKs damaliges Stammcafé einberufen wurde, legte eine Veränderung der Gewohnheiten nahe, vgl. F 400–403, a. a. O., S. 6.

[129] 4. 7. 1914

Ansichtskarte des Wiener Tierschutzvereins mit dem Aufdruck: »Schutz den Pferden«.

[130] 5. 7. 1914

Naschice: Majorat Našice, Sitz der Familie Pejacsevich, im Dept. Osijek/Slawonien, heute Jugoslawien.
Dolomitenfahrt: s. Anm. 132.

[131] 6. 7. 1914

Ch.: Chauffeur.
O. M.: Olivier Mladota v. Solopisk (geb. Amschelberg 2. 5. 1884; verunglückt Böhm. Brod 13. 9. 1937 bei einem Autounfall) der Bruder von Niny Mladota-Codelli, s. Anm. 7; Herr auf Amschelberg und Roth-Hradek; später Repräsentant der Autofirma Tatra; seit 6. 9. 1913 verheiratet mit Rosa von Lumbe (geb. Wien 23. 11. 1889).

[132] 7. 7. 1914

Montag: 12. 7. 1914. Die Dolomitenfahrt wurde am Dienstag, dem 13. 7. 1914 von Linz aus angetreten. SN in Tb v. 28. 8. 1914: »In the beginning of July Ch. & I made a lovely autodrive with K. K. from Linz over Ischl to Salzburg« – Innsbruck – Meran – Jauffenpaß – Trafoi – Bozen – Trient – S. Christophero am Caldoneser See – Passo di Brocon – St. Martino di Castrozza – Rollepaß – Falzarego-Paß – Pordoi-Joch – Cortina d'Ampezzo – Alt Prags Wildsee – Misurinasee; »there news that war broke out between Austria & Serbia, Ch. left for home, K. K. & I stayed in Schluderbach, Hotel Ploner [...] After a week M.-M. arrived«. Rückfahrt über Innsbruck – St. Johann – Salzburg – Linz nach Janowitz.

[133] 7./8. 7. 1914

Das Beiliegende: F 400–403 v. 10. 7. 1914.
in Janowitz interessieren: In dem Beitrag ›Sehnsucht nach aristokratischem Umgang‹, S. 90–95, heißt es u. a.: S. 90: »In anonymen Briefen und in noch weniger zuverlässigen Druckschriften, die bekanntlich so entstehen, daß ein Gerücht eine Maschine in Bewegung setzt, wird mir jetzt ein eigenartiges und offenbar einträgliches Doppelspiel, das ich, ›ein Schauspieler der Ethik‹, seit langer Zeit betreibe, nachgewiesen. Ich aspiriere, heißt es, ›mit großem Ehrgeiz auf aristokratischen Umgang und sei sehr stolz darauf, daß sich in meinen Vorlesungen‹ – vermutlich sind die Prager Vorlesungen gemeint – ›einige Mitglieder des ganz reaktionären *Provinzadels* blicken ließen, die natürlich die *angeblich linksradikalen* Angriffe auf die jüdischen Liberalen, Bourgeoisie und ›Neue Freie Presse‹ mit sehr rechtskonservativem Wohlbehagen anhör-

ten‹. Ich habe hier nicht den Provinzadel, zu dem sicher nur die in der Provinz begüterten Familien Schwarzenberg, Lobkowitz, Thun, Silva-Tarouca u. dgl. zählen, gegen eine Zurücksetzung hinter den Großstadtadel (Pollack von Parnegg, Rappaport von Porada, Eisner von Eisenhof, in der Literatur selbst Paul von Hohenau, Paris von Gütersloh etc.) zu verteidigen. Ich habe nur mich selbst gegen den Verdacht einer zweideutigen Politik zu behaupten.‹ S. 95: »Ich weiß und bekenne, und auf die Gefahr hin, fortan ein Politiker zu sein oder gar ein Ästhet, als unwiderrufliches Programm: daß die Erhaltung der Mauer eines Schloßparks, der zwischen einer fünfhundertjährigen Pappel und einer heute erblühten Glockenblume alle Wunder der Schöpfung aus einer zerstörten Welt hebt, im Namen des Geistes wichtiger ist als der Betrieb aller intellektuellen Schändlichkeit, die Gott den Atem verlegt!« Direkt im Anschluß, auf S. 96, folgt der Abdruck des Grillparzer-Autographs aus dem Besitz der Familie Nádherný, s. Anm. 58.

F. F.: Franz Ferdinand, s. Anm. 125.

F: F 400–403.

in Chotovin umkehrte: bezieht sich auf KKs Aufenthalt in Janowitz v. 14. 6.–29. 6. 1914. Adolf Loos am 27. 6. 1914 an Georg Trakl: KK habe Wien vor 14 Tagen mit dem Auto verlassen; er wollte nach acht Tagen zurückkommen, sei aber noch nicht da; Trakl II, a. a. O., S. 777.

Buch-Korrektur: ›Sprüche und Widersprüche‹, s. Anm. 72.

bei Gericht: Privatklage von Alfred Staackmann wegen des Abdrucks von ›Otto Ernst als Strandläufer von Sylt‹, s. Anm. 96 und 191; vgl. ›Der Fall einer deutschen Mona Lisa‹, F 406–412 v. 5. 10. 1914, S. 39–51.

[134] 10. 7. 1914

Angelegenheit, die so viel Empörung hervorruft: bezieht sich auf die Ermordung Franz Ferdinands.
von der mißhandelten Frau: Gräfin Sophie Chotek lebte seit 1900 in morganatischer Ehe mit Franz Ferdinand; sie wurde vom Wiener Hof ferngehalten; ihre Kinder waren von der Thronfolge ausgeschlossen.
N.: nicht ermittelt.

[135] 11. 7. 1914

Braumüller: 1783 gegründete Universitätsbuchhandlung und Universitätsverlag von Wilhelm Braumüller. Sortiment und Verlag trennten sich 1915. Braumüller verlegte u. a. 1881 ›Sämtliche Werke‹ von Ferdinand Raimund, Hrsg. von Carl Glossy und August Sauer; 1903 Otto Weininger, ›Geschlecht und Charakter‹, das bis 1920 20 Auflagen erlebte und in alle Weltsprachen übersetzt wurde.
N.: nicht ermittelt.

[137]   9. 8. 1914

Carletto: Karl Georg Richard Max Graf von Belcredi (geb. Lösch 24. 9. 1893), Landwirt auf den Gütern Lösch und Ingrowitz, ein Freund von Karl Nádherný.

[138]   12. 8. 1914

Hempel: Chauffeur oder ein Unternehmen für Miet-Chauffeure.
W.-W.: Wottitz-Weselka, die Schnellzugstation von Janowitz.

[141]   15./16. 8. 1914 ·

Beilagen: nicht erhalten.
H.: Hempel.
alle französischen und englischen Bezeichnungen gestrichen: vgl. ›Die letzten Tage der Menschheit‹ [W 5, 275 ff.].
May-May: Mary Cooney, Irin, Nurse von SN, [geb. Ardagh 7. 5. 1855; gest. Janowitz 12. 1. 1942] seit 7. 3. 1884 im Hause Nádherný; blieb zunächst als Gouvernante, später als Gesellschafterin auf dem Schloß; wurde im Park von Janowitz zwischen den Familiengräbern und der Friedhofsmauer beigesetzt. Ihr Grabstein trägt keine Aufschrift.
Zum zweiten Aufgebot: Nach der Generalmobilmachung Österreich-Ungarns am 31. 7. 1914 und der Kriegserklärung an Rußland am 6. 8. 1914 erklärten Frankreich am 11. 8. 1914 und England am 12. 8. 1914 Österreich-Ungarn den Krieg. – KK war wegen einer angeborenen Rückgratsverkrümmung vom Militärdienst freigestellt.

[143]   18. 8. 1914

SN in EX: KK »18.–23. 8. in Janow.«

[148]   28./29. 8. 1914

Beilagen: Zeitungsausschnitte mit Zeugnissen patriotischer Hysterie.
SN in Tb v. 28. 8. 1914: »What shall become of Janow., who knows? And what of me? Shall I marry? Or ever stay here? Or die soon? I must make a testam. for I want K. K. to get a meadow, & I don't want that Janow. comes into the hands of the Ringhoffer nor Baernreither-descandants.«

[151]   31. 8. 1914

Beilage: Zeitungsausschnitt, ›Gegen die überflüssigen Demonstrationen

in Prag‹. Der Statthalter Franz Graf Thun und Hohenstein »hat einen
Appell an die Prager Bevölkerung herausgegeben, den man nur durchaus billigen kann«: Bei der Überführung von Verwundeten nach Prag
sei »es im Interesse der Verwundeten unumgänglich notwendig [...], den
Bahnhof wie auch den Raum vor dem Bahnhof abzusperren.« Man müsse
die Verwundeten »nach der langen Fahrt vor jeder Aufregung bewahren«. Das gelte auch für Angehörige, die ihre Verwundeten erst dann
besuchen könnten, wenn sie in einem Spital »Labung gefunden« und
»der nötigen ärztlichen Behandlung teilhaftig geworden« seien.
Ein weiterer Unfug, »der ebenfalls im Interesse der Verwundeten be-
seitigt werden muß, da er ihre Ruhe stört«, sei »die fast tägliche Wiederholung der Demonstrationen in den Straßen Prags, die ganz besonders in der Herrengasse ausgeartet sind, wo das ›Prager Tagblatt‹ herausgegeben wird. Dieses Sensationsblatt gibt immer neue Sensations-
nachrichten heraus, die mit den größten Lettern gedruckt werden, ohne
Rücksicht darauf, ob sie nicht am nächsten Tage widerlegt werden.« Vor
den Schaukästen des Verlags sammelten sich täglich viele junge Leute
an; sie sängen ›Die Wacht am Rhein‹, ›Deutschland über alles‹, die
tschechische Hymne und die Volkshymne und zögen unter »Hoch«- und
»Slava«-Rufen durch die Straßen. Am Anfang hätten sich der Statthalter und der Bürgermeister von den Fenstern ihrer Ämter bei den
Demonstranten bedankt. Inzwischen habe der Statthalter aber von der
täglichen Wiederholung solcher Demonstrationen abgeraten.

[153] 28. 9. 1914

Ich schrieb nicht und schreibe nicht gern: F 404, die erste F-Nummer
nach Ausbruch des Krieges, erschien erst am 5. 12. 1914. Vgl. die Reaktion auf die Machtergreifung durch die Nationalsozialisten: F 888 erschien im Oktober 1933.
leichter, nach Janowitz zu schreiben: KK war am 3. 9. 1914 unerwartet
mit dem Auto in Janowitz eingetroffen. SN und KK fuhren am 4. 9.
1914 über Freistadt – Steyr – Garmisch – Mariazell – Niederalpe –
Neuberg – Semmering – Höllenthal – Mayerling – Heiligenkreuz –
Hinterbrühl (Königswiese) – Rodaun nach Wien. Von dort aus Ausflüge
nach Neuwaldegg, Rohrerhütte, Sophienalpe und Franz Carl Aussicht
[= Hainbach]. SN blieb in Wien, zeitweilig mit Miss Cooney, bis
22. 9. 1914 und reiste dann zu Dora Pejacsevich nach Našice. SN in Tb
v. 29. 9. 1914, dem Tag der Rückkehr nach Janowitz: »visit the 15 woun-
ded soldiers«.
Die beiliegende Meinung: Beilage nicht erhalten.
Kathedrale: SN in Tb v. 31. 8. 1914: Die Stadt Löwen/Belgien wurde
durch die deutschen Truppen niedergebrannt.

139

Hause Sch.: Haus Schwarzwald. Dr. Hermann Schwarzwald, hoher österreichischer Staatsbeamter, später Finanzminister. Seine Frau, Dr. Eugenie Schwarzwald, hatte um die Jahrhundertwende die reformpädagogischen Schwarzwaldschen Schulanstalten in Wien gegründet, an denen u. a. Adolf Loos, Arnold Schönberg und Oskar Kokoschka unterrichteten. Loos richtete 1905 die Wohnung Schwarzwalds ein, Münz/Künstler, ›Adolf Loos‹, a. a. O., Werk-Verz. 18. Sie setzte sich für »Speisehäuser ohne Trinkzwang« ein, propagierte vegetarische Speiselokale, plante 1913 ein Landerziehungsheim auf dem Semmering, das Adolf Loos bauen sollte, Werk-Verz. 44, gründete nach Kriegsausbruch einen Verein zur Errichtung von Gemeinschaftsküchen, setzte sich für die Kinderlandverschickung ein. Ihr Salon war »ein geistiges Zentrum« (Kokoschka) Wiens, dem KK schon wegen dieses Anspruchs skeptisch gegenüberstand. Eine distanzierte Verbindung zu Eugenie Schwarzwald, die KKs Werk schätzte, bestand bis Anfang der dreißiger Jahre. Vgl. Paul Stefan, ›Frau Doktor‹, München: Drei Masken 1922.
So – ich streiche: 4 Zeilen gestrichen, unleserlich.

[155] 1./2. 10. 1914

Sache Chl.: Dr. Moritz Ritter von Chlumecky-Bauer, Reserveleutnant in einem Landwehrulanenregiment, war in russische Kriegsgefangenschaft geraten. Die Familie versuchte, durch die Vermittlung des Roten Kreuzes Näheres über seinen Verbleib zu erfahren. – Moritz Chlumecky-Bauer war der Sohn des Gutsbesitzers Viktor Ritter von Bauer und dessen Frau Marietta, geb. von Chlumecky. Mit kaiserlicher Genehmigung führte er den Doppelnamen, da Viktor von Chlumecky, sein Onkel, kinderlos blieb. Er war Landwirt auf der Herrschaft Zauchtl in Mähren, Mitbesitzer der Güter Kunewald und Sponau und Mitglied des Verwaltungsrats der Rohrbacher Zuckerraffinerie-Aktiengesellschaft in Brünn, deren Vizepräsident sein Onkel war. 1918/1919 baute Adolf Loos die Villa des Direktors der Rohrbacher Zuckerraffinerie und das Fabrikgebäude, Münz/Künstler, ›Adolf Loos‹, a. a. O., Werk-Verz. 52 und 53.
Demel: K. u. K. Hofkonditorei, Wien I, Kohlmarkt 14.
I. R.: Identität nicht ermittelt; ein enger Freund SNs.

[157] 3./4. 10. 1914

nach J. geschrieben: SN in Tb v. 11. 9. 1914, KK sei nun das letzte Mal in diesem Jahr in Janowitz. »Ch. is against dear K. K.« Bezieht sich auf einen Vermittlungsversuch von SN zwischen KK und Karl Nádherný. KK hatte Weihnachten und Neujahr 1913 in Janowitz verbracht.

Hier etwas Heiteres: Beilage nicht erhalten.

Romain R.: Romain Rolland (1889–1944) hatte am 29. 8. 1914 in einem
›Offenen Brief an Hauptmann‹, in: ›Journal de Genève‹ u. a. geschrieben:»Der Krieg ist die Frucht der Schwäche und der Dummheit der Völ-
ker; man kann sie deshalb nur beklagen, ihnen aber nicht zürnen.« Zitiert nach ›Karl Wolfskehl. Leben und Werk in Dokumenten‹, Darmstadt: Agora 1969, S. 220.

Dichter W.: Franz Werfel diente bei einem Artillerieregiment der Prager Garnison.

italienische Reise: SN fuhr etwa am 10. 10. 1914 nach Rom. Die »beklem-
mendste Sorge« erklärt sich aus dem geplanten Zusammentreffen SNs
mit dem Grafen Guicciardini, s. Anm. 86.

Gräfin Desfours: Ein Geschlecht Desfours Walderode ist in Mähren
nachweisbar.

[158] 3./4. 10. 1914

Florenz: Graf Guicciardini lebte in Usella bei Florenz.
blauen Tasse: s. Anm. 2.

[159] 5./6. 10. 1914

Beilagen: Gedicht von Friedrich Stieve; Artikel von Friedrich Stieve
über Regina Ullmann.
Wünsche für die Fahrt: nach Rom.
alles unverändert: Anspielung auf den Nádhernýschen Wappenspruch:
Semper idem.
diesem Herrn: Friedrich Stieve (geb. 1894), Schriftsteller und Diplomat;
war während des Ersten Weltkriegs an der Deutschen Gesandtschaft
Stockholm. Ingrid Stieve, seine Frau, war mit Rilke befreundet und hatte
durch ihn SN kennengelernt. Vgl. Rilke/Nádherný, a. a. O., S. 270.
Das blaue Glas: s. Anm. 2.
Kommt also Florenz nach Rom?: Carl Guicciardini.

[162] 9./10. 10. 1914

Beilagen: Drei Zeitungsausschnitte vom 7. 10., 8. 10. und 9. 10. 1914 über
Moritz Chlumecky-Bauer, seine Gefangennahme und die Bemühungen
der Familie, seinen Aufenthaltsort in Erfahrung zu bringen. Nach Mitteilung des Roten Kreuzes befand er sich auf dem Weg nach Omsk in
Sibirien.

Ch. antwortet ablehnend: auf den Vermittlungsversuch SNs, s. Anm.
157.
zum 4., Ch.'s Namenstag: 4. November: Karl Borromäus.
Besuch in F.: Besuch in Florenz.
Wieder-Assentierung: Musterung auf Militärtauglichkeit.
I. oder J.: Italien oder Janowitz.

[167]   19. 10. 1914

Frau v. Ch.: Gretel Chlumecky-Bauer, die Frau von Moritz Chlumecky-
Bauer.

[168]   20. 10. 1914

dort aufleben zu wollen: SN bat KK, nach Florenz zu kommen.
Krankheit: Epidemie.
nicht wegen der R.: nicht wegen der Reserve [?].

[169]   20. 10. 1914

Fall: Epidemie.
Schneig: nicht ermittelt.
Vorlesung: Vorlesung aus eigenen Schriften im Mittleren Konzerthaussaal, Wien, am 19. 11. 1914. Programm: F 404 v. 5. 12. 1914, S. 20. KK
las zum ersten Mal den Essay ›In dieser großen Zeit‹; im Anschluß
daran Stellen aus Jesaia, Jeremia, Offenbarung Johannis; Gedichte von
Detlev von Liliencron und ›Der sterbende Mensch‹ von KK. Der Ertrag – 1641 Kronen – »wurde Rekonvaleszentenhäusern, zur Unterstützung wieder einrückender und invalider Soldaten, überwiesen«.

[170]   22. 10. 1914

Hotel M. und Sch.: Hotel Meissl und Schadn, vornehmes Wiener Hotel
am Mehlmarkt.
V.: nicht ermittelt.
Herr v. F.: Ludwig von Ficker reiste zu Georg Trakl nach Krakau, der
»zur Beobachtung seines Geisteszustandes« in das Garnisonsspital Nr.
15, Abteilung 5 eingewiesen worden war. Er traf am Morgen des 24. 10.
1914 in Krakau ein, vgl. Ficker, ›Der Abschied‹, jetzt in: ›Denkzettel‹,
a. a. O., S. 80–101. – Ludwig von Ficker (geb. München 13. 4. 1880; gest.
Innsbruck 20. 3. 1967), Herausgeber der Zeitschrift ›Der Brenner‹, 1910–
1954, war seit 1911 mit KK befreundet. Im ›Brenner‹, Jg. I, Heft 2 v.
15. 6. 1910, S. 46–48, schrieb er erstmals unter dem Pseudonym »For-

tunat« über KK, jetzt in: Ficker, ›Denkzettel‹, a. a. O., S. 9–12. Richard Weiß hatte 1911 im Pflichtexemplar der Österreichischen Nationalbibliothek den KK bis dahin unbekannten Beitrag gefunden und dem ›Fackel‹-Herausgeber vorgelegt. KK imponierte der Umstand, daß ihm das Heft nicht als »Probe-Exemplar« zugeschickt worden war, um eine positive Stellungnahme auszulösen, F 331–332 v. 30. 9. 1911, S. 57–61. Er las den ›Brenner‹ nun regelmäßig und verkehrte persönlich mit vielen ›Brenner‹-Mitarbeitern. Am 4. 1. 1912, vgl. F 341–342 v. 27. 1. 1912, S. 44–49, am 16. 1. 1913, am 13. 1. 1914 und am 4. 2. 1920 veranstaltete der ›Brenner‹ Vorlesungen mit KK in Innsbruck. Die gegenseitige Wertschätzung wird am deutlichsten ausgesprochen in der Notiz: »Daß die einzige ehrliche Revue Österreichs in Innsbruck erscheint, sollte man, wenn schon nicht in Österreich, so doch in Deutschland wissen, dessen einzige ehrliche Revue gleichfalls in Innsbruck erscheint.« F 368–369 v. 5. 2. 1913, S. 31–33. Eine am 29. 3. 1913 in München veranstaltete KK-Vorlesung des ›Brenner‹ wurde von der Zeitschrift ›Zeit im Bild‹ mit einer bösartigen Polemik kommentiert. Ficker reagierte mit der ›Rundfrage über Karl Kraus‹, die im Juni/Juli 1913 im ›Brenner‹, Jg. III, Heft 18–20, erschien. In dem Drama ›Die letzten Tage der Menschheit‹ tritt Ludwig von Ficker als der »Freund« auf, der aus dem Heimkehrerlager in Galizien einen Brief schreibt [W 5, 628–631]. Ficker ist der Freund und Entdecker Georg Trakls und Ferdinand Ebners, vgl. K 891–895 und die in Vorbereitung befindliche Briefausgabe, Salzburg: Otto Müller.

Tr.: Georg Trakl (geb. Salzburg 3. 2. 1887; gest. Krakau 3./4. 11. 1914) diente als Medikamenten-Akzessist an der galizischen Front. Nach der Schlacht bei Grodek hatte er zwei Tage lang ohne ärztliche Hilfe 90 Schwerverwundete pflegen müssen. Er unternahm einen Selbstmordversuch und wurde deshalb, 14 Tage später in Limanowa, zur Beobachtung seines Geisteszustandes in das Garnisonsspital Krakau abkommandiert; vgl. Ficker, ›Der Abschied‹, a. a. O. – Die Bekanntschaft zwischen Trakl und KK wurde 1911 durch Karl Hauer vermittelt. Schon im Juni 1910 schrieb Trakl an KK; der Brief ist nicht erhalten. Am 1. 10. 1912 erscheint das Ende September entstandene Gedicht ›Psalm‹ mit einer Zueignung an KK im ›Brenner‹, Jg. III, Heft 1 v. 1. 10. 1912, S. 18 f. Am 7. 11. 1912 veröffentlichte KK den Aphorismus ›Siebenmonatskinder‹ mit der Widmung »Georg Trakl zum Dank für den Psalm«, F 360–362 v. 7. 11. 1912, S. 24. Briefe von Trakl an KK und Dokumente, in: Trakl II, a. a. O.

wertvollerer Fall als jener andere: gemeint ist der »Fall« Max Thun.

[171]   22. 10. 1914

Zuschrift von KK auf einer Karte von Karl Nádherný.
Rezepisse: Empfangsbestätigung.

SN kehrte etwa am 26. 10. 1914 nach Wien zurück, blieb dort eine Woche und fuhr vermutlich am 2. 11. 1914 nach Janowitz weiter.
Detlev von Liliencron: ›Abschied‹: in: ›Sämtliche Werke‹, 8. Bd.: ›Kämpfe und Ziele‹, 2. Bd. der ›Gesammelten Gedichte‹, Berlin/Leipzig, Schuster & Loeffler 1897; [9]1910, S. 189. In dem Essay ›In dieser großen Zeit‹, F 404 v. 5. 12. 1914, S. 17, heißt es von Liliencron, der gegen die »Kriegslyriker« Gerhart Hauptmann, Hugo von Hofmannsthal und Richard Dehmel rühmend abgehoben wird: »Deutschlands größter neuzeitlicher Dichter, Detlev v. Liliencron, ein Dichter des Krieges, ein Opfer jener kulturellen Entwicklung, die vom Siege kam, hätte wohl nicht das Herz gehabt, sich an die noch rauchenden Tatsachen mit einer Meinung anzuklammern, und es bleibt abzuwarten, ob unter jenen, die das Erlebnis dieses Krieges hatten, und jenen, die als Dichter erleben können, einer erstehen wird, der Stoff und Wort zur künstlerischen Einheit bringt.«

für den 19. zwei Plätze: KK erwartete SN und Karl Nádherný zur Vorlesung, s. Anm. 169.

Beilage: Nach dem Genfer ›Nouvelliste‹ vom 14. 10. 1914 schreibt der Kunstkritiker des ›Journal des Debats‹, Clement Janin: »Löwen hat seine Bibliothek verloren? Gut, man wird einen entsprechenden Ersatz in Halle, Göttingen, Heidelberg und in anderen Universitätsstädten zu finden wissen, sobald der Tag der großen Abrechnung gekommen ist. Mecheln hat den ›Wunderbaren Fischzug‹ von Rubens verloren? Gut, es gibt sehr schöne Gemälde des Antwerpener Meisters in Berlin, Köln und München. Die Kathedrale von Reims ist zerstört? Sie wird nicht zu teuer bezahlt und gesühnt sein durch Raffaels ›Sixtinische Madonna‹, diese Perle des Dresdener Museums, wenn man ihr noch einige Rembrandts in Kassel und den Watteau des deutschen Kaisers hinzufügt, dem man ja den silbernen Rahmen als Andenken wird lassen können...«
daß der Wert des 19. vermindert wird: SN hatte die Wien-Reise wieder abgesagt, s. Anm. 169. KK bot an, eigens für sie nach Prag zu kommen.
längere Arbeit: der Essay ›In dieser großen Zeit‹, F 404 v. 5. 12. 1914, S. 1–19.
mein Weihnachten in N.: in Našice, bei Dora Pejacsevich, wo SN Weihnachten verbringen wollte, fühlte KK ebenso starke, von Karl Nádherný

ausgehende Vorbehalte ihm gegenüber wie in Italien in der Umgebung des Grafen Guicciardini.
»Ihr kämet nach«: die Geschwister Nádherný.

[175]   8./9./10. 11. 1914

Beilage: ›Harden-Deutsch‹. »Der Berliner ›Vorwärts‹ macht sich den Spaß, aus den Kriegsnummern der ›Zukunft‹ des Herrn Maximilian H a r d e n einige Stilblüten herauszugreifen. Da jetzt Karl Kraus schweigt, kann nämlich Herr Harden die Vergewaltigung der deutschen Sprache nach Herzenslust betreiben. Hören wir, wie er es treibt: ›Auf Umwegen über Bergwälle und Weltmeere kriecht, auf Spinnenbeinen, in der Schleimhaube, qualliges Gerede in die Heimat zurück, aus deren Klostertümpeln es einst in den Glaubensschlick krabbelte.‹ Auf deutsch: ein Gerede geht um.
Jemand schreibt etwas nieder? Gott behüte! Er ›bringt es aus dem Hirn aufs Pergament‹. Niemand wird in den Kirchenbann g e t a n, er wird hinein ›gegittert‹. Die Zeitung bringt Blödsinn? Nein, ›solcher Legendenkehricht ist an der Pforte der Zeitung zu finden‹. Harden bedauert das Erlöschen des französischen Witzes? Wie könnte er – seine ›Lust ist durch die Furcht getrübt, den Gallierwitz am Greisenrückstock zu erblicken‹.
Sagt ein anderer etwa: ›Niemand fällt mehr darauf herein‹, so drückt Herr Harden denselben Gedanken sehr schön aus: ›Kein Kater beleckt noch den Teller, in dem die Milch frommer Denkart sauer geworden ist.‹
Mitleid erregen? Nein! ›Sich warm ins Mitleid betten.‹ Sieben Staaten b e s i e g e n? Nein: ›z e r s c h e r b e n‹ müssen wir sie. In Paris hofft man wieder? ›Zwischen den Herbstblumen der Pariser Gärten keimt lenzliche Hoffnung.‹
Das sind ein paar beliebige Beispiele aus dem einen Artikel ›Dumdum‹ in Nr. 52 der ›Zukunft‹ vom 26. September d. J. In den anderen Nummern ist es nicht besser. Ich greife aus Nr. 51 (vom 19. September) aus dem Artikel ›Werdet nicht müde!‹ folgendes heraus:
Harden will sagen: selbst der Feind gesteht. Er sagt aber: ›Dem spröden Willen des Feindes selbst entbindet aus Wutwehen sich das Bekenntnis.‹ Zwölf Wörter statt vier! Harden will sagen: für das Vaterland sterben. Er sagt aber: ›Fürs Vaterland in Todesgewißheit schreiten.‹ Zwei Zeilen weiter läßt er jeden ›die Stunde herbeiflehen, die auch sein Blut für die zum Reichsneubau nötige Mörtelmischung heischt‹, und kurz darauf wird derselbe Gedanke zum drittenmal als der Wunsch gekennzeichnet, ›zu bluten und im Saft ihres Lebens einen Teil des Feindesschwarms hinwegzuschwemmen‹. Statt des einfachen Bekenntnisses: ›Wir wollen siegen‹ stöhnt Harden: ›Jeden Lufthauch, der aus dem Brustschacht klimmt,

rüttelt der männische Wunsch, den Erzrumpf des Feindes zu zerstücken, seines Hauptes Dach mit Flammenbiß aufzureißen, seine Polypenarme als ein Bündel blutiger Fetzen ins Meer zu streuen.‹ Daß der Oktober bei Harden nur ›Weinmonat‹ heißt, daß er statt die Feinde gern ›die Feindschaft‹ setzt, daß er statt Pflicht von ›Pflichtgehäuß‹ redet, daß er nicht emporsteigt, sondern ›des Geistes Fuß auf Gipfel hebt‹, daß aus der Gewißheit bei ihm ein ›Wall der Gewißheit‹ wird, weiß man schon lange. Der Gegner ist nicht unverwundbar, ›auf seiner Haut ist eine ungehürnte Stelle‹. Kriegsschiffe werden nicht vernichtet, sondern ›vereinsamte Kreuzer werden aus dem Gischt gepflückt‹. England wird nicht einfach besiegt, es gilt vielmehr, ›den Hals des Kaltblüters zu erdrosseln‹. Soldaten werden nicht verstümmelt, es wird ihnen ›das Mannheitszeichen aus dem Leib gefetzt‹. Die Erkenntnis wird ›in parfümierten Dunst gehüllt‹, und Herr Harden freut sich ›der männlichen Willenskraft, von deren Widerhall die Frage doch so keusch bebt wie von Mutterglücksahnung der Schoß des bräutlich bangenden Mädchens‹.

In Nr. 50 der ›Zukunft‹ (12. September) ›verklettert‹ Herr Harden ›in Dünkel‹, will ›seine Ehrenleiter in den Sonnenbrand haken‹ und gibt die sehr beherzigenswerte Losung aus: ›Meidet eitle Rede wie höllischen Schwefelstank.‹ (Artikel ›Krieg und Friede‹.)

In Nr. 48 vom 29. August ist in dem Artikel ›Wir sind Barbaren‹ von einem ›wandelnden Stahlschild‹ die Rede, der ›morgen zur Klammer wird, die den Atem abschnürt, in der Hirnzelle den Willen erdrosselt‹. Die Japaner werden höchst geschmackvoll ›gelbe Stinkaffen‹ genannt, eine Vorstellung ›kriecht auf Spinnenbeinen übers Gemüt‹ und ›der Plan schürzt den Wunsch‹.

In dem Artikel ›Wir müssen siegen‹ (Nr. 45 vom 8. August) ist von einem Tag die Rede: ›Er wird. Aus Scharlachdunst steigt er, endlich; des erharrten Mittag wird gelb sengende Glut sein und purpurn der Abend.‹ Und dann folgt wieder die Mahnung, die leider niemand sich weniger zu Herzen nimmt als Herr Harden selbst: ›Entweiht den Tag nicht durch fruchtlosen Schwatz!‹ Von Enten wird in diesem ›Schwatz‹ geredet, die ›nicht in der dünnen Gletscherluft des weisen Greises Goethe horsten‹, von Geschichtsführern, die ›aufs Kindernachttöpfchen‹ gehören, von Cecil Rhodes, der ›ein Gigant in Lackschuhen und mit Tuberkeln‹ war und ›einen Splitterrichter in die Käsfratze brüllte‹, während ›ein Bastardgebild sich in dem Wahn brüstet‹...

Wir geben diese Probe aus dem grauslichen Quatsch des Herrn Harden deshalb wieder, weil sich in Wien von Zeit zu Zeit immer noch Frechlinge finden, die das Irrenhausgerede dieses Harden als die feinste Blüte deutschen Schreibens ausgeben. Im Grunde genommen würde sich der meschuggene Schmock auch besser in Wien ausnehmen als in dem sachlich-nüchternen Berlin.« – Quelle unbekannt; vermutlich handelte es sich

um eine in Wien oder in der Tschechoslowakei erscheinende Tageszeitung vom 8. 11. 1914, S. 9.
Bewilligung: bezieht sich vermutlich auf die Bitte von Italo Tavolato, ihm die Genehmigung für eine Übersetzung zu erteilen, s. Anm. 208.

[176]   12. 11. 1914

Gräfin W.: Eleonore Gabriele Marie Josepha Guiletta Gräfin Wratislaw von Mitrowitz (geb. Kaladey 21. 1. 1880), Stiftsdame des Damenstifts »Maria Schul« in Brünn.
Der italienische Essay: Italo Tavolato, ›Karl Kraus‹, in: ›L'Anima‹, Florenz, Juni 1911, Teilabdruck in F 331–332 v. 30. 9. 1911, S. 47–49; vgl. auch F 372–373 v. 1. 4. 1913, S. 33–40.
Dem Mann in Florenz: Italo Tavolato.
Der Vortrag: ›In dieser großen Zeit‹, s. Anm. 169.

[177]   13./14. 11. 1914

Bemerkung auf dem Kuvert: »Nicht vor 9 zuzustellen.«
Manuscript fertig: ›In dieser großen Zeit‹.
der arme Trakl: Trakl starb in der Nacht vom 3./4. 11. 1914 an einer Überdosis Kokain durch Herzlähmung.
aus Innsbruck ein Telegramm: 9. 11. 1914: »erhalte soeben nachricht dass trakl tot = ficker« (WStB IN 162.084).
am 19. anwesend: zur Vorlesung, s. Anm. 169.
»Bog sie die feine Hakennase kraus.«: Zeile aus dem Gedicht ›Der Tod‹ von Detlev v. Liliencron, in: ›Sämtliche Werke‹, 8. Bd.: ›Kämpfe und Ziele‹, 2. Bd. der ›Gesammelten Gedichte‹, Berlin/Leipzig: Schuster & Loeffler 1897; [9]1910, S. 206–209. Die Stelle lautet: »In jener Zeit verkehrt ich täglich fast / Auf einem nahgelegnen Nachbargute, / Wohin mich eine junge Gräfin zog. / Fünfhundert Jahr' zurück schien sie geboren, / So stolz, so hochmütig, so aller Welt / Bog sie die feine Hakennase kraus. / ...«
sie die: KK spielt auf die Verbindung von SNs Vornamen (Sidic) und seinem Nachnamen (Kraus) an. ›Der Tod‹ von Liliencron und das Gedicht ›Ich liebe dich‹, in: ›Sämtliche Werke‹, 7. Bd.: ›Kampf und Spiele‹, 1. Bd. der ›Gesammelten Gedichte‹, a. a. O., [10]1910, S. 169–170, standen auf dem Programm der Vorlesung vom 19. 11. 1914, wurden in Abwesenheit der Adressatin aber nicht gelesen.

[178]   16. 11. 1914

Prag: Eine Vorlesung oder ein Zusammentreffen mit SN in Prag sind nicht nachweisbar.

V. C.: Gräfin *Vera* Therese Elisabeth Eleonore Anna Julie Maria Czernin von und zu Chudenitz und Morzin [?], geb. Prinzessin Hohenlohe-Waldenburg-Schillingsfürst (geb. Görz 22. 5. 1882), eine Bekannte SNs. *Nolis:* nicht ermittelt.
»einem Italiäner«: Carl Graf Guicciardini. Die Prager Gerüchte trafen zu: Am 18. 4. 1915 wurde vom Pfarramt Janowitz das erste Aufgebot für die bevorstehende Vermählung von SN,»Ehrendame des k. k. adeligen Damenstiftes in Graz« mit Carl Graf Guicciardini, Patrizier von Florenz,»kgl. ital. Leutnant im nichtaktiven Stande des Kavallerieregimentes Monferrato Nr. 13« gestellt. Am 25. 4. 1915 folgte das 2. Aufgebot, am 2. 5. 1915 das 3. Aufgebot. Die Hochzeit wurde für den 6. 5. 1915 in Rom, Grand Hotel, festgesetzt.
K.: Kraus.
im dunklen Schreibzimmer neben dem blauen: Wohnetage im Schloß Janowitz.

[179] 16./17. 11. 1914

(Lord Beresfords Rede): nicht ermittelt.
das Gedicht: ›Leben ohne Eitelkeit‹. Von SN in BA als das erste ihr gewidmete Gedicht bezeichnet und datiert »Wien, 16. Nov. 1914«. Zusatz von SN: »(vorgetragen auch in letzter Vorlesung, 2. 4. 1936.)« SN in BlH: »Mir zugesandt als Protest, weil ich ihn nicht so viel sehen konnte als er es wünschte, wegen anderer Rücksichten und Verpflichtungen.« Ursprünglicher Titel vermutlich: ›Alles oder nichts‹. Erstdruck: F 406–412 v. 5. 10. 1915, S. 140 [W 7, 12].
am 19.: Vorlesung, s. Anm. 169.
»Abschied«: s. Anm. 172 und 177.
Hainbach: das Schlüsselwort für die erste Begegnung.
Insel: Synonym für Janowitz.

[180] 18. 11. 1914

»...selbst nicht wenn ich verheiratet wäre«: Erste Anspielung auf SNs Heiratspläne; KK bezieht sie in bitterer Ironie auf sich.
27.–29. ?: SN in EX: KK »In Janow. 27.–29.« 11. 1914.

[181] 19./20. 11. 1914

Saal voll: Vorlesung am 19. 11. 1914, s. Anm. 169.
»im Schlosse mit stolzem Behagen wohnen«: »Wir wohnen im Schlosse / Mit stolzem Behagen.« Detlev von Liliencron, ›Ich liebe dich‹, s. Anm. 177.

148

Spitalszweck: s. Anm. 169.
»Hofnormatag«: bezieht sich möglicherweise auf eine offizielle Veranstaltung des Hofs.
Anrede: KK fürchtete das Eingreifen der Zensur gegen den Essay ›In dieser großen Zeit‹, vgl. [191] B.
Wurmbrandt und Haugwitz: Schauspieler an der Wiener Burg [?].

[182]   21. 11. 1914

Häufung der Wörter auf ei: ›In dieser großen Zeit‹, F 404 v. 5. 12. 1914, S. 6–7.

[183]   21. 11. 1914

Beilage: Kritik der Vorlesung v. 19. 11. 1914 aus der ›Reichspost‹ v. 21. 11. 1914.
Vorlesung: Die nächste Vorlesung fand am 16. 12. 1914 im Kleinen Musikvereinssaal, Wien, statt.
25–28. Wo?: KK in Janowitz, s. Anm. 180.
Annonce: nicht ermittelt. SNs Stammplatz in den Vorlesungen war in der zweiten Reihe.

[184]   21./22. 11. 1914

Beilagen: Zwei Zeitungsausschnitte: Mathilde Serao warnt Italien vor Kriegsbeteiligung; »Kriegskinder« – Kriegsspielzeug.
die paar Seiten: Der Essay ›In dieser großen Zeit‹, wo das Motiv des Schweigens erstmals auftritt: »Wer etwas zu sagen hat, trete vor und schweige!«, F 404 v. 5. 12. 1914, S. 2. Vgl. ›Man frage nicht‹, F 888 v. Oktober 1933, S. 4.
Sätze von Schopenhauer: F 405 v. 23. 2. 1915, S. 5 ff., unter dem Titel ›Worte von Jean Paul, Schopenhauer und Bismarck‹.
Enzyklika des Papstes: bezieht sich vermutlich auf das apostolische Schreiben Pius X. v. 2. 8. 1914.
»Eigentlich sagt das der Pfarrer auch...«: Goethe, ›Faust I‹, ›Marthens Garten‹, Z. 3460–3461: »Ungefähr sagt das der Pfarrer auch, / Nur mit ein bißchen andern Worten.«

[188]   30. 11. 1914

Am Tag vor dem 1. Dezember: dem 29. Geburtstag von SN und ihrem Zwillingsbruder Karl Nádherný.

Schlafwagen allein: Rückfahrt von Janowitz nach Wien am 29. 11. 1914.
Dworschak: Diener auf Schloß Janowitz. KK liebte und idealisierte ihn.
Ein Porträtphoto von Dvořak hing im Arbeitszimmer von KK.

[189] 1. 12. 1914

Geburtstag: von SN und Karl Nádherný.

Vorlesung: Zum ersten Mal Shakespeare, ›Timon von Athen‹ und Johann Nestroy, ›Die beiden Nachtwandler oder: Das Notwendige und das
Überflüssige‹ (in Auszügen); ferner: »Zum Andenken Georg Trakls
dessen Gedichte«, eigene Schriften und Raimund, im Kleinen Musikvereinssaal, Wien, am 16. 12. 1914. Programm: F 405 v. 23. 2. 1915,
S. 2. In der Einleitung stellt KK fest:»Die meisten meiner eigenen Sachen sind zur Zeit nicht hörbar, kaum lesbar, denn die kleinen Anlässe,
von denen sie geholt waren, sind von einer großen, allzugroßen Stoff-
lichkeit überdeckt worden.«
durch den Mann in Florenz: Italo Tavolato, der wahrscheinlich auch der
Übersetzer einiger Aphorismen von KK war, die in der Halbmonats-
schrift ›Lacerba‹, Florenz, Jg. I, Heft 2 (1913) erschienen. Mit diesem
Übersetzer bestand ein brieflicher Kontakt; vgl. F 372–373 v. 1. 4. 1913,
S. 33–36.
Aufgebotes: Einberufung zum Militärdienst.
Ch.: Karl Nádherný war Jurist.
Herrn »Arthur«: nicht ermittelt.
Erinnerungs Tag: KK verbrachte Sylvester 1913 in Janowitz.

[190] 1./2. 12. 1914

Schrift von Karl Borrom. Heinrich: ›Karl Kraus als Erzieher‹, in: ›Der
Brenner‹, Jg. III, Heft 9 v. 1. 2. 1913, S. 373–385. Zusammen mit Carl
Dallago, ›Karl Kraus, der Mensch‹ und Ludwig von Ficker, ›Notiz über
eine Vorlesung von Karl Kraus‹, in: ›Studien über Karl Kraus‹, Innsbruck: Brenner-Verlag 1913. – Karl Borromäus Heinrich (geb. Hangen-
ham 22. 7. 1884; gest. Einsiedeln 25. 10. 1938) war seit Oktober 1906
Redakteur des ›Simplizissimus‹ bei Albert Langen in München, dessen
gelegentlicher Mitarbeiter KK zwischen dem 24. 2. 1908 und 1. 8. 1911
war. Im April 1908 wandte Heinrich sich mit der Bitte an KK, einen
›Offenen Brief an Herrn Karl Spitteler‹ zu veröffentlichen, F 251–252
v. 28. 4. 1908, S. 8–14. Heinrich verkehrte mit KKs Schulfreund Karl
Hauer, mit Otto Soyka und Berthold Viertel und gehörte nach seinem
Ausscheiden als Lektor bei Albert Langen, Anfang 1913, zum ›Brenner‹-
Kreis. Er beteiligte sich an der ›Rundfrage über Karl Kraus‹, in: ›Der
Brenner‹, Jg. III, Heft 18 v. 15. 6. 1913, S. 844–845, und plante Anfang

1914 eine umfangreiche Studie über KK (WStB IN 146.195/146.196),
die nicht zustande kam. Heinrich war mit Georg Trakl befreundet, für
den er sich auch verlegerisch einsetzte; vgl. Trakl II, a. a. O. Zwei unveröffentlichte Postkarten an KK mit Zuschriften von Georg Trakl v.
15. 9. 1913 [aus Innsbruck?] und vom 27. 3. 1914 aus Berlin, wo Heinrich sich einige Zeit im Hause von Trakls Schwester Margarethe Langen
aufhielt, befinden sich in der WStB unter IN 146.194/146.197.
eine Stelle auf S. 70 jetzt prophetisch berührt: KK zitierte diese Stelle
ohne Namensnennung in F 405 v. 23. 2. 1915 in: ›Der Ernst der Zeit
und die Satire der Vorzeit‹, S. 14–20. S. 15: »Wir wollen Gottes Rat-
schluß auch in Gedanken nicht vorgreifen; aber vielleicht tut, nach diesem Krieg, den Einer gegen die ganze Welt geführt hat, noch der Weltkrieg selber not. Fast scheint es, wenn es auch schauerlich ist, solche Not
kommen zu sehen, als ob der Geist der Nächstenliebe danach rufe: denn
wohin jetzt in aller Welt mit allen diesen Intellektuellen und allen
schon intellektualisierten Christen dazu! Denn sie haben wirklich das
Grausige verübt, wovor aller Herzschlag, wo noch ein Herz schlägt, stille
steht, sie haben wirklich verübt, wofür sie Karl Kraus – mortis in no-
mine laesae majestatis! – zum Tode verurteilt hat: sie haben mit dem
Krieg Sechsundsechzig gespielt und aus sterbenden Soldaten haben sie
Zeilenhonorar herausgeschlagen! Vielleicht also müssen die Soldaten
und der Krieg muß über sie kommen.«
die von ihm (S. 61) gerühmten Soldaten: [S. 60:] »Anders jedoch wird
die Sache, wenn eine Zeit auseinanderfällt: [...S. 61:] wenn die Soldaten
verachtet werden, fast die einzigen Menschen, die es, außer etlichen
Bauern, noch auf dieser Erde gibt, und der Weltfriede bis aufs Messer
gepredigt wird...« [S. 62:] In solcher Finsternis täte die ›Fackel‹ not, die
»dieser leuchtende Bote Gottes, dieser berufene Wegweiser [...] unerbittlich schwingt über die Stätte der Verwüstung«. Er ist »unter uns, ist
über uns erstanden. Dieser heißt, dieser ist, Karl Kraus.«
Vorlesung: s. Anm. 189.

[191] 2./3. 12. 1914

Bitte, das lesen und zurückgeben: Beilage nicht erhalten.
Der Trottel: nicht ermittelt.
Rodins Äußerung sehr erfreulich: nicht ermittelt.
weil man ja Rodin auch persönlich kennt: s. Anm. 52.
Man verzeihe den Abschnitt: drei Zeilen durchgestrichen; Blatt von KK
abgeschnitten.
Am 4. habe ich Prozeß vor dem Landgericht: 4. 12. 1914. Der Verleger
Alfred Staackmann hatte am 27. 5. 1914 Privatklage gegen KK wegen
Verletzung des Urheberrechts und wegen Ehrenbeleidigung erhoben.

KK hatte in F 398 v. 21. 4. 1914, S. 22–28, den Verlagsalmanach ›Taschenbuch für Bücherfreunde. 1913‹ unter dem Titel ›Die Staackmänner‹ satirisch gewürdigt: S. 23: »Eine gründliche anatomische Untersuchung würde ergeben, daß die meisten in diese Kategorie fallenden Patienten [die Autoren des Staackmann-Verlages] infolge Schwindens der Schilddrüse Romanschriftsteller anstatt Tramwaykondukteure geworden sind. Bei den intelligenteren versteht man wiederum nicht, warum sie das Schreiben, dessen dunkler Schändlichkeit sie sich doch bewußt werden, nicht aufgeben, und kann als Grund hierfür höchstens die Erfahrung gelten lassen, daß es Geld einbringt.« Auf S. 28 wird ›Otto Ernst als Strandläufer von Sylt‹ abgebildet; vgl. Anm. 96. Unter dem Titel ›Der Fall einer deutschen Mona Lisa‹ werden die Prozeßprotokolle abgedruckt, F 406–412 v. 5. 10. 1915, S. 39–51. KK wurde am 4. 12. 1914 freigesprochen. Auch die Revision wird am 12. 4. 1915 abgewiesen. KK druckt das Otto-Ernst-Porträt noch einmal ab mit der Bemerkung, S. 51: »Sein [Staackmanns] Eigentumsrecht, dem ich nie nahetreten wollte, geht mich überhaupt nichts mehr an, das Bild kann jetzt höchstens mir gestohlen werden, und wenn es einer tun will, so habe ich nichts dagegen [...] Ich hebe das Nachdrucksrecht der Fackel für diesen Fall auf und autorisiere jedermann, mich zu zitieren. Das Bild kann mir gestohlen werden.«

ihn morgen erscheinen zu lassen: am 5. 12. 1914 erschien F 404 mit dem Essay ›In dieser großen Zeit‹.

Herrn Gouthrey (?): nicht ermittelt.

»kl. Mensch«: nicht ermittelt.

Dein Leben über Deine Kinderstube: s. Anm. 194.

alles oder nichts: Anspielung auf das Gedicht ›Leben ohne Eitelkeit‹, s. Anm. 179.

[192] 3. 12. 1914

Kein Text, nur ein Fragezeichen.

[194] 7./8. 12. 1914

semper eadem: Ableitung des Nádhernýschen Wappenspruchs. Hier wohl im Sinne von: immer dieselbe.

Feiertag: 8. Dezember, Mariä Empfängnis.

Das Beiliegende: Shakespeare, ›Troilus und Cressida‹, V, 2/›In Kalchos Zelt‹. Text in der Übersetzung von Wolf Graf Baudissin. Text am Schluß des Briefes.

»Vielleicht, wenn ich älter bin, vielleicht könnte ich dann fort mit Dir.«: Unterstützt von ihrem Bruder, Karl Nádherný, und beeindruckt von den

Einwendungen Rainer Maria Rilkes, s. Anm. 52, aber auch unter Einfluß einer zwanghaften Bindung in schwesterlicher Liebe an den toten Bruder Johannes, entzieht sich SN der Werbung von KK und einer Entscheidung überhaupt.

Auch ich weiß einer Kinderstube Dank: KKs Vermutung, nur seine bürgerliche Herkunft stünde einer Entscheidung für ihn im Wege, trifft nicht zu, wenn man Rilkes Einwendungen bedenkt. KK war am 8. 4. 1911 römisch-katholisch getauft worden. Rilkes Feststellung, er könne ihr nur fremd sein, zielt aber über diesen Assimilierungsvorgang hinaus. Karl Nádherný, der gleichfalls noch unverheiratete Zwillingsbruder und der letzte männliche Erbe der Janowitzer Linie der Nádherný, drängte mit verständlichen Argumenten zu einer standesgemäßen Heirat, die er in einer Ehe mit Carl Graf Guicciardini sah. Das Standesbewußtsein erklärt sich auch aus dem Umstand, daß erst die Mutter SNs, Amélie Nádherný, zusammen mit ihren Kindern Johannes, Karl und Sidonie am 13. 5. 1898, nach dem Tod des Vaters, in den österreichischen Freiherrnstand erhoben worden war. Das Diplom wurde am 12. 7. 1898 ausgefertigt. Am 30. 11. 1838 war die Familie in den Adelsstand mit dem Prädikat »Edler v.« erhoben worden. Das Diplom für den österreichischen Ritterstand mit dem Zunamen »v. Borutin« wurde am 8. 9. 1865 ausgefertigt. SN selbst war keinesfalls frei von Standesbewußtsein. Das bestätigt die Notiz in Tb v. 23. 4. 1913: »letter from Ch. that I'm Ehrenstiftsdame« des k. k. adeligen Damenstifts in Graz.

Fall R.: bezieht sich wahrscheinlich auf I. R., den Freund SNs.

»Alles oder nichts«: ›Leben ohne Eitelkeit‹, s. Anm. 179.

[196]   10. 12. 1914

Worte des Troilus: Shakespeare, ›Troilus und Cressida‹, III, 2/›Troja. Pandars Garten‹. Text in der Übersetzung von Wolf Graf Baudissin.
Vorlesung: 16. 12. 1914, s. Anm. 189.
Worte des Troilus: Shakespeare, a. a. O.

[197]   11. 12. 1914

Jan.: Janowitz. Bezieht sich vermutlich auf ein gemeinsames Essen mit Karl Nádherný.
V.: Venedig.

[198]   15./16. 12. 1914

SN in BA: »ich war in Wien, dann Nasice.«
Karte: Eintrittskarte für die Vorlesung am 16. 12. 1914.

[199] 21. 12. 1914

Beilage: Zeitungsausschnitt mit der Todesanzeige von Konstanze von Breuning.
Hieß: Exclusives, vornehmes Geschäft für Geschenkartikel, Wien I, Kohlmarkt.
Visitenkarte: Originalgröße.
»Amtsehrenbeleidigung«: nicht ermittelt.
Ehrenstiftsdamen: SN war im April 1914 Ehrenstiftsdame des k. k. adelig-weltlichen Damenstifts, Graz, Körblergasse 9, geworden.

[200] 24. 12. 1914

Kommissariat: Miss Cooney hatte als gebürtige Irin zusätzlich Auflagen bei Auslandsreisen zu erfüllen.
literar. Grund: Florenz: Besprechung mit Italo Tavolato, s. Anm. 189.

[202] 24./25. 12. 1914

die parallelen Stunden des Vorjahres: die KK in Janowitz verbracht hatte.
Franziskaner Kirche: Wien I, Weihburggasse, Eingang Franziskanerplatz.

[203] 27. 12. 1914

Beilagen: Drei Zeitungsausschnitte, ›Aeußerungen des Botschafters Jules Cambon über den Krieg‹, ›Der Papst für den Frieden‹, ›Das gelobte Land des Menschengeschlechts‹ von Jean Paul. Cambon, der französische Botschafter in Berlin hatte einem Reporter des ›Lokalanzeiger‹ am 1. 8. 1914 mit einem Blick auf die fanatisierten Massen gesagt: »Blicken Sie auf diese jungen Leute [...] Keine Regierung der Welt könnte sich solcher Volksbewegung widersetzen, und alle unsere Mühe ist vergebens gewesen, *dank der verderblichen Arbeit einer gewissenlosen Presse in aller Welt...*« [von KK unterstrichen]; vgl. F 413–417 v. 10. 12. 1914, S. 22.
SN in BA: »Wir verbrachten einige gemeinsame Tage über Sylvester in Venedig, ich fuhr dann weiter nach Rom.«

[204] 8. 1. 1915

SN fuhr am 8. 1. 1915 von Venedig nach Rom; KK begleitete sie bis Florenz.

154

Beilage: Ansichtskarte von Firenze – L'Arno col Ponte a S. Trinità.
T.: Italo Tavolato.

[205]   9. 1. 1915

Cooney: Familienname der Nurse und Gesellschafterin, May-May.
ital.-franz. Blatt: nicht ermittelt.

[206]   9./10. 1. 1915

»bella bionda!«: ital.: Schöne Blonde.
Via Cssa Clothilde: die römische Adresse SNs.

[207]   11. 1. 1915

Hier das Unaristokratische: nicht ermittelt.
Stiege: Via Cssa Clothilde 7.
Leierkastenmann: SN besaß einen slowenischen Leierkasten, vgl. ›Slowenischer Leierkasten‹ [W 7, 246].

[208]   12. 1. 1915

Ansichtskarte: Verona – Palazzo del Consiglio col Monumento a Dante.
T.: Italo Tavolato.
Buch wird erscheinen: Der Plan einer Übersetzung von KK-Werken ins Italienische wurde nicht ausgeführt. Erst 1972 erschien ›Beim Wort genommen‹, Mailand: Bibliotheca Adelphi, Bd. 38.

[209]   13. 1. 1915

Ansichtskarte: Innsbruck gegen Norden.
wegen Abends: Ludwig von Ficker hatte KK am 3. 1. 1915, WStB IN 162.027, zur F 404 mit dem Essay ›In dieser großen Zeit‹ gratuliert und ihn eingeladen, diesen Essay und einige Gedichte zum Gedächtnis Georg Trakls in Innsbruck zu lesen. Zwischen dem 13. 1. 1914 und dem 4. 2. 1920 fand keine Vorlesung in Innsbruck statt.

[210]   13. 1. 1915

Ansichtskarte: Innsbruck, Burggraben.

[211]   13. 1. 1915

Ansichtskarte: Innsbruck, Hofkirche. König Arthur von England.

Reitstunden

[212]   14. 1. 1915

Angekommen: KK wieder in Wien.
Erdbeben: SN in EX: »Sorge um Erdbeben Verschüttete«.

[213]   18. 1. 1915

3 Beilagen!: nicht erhalten.
den Schrecken: bezieht sich auf das Erdbeben.
R.: Rom.
Brief des F.: zu dem Brief Ludwig von Fickers vom 3. 1. 1915, s. Anm.
209.
Reitschule: KK nahm Reitstunden, um mit SN ausreiten zu können.
»Dies geschieht, damit ich im Sommer nicht stundenlang besorgt warten
muß.« s. [216] B.
für die Opfer schicken: Erdbebenopfer.
gewissen Sache: nicht ermittelt.

[214]   20. 1. 1915

R.: Rom.
Hilfsthätigkeit: SN hatte vermutlich im Namen von KK gespendet. Vgl.
›Zum wohltätigen Zweck‹, F 406–412 v. 5. 10. 1915, S. 146 [W 7, 48].
Das Beiliegende: Abschrift des Briefes von Ludwig von Ficker, s. Anm.
209.
dem Adressaten: SN wird hier erstmals als der Adressat, der eigentliche
Empfänger des Werkes von KK bezeichnet.
Tangy: KK unterschreibt mit dem Namen eines Hundes von SN. Die
Alternative Rom oder Janowitz wird durch die Erwähnung des in Jano-
witz zurückgebliebenen treuen Hundes angedeutet. Vgl. die Aphorismen:
»Ich kannte einen Hund, der war so groß wie ein Mann ...«, F 406–412,
a. a. O., S. 148 [W 3, 432] und »An der schönen Herrin sprangen die
Hunde empor wie seine Gedanken und legten sich zu Füßen wie seine
Wünsche«, F 406–412, a. a. O., S. 148 [W 3, 320].

[215]   23. 1. 1915

P.: Prag.
Genfer See: Landsitz der Gräfin Maria Dobrzensky in Nyon am Genfer
See. Sie war eine Freundin von SN.
R. M. R.: Rainer Maria Rilke hatte in dem Ende 1914 erscheinenden
›Kriegs-Almanach 1915‹ des Insel-Verlags, Leipzig, ›Fünf Gesänge. Von
Rainer Maria Rilke. August 1914‹ erscheinen lassen: [1] »Zum erstenmal

156

seh ich dich aufstehn, / hörengesagter, fernster, unglaublicher Kriegs-
Gott / ...«, S. 14; [2] »Heil mir, daß ich Ergriffene sehe. Schon lange
/ war uns das Schauspiel nicht wahr, / ...«, S. 15; [3] »Seit drei Tagen,
was ists? Sing ich wirklich das Schrecknis, / wirklich den Gott, den ich
als einen der frühern / ...«, S. 16; [4] »Unser älteres Herz, ihr Freunde,
wer vordenkts, / jenes vertraute, das uns noch gestern bewegt, / ...«,
S. 17; [5] »Auf, und schreckt den schrecklichen Gott! Bestürzt ihn. /
Kampf-Lust hat ihn vorzeiten verwöhnt. Nun dränge der Schmerz
euch / ...«, S. 18. Jetzt in: Rainer Maria Rilke, ›Sämtliche Werke‹,
Hrsg. vom Rilke-Archiv. In Verbindung mit Ruth Sieber-Rilke besorgt
durch Ernst Zinn, Frankfurt: Insel 1963, Bd. 2 S. 86–92. Die erste Auflage des ›Kriegs-Almanachs‹ war auf Betreiben der k. u. k. Zensurbe-
hörden wegen eines Gedichtes von Arno Holz, S. 153 f., zurückgezogen
worden. Rilkes Gedichte blieben unangetastet.

[216] 26. 1. 1915

Vorschrift: bezieht sich vermutlich auf die Rückreisegenehmigung von
Italien.
Schadenersatz: nicht ermittelt.
Angelegenheit G.: die geplante Hochzeit mit Graf Guicciardini.
Vorbereitungen für Tangy: KK plante eine weitere Rom-Reise.
Innsbruck: Die Vorlesung bei Ludwig von Ficker fand nicht statt.
Dame aus Baden: Baronin Gisèle Hess-Diller [?].
von der »goldenen...«: SN in BA: von der »goldenen Sidi«.
Yér: KK unterschreibt mit dem Namen des Lieblingspferdes von SN.

[217] 29. 1. 1915

Beilage: Ausschnitt aus dem ›Prager Tagblatt‹ v. 27. 1. 1915: »In ein
dunkles Land führen uns die acht Lithographien, die Oskar Kokoschka
einer prächtig gedruckten Luxusausgabe der herrlichen ›Chinesischen
Mauer‹ des Karl Kraus (Kurt Wolff, Leipzig) beigab. Hier wird und
wirkt jede Bewegung geheimnisvoller, alles ist tiefer im Metaphysischen
verkettet, und in einem Format, wie es etwa die Quadern der chinesischen Mauern besitzen dürften, hier ist aufgezeichnet, was als ebenbürtige
Illustration prophetischer apokalyptischer Urworte gelten wird. Das
Weib auf dem Menschentier, Hundeschnauzen, Chinesenmäuler drän-
gen sich uns aus der Nacht der Zukunft auf: hinter ihrer Wand, die
Europas Liebende verbirgt, lauert schon der gelbe Bombenwerfer.«
der schwer erreichbare Roman: Die Rahmenhandlung des Briefes, Zitat
und Anrede, dienen nur der Tarnung. Die gesamte »Abschrift« bezieht
sich auf SN und KK.

»scheinbar dasselbe«: Wortspiel mit dem Wappenspruch der Nádhernýs, semper idem.
Welch ein Triumphzug von Sternen auf einer Fahrt durch eine Allee: Anspielung auf das erste Zusammentreffen, s. Anm. 1.
in einem dunkeln alten Hof: SN in EX: »Heil. Kreuzhof«, s. Anm. 1.
einer noch nie geschauten Landschaft: Anspielung auf die Fahrt nach Hainbach, s. Anm. 2.
Parkmauer: die Mauer um den Park von Janowitz.
die allerletzte Zuflucht eine Insel: Das Motiv der Insel = Janowitz taucht schon am 11. 9. 1914 in SNs Tb auf: »On the 3. night K. K. arrives unexpected with auto. Island.« Vgl. das Gedicht ›Verwandlung‹ [W 7, 11], mit dem der SN gewidmete erste Band der ›Worte in Versen‹ eröffnet wird: »…/ Siehe, so führt ein erstes Menschenpaar / wieder ein Gott auf die heilige Insel! / …«, Anm. 239.
Rilke: KK kannte möglicherweise Briefe von Rilke an SN, in denen Janowitz – wie viele andere Herrensitze – als buon retiro gepriesen wird.

[218] 3. 2. 1915

Hv. B.: Hochverehrte Baronin!
T.: Tangy = SN.
B.: Bobby = KK.
der Leidende ist: Vgl. den Aphorismus: »Die Ehe ist eine Mesalliance«, F 406–412 v. 5. 10. 1915, S. 135. Mesalliance im Sinne von »unglückliche Heirat«.
Fl.: Florenz.
J.: Innsbruck.
in Wien zu thun: Vorlesung aus eigenen Schriften im Kleinen Musikvereinssaal, Wien, am 13. 2. 1915. Programm: F 405 v. 23. 2. 1915, S. 4. Als Einleitung spricht KK den Essay ›Der Ernst der Zeit und die Satire der Vorzeit‹, F 405, a. a. O., S. 14–20 [W 13, 20–24].
fern von dem Milieu: dem adligen Milieu, s. Anm. 194.

[219] 5. 2. 1915

Wlassak & Hadwiger: Spezialhaus für Installationen, Wien III, Seidlgasse 23, Filiale Wien I, Kolowratring 14.
Bol.: Bologna.

[220] 9. 2. 1915

Unter dem gleichen Datum, 9. 2. 1915, schickte KK die als Postkarte gedruckte Einladung zur Vorlesung am 13. 2. 1915, s. Anm. 218, nach Rom.

[221]   13. 2. 1915

Adressiert an Miss Cooney.
heutigen Abend: Vorlesung, s. Anm. 218.

[222]   14. 2. 1915

Bruch blauen Glases: s. Anm. 2.

[224]   14. 2. 1915

Kusine Olga: Olga Nádherný (geb. 185?), Tochter des Ludwig Ritter von Nádherný, k. k. Hofrat der Finanz-Landesdirektion; wohnte Wien I, Kolowratring 4. Gehörte zur »Jüngeren Linie« Nádherný.
Der Gang hinüber: zum Kleinen Musikvereinssaal.
Es war nämlich wie noch nie: Vorlesung, s. Anm. 218.
etwas Neues: ›Der Ernst der Zeit und die Satire der Vorzeit‹, s. Anm. 218.
stärker als das vom ersten Abend: Die Vorlesung des Essays ›In dieser großen Zeit‹ am 19. 11. 1914, s. Anm. 169.
Der Arzt vom Palais H.: nicht ermittelt.

[225]   14. 2. 1915

Badezimmer-Firma: Wlassak & Hadwiger, s. Anm. 219.
Schrift der drei Autoren über Bobby: ›Studien über Karl Kraus‹, s. Anm. 190.

[226]   15. 2. 1915

April – Dabeisein?: bezieht sich vermutlich auf die Hochzeit SNs, die am 6. 5. 1915 in Rom stattfinden sollte.
Wenn es richtig geschieht, wie geplant, mit allen Vorbehalten: SN sollte nach diesem Plan »standesgemäß« heiraten, um dem »Milieu« zu genügen und um »befreit« zu sein von einer Verpflichtung, die ihrer Liebe zu KK im Wege stand.

[228]   17. 2. 1915

Trient oder Riva: KK hatte vorgeschlagen, ihn als ihren Bruder nach Trient oder Riva kommen zu lassen.

Wiedergeburt: KK hatte den 28. 4. 1914, seinen 40. Geburtstag, als »Wiedergeburtstag« gefeiert.
Sie hat auf so lautes Herzklopfen nicht »Herein« gesagt: vgl. den Aphorismus: »Um nicht auf lautes Herzklopfen Herein! zu sagen, dazu ist wahrlich die beste nicht gut genug.« F 406–412 v. 5. 10. 1915, S. 136 [nicht in W 3].

[230]   22. 2. 1915

Die Stelle hat gelautet: »Ich weiß und bekenne [...] als unwiderrufliches Programm: daß die Erhaltung der Mauer eines Schloßparks, der zwischen einer fünfhundertjährigen Pappel und einer heute erblühten Glockenblume alle Wunder der Schöpfung aus einer zerstörten Welt hebt, im Namen des Geistes wichtiger ist als der Betrieb aller intellektuellen Schändlichkeit, die Gott den Atem verlegt!«, in: ›Sehnsucht nach aristokratischem Umgang‹, F 400–403 v. 10. 7. 1914, S. 95 [W 8, 339–345]; vgl. ›Wiese im Park‹, Anm. 318.

[231]

Entwurf eines Telegramms, undatiert. Absendung ungewiß. Das Original ist in kleine Stücke zerrissen und in der durchlaufenden Numerierung von SN nicht berücksichtigt; mehrere Durchstreichungen; der ursprüngliche Text unleserlich.

[232]   24. 2. 1915

heute: Mittwoch. Sonntag war der 21. 2. 1915.
Dolch: s. Anm. 4.
blaues Glas: s. Anm. 2.
Windberg: Hauptgipfel der Schnee-Alpe, 1904 Meter hoch, den KK und SN möglicherweise auf der Rückreise von Graz besuchten.

[233]   26. 2. 1915

jener wahrhaft großen Zeit: In Anspielung auf den Essay »In dieser großen Zeit, die ich noch gekannt habe, wie sie so klein war; die wieder klein werden wird, wenn ihr dazu noch Zeit bleibt...« erinnert KK an die gemeinsame »große Zeit« der Beziehung zu SN, die immer wieder mit den Schlüsselworten »blaues Glas«, »Hainbach«, »Sterne einer Praterfahrt« u. a. aufgerufen wird.
Sage sie nicht: es wäre schön: vgl. den Aphorismus: »Er zwang sie, ihr zu willen zu sein.« F 406–412 v. 5. 10. 1915, S. 136 [W 3, 316].

Verwandlung

[234] 28. 2. 1915

Clothilde: SNs römische Adresse: Via Cssa Clothilde 7.
*Oder soll er schon heute Nacht einen Edlen deszen Freundesleben er ver-
treten wollte von der holden Schwester grueszen?:* Johannes Nádherný,
der Bruder SNs, s. Anm. 12, hatte sich in München das Leben genom-
men. Als Todesursache wurde in der Öffentlichkeit Herzlähmung ange-
geben. Vgl. das Gedicht ›Sendung‹: »Der tote Bruder schickt mich in dein
Leben / und läßt dir sagen: Nie verläßt er / die Freundin, ihm verloren
nur als Schwester / ...«, s. Anm. 330.
Parkeinfahrt: in Janowitz.
Wiese: im Park von Janowitz, vgl. das Gedicht ›Wiese im Park‹, s. Anm.
318.
Pappel: s. Anm. 230.
Insel: s. Anm. 217.
Sidihaus: Teehaus im Park von Janowitz.

[235] 6. 3. 1915

heute Stellung: KK mußte sich am 5. 3. 1915 beim Landsturm erneut
einer Musterung unterziehen. Er wurde freigestellt: »Zum Landsturmdienste mit der Waffe nicht geeignet« [WStB IN 175.486].

[237] 12. 3. 1915

Durch Boten zugestellt.
KK war am 11. 3. 1915 über Florenz nach Rom gekommen.

[238] 13. 3. 1915

Animal senza anima: ital.: Lebewesen ohne Seele.

[239] 15. 3. 1915

Sterne einer Praterfahrt: s. Anm. 1.
Am 14. 3. 1915 entstand, nach der Datierung SNs in BlH und BA, das
Gedicht ›Verwandlung‹. SN in BlH: »Rom, März 1915 (14. 3.), Sonntag.
Erinnerung an unser erstes Zusammensein im Herbst. Es ist das Grab
meines geliebten Bruders, den ich im Mai verloren hatte, u. um den ich
trauerte. Unter fliehenden Sternen fuhren wir in derselben ersten Nacht
unseres Zusammenseins in den Prater, ich erzählte ihm von der Wüste.
Die Insel bezieht sich auf die Insel im Parkteich von Janovice, die wir
nachts besuchten. Winter der Welt – der Krieg. – Das Gedicht entstand
auf meine Bitte, um von Dora Pejacsevich vertont bei meiner Trauung
in der Kirche gesungen zu werden. (die Trauung fand nie statt.) – Im

161

Manuscript ist der Titel: ›Zu Sidis Hochzeitstag.‹« Erstdruck: F 406–412 v. 5. 10. 1915, S. 136 [W 7, 11].

[240]   15. 3. 1915

Durch Boten zugestellt.
Glockenblumen auf unserer Wiese: im Park von Janowitz, vgl. ›Sehnsucht nach aristokratischem Umgang‹, s. Anm. 230, und das Gedicht ›Wiese im Park‹, s. Anm. 318.

[241]   24. 3. 1915

Adressiert an Mary Cooney.
Geschrieben auf der Rückreise von Rom nach Wien.

[242]   2. 4. 1915

Adressiert an Mary Cooney.
SN war am 28. 3. 1915 [?] nach Wien gekommen, am 29. 3. 1915 zusammen mit KK nach Tabor gefahren (Hotel Novy); sie verbrachten den 30. 3. und 1. 4. 1915 in Janowitz und kehrten am 2. 4. 1915 nach Wien zurück, von wo SN nach Rom weiterfuhr.
»Puppchen«: KKs Auto, ein Opel, Modell »Puppchen«, war aus kriegsbedingten Gründen stillgelegt worden.
Carletto: Karl Belcredi.

[243]   3. 4. 1915

Adressiert an Mary Cooney.
Beilage, aufgeklebt: Zeitungsausschnitt: »(Repertoire des Theaters an der Wien.) Sonntag, 4. April, nachmittags 3 Uhr: ›Die schöne Helena‹.
Kl.: vermutlich J. C. Klinkosch, Hofsilberfabrikant, bei dem KK einen Toilettenspiegel als Hochzeitsgeschenk bestellte.

[244]   5. 4. 1915

Adressiert an Mary Cooney.
Waidhofen a. d. Thaya: SN in BA: »(Am Rückweg im Auto von J. uns dort aufgehalten.)«
Es kann die Spur...: Goethe, ›Faust II‹, V/›Großer Vorhof des Palasts‹, Z. 11583–11584.
Bestellung: bezieht sich auf das Hochzeitsgeschenk von KK für SN.
1 Beilage: nicht erhalten.

162

[245]   9. 4. 1915

Adressiert an Mary Cooney.
Buch mit Bild: nicht ermittelt.
Gfn. Noli: römische Freunde von KK und SN [?], vgl. das Faksimile einer Notizbuchseite von KK bei Paul Schick, ›Karl Kraus in Selbstzeugnissen und Bilddokumenten‹, Reinbek: Rowohlt 1965; ²1968, S. 78.
Mme. Baraocki: nicht ermittelt.
Angelegenheit Russo: nicht ermittelt.
Jahresregenten 74 und 85: KK wurde 1874, SN 1885 geboren.
die Sache: der Toilettespiegel.
Die Beschreibung der polnischen Schlösser: nicht ermittelt.
B.: Karl Belcredi.
Verschiebung: KK plante eine weitere Romreise.
d'Ora: Wiener Photographin.
Olga: Olga Nádherný.
geröstet: gesonnt.
K. v. J.: Karl von Janowitz = KK.

[246]   10. 4. 1915

Adressiert an Mary Cooney.
B.: Bobby = KK.
Toilette: SN »übersetzt« den Zusammenhang in BA nicht wörtlich: »...Bitte B. den silbernen Toilette-Spiegel als Hochzeitsgeschenk zu belassen, wie bestimmt wurde. Er will mit einem Spiegel verwandt bleiben...«, während ein Kaffee-Service ihm widerstrebte.

[247]   12. 4. 1915

Prozess Staackmaenner: s. Anm. 96 und Anm. 191.

[248]   14. 4. 1915

Kaeme etwa ›5.: KK fuhr am 28. 4. 1915 erneut nach Rom, um bei SNs Hochzeit in ihrer Nähe zu sein.
Geist des ersten April: Der 1. April, der Tag des letzten gemeinsamen Aufenthaltes in Janowitz, wird wie »Hainbach« zum Schlüsselwort gegenseitigen Einverständnisses.

[249]   14. 4. 1915

Adressiert an Mary Cooney.
großen Gerichtserfolg: s. Anm. 96 und Anm. 191.

163

Dichter W.: Franz Werfel. Die Begegnung müßte also am 11. 4. 1915 stattgefunden haben.
Licenz-Geschichte: nicht ermittelt.

[250] 16. 4. 1915

Adressiert an Mary Cooney.
Cavall. Rusticana: Cavalleria Rusticana. Oper von Pietro Mascagni, Text von C. Verga (1890).
s. T. für S.: silberne Toilette für Sidie.
Doppelw.: Doppelwappen.
C. B......i: Karl Belcredi.
d. Traum ein Wiener Leben: Titel einer Satire, F 307–308 v. 22. 9. 1910, S. 51–56 [W 9, 85–90].
Er jagt nach einem Wagen: s. ›Der Traum ein Wiener Leben‹.
F. R.: Freund Rilke. SN hatte Rainer Maria Rilke ihre bevorstehende Vermählung angezeigt und ihn, wie KK, um ein Hochzeitsgedicht gebeten. Rilke antwortete am 10. 3. 1915 aus München telegraphisch: »Innigstes freudigstes Gedenken, sende Verse morgen. Rainer«. Bereits am 11. 3. 1915 schrieb der »alte Freund«, s. Anm. 52, der seinen ganzen Einfluß gegen eine falsche Entscheidung geltend gemacht hatte: »Sie können sich denken, liebste Sidie, wie sehr ich diese schöne neue weite Wendung Ihres Lebens fühle und feiere…« Er übersandte die am 10. 3. 1915 entstandenen ›Strophen zu einer Fest-Musik. (für Sidie Nádherný)‹, Rilke/Nádherný, a. a. O., S. 233–235, die ebenfalls, in der Vertonung von Dora Pejacsevich, bei der Trauung gesungen werden sollten. Erstdruck: ›Worte zu einer Fest-Musik‹ [ohne Widmung], in: ›Das Inselschiff‹, Jg. 17, Heft 1 v. Weihnachten 1935, S. 1–2; jetzt in: ›Sämtliche Werke‹, a. a. O., Bd. II, S. 98–99.
die Sache: vermutlich die »Werfel-Sache«, s. [249] B.
»Jetzt bin ich allein und will es auch bleiben…«: Anspielung auf Rainer Maria Rilkes Gedicht ›Herbsttag‹ mit den Zeilen: »… // Wer jetzt kein Haus hat, baut sich keines mehr. / Wer jetzt allein ist, wird es lange bleiben, / wird wachen, lesen, lange Briefe schreiben / …«, in: ›Sämtliche Werke‹ a. a. O., Bd. I, S. 398.
Tour durch Steiermark: gemeinsame Autofahrt von Graz über Mariazell nach Wien am 6. 6.–8. 6. 1914.

[251] 18. 4. 1915

Ansichtskarte: Wien. Votivkirche.
Zuschrift: »Handkuß Wenzel Eusebius Lobkowicz.«

[252] 28. 4. 1915

41. Geburtstag von KK.
Übersetzer der Werk [?]: Als Vorwand für die Reise diente möglicherweise wieder eine Besprechung mit dem italienischen Übersetzer, Italo
Tavolato.
Mestre: Bahnhof von Venedig.
ob Wohnung: ob Zusammentreffen in der römischen Wohnung SNs
möglich ist.

[253] 9. 5. 1915

SN in BA:»Er kam direkt nach Rom. Am 30. ›Springbrunnen‹. Unter-
nahmen verschiedene Ausflüge (Nemi). Statt Hochzeit allgemeine Flucht
aus Rom, da täglich Kriegsausbruch zu erwarten. Er nach Wien, ich nach
Lugano am 9. Mai (mit May-May).«
Die Hochzeitsanzeige in englischer Schreibschrift hat sich im Staatsarchiv
Prag, Abteilung Beneschau [A-c-57] erhalten. [Linke Seite:]»Carl Graf
Guicciardini, Patrizier von Florenz, kgl. ital. Leutnant im nichtaktiven
Stande des Kavallerieregimentes Monferrato Nr. 13 gibt Nachricht von
seiner bevorstehenden Vermählung mit Sidonie Freiin Nádherný von
Borutin, Ehrendame des k. k. adeligen Damenstiftes in Graz, Tochter wei-
land des Carl Ritters Nádherný von Borutin und weiland der Amélie
Freifrau Nádherný von Borutin, geborenen Freiin Klein von Wisenberg.
[Rechte Seite:] Carl Freiherr Nádherný von Borutin, Dr. jur., gibt
Nachricht von der bevorstehenden Vermählung seiner Schwester Sidonie
Freiin Nádherný von Borutin, Ehrendame des k. k. adeligen Damenstiftes in Graz, mit Carl Grafen Guicciardini, Patrizier von Florenz, kgl.
ital. Leutnant im nichtaktiven Stande des Kavallerieregimentes Mon-
ferrato Nr. 13, Sohn weiland des Ferdinand Grafen Guicciardini, Patri-
ziers von Florenz, und der Magdalene Gräfin Guicciardini, geborenen
Niccolini dei Marchesi di Camugliano. [Unten:] Die kirchliche Trauung
findet Donnerstag, den 6. Mai 1915, um 11 Uhr vormittag in der Kirche
S. Maria della Vittoria in Rom statt. [Unten links:] Usella, im April
1915. [Unten rechts:] Janowitz, im April 1915. [Unten Mitte:] Roma,
Grand Hotel.« Das Tb von SN gibt nur geringe Aufschlüsse über die
Gründe, warum die Hochzeit nicht stattfand. Die erste Eintragung nach
dem Hochzeitstermin stammt vom 22. 7. 1915:»Carlo in the war, per-
haps dead, & if not, does he love me yet? & K. K., so kind, so good,
& I cannot make his life happy – because my thoughts and feelings are
in the past... I am so lonely here. I shall therefor go to Carlo – even
if I should run away from him. He wrote to me that he loves me as
ever; but will he always love me? Poor Carlo. And poor dear K. K. –
Janovic is beautiful.«

Das Gedicht ›Vor einem Springbrunnen‹ (Villa Torlonia) hat sich aus dem Besitz von SN in zwei Abschriften in der Österreichischen Nationalbibliothek erhalten. Der Titel beider Fassungen lautet ›Mit Dir vor einem Springbrunnen‹ (Frascati 30. April 1915). SN in BlH: »Entstanden in erotischem Glückstaumel – Mann u. Weib. Geist u. Geschlecht. Klagelaut des Weibes über die Schwäche des Mannes, den es jauchzend genoss u. verlieren muss. –« Vgl. Anm. 260.
Lugano: SN fuhr am 9. 5. 1915 nach Lugano.
Naemi: See in den Albaner Bergen, Ausflugsziel vor Rom. »Naemi« oder »Nemi« wird in künftigen Briefen ebenfalls häufig zum Schlüsselwort für das gemeinsame Erlebnis.

[257]   9. 5. 1915

Adressiert an Mary Cooney.
vidiert: Austriazismus für »beglaubigen«, »unterschreiben« bei der Zollkontrolle.

[258]   11. 5. 1915

Adressiert an Mary Cooney.
SN war am 10. 5. 1915 in Lugano eingetroffen.

[259]   12. 2̱. 1915

Adressiert an Mary Cooney.

[260]   12. 5. 1915

Adressiert an Mary Cooney.
Wie recht das Schweigen hat: Vgl. ›In dieser großen Zeit‹.
»Hainbach 1. April«: Das Codewort für die vorgeschlagene Annonce verbindet die beiden Schlüsselwörter.
Springbrunnen: Das Gedicht ›Vor einem Springbrunnen‹, vgl. Anm. 253, wird im Erstdruck noch ohne die Ortsangabe wiedergegeben: F 406–412 v. 5. 10. 1915, S. 137 f. [W 7, 51–52]; es folgt in der F unmittelbar auf den Abdruck des Hochzeitsgedichts ›Verwandlung‹, s. Anm. 239.
Das fand ich auf der Reise: zwei aufgeklebte Inserate mit folgendem Text: »Begleitung gesucht für Ausflüge behufs Unterrichtes in Biologie. Zuschriften unter »Biologie« an das Ank.-Bureau dieses Blattes. 6063« »Briefverkehr wünscht sich eine einsam fühlende Dame. Nur Idealisten mögen antworten unter Chiffre ›Jemand 6053‹ an das Ank.-Bureau dieses Blattes. 6053«.

aber von wem das erste stammen könnte: Anspielung auf den »Biolog«, Max Thun.

[261]   15. 5. 1915

Adressiert an Mary Cooney.

[262]   16. 5. 1915

Matschakerhof: Bis 1958 Speiserestaurant in Wien I, Spiegelgasse 5; Stammlokal von Franz Grillparzer und Joseph von Eichendorff.

[263]   16. 5. 1915

Ansichtskarte: Wien, Karlskirche.
Mit Zuschrift von Karl Nádherný [?] und einer weiteren, nicht identifizierbaren Person, auch auf der Bildseite.

[264]   17. 5. 1915

Adressiert an Mary Cooney.
Lugano Picard Piectet: Automobilhaus.

[265]   18. 5. 1915

Adressiert an Mary Cooney.
Gruss der Wiese: s. Anm. 240.

[266]   18. 5. 1915

Adressiert an Mary Cooney.
Beilage: Lorbeerblatt und eine Anzeige der Firma Opel: Vor dem offenen Wagen eine junge Dame. Sie ruft aus: »Mein Puppchen!«
L.: Lugano.
N. Zür. Ztg.: Neue Zürcher Zeitung.
Frascati: s. Anm. 253.
Rahmen: Bilderrahmen für SNs Photographien, s. [245] B.
die erste Dame im K.: die erste Dame im Kosmos: SN.

[267]   19. 5. 1915

Adressiert an Mary Cooney.

[268]   19. 5. 1915

Adressiert an Mary Cooney.

[269]   20. 5. 1915

Baur: Hotel Baur au Lac, Zürich.
Regina drei: Drei Depeschen gingen ans Reginahotel, Lugano.
Schwerste Hindernisse: Zusammenhang nicht ermittelt.

[270]   22. 5. 1915

Siebenmal fuenfhundert francs: Die mit jeweils wechselnder Mandats-
nummer textidentischen sieben telegraphischen Geldanweisungen werden nicht abgedruckt. Der Text lautet: »mandat 9287 postes zuerich =
kraus 500 fuenfhundert francs frau Sidonie Nadherny / Zuerich Bernina-
hotel +«.

[271]   23. 5. 1915

KK traf am Sonntag, dem 23. 5. 1915 in Zürich mit SN zusammen. SN in
Tb v. 22. 7. 1915: »I have my Opel-car in Ragaz, I made towards 2000 km
in it with K. K. & M.-May, the whole June through Switzerland: Zürich –
Andermatt – Luzern – Interlaken – Montreux – Bern – Luzern – Zürich – Einsiedeln – Ragaz.« KK kehrte am 2. 7. 1915 nach Wien zurück.
[272], [273] B und [274] B sind während der Reise geschrieben.

[272]   undatiert.

Auf der Rückseite einer Bügelquittung geschrieben.

[273]   8./9. 6. 1915

Gespräch über R.: Gespräch über Rilke. Rilke hatte am 30. 5. 1915 aus
München an SN geschrieben, nachdem er von der »kriegsbedingten« Verschiebung der Hochzeit erfahren hatte: »...Nun hat das allgemeine
Schicksal auch Sie näher berührt, Liebe, und Ihnen eine Verzögerung ins
Leben gelegt, die hoffentlich nicht lange Macht behält...«, Rilke/Nád-
herný, a. a. O., S. 236.
»lowly«: Die Sucht des ermüdenden Sightseeing rügte KK häufig an SN,
die er selbst eine »Sehenswürdigkeit« nannte. Das sanktionierende
»lovely« zielt auf die Reisebegleiterin, Mary Cooney.

168

Vgl. die Aphorismen: »Die wahre Eifersucht will nicht nur Treue, sondern den Beweis der Treue...«, F 406–412 v. 5. 10. 1915, S. 136 [W 3, 316] und »Der Mann bildet sich ein, daß er das Weib ausfülle. Aber er ist nur ein Lückenbüßer.« F 406–412, a. a. O., S. 136 [W 3, 313].

[275] 2. 7. 1915

KK war am 2. 7. 1915 in Wien eingetroffen; SN fuhr über Prag nach Janowitz zurück.
Reiselektüre: nicht ermittelt.
Klage Staackmann: s. Anm. 191.
Der kleine Opel: wurde in Ragaz eingestellt.
Einsiedeln: Schweizer Wallfahrtsort, den KK und SN Ende Juni 1915 besuchten, s. [281] B.

[276] 5./6. 7. 1915

»Extraausgabe!«: Vier der fünf Akte des Dramas ›Die letzten Tage der Menschheit‹ beginnen mit dem Ruf: »Eeextraausgabeee«. Erster Hinweis auf die Arbeit an dem Drama.
zu seinen Wiesen: in den Park von Janowitz, vgl. das Gedicht ›Wiese im Park‹ (Schloß Janowitz), mit dem F 413–417 v. 10. 12. 1915, S. 128 [W 7, 51], abschließt. Der Erstdruck in F verzichtet auf die Ortsangabe, s. Anm. 318.

[277] 5. 7. 1915

»Untergang der Welt durch schwarze Magie«: Der Band mit Essays und Satiren aus den Jahren 1908–1915 und einem Nachwort zu ›Die Kinder der Zeit‹ erschien erst 1922 im Verlag Die Fackel, Wien und Leipzig [EA 35; W 8]. Der einleitende Aufsatz der Buchausgabe ist der Essay ›Apokalypse‹, F 261–262 v. 13. 10. 1908, S. 1–14 [W 8, 11–22]. Der Essay ›Untergang der Welt durch schwarze Magie‹, der dem Buch den Titel gab, erschien in F 363–365 v. 12. 12. 1912, S. 1–28 [W 8, 422–451].

[278] 9. 7. 1915

Aus vierzig Seiten: ›Untergang der Welt durch schwarze Magie‹, s. Anm. 277.
Prag, Karmelitergasse: In der Karmelicka 24 befand sich nachweislich in den Jahren 1930–1948 die Stadtwohnung der Janowitzer Schloßnach-

barn, Olivier und Rosa Mladota von Solopisk, geb. von Lumbe (geb. Wien 23. 11. 1889).
Leo: Hund SNs.
Einsiedel, Engelberg und Treib: SN in EX: »(Höhepunkte unserer schweiz. Autotour)«.

[279]   14. 7. 1915
Ich hab diesen Ort hier erwählet...: 2. Chronik 7. 16.
ich arbeite jetzt in der feindlichsten Welt: an dem Buch ›Untergang der Welt durch schwarze Magie‹.
ersinne eine Widmung: Die erst 1922 erschienene Buchausgabe war »Georg Jahoda und Leopold Liegler zugeeignet«.
Karte mit der Schloßstiege: Eine im Handel erhältliche Ansichtskarte, die KK selbst häufig verwendete, zeigt den Stiegentrakt mit Fresken von Friedrich Theodor Dallinger (1762). Das ursprüngliche Renaissance-Schloß Janowitz aus dem Ende des 16. Jahrhunderts wurde Ende des 18. Jahrhunderts barockisiert.

[280]   20. 7. 1915
im August: KK verbrachte den August 1915 in Janowitz, s. Anm. 286.
diese fünfhundert durchgearbeiteten Blätter: ›Untergang der Welt durch schwarze Magie‹.
einer der wenigen Menschen: Ludwig von Ficker war als Unterjäger im II. Regiment der Tiroler Kaiserjäger in der Infanterie-Kaserne Bene-schau stationiert. In einer Postkarte vom 17. 7. 1915, WStB IN 162.030, hatte er KK mitgeteilt, er »verbringe den Sommer damit, italienische Rekruten, deren es in unserem Regiment sehr viele gibt, abzurichten. Vor September dürfte ich kaum ins Feld kommen – leider, denn ich kann diese Aussicht nachgerade nur als Erlösung betrachten [...] Ich lebe hier wie ein Gefangener, muß in der Kaserne schlafen – 36 Mann in einem Zimmer Strohsack an Strohsack auf dem Boden und kämpfe mit Mäusen und anderem Ungeziefer...«
Baron Lempruch: Moritz Erwin von Lempruch (geb. Rudolfswerth 23. 4. 1871), Ingenieur, Generalmajor und Brigadier, Bekannter von KK; war bis März 1916 Oberst an der Südfront, an die Ludwig von Ficker im April 1916 verlegt wurde. Lempruch wurde Rayonskommandeur von Westtirol.
das mir wichtigste Buch: ›Untergang der Welt durch schwarze Magie‹.
das scheußliche Vorspiel dieser Zeit: Bezieht sich auf die von KK in F 363–365 v. 12. 12. 1912, S. 33 ff. zitierten Zeitungsberichte aus dem ersten Balkankrieg von 1912: Serbien, Bulgarien, Griechenland und Montenegro erklärten der Türkei den Krieg, um österreichischen Inter-

essen bei einer fälligen Teilung der europäischen Türkei zuvorzukommen.

weil sie »schreiben kann«: In einem Artikel von Ludwig Bauer, den KK in F 363–365, a. a. O., S. 40–42, abgedruckt hatte, hieß es: »Ein toter Journalist kann keine Artikel schreiben...«
dem Betroffenen selbst: Ludwig von Ficker.

Das Jahrbuch des »Brenner«: ›Brenner Jahrbuch 1915‹. Als fünfter Jahrgang der Halbmonatsschrift Der Brenner herausgegeben von Ludwig von Ficker. Innsbruck: Brenner-Verlag (Frühjahr 1915). Enthält: Georg Trakl: ›Die letzten Gedichte‹: ›Die Schwermut‹; ›Die Heimkehr‹; ›Klage‹; ›Nachtergebung‹; ›Im Osten‹; ›Klage‹; ›Grodek‹; jetzt in: Trakl I, a. a. O. Von Rainer Maria Rilke: ›Verse‹: ›So angestrengt wider die starke Nacht...‹; jetzt in: ›Sämtliche Werke‹, a. a. O., Bd. II, S. 52–53. Über die Beziehungen Ludwig von Fickers zu Rainer Maria Rilke und den Anlaß zu Rilkes Mitarbeit im ›Brenner‹, vgl. Ludwig von Ficker, ›Rilke und der unbekannte Freund – In memoriam Ludwig Wittgenstein‹, jetzt in: Ficker, ›Denkzettel‹, a. a. O., S. 199–221.

Hellseher: Raphael (Rafael) Schermann, Graphologe; arbeitete in Berlin, Prag und Wien. Oskar Fischer, Professor der Neurologie und Psychiatrie an der deutschen Universität Prag, führte von 1916–1918 mit Schermann, dessen graphologische Fähigkeiten weit gerühmt wurden, eine Versuchsreihe durch, in der Schermanns Leistungen beim Betrachten einer Schrift, die Ergebnisse beim Betasten von Schrift mit der Hand »bei vollständigem Ausschluß des Sehens«, seine Leistungen beim Betasten unsichtbarer Schrifttypen, beim Betasten von verklebten Briefumschlägen, seine Fähigkeiten telepathischer Übertragung und die Imitation von Handschriften, die er nie vorher gesehen haben konnte, sorgfältig protokolliert wurden. Die hohe Erfolgsquote bei der Versuchsreihe führte Fischer auf eine »außersinnliche Übertragung psychischer Vorgänge von Mensch zu Mensch« zurück. »Diese Übertragung geschieht wahrscheinlich durch Vermittlung irgendeiner uns noch unbekannten Energie von Gehirn zu Gehirn. [...] Auf welche Weise [...] ist uns vollständig unbekannt.« Oskar Fischer, ›Experimente mit Raphael Schermann‹, Berlin/Wien: Urban & Schwarzenberg 1924. Vgl. auch Max Hayek, ›Der Schriftendeuter Rafael Schermann‹, Leipzig/Wien/Zürich: E. P. Tal & Co 1921; Rafael Schermann, ›Die Schrift lügt nicht. Erlebnisse‹, Berlin: Brücken-Verlag 1929. – Zu den für seine Zeitgenossen aufregendsten Vorhersagen des Hellsehers Schermann gehörte der Herztod des Reichsaußenministers Gustav Stresemann am 3. 10. 1929, über den Sergei M. Eisenstein berichtet, in: ›Stationen. Autobiographische Aufzeichnungen‹, Berlin/DDR: Henschel 1967, S. 186–188. Und am 26. 11. 1932 berichtet Schermann selbst unter dem Titel ›»Hellsehen« oder hell sehen?‹, in: ›Die Woche‹, Berlin, Heft 48, S. 1440, über eine Analyse von Mahatma Gandhis Schrift vom 29. 9. 1929. Zitiert wird der

Bericht eines Beobachters der Analyse: »Er will nichts für sich erreichen, sondern alles für die Idee, für die er lebt [...] Er weiß, daß er eines Tages als Märtyrer für seine Sache sterben wird. Aber daran liegt ihm nichts.« Das Schermann vorgelegte Autograph war die Reproduktion aus einem Buch, das man herausgetrennt und ausgeschnitten hatte. Gandhi, der Kämpfer für die Unabhängigkeit Indiens, wurde am 30. 1. 1948 von einem fanatischen Hindu erschossen. *Abschrift:* Abschrift von der Hand KKs. Von SN datiert: »20. 7. 15 / Aussprüche von Schermann / Hellseher über seine Schrift, ohne ihn zu kennen«. SN in BAB am 22. 5. 1948 über Schermann: »Ich kannte ihn nicht, bin aber immer misstrauisch geblieben. Trotz seiner unvorstellbaren Sehergabe. Man hörte Wunderdinge (später für Geld) von ihm. Ich weiss aber auch, dass er sich manchmal irrte.«

[281] 22. 7. 1915

das hier: vermutlich wollte KK für Ludwig von Ficker das Bibelwort aus der Meinradskapelle herausschreiben, s. [279] B; er zitiert dort eine falsche Quelle, s. Anm. 279.

Meinhardts-Kapelle: In Einsiedeln ist eine Kapelle St. Meinrad auf dem Etzel nachweisbar; ferner befindet sich in der Kirche des Klosters U. L. Frau von Einsiedeln eine Gnadenkapelle, die dem Klostergründer Meinrad gewidmet ist.

van Ess: Leander van Eß (d. i. Johann Heinrich van Eß; geb. 1772; gest. 1847), Benediktiner, übersetzte zusammen mit seinem Bruder Karl van Eß das ›Neue Testament‹ (1807) und das ›Alte Testament‹ (1822). – KK hat die Eß'sche Übersetzung offensichtlich besonders geschätzt, denn als Albert Ehrenstein ihn des Plagiats an der Offenbarung des Johannis in der Übersetzung Martin Luthers bei dem Gedicht ›Apokalypse‹ [W 7, 326–328] bezichtigte, stellte KK triumphierend fest, Luther habe er erkannt, die Stellen, »die nüchterner als bei Luther« sind, nämlich von van Eß, allerdings nicht. F 552–553 v. Oktober 1920, S. 11 und F 787–794 v. Anfang September 1928, S. 67, 150, 152, 154–157, 159–163.

das Buch: ›Untergang der Welt durch schwarze Magie‹; die Zitate wurden nicht als Motto aufgenommen.

der Extraausgaberuf: s. Anm. 276.

»Jahrestag«: zwischen dem 13. 7. und dem 9. 8. 1914 waren SN, KK und Karl Nádherný mit dem Auto in Oberitalien.

B.: Beneschau.

Baron L.: Baron Lempruch.

das Buch, das heute druckfertig wurde: ›Untergang der Welt durch schwarze Magie‹, s. Anm. 277.

Ich bediente mich ...: 1 Kor 2,4.

Freilich tragen wir Weisheit vor ...: 1 Kor 2,6.

Wir aber haben nicht den Geist ...: 1 Kor 2,12.
Der Geistige ...: 1 Kor 2,15.
Denn die Weisheit dieser Welt ...: 1 Kor 3,19.
Die Zeit ist kurz ...: 1 Kor 7,29. Fortsetzung: *das bleibt übrig ...:* 1 Kor
7,31.
Wenn Jemand auf sein Wissen ...: 1 Kor 8,2.
Denn so wie das Weib ...: 1 Kor 11,12.
Wenn ich die Sprachen der Menschen ...: 1 Kor 13,1.
Göttliche Kraft ...: 1 Kor 1,24.
Durch Gottes Gnade ...: 1 Kor 15,10.
Der erste Mensch ...: 1 Kor 15,45. Paulus zitiert 1 Mos 2,7.
Wann aber dieses Sterbliche ...: 1 Kor 15,54.55.
Darum ermüden wir nicht ...: 2 Kor 5,16.
Dies soll nicht ...: 2 Kor 4,12.
Ob wir gleich im Fleische wandeln ...: 2 Kor 10,3–5.
Ja wenn ich auch ...: 2 Kor 10,8.
Muß ich mich einmal rühmen ...: 2 Kor 11,30.
Zwar wäre ich darum noch kein Thor ...: 2 Kor 12,6.
Und damit ich auf jene ...: 2 Kor 12,7.
Darum bin ich zufrieden ...: 2 Kor 12,10.
Ich bin ein Narr geworden ...: 2 Kor 12,11.
Sie sind Ebräer? ...: 1 Kor 11,22.23.
Wen trifft ein Leiden ...: 2 Kor 11,29.
Denn wir vermögen nichts ...: 2 Kor 13,8.
Wir sind Narren ...: 1 Kor 4,10.

[282] 24. 7. 1915

Ansichtskarte: Klosterneuburg. Stift.
großen Opel: der in Wien aus kriegsbedingten Gründen eingestellte
Opel.
den kleinen: der Opel SNs, der in Ragaz untergestellt war.

[283] 29. 7. 1915

Vermerk auf dem Kuvert: »wenn morgens, *nicht* vor 9 Uhr zuzustellen!«
Arbeit: Erster Hinweis auf die Arbeit an der Tragödie ›Die letzten
Tage der Menschheit‹ [EA 13], von der in F 406–412 v. 5. 10. 1915,
S. 166–167, der Schluß von III, 46, abgedruckt wird [W 5, 420–421]. In
F trägt die Tragödie noch den Untertitel: ›Ein Angsttraum‹.
Extr ... e: s. Anm. 276.
Thierfehd: KK hat Tierfehd bei Glarus auf der Schweizerreise zwi-
schen dem 23. 5. und 2. 7. 1915 zum ersten Mal besucht.
kleinen Wagen Unterstand gewährt: s. Anm. 282.

Ankunft am 1.: KK fuhr am 1. 8. 1915 über Beneschau nach Janowitz, wo er einen Monat blieb.
D.: Dora Pejacsevich. SN in Tb v. 2. 9. 1915: »Dora was here, came & went, read my journals, for she could not understand the terrible play I play, & was so kind, so good, so loving, so true a friend. She understands me now better, but do I understand myself?«

[286] 2. 9. 1915

SN in BA: »Vom 1. August bis 2. Sept. in Janowitz. (›Die Kranken-schwestern‹.)« SN in Tb v. 2. 9. 1915: »K. K. left yesterday after a month's stay, in which he wrote so busily for the drama & the Fackel & wrote: »Die Krankenschwestern«, a poor green burnt butterfly, that Dora and I killed with Aether.« SN in BlH: »Eine wahre Begebenheit, der er beiwohnte. Meine Freundin Dora Pejacsevich u. ich sind die Schwestern, der Diener war der alte Portier Dvořak, sein Bild stand am schwarzen Glasschrank in seinem Arbeitszimmer bis zu seinem Todestag.« – Zwei Handschriften aus dem Besitz von SN in der Österreichischen National-bibliothek, Wien, überliefert: 1. Fassung: gestrichener Titel: ›Der Tod eines Schmetterlings‹, datiert: »Schloß Janowitz 16./17. August 1915«. 2. Fassung: als Abschrift gekennzeichnet. Erstdruck: F 406–412 v. 5. 10. 1915, S. 147–148 [W 7, 49 f.].

[287] 3. 9. 1915

Beilage: Aufgabeschein an G. Noli, Zürich, 3. 9. 1915.
Mladotas: Olivier und Rosa Mladota lebten damals in Linz; sie arbeiteten beide in einem Lazarett.
Die »beiden Herren«: nicht ermittelt.
Rosenkrantz und Güldenstein: die beiden falschen Freunde Hamlets.
und vielem andern: den fertigen Teilen der ›Letzten Tage der Menschheit‹.
Dworáck: Dvořak, Diener auf Schloß Janowitz. KK verewigte ihn in dem Gedicht ›Die Krankenschwestern‹: »...//Der Diener ist schon alt, als hätt' er viele Jahre/schon Gott gedient, so sieht er in die fremde Zeit. / Zehntausend Juden sind nicht wert dies eine, wahre, / einfältige Gesicht voll Dienst und Dankbarkeit.//...«, vgl. Anm. 286.
Zelt: Sidonienzelt, Gartenhaus im Park von Janowitz.

[288] 4. 9. 1915

Ansichtskarte: Baden bei Wien.
»Kommen« wahrscheinlich »auch nicht mehr herein«: gemeint sind die Filme, die im Krieg nicht mehr zu bekommen waren.

»O Romeo! warum denn Romeo?«: Shakespeare, ›Romeo und Julia‹, II, 2/›Capulets Garten‹, in der Übersetzung von August Wilhelm Schlegel.
um dieselbe Stunde: KK und SN hatten sich am 8. 9. 1913 kennengelernt.
Gräfin (Mielzinska?): nicht ermittelt.
Hier ist es: Das drei beidseitig beschriebene Blätter umfassende Dokument wurde als Beilage zum Reise-Tb von SN (Unteritalien, Sizilien, Tunesien, Provence; 1913) im Staatsarchiv Prag, Zweigstelle Beneschau (A-c-46-8) überliefert. Die im Brenner-Archiv, Innsbruck, befindliche Abschrift von der Hand SNs weist zahlreiche Varianten (d. h. Kürzungen) auf. – Die Original-Mitschrift von KK, mit geringfügigen textlichen Abweichungen gegenüber der Beneschauer Reinschrift des Gutachtens, wurde inzwischen ebenfalls im Brenner-Archiv, Innsbruck, aufgefunden.

Recepisse: Empfangsbestätigung.
Z. Z.: Neue Zürcher Zeitung.
Vorlesung: Die nächste Vorlesung fand am 30. 10. 1915 im Kleinen Musikvereinssaal, Wien, statt. KK las Sätze von Jean Paul, Claude Tillier und Alfred Graf de Vigny, eigene Essays, Aphorismen, die Gedichte ›Die Krankenschwestern‹, ›Verwandlung‹, ›Vor einem Springbrunnen‹ und den Monolog des Nörglers aus ›Die letzten Tage der Menschheit‹, s. Anm. 283. Programm: F 413–417 v. 10. 12. 1915, S. 111.
Arbeit am Heft: F 406–412 v. 5. 10. 1915. Umfang: 168 Seiten.
Aufgebot: KK wurde am 24./25. 9. 1915 erneut gemustert und »zum Landsturmdienste mit der Waffe [als] nicht geeignet« befunden, WStB IN 175.486.
Hellseher: Raphael Schermann.
Wundermann: Raphael Schermann.
Episode Wangel: nicht ermittelt.

dieser hier: Beilage nicht erhalten.
Antipathie gegen den Vornamen: s. Schermann-Gutachten [289] B. SN in EX: »(Stimmt in der That!)«.
Ich arbeite ganz toll: F 406–412.
Erscheinen von Springbrunnen, Verwandlung und Krankenschwestern:

F 406–412 v. 5. 10. 1915: ›Verwandlung‹, S. 136; ›Vor einem Springbrunnen‹, S. 137; ›Die Krankenschwestern‹, S. 147–148.

[292]   7. 9. 1915

Sache L.: nicht ermittelt.

[293]   10. 9. 1915

die Schrift: bezieht sich auf Carl Guicciardini.
d'Annunzio: Der italienische Schriftsteller Gabriele d'Annunzio (geb.
Pescara 12. 3. 1863; gest. Gardone 1. 3. 1938) war im Ersten Weltkrieg
Flieger, später Freischarführer und Parteigänger der italienischen Faschisten. Seine leidenschaftliche Beziehung zu Eleonora Duse war allge-
mein bekannt.
Vorlesung am 2.: s. Anm. 290.
mit dem andern Träger des Vornamens: Carl Guicciardini.
Verlag Wolff: Der Verleger Kurt Wolff (geb. Bonn 3. 3. 1887; gest.
Ludwigsburg 21. 10. 1963) bemühte sich auf Veranlassung seines Lektors
Franz Werfel seit 1912 darum, der Verleger von KK zu werden. KK bot
ihm den Essayband ›Kultur und Presse‹ zum Verlag an; das Buch ist nie
erschienen. Im Frühjahr 1914 überließ KK die von Oskar Kokoschka
illustrierte Luxusausgabe des Essays ›Die chinesische Mauer‹ Kurt Wolff;
s. Anm. 37. Weitere Buchpläne scheiterten an der Abneigung von KK, in
einem Verlag mit Autoren erscheinen zu müssen, »deren Mehrzahl er
zutiefst mißbilligte«; Kurt Wolff, ›Autoren, Bücher, Abenteuer. Betrachtungen und Erinnerungen eines Verlegers‹, Berlin: Wagenbach
o. J., S. 81. Georg Heinrich Meyer, der im August 1914 die Verlagsleitung übernahm, nachdem Kurt Wolff zum Kriegsdienst eingezogen
wurde, kündigte am 4. 9. 1915 KK den Besuch von Oskar Andreas an,
um ihm im Namen Wolffs den Vorschlag eines eigenen Verlags, eben
des »Verlags der Schriften von Karl Kraus ⟨Kurt Wolff⟩« zu unterbrei-
ten, WStB IN 187.407. KK akzeptierte diesen Vorschlag. Zwischen 1916
und 1920 erschienen: Die ersten fünf Bände der ›Worte in Versen‹ [EA
39.1 bis EA 39.5a], der Aphorismenband ›Nachts‹ [EA 25], die zwei-
bändige Sammlung von Kriegsaufsätzen unter dem Titel ›Weltgericht‹
[EA 36] sowie Neuauflagen von ›Die chinesische Mauer‹ [EA 8b, EA
8c] und der Aphorismensammlung ›Pro domo et mundo‹ [EA 29a, EA
29b]. Wolff verlegte auch die Ausgabe der ›Ausgewählten Gedichte‹
[EA 2], die dem lyrischen Werk einen breiteren Leserkreis verschaffen
sollte. Die Verlagsbeziehung wurde 1921 nach Erscheinen von Werfels
›Der Spiegelmensch‹ von KK abgebrochen.

[294] 14. 9. 1915

Graf Castell: vermutlich Alexander Friedrich Lothar Graf Castell-Rüdenhausen (geb. Rüdenhausen 6. 7. 1866; gest. Oberstdorf 11. 4. 1928).
»hinaufzugehen und sichs zu richten«: Vgl. den Aphorismus: »Der Wiener wird nie untergehn, sondern im Gegenteil immer hinaufgehen und sichs richten.« F 406–412 v. 5. 10. 1915, S. 154 [W 3, 414].
St. Moritz: SN hielt sich auf ärztlichen Rat in den folgenden Jahren häufig im Hochgebirge auf.
Kopenhagen: Durch einen Briefentwurf vom 27. 7. 1901 ist der Aufenthalt von KK in Christiania (heute: Oslo) gesichert. Auf dieser Reise nach dem Tod von Annie Kalmar dürfte er auch Kopenhagen besucht haben.
Vorlesung: s. Anm. 290.
das Schicksal des Heftes: F 406–412 v. 5. 10. 1915.
Dostojewsky: ›Die Judenfrage‹. Von F. M. Dostojewski (1877) erschien in F 413–417 v. 10. 12. 1915, S. 49–74.
Einreichung: zur Zensur.
Der Mann aus Leipzig: Oskar Andreas vom Kurt Wolff Verlag.
Um die Vorlesung anzukündigen: Die Vorlesung wurde auf der hinteren Umschlagseite für den 30. 10. 1915 angekündigt, s. Anm. 290.
Abschiedsbrief: Beilage nicht erhalten.
drei kleine Sachen zur Erheiterung: Beilagen nicht erhalten.

[295] 15. 9. 1915

diesen Tag: bezieht sich auf die Passierbarkeit der österreichisch-schweizerischen Grenze.

[296] 16. 9. 1915

»man«: SN.
Vorlesung: s. Anm. 290.
Das Heft: F 406–412.
Erledigung: Zensur.
ist ja alles geborgen: bezieht sich besonders auf die in Anm. 291 genannten Gedichte und auf die SN betreffenden Aphorismen, S. 136 ff.
Schrift von Johannes: Ein Gutachten Schermanns über Johannes Nádhernýs Schrift ist nicht überliefert.
J.: Johannes Nádherný.
(166 Seiten!!) ohne D.: Tatsächlich hatte F 406–412 168 Seiten, die Deckel nicht gerechnet.

177

[297] 17. 9. 1915

Aufgebot erlassen: Musterung, s. Anm. 290.

[298] 23. 9. 1915

Dora Selčan: Sedlčany war die für Janowitz zuständige Bezirkshaupt-
stadt, in der die für die Einreise von Dora Pejacsevich notwendigen
Dokumente eingereicht werden mußten.

[299] 23. 9. 1915

das über Slawonien: bezieht sich auf die Reisebeschränkungen für Dora
Pejacsevich, s. Anm. 298. Nasice liegt in Slawonien.
Die Angelegenheit des Kindes: gemeint ist ›Die Fackel‹, hier F 406–412.

[300] 23./24. 9. 1915

Swift-Biographie: nicht ermittelt. – Stella (d. i. Esther Johnson) war die
junge Geliebte Jonathan Swifts, die bis zu ihrem Tode († 1728) in seinem Hause lebte. Ob Swift Stella tatsächlich im geheimen geheiratet
hat, ist bis heute umstritten. SN in BAB v. 22. 5. 1948: »Über die *Swift*-
Biographie weiss ich nichts Näheres. Es war eine lange Erzählung über
seine geheimnisvolle Heirat, zu der K. K. bemerkt: recht klein-bürger-
lich…«, s. auch [741] B.
Eine andere Biographie: Die Monographie ›Karl Kraus und sein Werk‹
von Leopold Liegler erschien 1920 im Verlag von Richard Lanyi in
Wien. Am 24. 11. 1917 hielt er im Festsaal des Wiener kaufmännischen
Vereins den Vortrag ›Karl Kraus und die Sprache‹, Wien: Richard Lányi
1918 [K 1771], eine Vorarbeit zu der größeren Untersuchung. Leopold
Liegler (geb. Wien 30. 6. 1882; gest. Wien 8. 10. 1949) war Sekretär
der Akademie der Wissenschaften. Am 17. 4. 1911 veröffentlichte er unter dem aus Ibsens Drama ›Rosmersholm‹ entliehenen Pseudonym Ulrik
Brendel einen Aufsatz ›Karl Kraus. Ein Wagnis von Ulrik Brendel‹, in:
›Wiener Morgenblatt‹. Es war die erste öffentliche Erwähnung des Werkes von KK in einer Wiener Zeitung seit Gründung der F, wenn man
von einem Vortragsbericht in der ›Arbeiterzeitung‹ absieht, F 321–322
v. 29. 4. 1911, S. 53–55 [K 2072]. Liegler übernahm für KK bis zu ihrem
Zerwürfnis im Jahre 1924 die Aufgaben eines Sekretärs, zu denen z. B.
auch die Korrespondenz mit dem Verlag Kurt Wolff gehörte. 1945 Pro-
visorischer Leiter der Literarischen Abteilung der Wiener Ravag.
Fischhändlerin: Hamlet nennt Polonius einen Fischhändler, ein Synonym
für einen »ehrlichen Mann«. Shakespeare, ›Hamlet‹, II,2 / ›Ein Zimmer
im Schloß‹.

Sidonienzelt: Gartenhaus im Park von Janowitz.
ein C. als Vornamen: Carl Guicciardini.

[301]   24. 9. 1915

Patient: bezieht sich auf die Musterung vom 24. 9. 1915, s. Anm. 20.
ersten Oktober aufstehen: F 406–412 erschien tatsächlich erst am 5. 10.
1915.

[302]   24. 9. 1915

Dies als Fortsetzung: Das am Schluß des Briefes mitgeteilte Telegramm
war nicht abgesandt worden.
Vorlesung: sie fand am 30. 10. 1915 statt, s. Anm. 290.
weil buchmäßig hergestellt: die umfangreiche F-Nummer konnte nicht,
wie sonst üblich, durch den Rücken geheftet werden; sie wurde faden-
geheftet.
Befürchtungen: wegen der Musterung.
Arzt: der Beamte der Statthalterei.

[304]   25./26. 9. 1915

das Gutachten des Hellsehers: über Carl Guicciardini. Der im Brenner-
Archiv, Innsbruck, überlieferte, mit Bleistift geschriebene Text von KK
wird hier im folgenden wiedergegeben. Der Text ist durch den schlechten Erhaltungszustand der drei Notizzettel (gefaltet und numeriert von
1–9) nur schwer lesbar: SN: »Hellseher Schermann über C. G. u. uns.
25./26. 9. 1915«. [Die Seiten 1 und 2 stehen auf einem Manuskriptblatt
von KK, die Seiten 3–5 auf einem Briefbogen des Hotel Imperial, Wien;
S. 6–9 auf Manuskriptpapier]:
[Seite 2] Wenn es auch in englischer Sprache geschrieben ist, ist es doch
kein englischer [Brief] – die Person ist ganz heruntergekommen – hat
einen großen Theil des Körpergewichts verloren und ist überhaupt dem
Zusammenbruche nahe – sie ist jetzt so aufgeregt, daß sie sich kaum
halten kann und es fällt ihr schwer, sich zu sammeln. Als Mann hat er
nichts mehr in sich, was die Frauen reizen kann – direkt weibische Züge –
elend zu Muthe.
Ich sehe, daß die Person sich in einer Situation befindet, aus der sie keinen Weg hinaus sieht – sucht wie ein wildes Thier mit den Krallen festen Fuß zu fassen, weil sie das Gefühl hat – es ist bald aus (das was sie
im Kopf hat und was den Adressaten betrifft). Sie hat das Gefühl, daß
im Gehirn eine Leere ist, durch das aufgeregte [durchgestrichen: »Tem-
perament«, mit Tinte später hinzugefügt:] Wesen und durch die zu ra-
schen Handlungen, die sie ausgeführt hat, hat sie auch jetzt noch zu

leiden, trägt an den Folgen. Eigentlich sieht die Person gar keine Hoffnung für sich und kommt sich ganz verloren vor, ist derart [gedrückt?], daß am liebsten überhaupt nicht mehr leben wollte. Sie hat sicherlich vorher eine Person verloren, die ihr alles auf der Welt war – seit der Zeit findet sie keine Ruhe und ist stets auf der Suche, kann aber nicht das richtige finden – hat alles mögliche versucht, um sich selber herauszureißen – allein der Schmerz und der Gedanke an den Verlust rüttelt sie immer wieder. Es ist eine alte Sache, aber auch ein Verlust von etwas Neuem, an das sie sich fest geklammert hat. Es ist auch deutlich zu sehen, daß die Person einen Strich durchs Leben gezogen hat – sie verflucht das Leben das ihr so bittere Enttäuschung gebracht.

[Seite 1] Würde [...wohl] Leben fortwerfen, wenn nicht gewisse Rücksichten abhielten. Wenn der Zustand nicht bald eine Besserung erfahren sollte, muß die Person untergehen und zwar sehe ich ganz deutlich, daß sowohl das Gehirn als auch das Herz u. *hauptsächlich die Lunge* den Todesstoß versetzen kann. Hat so viel Kraft verloren, daß rapide Auszehrung nicht ausgeschlossen. Glückliche Tage nur sehr selten erlebt, wird sie auch sehr selten haben – verbittert sich selber das Leben, indem sie nicht versteht, die Menschen zu behandeln und sich das Leben angenehm zu gestalten. Ist in einem Milieu, wo er früher nicht war, wo er sich sehr unbehaglich fühlt und momentan gar keinen Ausweg sieht, von dort loszukommen. Ist darüber verzweifelt. Freunde hat sie keine, die Schuld liegt an ihr selber, weil sie die Freunde nicht zu behandeln wußte.

[Seite 3] Es drängt sich mir hier ein [deutliches Gefühl] auf, der Schreiber vermuthet, daß die Person, an die Brief gerichtet sind, im Begriff steht, einen Bruch herbeizuführen, jedenfalls aber fühlt er, daß die Person doch von einer andern Person beeinflußt wird, den Bruch nicht zu vollziehen, sie aber doch den Bruch durchsetzen wird.

Kuvert [Anm. SN: »Verlangte Schrift des Adressaten, er begann nun plötzlich über *uns* zu sprechen.]

Die passen gar nicht für einander, ausgeschlossen – [durchgestrichen: Wenn es der Mann ist] jetzt erst sehe ich, wie klug die Frau ist, jetzt sehe ich, daß es nichts interessanteres auf der Welt gibt und warum sie sich den ausgesucht hat. Gründe: die Frau weiß ganz genau, daß wenn sie sich diesen Mann zu dem Theater ausgewählt hat – daß *sie ganz unberührt von ihm* scheiden wird, physisch unberührt, wenn es zu [...] kommt, denkt sie sich: es ist bald aus, den [...] ich [...], er ist viel zu schwach für sie und deshalb hat sie sich ihn gewählt. Ich weiß nicht ob der das Objekt des Theaters ist, aber das Theater, das sie sich zurechtgelegt hat, würde grad auf den passen und sie weiß ganz genau, daß er sexuell sehr schwach ist und daß er überhaupt nicht in der Lage wäre sie zu befriedigen. Von geistiger Befriedigung überhaupt gar keine Rede. Geistig um zehn Himmel tiefer als sie etwas eleganteres, geistreicheres kann kein Dramatiker hervorbringen als das was die angestellt hat mit dem. Es ist, wie wenn man ein kleines Hunderl in einem Käfig einer [Fürstin] einer Königin [einließe]. Der Blick von dem Weib hat ihn immer so [niedergezwungen], daß er es nicht gewagt hätte, ihr näher zu kommen. Abgesehen davon dürfte er um vieles älter sein als sie und da er früher viel zu viel gelebt hat, wäre er für die Dame ganz ungefährlich.

[Seite 4] Er ist bereits in einem Stadium des Verblühens, zudem noch hat er kürzlich abgenommen und es ist fraglich, ob er sich je erholt und zwar so weit, daß er ernstlich daran schreiten sollte, sich diesem Wesen zu nähern. Wie die Dinge momentan stehen, fühle ich, daß er alle Hoffnung aufgegeben hat und nicht mehr daran denkt, die Dame wiederzugewinnen. Er bildet sich ein, *furchtbar gekränkt worden zu sein*, so quasi als wenn sie ihm das Herz bewußt gebrochen hätte, und sein Herz ist in der That angegriffen. Habe das Gefühl, der lebt nicht mehr lange, es geht bergab, ein Erholen ist fast ausgeschlossen, auch wenn schon die Dame heirathet – er ist ein Kandidat des Todes, auch das Milieu ist schuld. Er ist irgendwo hineingesteckt worden, vielleicht beim Militär, Schützengraben oder dergleichen. Geht auf alle Fälle zugrunde. Wenn er auch zurückkehren sollte, ein Erholen meiner Ansicht nach fast ausgeschlossen. Vermuthe daß er im Krieg ist. Kugel oder Krankheit. Das Theater, das [ein halbes oder ein Jahr?] dauerte, wurde abgebrochen wenn er nun, was ich vermuthe, im Krieg ist.

Er war ihr sympathisch, weil er körperlich und geistig schwach ist. Das hat ihr gepaßt. Die Schrift und Frau belebt mich, bei der andern war ich halbtodt. Sie dachte sich, den bin ich bald los, der geht drauf, mit dem bin ich bald fertig.

Theater wohl infolge des Krieges geschädigt – er mußte vielleicht einrücken es würde ihr vielleicht leid thun, wenn er früher von der [... fläche] verschwinden sollte, weil sie nicht so bald einen Ersatz finden würde für [Durchführung] solchen Plans, denn wenn es ein anderer wäre, mit dem sie es ausführen wollte, könnte der Fall eintreten, daß sie der Betreffende nicht so leicht loslassen würde, denn sie hat sich einen Plan zurechtgelegt, den sie unter allen Umständen ausführen wird. D. h. sie wird das Theater, wenn es sein muß, aufführen, sich dann frei machen und an den herantreten, an dem sie mit allen Fasern hängt.

Mit dem wird das Theater nicht aufgeführt.

Es gibt Momente bei ihr, wo sie sich sagt: Um Gottes Himmels willen, wozu soll ich das ganze Theater aufführen, vielleicht läßt es sich doch umgehen – sie wird oft in meiner Nähe sagen: Schau, ich weiß selber nicht, wie es kommt. Aber manchmal hab ich das Gefühl der [Mitschuld?] und es steigen mir so böse Gedanken auf als wenn mit uns nichts werden sollte – bei diesen Worten [Seite 5] wird sie mit den Wimpern zucken, die Worte werden halb ersticken und Thränen werden in die Augen kommen, ja, meine Leute sagen, das ist nichts, du fängst ja immer Sachen an, die nicht durchzuführen sind. Auch das ist nichts, und ich habe

oft das Gefühl – da stockt sie, wieder Thränen. Nach einer Pause, in der
der Adressat ihr sagen wird, schau, es wird doch gehen, und er ihr fri-
schen Muth einflößen wird, wird sie plötzlich aufleben, seine Hand
packen, zum Mund führen und sie küssen – eigentlich hast du ja recht
und ich seh [nicht] ein, warum ich das Theater spielen soll«
Umgebung, für die sie sich das Theater ausgeheckt hat [?]
So spricht sie mit mir noch im Geist und im Traum, und diese Szenen
wiederholen sich oft. Sie wird ferner sagen: Du, ich hab mirs zurechtgelegt, mir haben auch andere Leute gesagt, ich muß einmal energisch
werden und meinen Leuten zeigen, daß ich einen festen Willen habe und
daß ich ihn auch durchsetzen werde – ich werde sie langsam auf alles
vorbereiten und sollte mir noch jemand einmal sagen, du bist die Frau
Kraus, so werde ich ganz ruhig antworten: Ja, ich will und werde die
Frau Kraus werden – bei aller Liebe zu meiner Familie, ich werde es
durchsetzen.
Wenn er einen Urlaub bekommt und sie ihn sieht, kriegt sie ein Er-
brechen, sie fällt in Ohnmacht. Sie könnte nicht ihm das Theater erzählen, sie will es noch immer
Sie haben keine Ahnung, wie der Gedanke an mich sie beherrscht – sie
ist imstande Leute umzubringen, die mich von ihr entfernen wollten.
»Ich habe nie im Leben jemand so geliebt wie dich und ich habe viele
Sachen im Leben gehabt, aber so wie ich dich liebe, habe ich noch nie im
Leben jemand geliebt.« Das ist nicht aus dem Gehirn herauszubringen,
auch wenn die Welt zugrundegeht. Sie wird eventuell weglaufen, um
mit ihm zu sein. Sie wird sagen:»Sollte ich einmal schwach werden oder
an unserem Zusammenkommen zweifeln, so wirst du der sein, der mit
mir Geduld haben wird und mich von dem Traum wieder erwecken
wird. Ich kann wirklich nichts dafür, wenn mir böse Gedanken kommen.«
[Seite 6] Sie wird mich bitten, sie immer aufzurichten, nicht von sich zu
stoßen.»Denn diese dummen Gedanken vergehen ja bald und wenn ich
die *Dame verliere, was geschieht dann mit mir?*« Bei derartigen Gesprächen wird sie plötzlich wie vom Blitz getroffen und fängt zu weinen
an, daß ihr derartige Gedanken durch den Kopf schießen. Sie wird dann
in meine Augen blicken, meine Hände küssen, daß ich *soviel Geduld
und Rücksicht mit ihr habe.* »Ich kann nicht lange mehr warten, und ich
muß unter allen Umständen mit dir zusammenkommen. Sollten es die
Umstände mit sich bringen, daß das Theater noch für längere Zeit aufgeschoben sein sollte, wird sie plötzlich anderen Sinnes werden und mir
eröffnen, daß sie auch bereit ist, auf alles zu verzichten, aus dem Hause
zu gehen, um zu ihm zu gelangen. Lebt und stirbt für Sie. Kolossal
treues Wesen – kann nicht [...] alles Männliche, das sich ihr nähert,
kommt ihr [kläglich?] vor im Verhältnis zu dem, der ihren Geist geweckt hat, ins schwingen gebracht hat. Sie ist hypnotisiert. Alles Männ-

liche ist ausgeschlossen – d. h. sie würde Verlockungen nicht aus dem
Wege gehen, aus dem Grunde, um sich selber zu prüfen, um zu sehen,
wie fest sie an K. K. gekettet ist. Geschähe [so etwas?] so würde es nachher wie ein Donnerschlag auf sie wirken, der ihr vor Augen führt, daß
es doch keinen Menschen gibt, der sie in dem Maße fesseln kann wie
K. K., an dem ihr Herz hängt. Ich habe ferner das Gefühl, daß sie sich
[...] eine solche Vertraute nehmen wird (Kammerzofe oder dgl.), daß
sie [wohltut?] mit ihr über mich zu sprechen, daß diese ihr gesagt haben
mag:»ich habe das gleich vom ersten Tag an gewußt und gesehen, was
zwischen Ihnen und ihm vorgeht.« Ich sehe ferner, daß sie ihren Plan
sehr vorsichtig vorbereitet, bis in die kleinsten [Seite 7] Details, [durch-
gestrichen: daß] damit sie auf keine Überraschungen zu rechnen hat –
sie weiß ganz genau, daß es furchtbaren Sturm geben wird und und sie
bereitet sich aber doch vor, den ihren die Stirn zu zeigen.
Ich sehe ein großes Milieu, ein Gut, einen Wald, Pferde, Wagen, ein
Auto, ich sehe etwas Schloßartig gebautes. Wenn man über die Treppe
hinaufkommt zu ihrem Gemach, Bilder von alten Meistern, mehrere
Diener, ich komme mir vor, als wenn ich in einem Schloß wäre, im Zimmer wo sie [gewöhnlich?] sitzt, man sieht [...großes?] Stück Wald und
Wiese, Felder ich seh sie oft beim Sonnenuntergang die Sonne zwischen
den Bäumen bewundernd beim Fenster stehen – wenn ich komme, wird
sie nach dem Speisen mich zu einem Spaziergang in den Wald bitten –
sie hat Bruder oder Schwester, wird sagen, man soll ihr nach 1 oder 2
Stunden entgegenkommen, damit sie in dieser Zeit allein mit mir. Da
lebt sie auf, »das sind die interessantesten Stunden ihres Lebens«, wird
sie sagen. Will mich recht lange dort haben. Ich rieche den Duft des
Waldes, Tannen, Fichten. Wenn ich im Wald mit ihr bin, pflückt sie
eine Blume, steckt sie ins Knopfloch ein, sehe wie sie sich bückt. Es ist
eine seltene Liebe. Kein Mensch in der Welt ist imstande, sie abwendig
zu machen.
Sie zerschmettert die Leute, die [mich?] entfernen wollten. Schläft nicht
vor Gedanken an K. K.
»Kein Mensch im Leben hat mich so verstanden wie du. Es hat auch keiner gewußt, mein Leben zu [Seite 8] wecken. All das Bisherige war wie
ein Traum. Jetzt aber hast du mich geweckt und Gefühle in mir zum
Bewußtsein gebracht, die mir Leben und Welt in ganz anderem Lichte
zeigen. Kann Stunden von mir reden: K. und wieder K und wieder K.
Er ist nicht imstande an Heirath zu denken, auch wenn sie wollte. Geschieht es, so nur aus dem Gedanken, daß er bald wieder ins Feld zu-
rückgeht. Möglich ist es, aber ich glaube, er kommt nicht zurück aus dem
Krieg.
Sie wird [vielleicht?] deshalb diese Geschichte begrüßen, in der Er-
wägung, daß es dann umso rascher zu Ende. Kriegstrauung?
Sie denkt:»er stirbt vielleicht« Es ist eine Berechnung, an und für sich

[...] aber sittlich, weil im Dienst einer hohen Sache. Es widerspricht *nicht* ihrer Güte. Sie thut es aus Selbst- und [...] So ein Fall kommt einmal in *tausend* Jahren vor. Mir ist ein ähnlicher Fall was Intensität anlangt überhaupt noch nicht vorgekommen.
Müde, wie vom Kampf zwischen dem Ziel und Hindernissen der Welt.
Gefühl großen Kampfs
wenn ich entfernt, noch stärker [...]
[Seite 9] obwohl ganz zart, Körpertheile sehr stark oder voll, zum Beispiel Brust voll kann nicht glauben, sie ist glatt wie ein Brett
Hand abgearbeitet von Sport, Reiten, Kutschieren
jemand ist ihr dahingegangen, um den sie sehr trauert, der Liebling in der Familie – die anderen Leute sind ihr eher gleichgültig
ich richte sie aus dieser Trauer auf
Sie sagt manchmal: »Laß den Armen ruhen«
das »Theater«: die Verstellung vor der Gesellschaft.
Kontraktdebatten: die Verhandlungen über die Mitgift.
Die Geschichte von den zerbrochenen Tellern: s. [292] B.
Thatsache der ersten Ehe: Carl Graf Guicciardini hatte am 2. 10. 1900 Maria Carolina Morena, die Tochter des argentinischen Botschafters in Rom, geheiratet.
F-Händlerin: Fisch-Händlerin, s. Anm. 300.
saisiert: Austriazismus für »beschlagnahmt«, »weggenommen«.
vidiert: lat. beglaubigt.

[307]   undatiert.

Chronologie durch BA gesichert. SN in Tb v. 28. 12. 1915: »I spent Octobre in Switzerland, took in St. Moritz a Villa, Manin Sur [...] The last 2 month I h've been here [in Janowitz] after Našice, saw Rilke in Vienna, who, poor devil, is assentiert, heard 2 lectures from K. K. – For xmas were only Ch. & I, M.-M. & K. K. The later gave me a poembook, dedicated to me.« SN in BA: »Mir ins Hotel geschickt.« »Er begleitete mich bis Iglau, von wo ich nach Janowitz weiterfuhr.«
»Carletto«: Karl Belcredi.

[309]   23. 10. 1915

Beilage: Lorbeerblatt.
Karten: für Vorlesung am 30. 10. 1915, s. Anm. 290.

[310]   3. 11. 1915

stand ein winziges Hündchen bei mir: Vgl. ›Legende‹ in dem Gedicht ›Abschied und Wiederkehr‹. Handschrift aus dem Besitz von SN in der

Österreichischen Nationalbibliothek, Wien, datiert: »6./7. Nov. 15«.
Erstdruck: F 413–417 v. 10. 12. 1915, S. 126–127 [W 7, 54–56]. SN in
BIH: »Wir verbrachten dort [Iglau] eine Nacht. Dieser Klageton des
Weibes zerriss ihm stets das Herz. Dann begleitete er mich zur Bahn,
mein Zug brachte mich fort, da stand plötzlich im Restaurant ein kleiner
Hund neben ihm u. er hörte ihn wimmern – es war derselbe Klagelaut.«

[311] 3. 11. 1915
bei Z.: nicht ermittelt.

[312] 5. 11. 1915
Ich komme von dem Blick nicht los: s. ›Legende‹.
In der Stelle: ›Die Schönheit im Dienste des Kaufmanns‹, Offener Brief
von KK an Adolf Loos vom 2. 11. 1915, F 413–417 v. 10. 12. 1915, S. 99
bis 106. Auf S. 106 heißt es: »Ich werde so frei sein, 84 opferwilligen,
patriotischen und gewerbefreundlichen Damen, deren Geburt sie nicht
davor bewahrt hat, der Produktion des Herrn Feigl beizuwohnen, eine
Einzige vorzuziehen, die offen nach einem Pariser Modell gelüstet, es
stolz verweigert, eine Toiletteprobe auf ihre Selbstlosigkeit zu bestehen,
und weder von der Frage, ob der Staat hinreichend für seine Soldaten
vorsorgen kann, noch von dem Wohlbefinden ihrer Lieferanten die
Entscheidung abhängig macht, schön zu sein!«
Gutachten: über Carl Guicciardini, s. Anm. 304.
beiliegende Ansichtskarte: nicht erhalten.
Vordergrundsfigur: nicht ermittelt.
aus dem Lokal M.: Matschakerhof [?], Musikvereinssaal [?].
Wenzel L.: Wenzel Eusebius Lobkowitz (geb. Prag 17. 4. 1893; gest. an
den Folgen einer Verwundung Wien-Hetzendorf 4. 11. 1915).
»Schwarzenberg oder Liechtenstein«: Familien des böhmischen Hoch-
adels.
Der kleine Biograph: Leopold Liegler hatte KK am 20. 10. 1915 um
eine Unterredung ersucht, nachdem ihm der Verlag Kurt Wolff die Ab-
fassung einer Karl Kraus-Monographie angetragen hatte, s. Anm. 300.
Der Verlag erhoffte sich ein »Urkundenbuch [...], über das tunlichst
keine spätere Literatur- und Geschichtsklitterung mehr hinauskommen
wird«, WStB IN 164.185.
nach seinem Vortrag: Datum nicht ermittelt.
der Brief: ›Die Schönheit im Dienste des Kaufmanns‹, s. Anm. oben.
Frau Sch.: Eugenie Schwarzwald.
Beleuchtungsskandal: betrifft die Vorlesung vom 30. 11. 1915, s. Anm.
290.

die Hoffnung des C.: SN kommentiert diese Stelle in BA lakonisch: »(Einer, der sich um mich bewarb.)« Immerhin handelte es sich um Carl Guicciardini, der in BA sonst eliminiert bleibt.
»Pflichtvergessenheit«: bezieht sich auf das Heiratsversprechen SNs.
für diese Weihnachten: KK verbrachte Weihnachten 1915 in Janowitz.
Gotha?: Adelskalender; Zusammenhang nicht ermittelt.
Sylvester in der Villa M.-S.: SN in Tb v. 28. 7. 1916: »From the 2. of Jan. till the 2. of May I was with good old May-May, Bobby, Elise & Fritz in Villa Manin sur in St. Moritz. K. K. was with us in January & February.«
nach B.: Dora Pejacsevich sollte in Budapest ein erstes Konzert (mit eigenen Kompositionen?) geben.
Vorlesung am 7.: Die nächste Vorlesung fand am 21. 12. 1915 in Wien statt.
Olly: Olivier Mladota.
der gewisse Herr: Graf Castell-Rüdenhausen [?].
Ch's Freund: Karl Belcredi.
einen »Plan«: Der Plan sah vor, daß SN nach einer Verheiratung mit KK weiterhin in Janowitz leben sollte, während KK in Wien blieb.

[313]   7. 11. 1915

Parte von Lobkowitz: Paula Prinzessin Lobkowitz (geb. Gräfin Schönborn; geb. Prag 22. 1. 1861; gest. Prag 9. 2. 1922), die Mutter von Wenzel Lobkowitz, hatte KK eine Traueranzeige zugesandt. Vgl. [317] B.
Schrift Doras: Das Gutachten von Raphael Schermann über die Schrift von Dora Pejacsevich, s. [317] B.
etwas (sehr Besonderes) entstanden: ›Abschied und Wiederkehr‹, s. Anm. 310.
Jauner: vermutlich Heinrich Jauner, Graveur, Wien I, Augustinergasse 12.
Schuch: Lederhandlung.
die größte Heiligung dieses Augenblicks!: In ›Abschied und Wiederkehr‹ heißt es: »...// du Augenblick der Liebestodesangst, / der du dich selber zu verlieren bangst – // verweile Augenblick, du bist so schön! / Ich sag's zu ihm. Ich hab das Aug gesehn!«
gut ged.: gut gedeckt.
noch mehr Geist von Deiner Lust!: s. Anm. 310.

[314]   9. 11. 1915

Freitag Traviata: 12. 11. 1915. ›La Traviata Violetta‹, tragische Oper von G. Verdi.

im Gedicht: ›Abschied und Wiederkehr‹, s. Anm. 310.

semper idem: s. Anm. 22.

die Sage: Die Bergnymphe Echó verliebte sich in den jungen Nárkissos, den Sohn des Flußgottes Kephissos und der Naiade Leiriope. Nárkissos verschmähte die Liebe der schönen Echó. Sie verzehrte sich vor Gram und magerte zu einem Knochengerüst ab bis ihre Gebeine schließlich in einen Felsen verwandelt wurden und nur ihre Stimme übrig blieb. Nárkissos wurde von Aphrodite mit unstillbarer Eigenliebe bestraft. Beim Trinken in einer Quelle verliebte er sich in sein eigenes Spiegelbild. Weil ihm der Gegenstand seiner Liebe unerreichbar blieb, verzehrte er sich vor Sehnsucht, bis er schließlich in die nach ihm benannte Narzisse verwandelt wurde. – Die entsprechende Stelle des Gedichtes lautet: »... // Du Echo, das mit einer Nymphe ruft / in der Geschlechter unnennbare Kluft! // Du Stimme, die mit einer Nymphe weint, / weil die Natur so trennt, was sie vereint – // Schmerzvoller Nachhall der Unendlichkeit! / Du Angst des Blickes in die Endlichkeit! // Durch alle Schöpfung blutet dieser Riß – / Echo klagt immer wieder um Narziß. / ...«

der falsche Italiener: Carl Guicciardini.

im Manuscript: Die Handschrift aus dem Besitz von SN in der Österreichischen Nationalbibliothek, Wien, enthält keine Korrekturen von fremder Hand. Der Text ist mit dem Erstdruck identisch.

Hier hast Du es: Korrekturabzug des F-Drucks. Der Abzug aus dem Besitz von SN in der Österreichischen Nationalbibliothek, Wien, enthält keine Korrekturen.

rek.: rekommandierten.

35 H.-Marke: 35 Heller-Marke.

Die Schwester des Biologen: Maria Anna Johanna Gräfin Thun und Hohenstein (geb. Zbozi 29. 7. 1889) heiratete erst am 8. 7. 1920 den Grafen Zdenko von Kolowrat-Krakowský-Liebsteinský. Die ältere Schwester von Max Thun, *Johanna* Maria Anna Josephine (geb. Prag 20. 1. 1887), war beuronische Benediktinerin in Pertelsstein/Steiermark.

kein Reisestaub: KK haßte die ermüdenden Sightseeing-Touren, die SN Jahr für Jahr absolvierte.

Die Müdigkeitserreger: nicht ermittelt. Später wird Max Thun mit diesem Wort gekennzeichnet.

Batrina: nicht ermittelt.

(Postamt): Notiz zu zwei aufgeklebten 20 Heller-Marken.

Ruf aus Batrina: nicht ermittelt.

Schall: s. Anm. 315.

»Offenbarung«: Erster Teil des Gedichtes ›Abschied und Wiederkehr‹, s. Anm. 310.

Hier ist es: Beilage nicht erhalten.

7. Dezember: Vorlesung aus eigenen Schriften im Kleinen Musikvereinssaal, Wien, am 21. 12. 1915. Programm: F 418–422 v. 8. 4. 1916, S. 53. KK las am Ende des ersten Teils die Gedichte ›Abschied und Wiederkehr‹ und ›Wiese im Park‹.

unsere D.: Dora Pejacsevich war Anfang November 1915 nach München gefahren. Rilke an SN am 31. 10. 1915: »Manchmal einen Einzelnen zu haben, [...] darauf freu ich mich sogar und wenns nun obendrein die Comtesse Dora ist, so sei sie mir, um Ihretwillen, Sidie, zu Herzen willkommen. Das können Sie ihr gar nicht genug versichern. Ich will auch gerne für Wohnungen behülflich sein – ...«, Rilke/Nádherný, a. a. O., S. 246–247.

Manuscript: ›Abschied und Wiederkehr‹, s. Anm. 310.

Mutter des armen Wenzel: Paula Prinzessin Lobkowitz, Original in WStB IN 162.007.

Die Freunde: Kete Otto-Parsenow und Walter F. Otto, s. Anm. 351.

Fackel: F 406–412.

[317]   12./13. 11. 1915

Anzug für Dv.: Skianzug für Davos [?].

R.: Rilke an SN am 31. 10. 1915: »Die Fackel ist eine Wohlthat.«, Rilke/ Nádherný, a. a. O., S. 247.

Trauerbrief: nicht ermittelt.

Feldpostbrief: nicht ermittelt.

lustigen Brief: nicht erhalten.

Couplet: SN in BA: »Beigelegt ein Couplet über ihn, das in allen öffentlichen Lokalen gesungen wurde.«

Beilage: nicht erhalten.

aus diesem Hefte erkennen: F 413–417 v. 10. 12. 1915.

Nestroy-Komponisten: Otto Janowitz, von 1914–1932 Klavierbegleiter von KK und Komponist einiger Nestroy-Couplets. Der Brief vom 7. 11. 1915 aus Makarska ist in WStB IN 145.472 überliefert.

Von dem andern lieben Bekannten: Franz Grüner (geb. 1877?; gefallen 19. 6. 1917) gehörte zum engeren Freundeskreis von KK. Er war Kunsthistoriker und wies als einer der ersten auf den Maler Oskar Kokoschka hin, F 317–318 v. 28. 2. 1911, S. 18–23. Grüner war in Linz stationiert, inzwischen aber an die Front verlegt worden. Karte vom 8. 11. 1915, WStB IN 162.445.

Rodarodanähe: Alexander Roda Roda (d. i. Sandór Friedrich Rosenfeld) (geb. Puszta Zdenci/Slawonien 13. 4. 1872; gest. New York 20. 8. 1945)

war zunächst Offizier, von 1909–1912 Kriegsberichterstatter auf dem Balkan und während des Ersten Weltkriegs Korrespondent an allen österreichischen Fronten. In F 406–412 v. 5. 10. 1915, S. 15, vergleicht KK Roda Rodas Kriegslüsternheit mit den »Heldentaten« der berüchtigten Kriegskorrespondentin Alice Schalek: »...jener frische Offensivgeist, mit dem die Schalek bis an die vorderste Front vordringt und worin sie es kecklich mit einem Roda Roda aufnimmt oder mit einem Klein, der schon im Schützengraben gefrühstückt hat...«
Vorlesung: 30. 10. 1915, s. Anm. 290.
»Theater«: das Versteckspiel vor der Öffentlichkeit.
R.: Rosa Mladota.
wie etwa Hamlet sagt: Horatio: »Es braucht kein Geist vom Grabe herzukommen, / Uns das zu sagen.«, Shakespeare, ›Hamlet‹, I, 5 / ›Ein abgelegener Teil der Terrasse‹.
Echo: vgl. die Nymphe Echó in ›Abschied und Wiederkehr‹, s. Anm. 315. Das Wort »Echo« ist dreifach unterstrichen, »früher her« ist doppelt unterstrichen.
Sie ist auch stolz, daß es ihr gelungen ist, Sie zu bezaubern und für sich ganz zu gewinnen. Sie: Hier bricht, auf Seite 17 der im Brenner-Archiv, Innsbruck, überlieferte Brief ab. Der Briefschluß wird nach dem im Staatsarchiv Prag, Zweigstelle Beneschau, aufgefundenen Original wiedergegeben: Das Blatt 18 lag dem Reisetagebuch Unter-Italien, Sizilien, Tunesien, Provence 1913 [A-c-46-8] bei.
»Sterne, Kreuze und Orden«: nicht ermittelt.

[318] 17. 11. 1915

Th.: Max Thun [?].
P. A.-Affaire: Aus den Briefen von Peter Altenberg an KK, die zum großen Teil undatiert sind, lassen sich zwei Themenkreise besonders hervorheben: Die permanenten Geldschwierigkeiten des Dichters und die Sorge, KK, Adolf Loos oder andere Freunde könnten ihm seine »Prinzessinnen« abspenstig machen.
Lasker-Schüler: Ein Schermann-Gutachten über die Dichterin Else Lasker-Schüler ist nicht überliefert. – Else Lasker-Schüler (geb. Wuppertal-Elberfeld 11. 2. 1869; gest. Jerusalem 22. 1. 1945) war seit 1909 mit KK persönlich bekannt. Seit 1903 war sie mit dem Kunstschriftsteller, Komponisten und Redakteur Georg Levin verheiratet, der sich Herwarth Walden nannte. In Waldens Wohnung in Berlin-Halensee richtete KK 1909 das Berliner Büro der F ein. In F 288 v. 11. 10. 1909 erschienen die ersten Gedichte von Else Lasker-Schüler in der F: ›Siehst du mich –‹, ›Und suche Gott‹. Zum Abdruck des Gedichtes ›Ein alter Tibetteppich‹ in F 313–314 v. 31. 12. 1910, S. 36, bemerkt KK in einer Fußnote: »Nicht oft genug kann diese taubstumme Zeit, die ihre wahren Originale be-

grinst (und der sonst ernsthafte Leute wie die Brüder Mann mit einem Zeugnis für die »außer Zweifel stehende dichterische Begabung« eines gutmütigen anarchistischen Witzboldes imponieren können), nicht oft genug kann sie durch einen Hinweis auf Else Lasker-Schüler gereizt werden, die stärkste und unwegsamste lyrische Erscheinung des modernen Deutschland...« KK unterstützte die Dichterin auch finanziell; er rief zu Geldsammlungen für sie auf. Ihr literarisches Urteil und ihre oft wiederholten Bitten zur Förderung und Unterstützung ihrer Freunde wies er jedoch zurück. Else Lasker-Schüler beteiligte sich an der ›Rundfrage über Karl Kraus‹, in: ›Der Brenner‹, Jg. III, Heft 18 v. 15. 6. 1913, S. 837–838 [K 1332]. Vgl. ferner Else Lasker-Schüler, ›Briefe an Karl Kraus‹, Hrsg. von Astrid Gehlhoff-Claes, Köln/Berlin: Kiepenheuer & Witsch o. J. [1959] [K 900]. Zur Korrektur dieses Briefbandes vgl. Sigismund von Radecki, ›Offener Brief an die »Frankfurter Allgemeine Zeitung«. Eine Richtigstellung in Sachen Karl Kraus‹, in: ›Deutsche Tagespost‹, Würzburg, 18. Jg., Nr. 10 v. 26. 1. 1965, S. 8 [K 902].
Rilke: Ein Schermann-Gutachten ist nicht überliefert.
schenke Dir das hier: Das Gedicht ›Wiese im Park‹. Handschrift aus dem Besitz von SN in der Sammlung Wilfried Kirschl, Innsbruck, datiert: »16. Nov. 15«. SN in BlH: »Es ist die Wiese bei dem oberen Parkteich. – Wir hatten Schwäne am Teich. – Nichts liebte er mehr als Glockenblumen u. Schmetterlinge u. wie oft sah ich ihn auf der Wiese, sie betrachten, in Glück versunken. Oft waren wir nachts dort.« Erstdruck: F 413–417 v. 10. 12. 1915, S. 128 [W 7, 51].

[319]   18./19. 11. 1915

Das hier: Beilage nicht erhalten.
das Gedicht schrieb: ›Wiese im Park‹.
den Admiral vorzog: Die zweite Strophe lautet: »... // Die vielen Glockenblumen! Horch und schau! / Wie lange steht er schon auf diesem Stein, / der Admiral. Es muß ein Sonntag sein / und alles läutet blau. // ...«
ins blaue Zimmer: Kabinett zwischen SNs Zimmer und dem Speisezimmer im Schloß von Janowitz.
Leipzig: Mit dem ersten, noch unnumerierten Band von ›Worte in Versen‹ begann die verlegerische Zusammenarbeit mit Kurt Wolff. Der Band erschien im Januar 1916 [EA 39.1].
Vortrags-Termins: s. Anm. 316.
zu spät oder zu früh: zum 30. Geburtstag von SN am 1. 12. 1915.
Peter: Peter Altenberg, s. Anm. 318.
Manuscript und im Abzug: s. Anm. 310 und 315: Manuskript und Abzug aus dem Nachlaß von SN schreiben bereits »Wiederkehr«.

»'s ist etwas faul im Staate Dänemark«: »Etwas ist faul im Staate Dänemark«. Shakespeare, ›Hamlet‹, I,4 / ›Die Terrasse‹.
»Krieg ist Krieg«: Vgl. die Glossen ›Eine Mezzie‹, F 413–417 v. 10. 12. 1915, S. 82, und ›Das Gedankenleben‹, F 418–422 v. 8. 4. 1916, S. 14–15: »Zwei Stufen des Denkvermögens gibt es jetzt. Auf der einen, der höhern, sagt man: »Krieg ist Krieg.« Hier ist außer der Erkenntnis noch der Rat inbegriffen, sich danach einzurichten oder wenns nicht paßt, nach einem anderen Planeten auszuwandern, falls man die Grenzübertrittsbewilligung bekommt [...] Auf der zweiten Stufe aber drücken sich die Leute [...] weniger kompliziert aus, sondern sagen einfach: »Jetzt ist Krieg«...«

[320]   19. 11. 1915

daß ich Dir nicht immer so geschrieben habe: mit besonders großer und deutlicher Schrift.
»Milieu«: Adel.

[321]   20. 11. 1915

Ch.: Karl Nádherný war Jurist.
22. Jänner 1914: Am 22. 1. 1914 war SN in Wien, s. Anm. 26.
»Hauptmannstochter«: Kleiner historischer Roman von Alexander S. Puschkin (1836).
»Boris Godunow«: Drama »im Stile Shakespeares« (D. Tschizewskij) von Alexander S. Puschkin (1825) über das Interregnum am Anfang des 17. Jahrhunderts, das Schriftsteller – u. a. Schiller im ›Demetrius‹ – und Musiker immer wieder beschäftigte.
(Müller, München): 1909 hatte der Georg Müller Verlag in München in seinen berühmten Klassikereditionen mit einer auf neun Bände berechneten historisch-kritischen Ausgabe Alexander Puschkin, ›Sämtliche Werke‹, Hrsg. Otto Buek, begonnen.

[322]   20. 11. 1915

Der Autor trägt eine andere Frisur: SN in BAB v. 22. 5. 1948: »Warum die Haare in die Stirn gekämmt waren? Ich glaube: Kindheitserinnerung. Auch wir Kinder trugen die Haare so gekämmt, es war damals hier Mode.« Vgl. ›Ein Berliner Kopf über eine Wiener Frisur‹, F 400–403 v. 10. 7. 1914, S. 52.

[323]   20. 11. 1915

Leipziger Angelegenheit: Georg Heinrich Meyer vom Verlag Kurt Wolff

hatte KK unter dem 15. 11. 1915 mitgeteilt, daß alle juristischen Formalien zur Gründung des Verlags der Schriften von Karl Kraus ⟨Kurt
Wolff⟩ abgeschlossen seien. Er erwarte das Manuskript für ›Worte in
Versen‹ und sichere die rechtzeitige Fertigstellung von Autorenexem-
plaren vor Weihnachten zu [WStB IN 187.409].

[324] 24. 11. 1915

SN war vermutlich am 23. 11. 1915 in Wien.
seiner Mutter: Gabrielle Gräfin von Thun und Hohenstein, geb. Prinzessin von Lobkowitz (geb. Kosten 11. 11. 1864; gest. Wien 21. 1. 1941),
verheiratet mit Maximilian Graf von Thun und Hohenstein (geb. Sehu-
schitz 24. 7. 1857; gest. Wien 1. 8. 1950), Generalmajor.
Affäre mit der V.: nicht ermittelt.
»Palais«: Das Werkverzeichnis von Adolf Loos, das auch Pläne und
Vorarbeiten berücksichtigt, enthält keine Hinweise auf einen Umbau
des Thunschen Palais, Münz/Künstler, a. a. O.
Baronin N.: SN.
»noblen Geist«: s. Schermann-Gutachten [289] B.
durch ihn kennengelernt haben: s. Anm. 1.
»Milieu«: Adel.
Das Gedicht: ›Eeextraausgabeee-!‹. Erstdruck: F 413–417 v. 10. 12. 1915,
S. 1–10 [W 7, 23–32].

[325] 27. 11. 1915

diese Arbeit: F 413–417 umfaßt 128 Seiten.
Vorlesung: 21. 12. 1915, s. Anm. 316.
Thun-Qual: s. [324] B.

[326] 27./28. 11. 1915

Prager Briefe: Briefe von Max Thun.
Milieu: Adel.
Graf Silva Tarouca: Vgl. ›Die Historischen und die Vordringenden. Ein
Wort an den Adel‹, F 418–422 v. 8. 4. 1916, S. 6–9. Die Familie Silva-
Tarouca wird neben den Schwarzenberg, Lobkowitz und Thun unter den
Besuchern der Prager Vorlesungen genannt, in: ›Sehnsucht nach aristo-
kratischem Umgang‹, F 400–403 v. 10. 7. 1914, S. 90.
Dvorak: In ›Die Historischen und die Vordringenden‹, F 418–422,
a. a. O., S. 7, heißt es in Anspielung auf den Diener in Janowitz: »...
daß heute der Herr einen Umgang hat, den sein Kammerdiener aus

Adelsstolz ablehnen würde – das alles springt aus der großen Zeit und der kleinen Chronik an jedem neuen Tag ins Auge.«

Weiningers Ansicht über Mutter und Dirne: Otto Weininger, ›Geschlecht und Charakter‹, (1903). – Otto Weininger (geb. Wien 3. 4. 1880; gest. Wien 4. 10. 1903) hat den dreißigjährigen KK nachhaltig beeinflußt. Vgl. F. 169 v. 23. 11. 1904: Leopold Weininger, ›Der Fall Otto Weininger‹, S. 7–14: »So habe ich, als ich das Werk [›Geschlecht und Charakter‹] am Tage nach seinem Erscheinen las, dem mir damals persönlich unbekannten Verfasser zugerufen, ›ein Frauenverehrer stimme den Argumenten seiner Frauenverachtung begeistert zu‹ …« Vgl. Kraft, ›Beiträge‹, a. a. O., S. 73–94.

K.: Oskar Kokoschka, s. Anm. 385, war zu den Dragonern eingerückt. Sein Propagandist, Adolf Loos, ließ ihn in voller Montur photographieren.

Frau Sch.: Eugenie Schwarzwald.

»Stammler«: Rudolf Stammler [?] (1856–1938), Rechtsphilosoph, Vertreter des Neukantianismus.

aus Prag angelangt: Post von Max Thun.

auf der ersten Seite meiner Bücher: Der erste Band von ›Worte in Versen‹ erschien mit der Widmung: »Sidonie Nadherny zu eigen« [EA 39.1].

was jetzt (bei mir, nicht in Prag) in Vorbereitung ist: Das Gedicht ›Aus jungen Tagen‹. Handschrift in zwei Fassungen aus dem Besitz von SN in der Österreichischen Nationalbibliothek, Wien, s. [331] B. 1. Fassung: datiert »3./4. Dez. 15«. Titel: »Sidi!«. Varianten: 2. Zeile: »Jetzt wirft mein Glaube keinen Schatten mehr.« 5. Zeile: »das milde übergießt mein armes Haupt.« 12. Zeile: »Es heiligt es im Kuß. Wie wird sie still«. 2. Fassung: datiert »4./5. Dez. 1915«. Textidentisch mit Erstdruck: ›Worte in Versen‹ (I), [EA 39.1,62]; F-Erstdruck: F 418–422 v. 8. 4. 1916, S. 59 [W 7, 53].

der zweite Absender: Max von Esterle (geb. Cortina d'Ampezzo 16. 10. 1870; gest. Bezau 4. 1. 1947), Maler und Schriftsteller, Mitarbeiter des ›Brenner‹, war am 22. 3. 1915 beim Fall von Przemysl in russische Kriegsgefangenschaft geraten und nach Sibirien deportiert worden. Er kehrte erst 1920 nach Innsbruck zurück. Vgl. Max von Esterle, ›Karikaturen und Kritiken‹, Hrsg. von Wilfried Kirschl und Walter Methlagl, Salzburg: Otto Müller 1971. Auf S. 109 die erwähnte Porträt-Zeichnung.

Heinrich-Schrift: s. Anm. 190.

[327] 29. 11. 1915

14. wegen späten Erscheinens bedenklich: Die Vorlesung fand am 21. 12. 1915 statt; F 413–417 mit der Ankündigung erschien erst am 10. 12. 1915.

[328] 30. 11./1. 12. 1915

In der Nacht vor dem Fest: dem 30. Geburtstag von SN.
vorher Deutschland: Der Band ›Worte in Versen‹, s. Anm. 319, wurde von der Firma W. Drugulin in Leipzig hergestellt. Um die rechtzeitige Fertigstellung vor Weihnachten zu ermöglichen, fuhr KK nach Leipzig.
Baron N.: Baron Nádherný.
das trottelhafte ital. Kuplet: nicht ermittelt.
dieses Berliner Affen: nicht ermittelt.
Das beiliegende: nicht erhalten.
Unser Kind: F 413–417.
Wiese im Park: steht auf S. 128.
Abschied und Wiederkehr: steht auf S. 126–127.
Chin. M.: ›Die chinesische Mauer‹, s. Anm. 37.
eine Rasende: nicht ermittelt.
»Doch er ist fort, sie hat ihn mitgenommen...«: Erste Zeile des Gedichts ›Legende‹ in ›Abschied und Wiederkehr‹.
P.: Prag.
Begräbnis: nicht ermittelt.
wegen Fritz: Diener in Janowitz, der SN nach St. Moritz begleitete.

[329] 1. 12. 1915

Zum 1. Dez. 1915: 30. Geburtstag von SN.
»und siehe, es war gut«: Ende des Schöpfungsberichts, 1 Mose 1,31.
Meinradskapelle: s. [279] B und Anm. 281.

[330] 1./2. 12. 1915

Der Umschlag enthält drei Kuverts von KK. Brief I in Kuvert, Brief II in Kuvert und ein drittes Kuvert mit der Aufschrift von KK: »Gleichgiltiges –/nicht im Zusammenhang mit dem Brief II zu betrachten / bitte wegwerfen oder später einmal anzusehen – schicke es nur mit weil im tagebuchartig geschriebenen Brief I darauf Bezug genommen.« Das Kuvert enthält Zeitungsausschnitte: ›Gräfliche Preistreiberei (Graf Manfred Collalto)‹; ein Bericht über die Pensionierung des Güterdirektors des Grafen Lonay mit folgender Notiz von KK: »Wo bleibt der dazugehörige M. Th.? Weiterer Unterschied der Fälle: daß die Gfn. L. ekelhafte Reklame mit Krankenpflege treibt, während das edle Werk der in Janowitz Schmetterlingen erwiesenen Nächstenliebe nicht die Aufmerksamkeit von Interviewern herbeiwinkt, wohl aber die von Dichtern erregt.« Vgl. ›Die Historischen und die Vordringenden‹, F 418–422 v. 8. 4. 1916, S. 6–9 [W 13, 34–36].

des philosophischen Trottels: Max Thun.

Grafen Chambord: In F 413–417 v. 10. 12. 1915, S. 82–83, wird der
»Unterschied zwischen Zerstören und Aufbauen« unter dem Titel ›Eine
Mezzie‹ in zwei Zeitungsberichten belegt:
»…Es wird auf die Monarchisten, die nach Millionen zählen, einen
eigentümlichen Eindruck machen, daß die verbündeten Italiener nicht
einmal die Ruhestätte des letzten Bourbonen der französischen Linie,
eines Nachkommens Ludwigs des Heiligen, des Grafen Chambord, ge-
schont haben… Der letzte Bourbone aus der französischen Königsfa-
milie hat auf einem Schlosse bei Wiener-Neustadt in Frohnsdorf gelebt
und hat auch in einem kleinen Palais auf der Wieden ein Absteig-
quartier besessen…«
»Im Kloster Castagnavizza ruht auch Karl X., der letzte König von
Frankreich, aus dem französischen Königshause der Bourbonen… Jedoch auch im Grabe ist ihm keine Ruhe geblieben, und die Kapelle, wo
sich seine Gruft befindet, wurde von den Italienern beschossen. König
Viktor Emanuel hat diese militärische Leichenschändung an dem Grabe
eines nahen Verwandten zugelassen.« [Auslassungen im Original]. Es
kommt eben »ganz darauf an, welcher legitimistische Mund hier die
Pietät für den Grafen Chambord und für Karl X. reklamiert…«
in unsere Welt eingeht: F 413–417, a. a. O., beginnt mit dem Gedicht
›Eeextraausgabeee-!‹, S. 1–10, enthält dann ›Die Leidtragenden‹, S. 48,
›Elegie auf den Tod eines Lautes‹, S. 107–110, und schließt mit den
Gedichten ›Abschied und Wiederkehr‹, S. 126–127, und ›Wiese im Park‹,
S. 128.
»Kind«: Fackel.
Citats auf S. 19: dort stehen unter der Überschrift ›Dokumente‹ zwei
Zitate: Eine Äußerung aus dem päpstlichen Amtsblatt, in der die Kirche
gefeiert wird »als ewiger Protest gegen die neueste Barbarei, die die
Welt im Namen von Interessen bedroht, die geringer sind als die
Schäden, die der Krieg der Welt und den Menschen bringt…« In einem
Gedicht von Jörg Ritzel, zitiert nach der ›Jugend‹, wird versichert:
»… Solange der Herrgott deutsch zu uns spricht, / Vergessen die glu-
tenden Tage wir nicht! ––«.
9. oder 10.: F 413–417 ist auf den 10. 12. 1915 datiert.
Vorlesung: s. Anm. 316.
Hess: Baron Friedrich und Gisele Hess-Diller.

Brief II 2. 12. 1915

Bezieht sich auf das Gedicht ›Sendung‹. Handschriften in drei Fassungen aus dem Besitz von SN in der Österreichischen Nationalbibliothek,

Wien. Wahrscheinlich nachträglich als »Erster Entwurf« gekennzeichnet, datiert »9. Dez 15«:

Wiederfinden im Diesseits

Der tote Bruder schickt mich in dein Leben
und läßt dir sagen: Nie verläßt er
die Freundin, ihm entzogen nur als Schwester.
Wie still er ist, gestillt ist nun sein Sehnen.
Nur der Erfüllung fließen deine Tränen.
Ganz nah dort auf dem Hügel
wohnt er und in dem Erdenspiegel
beschaut er gern sein unverblichnes Bild
und staunt, daß er es sei, so mild
vor der Vollkommenheit, so feurig, sie anzustreben.

2. Fassung: datiert »9./10. Dezember 1915«. Titel: ›Johannes‹. Text identisch mit Erstdruck: ›Worte in Versen‹ (I) unter dem Titel ›Sendung‹, S. 70 [EA 39.1]; F-Erstdruck: F 437–442 v. 31. 10. 1916, S. 72 [W 7, 60]. Unterschrift: »Karl Kraus für Sidi Nadherny«. 3. Fassung: datiert »9./10. Dez. 15«. Titel: ›Sendung‹. Textidentisch mit Erstdruck. Unterschrift: »Karl Kraus für Sidi Nadherny im dritten Jahre seiner Freundschaft.«

[331] 2./3. 12. 1915

Beilage: Prospekt für Luftbefeuchter der Marke »Briswell«. Vertrieb in Wien durch Leopold Goldmann. Handschriftlicher Zusatz von KK: »(Michaelerhaus)«; ferner: »1 Stück 3 Kr.«.
Vorbereitung für Villa Manin Sur: SN in Tb v. 28. 7. 1916: »From the 2. of Jan. till the 2. of May I was with good old May-May, Bobby, Elise & Fritz in Villa Manin sur in St. Moritz. K. K. was with us in January & February.«
Ein Gedicht ist entstanden: ›Aus jungen Tagen‹, s. Anm. 326.
Sidi und nur Sidi: ursprünglicher Titel des Gedichts ›Aus jungen Tagen‹: ›Sidi‹.
zu dem alten Erlebnis: Anspielung auf die Beziehung zu der Schauspielerin Annie Kalmar (d. i. Anna Elisabeth Kaldwasser; geb. Frankfurt 14. 9. 1877; gest. Hamburg 2. 5. 1901), die, nachdem KK sie an das Deutsche Schauspielhaus in Hamburg vermittelt hatte, mit 24 Jahren an Tuberkulose starb. KK ließ durch den Wiener Bildhauer R. Tautenheim ein Grabmal auf dem Ohlsdorfer Friedhof aus Gravensreuther Syenit mit einem Flachrelief aus Laaser Marmor und einem Rosenornament aus gelbem Untersberger Marmor errichten mit der Aufschrift: »Annie

Kalmar / 14. September 1877 / 2. Mai 1901 / Ihrem Andenken gewidmet von / Karl Kraus«. KK pflegte dieses Grabmal bis zu seinem Lebensende. Von 1937–1946 kam Rolf Nürnberg, ein Freund aus den späteren Jahren, für die Unterhaltskosten auf. – Zu Annie Kalmars 30. Todestag erschien in F 852–856 v. Mitte Mai 1931, S. 48, das Gedicht ›Annie Kalmar‹ als Nachdruck aus ›Worte in Versen‹ IX [EA 39.9]. Vgl. ›Unveröffentlichte Briefe von Annie Kalmar, Karl Kraus, Detlev von Liliencron und Alfred von Berger‹, in: ›Das Silberboot‹ Salzburg, V. Jg., 1951, Heft 1, S. 39–46 [K 908].

in einem Bekenntnisbuch: ›Worte in Versen‹ (I).

»Sterbenden Menschen«: s. Anm. 1.

toten Pflegling: Tagpfauenauge.

Am 18?: betrifft Vorlesung vom 21. 12. 1915, s. Anm. 316.

in der Wüste: Die Huldigung SNs, die von KK aus der »Wüste« befreit wurde, s. Anm. 1.

»über Prag nachzudenken«: über Max Thun.

Hotel K.: Hotel Krantz/Klomser in Wien.

Elise: Dienerin in Janowitz, die SN nach St. Moritz begleiten sollte.

Der Esel: nicht ermittelt.

F. kaum in J.: F 413–417 in Janowitz.

satirisches Gedicht: ›Elegie auf den Tod eines Lautes‹, F 413–417 v. 10. 12. 1915, S. 107–110 [W 7, 37–40]: Die erste Strophe lautet: »Weht Morgenathem an die Frühjahrsblüthe, / so siehst du Thau. / Daß Gott der Sprache dieses h behüte! / Der Reif ist rauh. // ...« In den auf S. 111 folgenden ›Notizen‹ heißt es: »Der handgreiflichste Beweis für Barbarentum dürfte unter allen Schandtaten der neuen Orthographie die Ausmerzung des h aus einem Worte wie T h a u sein, die Tottretung der sichtbaren Thau-Perle zum Zwecke der Zeitersparnis und auf die Gefahr hin, daß man sie mit einem Seil verwechsle. In dem Gedicht ›Abschied und Wiederkehr‹ ist der Thau wieder in sein Naturrecht eingesetzt. Aus dem Eindruck, den mir die vom Setzer nicht nach meiner, sondern nach offizieller Vorschrift gewählte Schriftart T a u gerade an jener Stelle hinterließ, und aus dem Gefühl, nur in diesem Ausnahmsfall die alte Orthographie wiederherstellen zu können, in allen anderen Fällen aber zur Vermeidung einer sonst schwer vermeidlichen Ungleichheit die schon eingewurzelte neue Schmach über den Text der Fackel ergehen lassen zu müssen, ist das Gedicht ›Elegie auf den Tod eines Lautes‹ entstanden.«

Schopenhauer-Citate: ›Zeuge Schopenhauer‹, F 413–417, a.a.O., S. 114–125. Fußnote: Bemerkungen, »die wie alle anderen Zitate, und selbst die von der deutschen Unrechtschreibung handelnden, hier leider in der ihrem Sinn zuwidersten Orthographie geboten werden müssen«. Schopenhauer, der von einer Tageszeitung als Zeuge für den maroden Nationalcharakter der Italiener angerufen worden war, schrieb u. a.

über die deutsche Sprache: »...Besonders gern aber eskrokieren sie die doppelten Vokale und das tonverlängernde h, diese der Prosodie geweihten Buchstaben...« Der Text ist in 8 Punkt kompreß gesetzt.
»O! Fluch (des Ehestands)...«: Shakespeare, ›Othello‹, III, 3, in der Übersetzung von Wolf Graf Baudissin.
»Ist diese falsch.....«: Shakespeare, ›Othello‹, a. a. O.
»Holdselig Ding!...«: Shakespeare, ›Othello‹, a. a. O.
Hesslichen: bezieht sich auf Friedrich und Gisele Hess-Diller.
»Dichter«: nicht ermittelt.
Heine: bezieht sich auf die Vertonungen von Franz Schubert oder Robert Schumann.
Zum Nicolo: Nikolaustag, 5. Dezember.
drei Bogen ungedruckt: F 413–417.
Das neue Gedicht: ›Aus jungen Tagen‹.
Vorlesung: s. Anm. 316.
der K.: Oskar Kokoschka, s. Anm. 326 und 385.

[332]   7. 12. 1915

F.: Fackel 413–417.
Feiertags: Mariä Empfängnis, 8. Dezember.
die Frage der Veröffentlichung: des Gedichts ›Aus jungen Tagen‹, s. Anm. 326.
Bekenntnisbuch: ›Worte in Versen‹ (I).
Namen der Widmung: »Sidonie Nadherny zu eigen«, s. Anm. 326.
W.: Wien.

[334]   7. 12. 1915

ist unterwegs: F 413–417.

[335]   7./8. 12. 1915

Mutter des Th.: Gabrielle Gräfin von Thun und Hohenstein.
(Beilage:): Teilabschrift eines Briefes von Max Thun an Adolf Loos mit Kommentaren (in runden Klammern) von KK.
Plateau von Doberdo: Kriegsschauplatz an der Südfront [?].
seinen Eltern: Maximilian und Gabrielle von Thun und Hohenstein.
Tante Lobkowitz: Anna Bertha Fürstin von Lobkowitz, Herzogin von und zu Raudnitz, geb. Gräfin von Neipperg (geb. Prag 7. 8. 1857; gest. Komotau 9. 4. 1932).
Malweib: Frau von D., nicht ermittelt.
Palais: K.: nicht ermittelt.
Ich habe fünf Jahre in solcher Hölle gelebt: nicht ermittelt.

nobelsten Geist: Anspielung auf das Schermann-Gutachten.
Dich vor jenem kennen zu lernen: s. Anm. 1.
Bobby: hier ist wohl SN gemeint.
Leipzig: Verlag Kurt Wolff.
Chines. Mauer: ›Die chinesische Mauer‹, s. Anm. 37.
Frau v. D.: nicht ermittelt.
Anm. d. Herausgebers: KK.

[336]   8./9. 12. 1915

Springbrunnen: s. Anm. 253 und 260.
Namen der Widmung: s. Anm. 332.
sondern auch das: die letzte Strophe des Gedichts lautet:»...// noch
wär' ich auf dem Regenbogen / beinah mit dir dort eingezogen, / daß
nie verrinne Lust und Zeit. / O schöne Überflüssigkeit!«
»Aus jungen Tagen«: s. Anm. 326. Der ursprüngliche Titel lautete
›Sidie‹.
»Abschied u. W.«: ›Abschied und Wiederkehr‹, s. Anm. 310.
das Ganze: ›Worte in Versen‹ (I).
Papke: Buchbinderei.
wegen der Einrichtung des Verlags: Verlag der Schriften von Karl Kraus
⟨Kurt Wolff⟩ Leipzig, s. Anm. 323.
500-seitige Buch: ›Untergang der Welt durch schwarze Magie‹. Die erst
1922 erschienene Ausgabe enthält keine Gedichte. Der Drucker war
Jahoda & Siegel in Wien.
Villa Manin Sur: St. Moritz, s. Anm. 331.
Hier ein Brief: Beilage nicht erhalten.
Tochter der Blanka: nicht ermittelt. Erzherzogin Blanka hatte fünf Töch-
ter und vier Söhne.
Mutter: Gabrielle Gräfin von Thun und Hohenstein.
Erzherzogin: Erzherzogin Blanka von Toscana, geb. von Castilien, Prin-
zessin von Bourbon (geb. Graz 7. 9. 1868; gest. Viareggio 25. 10. 1949).
der gute D.: Dvořak.

[337]   9./10. 12. 1915

Krönung: das Gedicht ›Sendung‹, s. Anm. 330, in dem KK die Personifikation mit dem verstorbenen Lieblingsbruder Johannes Nádherný
vollzieht.
Joh. Bote: Johannes' Bote.
Etwa: der Tote: die Wörter »Botschaft«, »Wiederfinden« und »(im Diesseits)« sind von KK schräg durchgestrichen.
oder, ach, zu einem andern vor der Welt schon gewesen: Anspielung
auf die bereits festgesetzte Verheiratung mit Carl Graf Guicciardini.

(die Tante!)): nicht ermittelt.

dem Titel »Vermächtnis«: die überlieferten Handschriften, s. Anm. 330, sind mit (1) ›Wiederfinden im Diesseits‹, (2) ›Johannes‹ und (3) ›Sendung‹ betitelt.

Monolog des Nörglers: F 406–412 v. 5. 10. 1915. Dort angekündigt als »(Aus einer Tragödie ›Die letzten Tage der Menschheit. Ein Angsttraum‹. Schluß eines Aktes.)«, S. 166–167 [W 7, 33–34; W 5, 420–421].

»Leidtragenden«: ›Die Leidtragenden‹, F 413–417 v. 10. 12. 1915, S. 48 [W 5, 65–66; W 7, 21].

[338]   10. 12. 1915

für den Springbrunnen der persönliche Titel: ›Mit Dir vor einem Springbrunnen‹, s. Anm. 253.

[339]   10. 12. 1915

(beinah mit .....): bezieht sich auf die letzte Strophe des Gedichts ›Vor einem Springbrunnen‹, s. Anm. 336.
J.: Johannes Nádherný.

[340]   10. 12. 1915

Vermächtnis: s. Anm. 337.
Sendung: s. Anm. 330; vgl. dort die verschiedenen überlieferten Fassungen.
so Mild: »... so mild / vor der Vollkommenheit, sie anzustreben / so feurig; und das ganze Herz bereit, / zu Gott zu fliehen aus der engen Zeit, / der Staub und Blut an Kerkerfenstern kleben. / Er will nicht, daß du weinst. Es sprach der Tote: / ›Geh du zu ihr, sei Ich ihr, sei mein Bote! / Tod heißt nur: zwischen ihren Sternen schweben.‹«

[341]   11. 12. 1915

am 19.: bei dem Zusammentreffen auf der Fahrt von Leipzig nach Wien.
Dich gestört hätte: mit den Ratschlägen zum Fall Max Thun.
Wiese: ›Wiese im Park‹, s. Anm. 318.
Wiener Eckensteher: den Nörgler, s. Anm. 337.
Klageton: ›Abschied und Wiederkehr‹.
den gemeinsten Ruf: ›Eeextraausgabee...‹
Mutter: Gabrielle Gräfin von Thun und Hohenstein.
Malweib: Frau v. D., nicht ermittelt.

Erzherzoginnen: Blanka von Toscana.
Architekten: gemeint ist vermutlich Adolf Loos.
Schriftsteller: KK.
Vorlesung: 21. 12. 1915, s. Anm. 316.
nichts von der Schweiz!: s. Anm. 331.
In meinem Verlag: Verlagsbüro in der Druckerei Jahoda & Siegel,
Wien.
Rassenkonferenz nach Karlsbad: nicht ermittelt.

[343]   11./13. 12. 1915
Der Umschlag enthält drei Kuverts von KK, die mit I., II. und III.
numeriert sind.

I   11./12. 12. 1915
Entwurf: des Gedichts ›Sendung‹, Abdruck s. Anm. 330.
Dienstag abends: 14. 12. 1915. KK fuhr erst am 15. 12. 1915 zu den ab-
schließenden Verhandlungen über den »Verlag der Schriften von Karl
Kraus ⟨Kurt Wolff⟩« nach Leipzig.
Und am 21.: Vorlesung, s. Anm. 316.
»Johannes«: 2. Fassung des Gedichts ›Sendung‹, s. Anm. 330.

II   13. 12. 1915
G. M. Th.: Graf Max Thun.
K.: Karlsbad.
Malerin: Frau v. D., nicht ermittelt.
»in Janowitz ein- und ausgehend«: Rainer Maria Rilke.
des Burschen: Franz Werfel.
(Circustruppe): SN in BAB v. 29. 2. 1948: »Eine der Lügen, die er
[Werfel] – aus Rache für meine Behandlung – damals K. K. erzählte,
war, ich müsse eine interessante Dame sein, denn ich sei einmal mit
einer Circusgruppe!! gereist. Wie er nur auf einen solchen Gedanken
kommen konnte?! Beinahe krankhaft...«

III   13. 12. 1915
Mittwoch: 15. 12. 1915.
»Joh.«-Gedicht: ›Sendung‹, s. Anm. 330.
im Zug: bei der Rückfahrt von Wottitz nach Wien.
L.: Leipzig.

hängt alles für uns ab: die Fertigstellung des Bekenntnisbuches ›Worte in Versen‹ (I).
auf diesen Ämtern: bezieht sich auf die Ausreiseerlaubnisse für SN und ihrer Bedienten in die Schweiz.
den »kleinsten Dichter«: Heinrich Heine.
N.: Nun [?].
D.: Deiner [?].
Dostojewski: ›Die Judenfrage‹, F 413–417 v. 10. 12. 1915, S. 49–74.
20. oder 21.: zur Vorlesung, s. Anm. 316.

[344]   13./14. 12. 1915

Dozent: Professor Friedrich Pineles [?].
Das hier: Beilage nicht erhalten.
Mutter: Gabrielle Gräfin von Thun und Hohenstein.
Sendung der »Sendung«: s. Anm. 330.
dem andern Gebet: ›Aus jungen Tagen‹, s. Anm. 326.
ihr verklärter Zeuge: Johannes Nádherný.

[345]   14. 12. 1915

Der Umschlag enthält zwei Kuverts von KK.

I   14. 12. 1915

Auf dem Kuvert: »geschrieben *vor* Empfang der R-Nachricht.«
Programm f. Vorlesung: am 21. 12. 1915, s. Anm. 316.
Beurtheilung der Karte: von SN an Max Thun.
Mutter: Gabrielle Gräfin von Thun und Hohenstein.
Ministerium?: bezieht sich auf die Ausreiseerlaubnis von SN und ihren Bedienten in die Schweiz.
Hauptsache: Die Fertigstellung des Bandes ›Worte in Versen‹ (I).
M. d. I.: Ministerium des Innern.
Hohenlohe: Konrad Prinz zu Hohenlohe-Schillingsfürst (geb. Wien 16. 12. 1863; gest. Loeben 21. 12. 1918), seit 1888 im österreichischen Staatsdienst; 1915 Innenminister, 1916 zusätzlich Finanzminister.

II   14. 12. 1915

Auf dem Kuvert: »II. 14. Dez. 7 Uhr«.
Armer Rilke: Rilke an SN am 6. 12. 1915: »Meine gute Sidie, ich zögere immer, Ihnen zu erzählen, was mir widerfahren ist: ich bin bei der erneuten Musterung in München, Ende November, »Geeignet« befunden

worden und habe am 4. Januar nach *Turnau* einzurücken. [...] Sie
können begreifen, welches völlig inkommensurable Schicksal mir da be-
vorsteht, – fünfundzwanzig Jahre haben nicht ausgereicht, den Schaden
und die Erschöpfung, die die Militärschulzeit in mir angerichtet hat, see-
lisch sowohl als körperlich, auszugleichen –, [...] Andererseits schreiben
mir mehrere Leute, ich könnte auf Grund meiner Arbeiten geradezu
reklamiert werden – und müsse dies erreichen, – aber wie? Ich weiß
nicht. Eben kam mir die Idee, Hofrath Prof. Sauer zu schreiben, ob die
Gesellschaft zur Förderung d[eutscher] W[issenschaft], K[unst] u[nd]
L[iteratur in Böhmen] oder sonst ein geistiges Institut einen solchen
Schritt zu unternehmen vermöchte? .. Wie denken Sie? Kennen Sie,
kennt Charlie jemanden von der »Gesellschaft-«? [...] Muß ich wirklich
nach Turnau einrücken (zum 4. Januar) so hab ich eine große *große*
Bitte. Sidie, könnten Sie in diesem Fall, aus purer Barmherzigkeit, Ihre
Reise nach St. Moritz ein wenig aufschieben, hin nach Turnau kommen,
für mich sorgen und mir alles Schwere und Ungewohnte, das mir dort
wird zugemuthet werden, ein wenig erleichtern? Bitte, thun Sie das, damit wäre mir eine unsägliche Hülfe geboten. Schreiben Sie mir, Gute,
besonders darüber ein Wort, ob ich darauf rechnen darf...«, Rilke/
Nádherný, a. a. O., S. 248–249.
Leipzig, Vorlesung, Weihnachten: Die Reise nach Leipzig zur Fertigstellung der ›Worte in Versen‹ (I), die gemeinsame Rückreise nach
Wien, die für SN am 21. 12. 1915 angesetzte Vorlesung und die gemeinsamen Weihnachtstage wurden in Frage gestellt.
Freund von J.: Freund von Janowitz = KK.
Hofrath S.: August Sauer (geb. Wiener Neustadt 12. 10. 1855; gest.
Prag 17. 9. 1926), seit 1886 Professor für Germanistik in Prag; begrün-
dete die stammes- und landschaftskundliche Methode der Literaturwis-
senschaft, die von seinem Schüler, Josef Nadler, entwickelt wurde. Mit-
herausgeber der Raimund-Ausgabe, 1881 ff.; Hrsg. der Grillparzer-
Ausgabe, 1892; der Stifter-Ausgabe, 1901 ff. und seit 1909 der hist.-krit.
Grillparzer-Ausgabe der Stadt Wien. Vgl. ›Razzia auf Literarhistoriker‹, F 343–344 v. 29. 2. 1912, S. 22 ff.
der Bude: das Kriegsarchiv.
der alte General: Direktor des Kriegsarchivs, General der Infanterie
Emil von Woinovich, vgl. F 400–403 v. 10. 7. 1914, S. 37 und F 431–436
v. 2. 8. 1916, S. 97.
T.: Turnau.
Wiener Freunde: Rilke an SN am 6. 12. 1915: »...hier in Berlin höre
ich nun, daß einige wiener Freunde sich für mich beim Vertreter des
Kriegsministers Excellenz Feldzeugmeister v. Schleyer dafür einsetzen
wollen, daß ich irgend einen Schreiberposten bekomme...«, Rilke/Nád-
herný, a. a. O., S. 248. Aus Berlin, wo sich Rilke mit Philipp Schey, einem
Offizier aus dem »Großen Generalstab« beraten hatte, schrieb er am

2. 12. 1915 an Marie von Thurn und Taxis: »Schey hat große Zuversicht zu diesem Schritt«, den Feldzeugmeister von Schleyer um eine »wenig strenge Büreaudienstleistung« für Rilke zu ersuchen, zumal, wenn der Fürst von Thurn und Taxis ein solches Ansuchen unterstütze, »besonders meint er, [...] daß Excellenz v. Sch. auf der Stelle mein Schicksal in die Hand nimmt und meine Zuteilung, sei es zu dem hiesigen Büreau, sei es nach Wien, an die Stelle, wo Hoffmannsthal [sic], Zweig, Wildgans und Andere verwendet werden, verfügt...«, Rilke/Thurn und Taxis, a. a. O., S. 460.

Gesellsch. z. F. d. W. L. u. L.: Gesellschaft zur Förderung deutscher Wissenschaft, Literatur und Kunst in Böhmen.

Musiker Schönberg: Arnold Schönberg war am 20. 5. 1915 gemustert worden und am 15. 12. 1915 als Einjährig-Freiwilliger zum k. k. Infanterieregiment Nr. 4 Hoch- und Deutschmeister in Wien eingezogen worden. Nach der Grundausbildung bezog er die Reserveoffiziersschule in Bruck a. d. Leitha.

L.: Leipzig.

M. nach W.: Rilke hielt sich in München auf und SN plante offensichtlich, ihn dort zu besuchen.

Hefte: F 413–417 v. 10. 12. 1915.

eins an R. schicken: F 413–417 enthielt die Gedichte ›Abschied und Wiederkehr‹ und ›Wiese im Park‹. KK wünschte sich, daß diese Gedichte Rilke unter die Augen kommen.

Schluß des Briefes: von SN.

[346]   14./15. 12. 1915

I

der offizielle Mann: Professor August Sauer.

Vater des armen Wenzel: Prinz Maria Zdenko Vincenz Pius Kaspar Lobkowitz (geb. Wien 5. 5. 1858; gest. Harrachsdorf/Böhmen 13. 8. 1933) war Generaladjutant des nachmaligen Kaisers Karl von Österreich, k. u. k. Geheimrat und Ritter des österreichischen Orden vom Goldenen Vlies.

Der Ärmste: Ludwig von Ficker.

F.: Ludwig von Ficker am 16. 12. 1915 aus Zirl an KK: »...ich habe Mühe, mir jenes Maß von Zeit- und Raumgefühl zu bewahren, das dem Menschen nötig ist, um ihn vor geistiger Bewußtlosigkeit zu bewahren. Ich bitte Sie das aber nicht dahin aufzufassen, als hätte ich irgendwie durch die Verhältnisse zu leiden; im Gegenteil: seit ich beim Marschbataillon und hier in Tirol bin, fühl ich mich viel freier und leichter als je zuvor, seit ich dem militärischen Zwang unterstehe...«, WStB IN 162.033.

dem erbärmlichen Nest: Turnau.
W.-W.: Wottitz-Weselka [?].
Bistritz: Ort bei Beneschau.
Vorlesung: 21. 12. 1915, s. Anm. 316.

II   15. 12. 1915

das hier: Beilage nicht erhalten; vermutlich handelte es sich um Notizen
zum Programm der Vorlesung vom 21. 12. 1915.
von Hohenlohe: Rilke an Marie von Thurn und Taxis am 9. 12. 1915:
»Ob der Fürst Konrad H etwas dazu wirken kann, er thäte es sicher
im Gefühl unserer Stunden in Duino und auf Grund der großen Sympathie, die, wenn ich nicht irre, nicht nur von mir zu ihm geht, sondern
ein wenig auch umgekehrt...«, Rilke/Thurn und Taxis, a. a. O., S. 466.
Vgl. Rilke/Nádherný, a. a. O., S. 251–255.
Olgas Ecksitz: »Stammplatz« von Olga Nádherný in den Vorlesungen
von KK.
L.: Leipzig.
W.: Wien.

[347]   15. 12. 1915

Telegramm sehr verstümmelt.
Sache Maria: Intervention für Rainer Maria Rilke.

[351]   28. 12. 1915

Otto: Walter Friedrich Otto (geb. Hechingen 22. 6. 1874; gest. Tübingen
23. 9. 1959), klassischer Philologe, damals Professor in Frankfurt; beteiligte sich an dem Spendenaufruf für Else Lasker-Schüler, F 366–367 v.
11. 1. 1913, US 3, wo seine Adresse – Wien XIX, Gebhardtgasse 1 –
als Sammelstelle angegeben wurde, und an der ›Rundfrage über Karl
Kraus‹, in: ›Der Brenner‹, Jg. III, Heft 18 v. 15. 6. 1913, S. 844. Verheiratet mit der Schauspielerin Kete Parsenow, die vermutlich seit 1903
mit KK, Peter Altenberg und – seit 1910 – mit Else Lasker-Schüler befreundet war. Vgl. Else Lasker-Schüler, ›Die Königin. Für Kete Parsenow‹, F 294–295 v. 31. 1. 1910, S. 26, und die beiden Briefbände von Else
Lasker-Schüler: ›Lieber gestreifter Tiger‹ und ›Wo ist unser buntes
Theben‹, München: Kösel 1969, besonders Bd. 2, S. 258.
Gewünschtes noch nicht: bezieht sich auf die Bemühungen zur Freistellung Rilkes vom Militärdienst. In einem undatierten Billett aus Wien an
Marie von Thurn und Taxis in Wien schreibt Rilke: »Mittwoch. Guten
Morgen, theuere Fürstin, ich gehe schon jetzt aus, zehn Uhr, – wir haben

uns nämlich d o c h entschlossen den Weg zum Unterrichtsministerium, eventuell zum Minister, erst noch zu versuchen, da W., nach Sidie's Bericht sehr gutgewillt, aber in litterarischen Dingen durchaus ahnungslos ist –, so ist es vielleicht gerade gut, vorher zu wissen, ob etwa jemand im Unterrichtsministerium meine Sache zu der seinen machen mag. Also erst mit K. K. dorthin, von da um zwölf zu W.. Zu Tisch bin ich zuhause und erzähle. (Vorausgesetzt, daß es was zu erzählen giebt.) Ihr D[ottor] S[erafico]«. Da SN zur Vorlesung am 21. 12. 1915 in Wien war, dürfte das Billett vom Mittwoch, dem 22. 12. 1915 sein. In dem über 1.000 Seiten umfassenden Briefwechsel Rilke/Thurn und Taxis ist die erwähnte Stelle die einzige und vom Herausgeber unaufgelöste Äußerung über KK, a. a. O., S. 477–478.

bleibt Wien: Rilke blieb bis 3. 1. 1916 in Wien. Am 4. 1. 1916 mußte er nach Turnau zu einer dreiwöchigen Infanterieausbildung einrücken. Ende Januar 1916 wurde er ins Kriegsarchiv abkommandiert.

berufliche Möglichkeit: um die geplante Schweizerreise zu motivieren.

Bobby: SN nahm Bobby nach St. Moritz mit.

SN in EX: »Gemeinsam in Wien u. dann Jan. 23.–26. 12.« SN in Tb v. 28. 12. 1915: »K. K. – is all my happiness.«

Erhalten hat sich eine vom k. k. Finanzministerium am 13. 12. 1915 ausgestellte Mitteilung, daß dem Ansuchen vom selben Tage auf die Lieferung von »holländischem Büttenpapier/Druckpapier« im Einvernehmen mit dem k. und k. Kriegsministerium stattgegeben werde. Handschriftlicher Zusatz von KK: »Dies das Papier für No 1 Janowitz, 26. Dez. Karl Kraus«.

[352]   3. 1. 1916

SN in Tb v. 28. 7. 1916: »K. K. was with us in January & February« in St. Moritz (6. 1.–3. 3. 1916). SN in BA: »…Allabendlich las er mir Shakespeares gesammte [!] Werke vor, wobei der Plan seiner späteren öffentlichen Shakespeare-Vorlesungen entstand.« In St. Moritz entstand das Gedicht ›Fahrt ins Fextal‹. SN in BlH: »Eine gemeinsame Schlittenfahrt reinsten Glücks von St. Moritz, wo er den Winter mit mir im Chalet Manin sur verbrachte, ins Fexthal.« Handschrift aus dem Besitz von SN in der Österreichischen Nationalbibliothek, Wien, datiert: »St. Moritz 29. Januar 1916«. Erstdruck: F 418–422 v. 8. 4. 1916, S. 40 [W 7, 67–68]. Das Fextal ist ein Hochalpental hinter Sils Maria.

[355]   10. 2. 1916

Ansichtskarte: Samaden.

206

[359] 7. 3. 1916

Didi: Gesellschafterin und frühere Kinderfrau von Dora Pejacsevich.

[360] 7. 3. 1916

ein Freund Otto's: Franz Marc (geb. München 8. 2. 1880) war am 4. 3. 1916 vor Verdun gefallen.

Frau O.: Kete Otto-Parsenow.

zur Witwe: Maria Marc (1877–1955), Bildteppichweberin.

D. und D.: Dora Pejacsevich und Didi.

Verfasser der Kierkegaardschrift: Theodor Haecker (geb. Eberbach 4. 6. 1879; gest. Ustersbach 9. 4. 1945) hatte 1913 eine Broschüre unter dem Titel ›Sören Kierkegaard und die Philosophie der Innerlichkeit‹, München: J. F. Schreiber, erscheinen lassen, die 1914 als Titelauflage vom Brenner-Verlag übernommen wurde. Haecker war in den Jahren 1914–1932 der Hauptmitarbeiter des ›Brenner‹. Dort erschienen zahlreiche Essays sowie seine Übersetzungen von Kierkegaard, Newman und Francis Thompson; vgl. ›Nachrichten aus dem Kösel-Verlag: ›Der Brenner‹. Leben und Fortleben einer Zeitschrift‹, München: Kösel o. J. [1965]. KK hatte in F 395–397 v. 28. 3. 1914, S. 19 ff., durch ein ausführliches Zitat auf die erwähnte Kierkegaard-Schrift hingewiesen und die von Haecker ausgelöste Kontroverse mit Franz Blei dokumentiert. Haecker hatte festgestellt, daß Kierkegaard und Dostojewski in der Gegenwart keine Entsprechung hätten: »Wohl kann einer ja im Verborgenen ein Leben des Geistes führen und ihm [Kierkegaard] unendlich viel näher kommen, als die allermeisten, die heute schreiben und die im Grunde nur zwei Möglichkeiten hätten, ihre Ehrfurcht vor ihm zu beweisen: Schweigen und Selbstverachtung. Ein Name jedoch fällt mir sofort ein, ohne daß ich mich zu besinnen brauche: Karl Kraus. Er wirkt wie einer der produzierenden subjektiven Denker, die Kierkegaard als Möglichkeiten seiner selbst entdeckte, sich aus sich herausstellte, ihnen Namen gab, und sie produzieren hieß [...] Im Geiste gesehen, ist Karl Kraus der mutigste Mann, der heute lebt, denn er steht mit seinem Wirken im grellen Licht der Öffentlichkeit.« In F 400–403 v. 10. 7. 1914 nennt KK Haecker »den einzigen Mann im heutigen Deutschland, der polemischen Mut und polemischen Ausdruck findet, ohne daß er es wie die Horde der Literarhysteriker nötig hätte, mich als Quelle von Stil und Anschauung zu verschweigen«. Im selben Heft, S. 57–60, folgt ein Nachdruck des Vorworts zur Übersetzung von Kierkegaards ›Pfahl im Fleisch‹, aus: ›Der Brenner‹, Jg. IV, Heft 16 v. 15. 5. 1914. – Nach einer nicht verifizierbaren Überlieferung soll KK Theodor Haecker die Mitarbeit in der F angetragen haben, nachdem die F bereits keine Mitarbeiter mehr hatte. Vgl. auch Haeckers Eintragung v. 23. 11. 1940 in: ›Tag- und Nachtbücher‹, München: Kösel ³1959, S. 182.

[362] 9. 3. 1916

Lobpreisung Buches: Die SN gewidmete Ausgabe der ›Worte in Versen‹ (I), vgl. F 418–422 v. 8. 4. 1916, S. 54.

[363] 9. 3. 1916

Manin sur: SN in BA: »(Manin sur war ein winziges Chalet aus Holz.)« *Nichts konnte mitgenommen werden:* wegen der Grenzkontrollen.

[364] 9./10. 3. 1916

der Bildhauerin: Clara Rilke-Westhoff (geb. Bremen 21. 11. 1878; gest. Bremen 9. 3. 1954), seit 1901 mit Rilke verheiratet; lebte damals in München. 1913 wurde eine Büste fertiggestellt, die Clara Rilke, »Rodins Schülerin, unter Rodins Aufsicht [...] von mir machte«, berichtet SN in BAB v. 6. 1. 1948. Die Büste befindet sich heute im Rilke-Archiv in Fischerhude. Abb. in Rilke/Nádherný, a. a. O., nach S. 48.
in dem Haus: Kriegsarchiv.
Taxis: Fürst Alexander von Thurn und Taxis (geb. Lautschin 1. 12. 1851; gest. Lautschin 21. 7. 1929) und Fürstin Marie, geb. Hohenlohe-Waldenburg-Schillingsfürst (geb. Venedig 28. 12. 1855; gest. Lautschin 16. 2. 1934) unterhielten in Wien, Victorgasse 5a eine Stadtwohnung. Marie von Thurn und Taxis war bis 22. 4. 1916 in Wien.
Frau R.: Elisabeth Reitler (geb. Pollak; geb. 1875? gest. 7. 11. 1917) war seit 1904 [?] mit KK befreundet. Ende 1909 wurde sie von Oskar Kokoschka porträtiert: ›Die Italienerin‹, Wingler, Kokoschka, a. a. O., Werk-Nr. 24 (Privatbesitz, München); dort fälschlicherweise als »Frau Treitler« aufgeführt. Lt. Auskunft von Herrn Dr. Hans Röder, Zürich, befindet sich eine Porträtzeichnung von Kokoschka im Besitz von Dr. Thomas Bermann, Caracas/Venezuela. Über sie soll KK geäußert haben: »Halb Maupassant, halb Schwalbe.«
und Schwester: Helene Kann (geb. Pollak; geb. Jägerndorf/ČSR 10. 12. 1877; gest. Ascona September 1949) hatte KK im Sommer 1904 in Bad Ischl kennengelernt; seit 1902 verheiratet mit Rudolf Kann, von dem sie sich 1903, nach der Geburt ihrer Tochter Eva Maria, trennte. Ende 1909 entstand eine Ölskizze von Oskar Kokoschka: ›Helene Kann‹, Wingler, Kokoschka, a. a. O., Werk-Nr. 25 (Privatbesitz, Zürich). Frau Kann lebte vom 12. 4. 1906–1. 12. 1938 in der Mahlerstraße 14/III/6 (früher: Maximilianstraße) in unmittelbarer Nachbarschaft von KKs Elternhaus, Mah-

lerstraße 13. Am 1. 12. 1938 emigrierte sie in die Schweiz, nachdem sie
den größten Teil von KKs Nachlaß in Sicherheit bringen konnte. »Es ist
sicher, daß die Bekanntschaft mit Karl Kraus (ca. 1904) für die weitere
geistige Entwicklung von Frau Kann von entscheidender Bedeutung
wurde. Aus einer umschwärmten »femme du monde« mit allen Alluren
und Interessen der damaligen Wiener Gesellschaft wurde sie im Laufe
der Jahre eine Art Annie Besant für Karl Kraus...« Freundliche Mitteilung von Herrn Dr. Hans Röder, Zürich.
Auto-Affaire: nicht ermittelt.
Erscheinung des »Weißhaarigen«: Vgl. »die Verklärung« in dem Gedicht
›Fahrt ins Fextal‹ in der Strophe: »...// Nicht birgt die Zeit im Vorrat
uns ein Weh. / Bleicht sich das Haar, so gibt es guten Schnee.//...«

[365] 11./12. 3. 1916

Werkelmann: nicht ermittelt.
Maria: Das »früher« bezieht sich auf die Infanterieausbildung in Turnau, das »jetzt« auf die Arbeit im Kriegsarchiv, s. Anm. 351.
Mutter des Biologen: Gabrielle Gräfin von Thun und Hohenstein.
Das Gedicht: ›Fahrt ins Fextal‹.
Dramen Szenen: In F 423–425 v. 5. 5. 1916, S. 1–11, wurde der II. Akt,
33. Szene, der ›Letzten Tage der Menschheit‹ abgedruckt: ›Zimmer im
Hause des Hofrats Schwarz-Gelber‹ [W 5, 311–320].
wohnt noch Hietzing: Rilke, der nach seiner Grundausbildung in Turnau bei den Thurn und Taxis in Wien, Victorgasse 5ᵃ, gewohnt hatte,
mietete sich nach einer München-Reise zwischen dem 12. und 15. 2. 1916
am 17. 2. 1916 in Hopfners Park-Hotel in Hietzing ein. Rilke an Marie
von Thurn und Taxis am 17. 2. 1916: »Wundern Sie sich nicht, liebe
Fürstin, wenn ich jetzt ein paar Tage ganz trotze, ich muß so viel in mir
zur Ruhe bringen...«, Rilke/Thurn und Taxis, a. a. O., S. 472.

[366] 12. 3. 1916

mein gestriges: nicht erhalten.
Brief mit der Hamburger Beilage: nicht erhalten. Auch die erwähnten
Postkarten sind nicht erhalten.
MayMay's Geburtstag: 7. Mai.

[368] 14. 3. 1916

verschollene Schrift von mir: ›Die demolirte Literatur‹, Wien: A. Bauer
1897 [EA 11].
Victorgasse: Victorgasse 5ᵃ, Stadtwohnung der Thurn und Taxis in Wien.

der schwerste aller Dienste: Anspielung auf Rilkes Arbeit im Kriegs-
archiv, wobei er sich gleichzeitig vom »Milieu« verwöhnen ließ.
Kolb: Annette Kolb (geb. 2. 2. 1870 München; gest. München 3. 12. 1967)
lebte während des Ersten Weltkriegs in der Schweiz.
Rays: Marcel Ray, Professor an der Universität Montpellier, übersetzte
Aphorismen von KK ins Französische, in: ›Les Cahiers d'aujourd'hui‹,
Paris, Oktober 1913, vgl. F. 389–390 v. 15. 12. 1913, S. 25–26; lebte in
Wien und, 1925, in Paris; später ao. Gesandter und bevollmächtigter
Minister der französischen Regierung in Siam. Beteiligte sich an ›Stimmen über Karl Kraus. Zum 60. Geburtstag‹, Wien: Lanyi 1934 [K 2165].
einen argen Stumpfsinn: s. F 418–422 v. 8. 4. 1916, S. 48–51: »... Jetzt
aber kann man der Verwundeten und Gefangenen nicht denken, ohne
daß sich das Mitgefühl auch jenen Vereinzelten zuwendet, deren es heute
in allen Ländern gibt, die von dem Strom der Gedankenlosigkeit, der
alles umwarf, nicht fortgerissen wurden, sondern von ihrer brennenden
Erkenntnis, wie in Einzelhaft verwiesen, allein und abgetrennt, ihn über-
ragen...« Man schreibe, stellt Annette Kolb fest, »gewiß nicht ohne
große innere Pein Sätze nieder, wie ich sie heute in der ›Fackel‹ finde«.
Sie stimme dem Autor »bedrückten Herzens« bei, nennt ihn aber im
gleichen Atemzug wieder »gedankenlos«, wiewohl doch gerade er von
»dem Strom der Gedankenlosigkeit, der alles umwarf, nicht fortgerissen« wurde. – Der Aufsatz, der in den ›Weißen Blättern‹ erschien, wird
von KK nur auszugsweise abgedruckt und kommentiert [nicht bei Kerry].
Meister Loos: Adolf Loos, s. Anm. 385. SN in BAB v. 2. 3. 1948: »Loos,
der unbeirrte Propagandist für alles Mögliche (als ich ihn kennen lernte,
waren es die Bügelfalten an Männerhosen, die nicht vorne, sondern an
den Seiten, wie in Amerika, sein sollen!) [...] schleppte mich natürlich
in Kokoschka's Atelier und zeigte mir alle von ihm gebauten Wohnungen, – gleichgiltig, ob es den Bewohnern angenehm war – (er war ja
taub!) [...] Ich kenne seine Bücher nicht. Ich weiss nur, wie herzlich K.K.
lachte, wenn er mir über seine Vorträge (vom Hörensagen) erzählte [...]
Überhaupt lachte er immer über die seltsamen Ideen von Loos, aber es
war ein liebevolles, verzeihendes Lachen.«
Ski-Klub: SN nahm Skiunterricht bei den Lehrern Colombey und Capaul. Die folgenden Zitate beziehen sich vermutlich auf einen Werbe-
prospekt des Clubs.
Bericht: nicht erhalten.
Das kleine Mädel: eine Verehrerin; Identität nicht ermittelt.

[370]   15. 3. 1916

Kierkegaard-Monographen: Theodor Haecker; eine Monographie über
Kierkegaard hat Haecker allerdings nie geschrieben.
»Nach Goethe«: »Wer Kunst und Religion besitzt, der hat auch Wissen-

schaft. / Wer diese beiden nicht besitzt, der habe Wissenschaft.« [W 7, 41].

Am 17.: Vorlesung aus eigenen Schriften am 17. 4. 1916 im Kleinen Konzerthaussaal in Wien. Programm: F 423–425 v. 5. 5. 1916, S. 17.

Raimunds Grab: Ferdinand Raimund war am 8. 9. 1836 in Gutenstein beerdigt worden.

[371]   16. 3. 1916

Grfn. Wersch: nicht ermittelt.
Familie M.: nicht ermittelt.
Weißhaarigen: s. Anm. 364.
Kete: Kete Parsenow. In den beiden Karten vom 13. 3. 1916 [WStB IN 139.606 und 139.607] schreibt sie u. a.: Else Lasker-Schüler»... ist natürlich schrecklich alteriert über Marc. Herr Voigtländer möchte seinen ganzen Nachlaß kaufen, ich schreibe eben deswegen an M. Marc...«
das Mädchen: Hausangestellte von Kete Parsenow.

[372]   17. 3. 1916

Ausschnitt: s. [368] B.
»Karamasoff«: Fedor Michailovic Dostojewski, ›Die Brüder Karamasoff‹. Übersetzt von E. K. Rahsin. KK zeigte die im Piper Verlag, München, erschienene 22-bändige Gesamtausgabe Dostojewskis kostenlos auf der Umschlagseite 2 der F 418–422 v. 8. 4. 1916 an. Auf S. 47 f. des gleichen Heftes heißt es: Es handle sich um eine Gesamtausgabe, »die verdienstvoll wäre, auch wenn der Prospekt es nicht nötig fände, die Größe Dostojewskis durch Bahr und Bierbaum beglaubigen zu lassen. Da die Tatsache eines deutschen Dostojewski immerhin wichtiger ist als die Existenz sämtlicher momentan vorrätigen deutschen Originale, so wird hier [...] auf diese Gesamtausgabe hingewiesen.«
eine andere Drucksache: F 418–422 mit 104 Seiten Umfang erschien am 8. 4. 1916.

[376]   20. 3. 1916

Beschreibung des Waldes: In F 418–422 v. 8. 4. 1916 heißt es unter ›Notizen‹, S. 41 f.: »Wo Zeilen wie Augenlider sind und zwischen ihnen ein Gesicht: solche Entdeckungen macht man nicht mehr in den Journalen, doch manchmal noch in den Briefen. Jetzt, in einem vom Schlachtfeld der Menschheit – aber wieder nur in solchen, die nicht in die Zeitung kommen – ist es ein Menschenblick des Verbannten, voll unverstehenden Staunens, welche Interessen, welch eines Lebens, ihr Opfer da wollen,

voll Neugier, ob Gott sich doch eine letzte Deutung dieses Wirrsals auf-
gespart habe, und voll zustimmenden Dankes an einen, der ihnen Mut
macht, sich im Leiden wohler zu fühlen als die, welche vom Leiden leben. Und unter den vielen auf solche Art geschriebenen ein Frauenbrief,
Bericht vom Schlachtfeld der Natur:
[Der Brief von SN wird abgedruckt:] ... Eine entsetzliche Lawine ist
von Richtung Hahnensee niedergegangen. Wir hörten und sahen sie:
eine riesengroße Schneewolke und großes Getöse. Sie hat einen breiten
Streifen Waldes mitgenommen, glatt abgeschnitten. Unter dem gehäuf-
ten Schnee liegen aufeinandergetürmt und vergraben die schönen alten
Bäume samt Wurzeln, und jeder Baum zerrissen, zerzaust, zerbrochen,
und weiß Gott, wie tief das geht. Der Schnee ist hart zusammengedrückt,
man steigt darauf herum. Es sieht zu traurig aus, ein Bild der trost-
losesten Verwüstung. Dazu ein süßer starker Coniferenduft, denn die
Zweige sind frisch gebrochen, und aus den Stämmen fließt das Harz.
Wohl das grausamste Blut.«
KK stellt dazu fest:»... der Wald hat die Lawine nicht erfunden, um
von ihr zerrissen zu werden: wohl aber der Mensch die Technik...«
Telegramm von Kurt Wolff: nicht erhalten; vgl. die Äußerung Kurt
Wolffs gegenüber Heinrich Mann v. 1. 2. 1916: Er sei überzeugt, daß
von den Schriftstellern, die um eine Generation älter seien als er selbst
»nur zweien die Zukunft gehört«: Heinrich Mann und KK. »... von dieser Überzeugung bin ich so ganz durchdrungen und besessen, daß ich sie
mit allen Mitteln propagieren will...«, Wolff, ›Briefwechsel‹, a. a. O.,
S. 222.

[377]   21. 3. 1916

wenn man so müde ist: Rilke an SN am 1. 3. 1916: »Nun verbringe ich
[...] alle meine Tage in meinem Archiv an meinem militärischen
Schreibtisch [...] meine Müdigkeit [ist] so groß, daß nach acht nichts
mehr von mir zu wollen ist [...] Ein Glück, daß ich zeitlebens ein ge-
übter und überzeugter Schläfer war, so ist's das Natürlichste für
mich, daß ich um halb neun zu Bett gehe---. Hier haben Sie meine
Tage.« Rilke/Nádherný, a. a. O., S. 257.

[378]   22. 3. 1916

Fußknöchel: SN in Tb. v. 28. 7. 1916: »I broke my leg on the 16. of
March... I lay 8 day with icecompresses, Dr. Bernhard then gave me a
gipsverband & I walked on crutches with it 4 weeks.«
den »alten Spucker«: Bobby.

212

über das Buch: ›Worte in Versen‹ (I).
im andern Kleid: in Uniform.

[379] 24. 3. 1916
N.Z.Z.: Neue Zürcher Zeitung.
Entscheidung über Maymay: Rückreisegenehmigung für die Irin Miss
Cooney.
»Aus jungen Tagen«: s. Anm. 326.
das andere: ›Fahrt ins Fextal‹, s. Anm. 365.
Am 17.: Vorlesung, s. Anm. 370.
Frau R.: Elisabeth Reitler [?].

[380] 25. 3. 1916
heutigen Feiertag: Maria Verkündigung.

[381] 28. 3. 1916
im neuen Kleid: in Uniform.
»Cornets«: Rainer Maria Rilke, ›Die Weise von Liebe und Tod des
Cornets Christoph Rilke‹. Das 1899 entstandene Jugendwerk des damals
24-jährigen Rilke, das die Türkenschlacht von Mogersdorf als Vorwand
für eine lockere Montage von Einzelszenen benützt, war schon 1906 bei
Axel Juncker, Berlin, in 300 Exemplaren erschienen. Erst die Übernahme in die Insel-Bücherei, 1912, verschaffte dem kleinen Werk eine
weltweite Wirkung. Allein 1916 erschienen 3 Auflagen. Gesamtauflage
bis Ende 1916: 100 000 Exemplare. – Rilke ließ die Reitergeschichte häufig
öffentlich vortragen. Die Militärromantik des ›Cornet‹ war noch im
Zweiten Weltkrieg nicht erloschen.
Leipziger Affairen: bezieht sich vermutlich auf die Schwierigkeiten bei
der Fertigstellung der ›Worte in Versen‹ (I), die erst in F 418–422 v. 8.
4. 1916 als lieferbar bezeichnet werden.
so heißen sie alle: die Korrespondenz führte der Prokurist Wachsmuth.
dem alten Schnarcher: Bobby.
»Rembert«: Rembert Graf von Korff gen. Schmising-Kerssenbrock (geb.
Lichtenstein 30. 6. 1887; gest. Prag 8. 2. 1958). Dr. jur., Gerichts-
Rat, verheiratet mit der Schwester von Max Lobkowitz, Prinzessin
Leopoldine Maria Josepha Elisabeth Ignatia Lobkowitz (geb. Kosten
21. 8. 1891).
Ludwig von F.: Ludwig von Ficker wurde Mitte Februar mit schwerer
Bronchitis und hohem Fieber ins Militärspital Bruneck eingeliefert. Vor
der Rückkehr an die Südfront verbrachte er einen Erholungsurlaub in
Innsbruck.

»*Alle Vögel sind schon da*«: vgl. das Gedicht ›»Alle Vögel sind schon da«‹, in dem es heißt: »...Das Zimmer schweigt und vor dem Fenster / brütet der Sonntag seinen Plan, / ... // Wie laut wird alles, was da schweigt. / Nun bin ich schon im frühsten Alter. / Da wird die Stille rings zum Psalter, / zu dem des Nachbars Junge geigt. / ...«. Erstdruck: F 443–444 v. 16. 11. 1916, S. 9 [W 7, 70–71].

alle Rubinsteins: die Brüder Anton (1829–1894) und Nikolaus Rubinstein (1835–1881) waren berühmte russische Pianisten und Komponisten ihrer Zeit. Anton R. gründete 1862 das Konservatorium in Petersburg, Nikolaus R. 1864 das Moskauer Konservatorium. Artur Rubinstein (geb. Lemberg 28. 1. 1886), Pianist, von polnischer Abstammung, debütierte bereits als Zwölfjähriger.

E.: nicht ermittelt.

An L. verstehe ich nach wie vor: vgl. die Inschrift ›Einem schwerhörigen Freunde‹. Handschrift in WStB IN 107.233, datiert: »Wien 30. März 16«. Variante: Titel: ›Für A. L.‹ Erstdruck: F 423–425 v. 5. 5. 1916, S. 16 [W 7, 90].

Hoffentlich erscheint sie: F 418–422 erschien am 8. 4. 1916.

Fürstinnen: Anspielung auf Fürstin Marie von Thurn und Taxis.
»*Kind*«: F 418–422.
Der kleine B.: Der kleine Biograph = Leopold Liegler.

Schwarzwald: Anspielung auf den Salon der Eugenie Schwarzwald.
K.: Oskar Kokoschka (geb. Pöchlarn 1. 3. 1886) war Angestellter der Wiener Werkstätte, als er 1908 Adolf Loos kennenlernte, vgl. Oskar Kokoschka, ›Mein Leben‹, München: Bruckmann 1971. Loos setzte sich tatkräftig für ihn ein und machte ihn mit KK und Peter Altenberg bekannt. 1908 entstand ein erstes Ölporträt von KK, Wingler, ›Kokoschka‹, a. a. O., Werk-Nr. 12; 1909 porträtierte er Adolf Loos, a. a. O., Werk-Nr. 15; Peter Altenberg, a. a. O., Werk-Nr. 17; Elisabeth Reitler, a. a. O., Werk-Nr. 24; Helene Kann, Skizze in Öl, a. a. O., Werk-Nr. 25; Bessie Loos, a. a. O., Werk-Nr. 31. 1909/1910 entstanden Zeichnungen von Loos und KK. Herwarth Walden, der 1910 porträtiert wurde, a. a. O., Werk-Nr. 38, reproduzierte die Rohrfederzeichnung in: ›Der Sturm‹, Jg. I, Nr. 12 v. 19. 5. 1910. In F 292 v. 17. 12. 1909 suchte KK einen

Verleger für Oskar Kokoschkas ›Weißen Tiertöter‹, der erst 1916 unter dem Titel ›Der gefesselte Kolumbus‹, Berlin: Gurlitt, erschien. In F 298–299 v. 21. 3. 1910, S. 34 ff. erschien der erste und einzige Textbeitrag Kokoschkas in der F: ›Ein Gespräch‹. KK widmete dem Maler Kokoschka mehrere Aphorismen in F 300 v. 9. 4. 1910 [A 1451; A 402], F 315–316 v. 26. 1. 1911: »Oskar Kokoschka malt unähnlich...«; »Er malte die Lebenden...«, S. 33, F 360–362 v. 7. 11. 1912 [A 1657]. Mitarbeiter der F, Franz Grüner in F 317–318 v. 28. 2. 1911, S. 18 ff. und L. E. Tesar in F 319–320 v. 1. 4. 1911, S. 31 ff., setzten sich für den von der Kritik geschmähten Maler ein. KK selbst wies in F 381–383 v. 19. 9. 1913, S. 24, und in F 395–397 v. 28. 3. 1914, S. 22, den Vergleich Kokoschkas mit Max Oppenheimer zurück. 1911 machte Loos Kokoschka mit Hermann und Eugenie Schwarzwald bekannt; es entstanden die Porträts ›Dr. Hermann Schwarzwald‹ I, a. a. O., Werk-Nr. 50; II (1916), a. a. O., Werk-Nr. 107; III (1924), a. a. O., Werk-Nr. 172. Albert Ehrensteins Erzählung ›Tubutsch‹ erschien 1912 mit 12 Zeichnungen von Kokoschka bei Jahoda & Siegel, KKs Drucker. Kokoschka beteiligte sich an der ›Rundfrage über Karl Kraus‹, in: ›Der Brenner‹, Jg. III, Heft 20 v. 15. 7. 1913, S. 935, und illustrierte die bibliophile Ausgabe der ›Chinesischen Mauer‹, s. Anm. 37. 1913 erteilte Kokoschka Zeichenunterricht an den Schwarzwaldschen Schulanstalten; 1914 Kriegsfreiwilliger in einem Dragoner-Regiment; 1915 kehrte er schwer verwundet nach Wien zurück. Es entstand das Porträt Ludwig von Fickers, a. a. O., Werk-Nr. 104. – Am 7. 2. 1925 wurde ein zweites Ölporträt von KK fertiggestellt, a. a. O., Werk-Nr. 180. Es ist auf der Rückseite bezeichnet: »Pro domo et mundo. Der Sessel, auf dem Karl Kraus für dieses Bild gesessen, ist nach der letzten Sitzung auseinandergefallen am 7. Feb. 25. und mußte der Tischler gerufen werden. Aus dem Schiffbruch der Welt jener, die mit Brettern oder Barrikaden vor der Stirn geboren sind, hast Du eine Planke zu einem Schreibtisch geborgen. OK«.

T.: Thurn und Taxis; vgl. ›Die Historischen und die Vordringenden. Ein Wort an den Adel‹, F 418–422 v. 8. 4. 1916, S. 6–9.

Michaelis: Karin Michaelis (geb. Randers/Dänemark 20. 3. 1872; gest. Kopenhagen 11. 1. 1950), dänische Schriftstellerin, unternahm 1903–1913 und 1920–1925 jährliche Vortragsreisen durch Europa und USA. War vermutlich seit 1911 mit KK bekannt. In F 336–339 v. 23. 11. 1911, S. 42 bis 46, druckte KK den in der Zeitschrift ›Köbenhavn‹, Nr. 315 v. 14. 11. 1911, in dänischer Sprache erschienenen Bericht ›Ein Karl Kraus-Abend‹ in der Aufmachung eines originalen Textbeitrags ab. Aus einem Brief Rainer Maria Rilkes an Marie von Thurn und Taxis vom 18. 3. 1916 geht hervor, daß der Geburtstag von Karin Michaelis am 20. 3. von einigen Freunden, darunter Kokoschka und Rilke, in Wien gefeiert wurde. Rilke/Thurn und Taxis, a. a. O., S. 476. Sie war mit Helene Weigel befreundet und verhalf Bertolt Brecht 1933, zu seinem dänischen Exil.

ein Epigramm: ›Einem schwerhörigen Freunde‹. Erstdruck in F 423–425
v. 5. 5. 1916, S. 16 [W 7, 90].
drei andere Vers-Sachen: ›Dem Schönfärber‹ (auf Oskar Kokoschka);
›Das Buch und die Frau‹; ›Verzicht‹, Handschrift in der WStB IN
107.240, datiert: »Wien, 31. 3. 1916«. Erstdruck in F 423–425, a. a. O.,
S. 16 [W 7, 88; W 7, 86; W 7, 85].
aus der dramatischen Absicht: die in St. Moritz entstandene Szene für
die ›Letzten Tagen der Menschheit‹ erschien ebenfalls erst in F 423–425,
a. a. O., S. 1–11.
Brief mit Hamburger Beilage: nicht ermittelt.
unser Buch: ›Worte in Versen‹ (I).
»Krischke«: Opernrestaurant, Wien I, Opernring 8. Adolf Krischke war
der Geschäftsführer.

[386] 2. 4. 1916

Neuwaldegg-Dornbach: Vororte im Nordwesten von Wien, wo auch
Hainbach liegt.
1. April 1915: s. Anm. 242.

[387] 3. 4. 1916

Kind vollkommen gerettet: F 418–422 passierte die Zensur.

[388] 3. 4. 1916

Coudenhove: möglicherweise der Schloßnachbar Viktor Graf von Cou-
denhove aus Vojkov.
Unter den Briefen von KK an SN ein von KK umadressierter Brief der
Auto-Verkehrsgesellschaft, Wien, mit dem Angebot für Ersatzbereifung.
Abgesandt am 4. 4. 1916.

[389] 5. 4. 1916

1. April: Schlüsselwort für die Beziehung KK/SN, s. Anm. 242 und 248.
arme Maymay: Die Rückreisegenehmigung wurde verweigert.
Ein besonders schönes kleines Werk: das Gedicht ›Gebet an die Sonne
von Gibeon‹. Erstdruck: F 423–425 v. 5. 5. 1916, S. 58–64 [W 7, 109
bis 114]. Über die in dieser Ode verwendeten Motive aus Josua 6,
Verse 5, 10, 16 und 20 in der Übersetzung des Leander van Eß, s. ›Vom
Plagiat‹, F 572–576 v. Juni 1921, S. 61–63 [W 2, 149–152].

[390] 6. 4. 1916

über den Buben und die Karamasoff: über die F 418–422 und die ›Brüder Karamasoff‹, die KK an SN geschickt hatte.

»Bub«: F 418–422.

Sch.-Sorgen: nicht ermittelt.

Das Neue: ›Gebet an die Sonne von Gideon‹.

[391] 6. 4. 1916

Belcr.: Karl Belcredi.

Alex (Victorgasse): Prinz Alexander von Thurn und Taxis.

[392] 7. 4. 1916

Sängerin: vermutlich Emmy Heim. In einem undatierten Billett von Rilke an Marie von Thurn und Taxis heißt es: »Dienstag. Ein kleiner Morgen-Rapport, liebe Fürstin. Nämlich: Frau Heim im Konzert gesprochen; sie freut sich s e h r auf morgen Abend, legt aber viel Werth darauf, begleitet zu sein. Ich bat sie, selbst vorzuschlagen, was i h r das Passendste wäre, daraufhin wurde verabredet, daß sie, als Accompagnatrice, ein älteres Fräulein mitnimmt, die gleich um acht mit ihr kommt. Oder hätte die später zu kommen? Das kann man nöthigenfalls noch sagen lassen. Hoffentlich hab ich keinen Unsinn gemacht...«, Rilke/ Thurn und Taxis, a. a. O., S. 481.

[393] 8. 4. 1916

M.: Rainer Maria Rilke wurde am 9. 6. 1916 aus dem Militärdienst entlassen. Am 20. 7. 1916 kehrte er nach München, Keferstraße 11, zurück.

das Kind heute ausgegangen: F 418–422 war am 8. 4. 1916 erschienen.

dem kleinen B.: dem kleinen Biographen, d. i. Leopold Liegler.

(Gräfin Taaffe): ›Ein Geduldspiel für Groß und Klein‹, F 426–430 v. 15. 6. 1916, S. 27: Gräfin Taaffe, die als Ober-Schwester im Rotkreuz-Lazarett auf der Prager Klein-Seite arbeitete, ließ durch das Kriegsfürsorgeamt ein Geduldspiel verkaufen, das ›Russentod‹ hieß. Vgl. F 561–567 v. März 1921, S. 41.

Von meinem Bekannten: Ritter Moritz Chlumecky-Bauer.

»Aber wo bleiben die täglichen Nachrichten?«: Zitat aus einem Brief SNs.

Kann man schon über ihn gehen?: Die Frage bezieht sich auf die Heilung des gebrochenen Fußes.

Kind: F 418–422.
Das kleinere: F 423–425 erschien am 5. 5. 1916 mit einem Umfang von
64 Seiten.
Abend am 17.: Vorlesung, s. Anm. 370.
Shakespeare-Feier: Zur Feier von Shakespeares 300. Todestag las KK
am 24. 5. 1916 ›Die lustigen Weiber von Windsor‹ im Kleinen Konzerthaussaal in Wien. Die Übersetzung von Wolf Heinrich Graf Baudissin
(Schlegel-Tiecksche Ausgabe) wurde geringfügig bearbeitet, d. h. gekürzt.
Mit dieser Vorlesung beginnt das ›Theater der Dichtung‹. KK wies in
einer Vorrede darauf hin, daß ›Die lustigen Weiber von Windsor‹ am
Wiener Burgtheater erstmals am 16. 12. 1846 und zum letzten Mal am
21. 1. 1849 gespielt worden sei. »Angesichts der redlichen Unzulänglichkeit des neuesten Burgtheaters [...] möchte es die Stimme des Vorlesers verlocken, ein dekorationsfreies Shakespeare-Theater ins Leben
zu rufen, auf dem alle Organe, die uns einst so viel zu sagen hatten,
wieder lebendig würden...«. Weitere Lesungen werden angekündigt.
F 426–430 v. 15. 6. 1916, S. 47–49.

»Extraplatz im Himmel«: Bezieht sich möglicherweise auf den Verlag
der Schriften von Karl Kraus ⟨Kurt Wolff⟩.
Der arme Führer: Bezieht sich vermutlich auf einen St. Moritzer Berg-
führer.
Sache mit dem Cornet: Über die Vorlesungen der ›Weise von Liebe und
Tod des Cornets Christoph Rilke‹, s. Anm. 381.
der Nachkomme: Rainer Maria Rilke.
Ein Blutlyriker: Rudolf Hans Bartsch (geb. Graz 11. 2. 1873; gest.
St. Peter/Graz 7. 2. 1952) war von 1895–1911 Oberleutnant beim k. u. k.
Kriegsarchiv in Wien; seit 1911 Hauptmann a. D.; im Krieg reaktiviert.
Veröffentlichte seit 1905 triviale Romane und Novellen.
Sidonienzelt: Gartenhaus im Park von Janowitz.
zuckenden Schnarcher: Bobby.
zum 17.: Tag der Vorlesung in Wien, s. Anm. 370.

An einen alten Lehrer: Gedicht an Henricus Stephanus Sedlmayer, bei
dem KK 1887/88 Deutschunterricht, 1892 Latein und Philosophische
Propädeutik hatte. Erstdruck: F 423–425 v. 5. 5. 1916, S. 39–40 [W 7,
68–70].
Das Erwartete: F 418–422.

[397] 11. 4. 1916

Sicheres unmöglich: bezieht sich auf die Frage, ob KK SN in St. Moritz abholen werde.

[398] 12. 4. 1916

Abend 12 Mai: Vorlesung aus Luther, Jean Paul, ›Kampaner Tal‹ und eigenen Schriften im Kleinen Konzerthaussaal, Wien, am 12. 5. 1916. Programm: F 426–430 v. 15. 6. 1916, S. 50.

[399] 13. 4. 1916

Dame: Emmy Heim [?]; Fürstin Marie von Thurn und Taxis [?]. *Blutlyriker:* Rudolf Hans Bartsch. *den ersten Wunsch:* nach St. Moritz zu kommen.

[400] 14. 4. 1916

»was rauh begonnen war...«: Strophe in dem Gedicht ›Fahrt ins Fextal‹: »... // Was rauh begonnen war, verlief uns hold, / ein Tag voll Silber dankt dem Strahl von Gold. // ...«, s. Anm. 352. *»nie kann es anders sein.«:* Anfangszeile des Gedichts ›Aus jungen Tagen‹, s. Anm. 326. *Das Kind:* F 418–422. *Bobby:* im Sinne der Personifikation von KK. *Aufruf:* KK wurde am 29. 4. 1916 erneut gemustert. Er war »zum Landsturmdienste mit der Waffe nicht geeignet«, WStB IN 175.484. Am 9. 6. 1916 wurde beschieden: »Der Obengenannte hat sonach nicht einzurücken«, WStB IN 175.484.

[401] 15. 4. 1916

aus Sibirien: Ritter Moritz von Chlumecky-Bauer [?]. *»Sprüche«:* Die Aphorismensammlung ›Sprüche und Widersprüche‹ war 1914 als 3., veränderte Auflage erschienen, München: Albert Langen [EA 32a].

[402] 16. 4. 1916

Kind: F 418–422.

[403] 17./18. 4. 1916

es war wie immer: die Vorlesung vom 17. 4. 1916, s. Anm. 370.
Umschlag des Heftes: Auf der Umschlagseite 4 der F 418–422 v. 8. 4.
1916 war die Vorlesung angezeigt worden.
Elise: Dienerin in Janowitz.
Das Werk ist vollendet: Das Gedicht ›Gebet an die Sonne von Gibeon‹,
s. Anm. 389.
ihren neuen Bekannten: dem Schriftsteller Rudolf Hans Bartsch und
Emmy Heim [?].
Gfn. Clam-Martinitz: Sophie Gräfin Clam Martinic (geb. Gräfin von
Stockau; geb. Wien 2. 6. 1874; gest. Wien 11. 3. 1928).
Tochter: nicht ermittelt.
Frau R.: Elisabeth Reitler.
12. Mai: Vorlesung, s. Anm. 398.
Bobby zurückbleiben muß: SN fuhr nach Ragaz, der Leonbergerhund
Bobby blieb in St. Moritz.
Es hat heute: bezieht sich auf Vorlesung.

[404] 18. 4. 1916

Heutiger Abend: Vorlesung vom 17. 4. 1916, s. Anm. 370.

[405] 18. 4. 1916

den Abend: Die Vorlesung vom 17. 4. 1916.
das Ehepaar: Rudolf Hans Bartsch und seine Frau [?].
München: Bezieht sich auf die Entlassung Rilkes vom Militärdienst und
seine Übersiedlung nach München, s. Anm. 393.
Heine citiere: Anspielung auf Heines Gedicht ›Ich weiß nicht was soll es
bedeuten, / Daß ich so traurig bin; ...‹ aus dem ›Buch der Lieder‹, jetzt
in: ›Sämtliche Schriften‹, Hrsg. von Klaus Briegleb, München: Hanser
1968, Bd. 1, S. 107.
Peters Paula: Freundin von Peter Altenberg: Paula Deman, heiratete
1917 Dr. Schweitzer und übersiedelte nach Innsbruck. Altenberg widmete ihr seine Bücher ›Vita ipsa‹ und ›Nachfechsung‹.
Kopie von Brief und Antwort: nicht erhalten.
über Peters neuestes Buch: Peter Altenberg, ›Nachfechsung‹. Mit einem
Bild des Dichters, Berlin: S. Fischer 1916.

[406] 19. 4. 1916

er: Adolf Loos.
Viktorgasse: s. Anm. 368.

Wenzels Vater: Prinz Zdenko Lobkowitz.

Cornet: s. Anm. 381.

Vorlesung: s. Anm. 370.

12. Mai: Vorlesung, s. Anm. 398.

Stifter-Biographen: Alois Raimund Hein, ›Adalbert Stifter‹. Reclams Universal-Bibliothek Nr. 5445 = Dichter-Biographien 16. Leipzig: Ph. Reclam 1912. [Heck u 59]. Auszugsweise Bearbeitung der Ausgabe: Alois Raimund Hein, ›Adalbert Stifter. Sein Leben und seine Werke.‹ Mit bisher ungedruckten Briefen und Handschriften, einem faksimilierten Stammbuchblatte, 7 Heliogravüren, 3 Kupferradierungen, 2 Photolithographien und 114 Textbildern. Prag: Selbstverlag des Vereins für Geschichte der Deutschen in Böhmen/I. G. Calve, Kommissionsverlag: 1904. [Heck u 58]. – KK hatte in F 418–422 v. 8. 4. 1916, S. 56–58 geschrieben: »Wenn das, was heute in deutscher Sprache zu schreiben wagt, ohne ihres Atems einen Hauch mehr zu verspüren, irgendwie, von einem metaphysischeren Anstoß als dem Weltkrieg geschüttelt, imstande wäre, noch ein Quentchen Menschenwürde und Ehrgefühl aufzubringen, so müßte die Armee von Journalisten, Romansöldnern, Freibeutern der Gesinnung und des Worts vor das Grab A d a l b e r t S t i f t e r s ziehen, das stumme Andenken dieses Heiligen für ihr lautes Dasein um Verzeihung bitten und hierauf einen solidarischen leiblichen Selbstmord [...] unternehmen. In einer kleinen Biographie – wohl der einzigen anständigen Neuerscheinung der Reclam-Bibliothek –, aus der man auch einigermaßen die Superiorität der vormärzlichen Wiener Gesellschaft über den heutigen Mischmasch feststellen kann, der die Verpowerung österreichischer Werte als einen Triumph des Heute ausruft, sagt der Verfasser, Alois Raimund H e i n , über die Beziehung des Dichters (den J. V. Widmann den Seelenfrieden-Stifter genannt hat) zu einer Epoche, die anfing, ein freches Zeitbewußtsein zu bekommen:« [...] Es folgt ein längeres Zitat aus Hein, bei dem folgende Sätze mit einem Blick auf die opportunistische Schreiberei der Schriftsteller-Kollegen gesperrt gedruckt sind: »Was die Zeitwelle hebt, was die Zeitwelle verschlingt, das achtete er für nichts. Nach seiner Anschauung vom Leben erschien ihm der Gedanke widersinnig, daß die Gewährung politischer Freiheiten an die Massen das Glück des einzelnen zu erhöhen vermöchte.«

Dankbrief: Teilabdruck in F 423–425 v. 5. 5. 1916, S. 28: »––– Hätte ich nicht bereits vor einer Woche nach Berlin an Herrn Studienrat Prof. Dr. .... die Absage auf die Einladung geschrieben, an dem von ihm und zahlreichen Geheimräten und geheimen Hofräten geplanten Werke »Deutsche Dichter und der Krieg« durch Übernahme des Abschnittes »A d a l b e r t S t i f t e r u n d d e r K r i e g« mitzuwirken, so wäre die Darreichung ihrer letzten .... ›Fackel‹-Nummer die deutlichste, überzeugendste und verständlichste Ablehnung der ungeheuerlichen Absicht gewesen, Stifter in die blutrünstige Kriegsliteratur unserer arg ver-

blendeten Zeit hineinzerren zu wollen. Man kann jetzt nicht scharf genug Vorsicht gegen literarische und journalistische Scharfmacher einschärfen. Gott sei Dank! Sie tun es!« – Auf den Seiten 29–38 druckt KK ›Briefe Adalbert Stifters‹ aus den Jahren 1848–1952 an Gustav Heckenast, Joseph Türk und Louise Baronesse von Eichendorf.
S. Rembert: Rembert Graf von Korff gen. Schmising-Kerssenbrock.

[407]   20. 4. 1916

Zürich: Vorlesung aus eigenen Schriften und – zum ersten Mal – aus Shakespeare ›Timon von Athen‹ im Schwurgerichtssal, Zürich, am 4. 5. 1916. Programm: F 426–430 v. 15. 6. 1916, S. 43.
Jan.: Janowitz.
Pr.: Prag.
Gesuch: Einreisegenehmigung für Miss Cooney.
Peter-Sache: s. Anm. 405. Die Abschriften sind nicht erhalten.
Geschichte mit den 500 Kronen: Im Karl Kraus-Archiv der Wiener Stadtbibliothek haben sich zahlreiche Briefe von Peter Altenberg an KK erhalten, in denen Altenberg um Unterstützung bittet; darunter befindet sich auch ein zeitlich sicher früher einzuordnendes undatiertes Billett, das den Zusammenhang illustriert: »Ich *verpflichte* mich, an Peter Altenberg 80 Kronen zu zahlen (u. zw. 40 Kronen jetzt und 40 Kronen am Ende des Sommers), wogegen Peter Altenberg sich *verpflichtet*, die ihm übergebene Summe zu einer Erholungsreise nach Gmunden zu verwenden, die er demnächst anzutreten verspricht. [gez:] Karl Kraus [gez:] Peter Altenberg«. [WStB IN 160.502].
Heute ist Frühling..... goldener Falter: Letzte Strophe des Gedichts ›Verwandlung‹, s. Anm. 239. Ludwig von Ficker am 5. 4. 1916 an KK: Was ihm diese Zeilen während seines Lazarett-Aufenthalts bedeutet hätten, »vermag ich in Worten nicht auszudrücken«, WStB IN 162.035.

[409]   25. 4. 1916.

nicht mehr Villa sondern Opel: nicht mehr in St. Moritz, sondern in Ragaz, wo der Opel untergestellt war.

[410]   27. 4. 1916

Maymay gerettet: Visum für Rückreise eingetroffen.

[411]   8. 5. 1916

Es war zu schön: SN in Tb v. 28. 7. 1916: »On the 2. of May K. K. came to us, &, after a touching goodbye of darling Bobby, May-May, K. & I

222

set of for Ragaz, to our auto, & drove to Zürich, where he had a lecture. Suppered with Prof. M. Ray & wife. Then we drove over Luzern (visit by C. Spitteler, who gave me heaps of flowers, some I could even bring here!) to Einsiedel, where we were for May-May's birthday & then on to Ragaz, were K. left...«. SN in BA: »Wir machten [von Ragaz aus ...] einige Autofahrten, auch nach Tierfehd.«

[412] 8. 5. 1916

Abschied in Chur: SN begleitete Miss Cooney bis Chur. SN in BA: »Maymay kehrte nach St. Moritz zurück (die Einreise nach Österreich wurde ihr nicht bewilligt), und ich fuhr nach Wien, wo am 12. eine Vorlesung war, und am 16. weiter nach Janowitz.«
S. und M.: Sidie und May-May.
S. M.: Seine Majestät.
»Gebet an die Sonne von Ragatz«: SN und May-May blieben zwei Tage in Ragaz, um die Formalitäten für die Unterstellung des Wagens zu erledigen.

[416] 16. 5. 1916

Feiertag: SN traf am 16. 5. 1916 in Janowitz ein; am 15. 6. 1916 war sie in Wien.
Nachricht aus Hamburg: von Hugo Schloemer, Karte vom 13. 5. 1916, WStB IN 136.172. KK pflegte das Grab Annie Kalmars auf dem Hamburg-Ohlsdorfer Friedhof bis an sein Lebensende.
Brief eines »verehrenden« Malers: nicht ermittelt.
».......ist dies hier schon der andere Planet!«: Zeile aus dem Gedicht ›Fahrt ins Fextal‹, s. Anm. 352.

[417] 17. 5. 1916

Beilagen: Zeitungsausschnitt einer Ankündigung: ›Meisterkomponisten für die Kriegspatenschaft‹. Baronin Georgine Dirsztay, Gräfin Nadine Berchtold, Gräfin Henriette Buquoy, Frau Hofrat Melanie Wolf, Frau Kaiserl. Rat Herma Krell und Frau Konsul Mathilde Kraus bereiten diese Veranstaltung vor. KK unterstrich die Namen.
Rysz.: nicht ermittelt.
sein Pflegesohn: Oskar Kokoschka [?].
T.: Thurn und Taxis.
das Buch von P. A.: ›Nachfechsung‹, s. Anm. 405. Mit einem Frontispiz, das Peter Altenberg »im Ordensschmuck« zeigt. Darunter als Faksimile: »Euer Wahlspruch, gute Patrioten und Menschen, sei: Verlernen, umlernen, zulernen! Peter Altenberg«.

zwischen Skizzen alles mögliche: Theaterrezensionen; Gespräche; Widmungen, darunter auch ›Die Widmung meines Buches ›Fechsung‹ an K. K.‹; einen Teilabdruck aus Leopold Ziegler, ›Der Deutsche Mensch‹, 1915; Briefe; Tagebuchblätter von Paula Sch[weitzer]; Buchbesprechungen; ein Geburtstagsbrief von Paula Sch[weitzer] für Peter Altenberg, u. a. Aufgenommen wurde neben dem erwähnten Armeebefehl der Brief von Peter Altenberg an KK zum Tod von Annie Kalmar, S. 252–255. *einen Armeebefehl des Generals Dankl:* ›Ein Armeebefehl des Generals Dankl (vom 6. Juni 1915)‹, S. 289–290. Vgl. KK, ›Hunde, Menschen, Journalisten‹, F 431–436 v. 2. 8. 1916, S. 9: »Daß er [Altenberg] kritik- und kontrollos alles, was ihm der Tag zuträgt und wie er es auch dann sieht, wenn er nicht ausgeschlafen ist, also mit seinen hellsten, wunderbarsten Eingebungen zugleich den ärgerlichsten Mist, den er in trüben Minuten von sich gibt, ja, selbst was er nur sieht und was ihm schmeckt, einen Armeebefehl des Generals Dankl und eine Kritik des Herrn Salten in Bücher wirft: das eben ist eine Wesenseigenschaft, die man sich aus ihm nicht wegdenken kann, die aber als Kommentar zu seiner Literatur hinzugedacht werden muß, um diese in ihrer vollen Menschlichkeit und nicht bloß in ihrer künstlerischen Torsohaftigkeit zu begreifen…«

[418]   18. 5. 1916

diese beiden lieben treuen Zuschriften: Der Brief der Mutter vom 16. 5. 1916 wurde als anonyme Traueranzeige in F 426–430 v. 15. 6. 1916, S. 40, abgedruckt.
»Steinhof«: Wiener Irrenanstalt.
Jahrgang: Peter Altenberg war Jahrgang 1859. Er war also bereits 57 Jahre alt.
T.: Marie von Thurn und Taxis.

[419]   19. 5. 1916

Mein und unser Bobby: Der Bericht von Miss Cooney an SN über Bobby, der in St. Moritz zurückgeblieben war, wird von KK als das »menschliche« Gegenstück zu der Zeitungsnotiz vom 26. 4. 1916 über ›Das Ende eines zugelaufenen Hundes‹ benützt: ›Die Fundverheimlichung‹, F 426 bis 430 v. 15. 6. 1916, S. 90–96 [W 13, 183–188]. Dort heißt es [Die Auslassungen entsprechen dem Original]: … »So sitzt sie [Bobby] wartend hier vor einem Bahnhof, wo ihre Herrin – denn die Sache war ein Hund – davongefahren ist vor ein paar Stunden… Als man Abschied nahm, schritt die Sache, der Hund, groß, traurig und ergeben, hinter dem Begleiter [dem Diener Fritz] den Berghang hinauf, blieb immer wieder stehn und sah zurück. Noch sieht man sie; nicht anders geht ein schweres

Herz. Bald ist die Sache verschwunden dem Blick... Bald ist sie entschwunden dem Hüter. Sie wird gesucht, gefunden: an der Bahn – denn jetzt ist ungefähr die Stunde, daß einst die Herrin angekommen war. Nun kommt sie nicht. Enttäuscht verschmäht die Sache jede Nahrung, selbst sonst geliebte Leckerbissen. Wendet sich ab von allem, was sie tierisch je begehrt, gibt sich dem Hunger preis; verzehrt sich selbst. Nach ein paar Tagen führt man den Hund zur Bahn, denn eine Freundin [Miss Cooney], die mit der Herrin fortgereist war, kommt. Sie selbst kommt nicht. Er aber rührt sich nicht vom Fleck, blickt auf den Wagen nur und sucht und sucht. Er ißt noch immer nichts, nimmt etwas Milch nur an, so viel gerade nötig, um nicht am Leid zu sterben. Das geht so eine Woche lang. »Er war ganz abgemagert«, sagt der Zeuge [Miss Cooney]. Arsen, Einsicht ins Unabänderliche, Gewöhnung an die stellvertretende Güte bringen ihn wieder hinauf. [...]« Vgl. das Motiv in dem Gedicht ›Abschied und Wiederkehr‹, s. Anm. 310, und das Gedicht ›Als Bobby starb‹, F 454–456 v. 1. 4. 1917, S. 63–64 [W 7, 100–101]: ».../ Das Menschenherz kennt Hunger nur aus Haß./Verlaß den Hund, und er verläßt den Fraß.//Dem hier ruf' nach ich's in die Ewigkeit:/ Er hungerte aus einer Trennung Leid!//...« Vgl. auch das Gedicht ›Fundverheimlichung‹, Anm. 483.

Inhaber des »Verlags der Schriften von K. K.«: Kurt Wolff.

Baden-Baden: Wortspiel; bezieht sich auf Baden bei Wien, wo Rilke damals im Kriegsarchiv arbeitete.

[420]   20. 5. 1916

Erledigung: Reiseerlaubnis für Miss Cooney.

Abzug des Programms: Zur Feier von Shakespeares 300. Todestag am 24. 5. 1916, s. Anm. 394.

Schlegel: Tieck'schen Ausgabe: August Wilhelm Schlegel (geb. Hannover 5. 8. 1767; gest. Bonn 12. 5. 1845) wurde durch seinen Göttinger Studienkollegen Gottfried August Bürger (geb. Molmerswende 31. 12. 1747; gest. Göttingen 8. 6. 1794) zu eigenen Shakespeare-Übertragungen angeregt. Unter Verwendung der Prosaübersetzungen von Christoph Martin Wieland (geb. Oberholzheim 5. 9. 1733; gest. Weimar 20. 1. 1813) aus den Jahren 1762–1766 und den bekanntesten zeitgenössischen Übertragungen von Johann Joachim Eschenburg (geb. Hamburg 7. 12. 1743; gest. Braunschweig 29. 2. 1820) aus der Zeit von 1775–1782 gelangen ihm Übersetzungen »treu und zugleich poetisch«, die »Schritt vor Schritt dem Buchstaben des Sinns« folgen. 1796 erschienen in Schillers ›Horen‹ Proben aus ›Romeo und Julia‹ und aus dem ›Sturm‹. Zwischen 1797 und 1801 erschienen acht Bände mit sechzehn Übersetzungen. 1810 folgte ein letzter Band. Das unvollendete Werk wurde 1825–1833 unter der Herausgeberschaft von Johann Ludwig

Tieck (geb. Berlin 31. 5. 1773; gest. Berlin 28. 4. 1853) von Tiecks Tochter Dorothea (geb. 1799; gest. 1841) und dem Grafen Wolf Heinrich Baudissin (geb. Kopenhagen 30. 1. 1789; gest. Dresden 4. 4. 1878) fortgeführt.

[421]   21. 5. 1916

Dies von Dora: Bericht über die »Festvorstellung« für die »Witwen und Waisen der Helden von Uszieczko« am 28. 4. 1916 im Bürgertheater in Wien. Die Reste des k. u. k. Dragonerregiments Kaiser Nr. 11, die aus der Schlacht am Dnjestr zurückgekommen waren, marschierten auf die Bühne des Bürgertheaters. »Die meisten von ihnen trugen die wohlverdienten Auszeichnungen. Hofburgschauspieler Skoda interpretierte in der Uniform eines Dragoneroffiziers den gehaltvollen und fesselnden Prolog von Irma v. Höfer.« Dann sangen die Soldaten »das neue Regimentslied von Rittmeister Zamorsky, einem Helden von Uszieczko, mit dem anfeuernden Text von Frau Rittmeister Elma Perovic [...] Der Regimentstrompeter blies ›Zum Gebet!‹ Die Soldaten auf der Bühne knieten nieder und stimmten die Volkshymne an, in deren Töne das Publikum, in dem man außer den höchsten militärischen Kreisen auch die Spitzen der Zivilbehörden und Vertreter der vornehmsten Gesellschaft bemerkte, einfiel. Rauschender Beifall [...] Dann mußte der Vorhang des öfteren in die Höhe gehen und das übervolle Haus jubelte den Helden begeistert zu, die stramm salutierend dankten [...] Dem szenischen Prolog folgte die Aufführung von Eyslers ›Der Frauenfresser‹ mit Fritz Werner und Betty Myra in ihren bekannten Glanzrollen ...« – Der Abdruck des Berichts in F 426–430 v. 15. 6. 1916, S. 1–7 [W 13, 56–61], unter dem Titel ›Das übervolle Haus jubelte den Helden begeistert zu, die stramm salutierend dankten‹ wurde von der Zensur verboten. KK hatte dazu festgestellt: »Es stand als Vision des Entsetzlichsten, das im Kopfsturz der Menschenwürde dieser Zeit vorbehalten wäre, vor meinem Aug – es kann nicht leibhaftig worden sein! Will's noch so tief hinunter, es kann nicht, weil auch das Chaos sein Reglement hat. Gebt den Tag zurück, es ist nicht wahr! [...] Der Reporter sitzt wieder wie einst im Parterre, die Front ist auf die Bühne gekommen, die Helden treten auf. Krieg war ein Theater, worin sie Freiplätze hatten mit dem Privileg, nicht selbst mitspielen zu müssen: sie, Kritiker und Autoren des Werks in einem, wie gewohnt.« Und mit einem Blick auf jene, die im Kriegsarchiv arbeiten, stellt er fest: »Es war mein Geburtstag. Ich trat mit diesem Tag ins letzte Aufgebot, bin schon 42 Jahre. Wer weiß, vielleicht liege ich noch als Held auf der Bühne des Kriegertheaters, dem Schlachtfeld des Bürgertheaters. Aber ich werde es nicht beschreiben. Denn das kann ich nicht. Ich werde mittun, denn das will ich, wenn alle müssen, die es nicht beschreiben können. Es ist uns allen unbeschreib-

lich...« – Am 26. 6. 1917, in der 10. Sitzung der XXII. Session, stellten
der Abgeordnete Reifmüller und Genossen die Anfrage an den Justizminister, warum der Artikel konfisziert worden sei. KK druckt in F
462–471 v. 9. 10. 1917, S. 1–7, die Anfrage und den konfiszierten Text
im vollen Wortlaut nach.
Am Mittwoch: Shakespeare-Feier am 24. 5. 1916, s. Anm. 394.
Musik von Nicolai: Otto Nicolai (geb. Königsberg 9. 6. 1810; gest. Berlin 11. 5. 1849), Komponist; 1837–1847 Kapellmeister in Wien; richtete
seit 1842 Konzerte für die Wiener Philharmoniker ein. Sein Hauptwerk
ist die Komisch-Phantastische Oper ›Die lustigen Weiber von Windsor‹
(1849). – Über die Behandlung Nicolais in Wien, s. F 462–471 v. 9. 10.
1917, S. 52–53.
Korrepetitor der Hofoper: Egon Kornauth (geb. Olmütz 14. 5. 1891;
gest. Wien 28. 10. 1959), Komponist, war seit 1940 Professor an der
Musikakademie Wien, 1946–1947 Stellvertretender Direktor des Mo-
zarteums in Salzburg. 1916–1917 Klavierbegleiter von KK.
Verdi'sche Musik: Guiseppe Verdis ›Falstaff‹ (Uraufführung am 9. 2.
1893 in Mailand; deutsche Erstaufführung Stuttgart 10. 9. 1894) konnte
sich erst nach dem Zweiten Weltkrieg gegen Nicolai durchsetzen. Verdi
gilt heute als Shakespeare-gerechter.
»Klagelieder«: nicht ermittelt.

[422]   21./22. 5. 1916

Musikprobe: für Shakespeare-Feier am 24. 5. 1916, s. Anm. 394.
unsere Shakespeare-Abende: in St. Moritz, s. Anm. 352.

[423]   23. 5. 1916

Probe: zur Shakespeare-Feier am 24. 5. 1916, s. Anm. 394.
Elfenszene: V, 5: ›Andere Gegend des Parks‹.
für die letzte F.: F 423–425 v. 5. 5. 1916.
Hundewelt: s. Anm. 419.
in die F. aufgenommen wird: F 426–430 v. 15. 6. 1916, S. 47–48.
geändert: Die Stelle heißt jetzt: »Das Publikum, das wohl schon damals
sein heutiges Burgtheater, welches Shakespeare-Aufführungen aus Takt
unterläßt, verdient hat, scheint hier dem *Besten,* was seine Bühne geben
konnte, sich ebenso gesperrt zu haben wie vor dem durchgefallenen Gogol'schen ›Revisor‹. Angesichts der redlichen Unzulänglichkeit des neuesten Burgtheaters und der unredlichen jenes Berliner Managers *möchte*
es die Stimme des Vorlesers verlocken, ein dekorationsfreies Shakespeare-Theater ins Leben zu rufen...«
Tieck hat überhaupt nicht übersetzt: s. Anm. 420.
»Kinder der Mittelwelt«: Die Feenkönigin fordert den Elfentroß auf,

»Glück in alle heil'gen Räume« von Windsors Schloß zu streuen. Satyr: »Schließt Hand in Hand, nach unsern alten Weisen: / Zwanzig Glühwürmer soll'n Laternen sein, / Zu leuchten unterm Baum dem Ringelrein... / Doch halt; I wittr' ein Kind der Mittelwelt!« Falstaff tritt auf. Die Feen umtanzen ihn und kneifen ihn.

[424]   23. 5. 1916

Frau von M.: nicht ermittelt.
unseres Buches: ›Worte in Versen‹ (I).
die tollwüthige Skizze des P. A.: ›Der 40fache Raubmörder‹, s. ›Hunde, Menschen, Journalisten‹, F 431–436 v. 2. 8. 1916, S. 3–12.
das gewünschte Irrenhaus-Attest: s. Anm. 418.
Jean Paul konfisziert: F 405 v. 23. 2. 1915, S. 5–6. KK hatte drei Stellen aus Jean Pauls ›Dämmerungen für Deutschland‹ (1809), Kapitel III/ ›Kriegserklärung gegen den Krieg‹ abgedruckt.

[425]   24. 5. 1916

Festabend: Shakespeare-Feier, s. Anm. 394.

[426]   24./25. 5. 1916

der unentbehrliche Zuruf: ein Telegramm zur Shakespeare-Feier, s. Anm. 394.
die beiden Plätze: s. [423] B.
Frau Romer: SN in BA: »unsere Gastwirtin in Zürich«.
Graf Romer: vermutlich *Adam* Andreas Maria Graf Romer (geb. Neutischein 5. 1. 1892), Universitätsdozent an der k. u. k. Theresianischen Akademie, Wien.
Baron Skudick (?): nicht ermittelt.
D.: nicht ermittelt.
bei Hartmann: Restaurant mit Straßencafé, Wien I, Kärntnerring 10.
R. hatte (für sich und wohl für seine Patronin): Rilke und Marie von Thurn und Taxis.
Aline Dietrichstein: Alexandrine Gräfin Dietrichstein (geb. Wien 24. 3. 1894), verkehrte im Hause Schwarzwald und war mit Rainer Maria Rilke befreundet; wurde 1916 zusammen mit ihren Geschwistern von Oskar Kokoschka porträtiert, Wingler, a. a. O., Werk-Nr. 109.
Gouvernante: nicht ermittelt.
Wydenbruck: Maria Gräfin Wydenbruck (geb. Gräfin Esterhazy, Baronesse zu Galantha; geb. Wien 8. 5. 1859; gest. Wien 29. 8. 1926).
deren jüngerer Tochter: Gabriele Karoline Luise Maria Gräfin Wydenbruck (geb. Preßburg 20. 4. 1886).

Mutter W.: Wydenbruck.

Hier ist er: Beilage nicht erhalten.

Der kleine Biograph: Leopold Liegler arbeitete in Lilienfeld an der Monographie über KK, die bei Kurt Wolff erscheinen sollte. Liegler am 21. 5. 1916 an KK: Ich will »fleißig mein geschichtliches System ausbauen, daß den Leuten die Augen übergehen...«, WStB lN 187.396.

».... ich danke euch für mein Wildbret, Herr Schaal.«: Shakespeare, ›Die lustigen Weiber von Windsor‹, I, 1: »Page (kommt): Ich bin erfreut, Euch wohl zu sehen, meine gestrengen Herrn; ich danke Euch für das Wildpret, Herr Schal.«

»Euer Wort an Bach...«: ebenda, V, 5: »Fluth: ... Eur Wort an Bach macht Ihr nun dennoch gut: / Er geht zu Bett noch heute mit Frau Fluth!«

Leonberger: Hunderasse. Bobby war ein Leonberger.

Magdalenenhof: Haus aus dem 17. Jahrhundert in der Frauengasse 10, Baden bei Wien. Dort wohnte 1822 Beethoven und in den Jahren 1818–1849 und 1850 Franz Grillparzer.

das Schlußglück der Fluths: s. Anm. oben: »Eur Wort an Bach...«

bis zum 3. Juni: Am 3. 6. 1916 reiste SN über Wien nach Nasice.

[427] 27. 5. 1916

»Du größte Courmacherin«: nicht ermittelt.

Die Dora-Jagd-Sache: ›Auf der Russenfährte‹. Von Frundsberg aus der Zeitschrift ›Wild und Hund‹. Gekürzter Abdruck unter dem Titel: ›Also Dichter und Denker, nicht Barbaren‹, F 426–430 v. 15. 6. 1916, S. 66–69 [W 4, 185–189]: »Dies Jahr zählt doppelt und dreifach gegen lummrige Friedensjahre und wird sich nie aus meinem Leben fortwischen lassen. – Und soll's auch nicht! Gut Gejaid allezeit und harte Kriegsarbeit gab's in Feindesland. ...«

Szemplen: nicht ermittelt.

Frau v. M.: nicht ermittelt.

Niny: Anton und Valentine *[Niny]* Codelli von Codellisberg waren nach Kriegsausbruch in der damaligen deutschen Kolonie Togo zunächst von englischen und dann von französischen Truppen gefangen genommen worden. Anton Codelli richtete im Auftrag von Telefunken in Kamina bei Lome eine Funkstation ein. Sie wurden 2 ¾ Jahre lang in Offizierslagern in Französisch West-Afrika, Algerien und schließlich in Frankreich festgehalten und u. a. durch die Vermittlung Rainer Maria Rilkes und Yvonne von Wattenwyls im Austausch gegen französische Offiziere in die Schweiz entlassen.

»Kleine Confusion«?: nicht ermittelt.

Porta im Battistero d. S. Giov. d. Lat.: S. Giovanni in Laterano ist die älteste Papstkirche Roms; das Baptisterium ist die älteste Taufkirche der Christenheit.

L.: Adolf Loos hielt sich wegen eines akuten Magenleidens in einem Sanatorium auf dem Semmering auf; vermutlich hatte er ein Treffen zwischen SN, Rilke, KK und Loos vorgeschlagen.

R. lebt in Rodaun: Rilke lebte bis zu seiner Entlassung aus dem Militärdienst im Hotel Stelzer in Rodaun.

Herrn v. H.: Hugo von Hofmannsthal (geb. Wien 1. 2. 1874; gest. Rodaun 15. 7. 1929) und KK lernten sich vermutlich im Herbst 1891 im Café Griensteidl kennen, in dem der junge Hofmannsthal, der als 16-jähriger sein erstes Gedicht veröffentlicht hatte, seit Herbst 1890 verkehrte. Im Juni 1892 besprach KK Hofmannsthals Studie ›Gestern‹ in der ›Gesellschaft‹ [Vf 2]. Er nahm ihn gegen Hermann Bahr in Schutz, der in ›Gestern‹ bereits die Überwindung des Naturalismus feierte, den es in Österreich bis dahin überhaupt noch nicht gegeben hatte. Bis zum November 1896 – dem Erscheinungstermin der ›Demolirten Litteratur‹ [Vf 109–112] in der ›Wiener Rundschau‹ – sind mehrere Begegnungen zwischen Hofmannsthal und KK überliefert. KK wirft ihm in den folgenden Jahren vor allem den Gestus der goetheschen Abgeklärtheit vor, in dem er von Bahr bestätigt und unterstützt werde. – Über KK und Hugo von Hofmannsthal: ›Eine frühe Rezension von Karl Kraus: Hofmannsthals »Gestern«‹. Mitgeteilt und erläutert von Eugene Weber, in: ›Hofmannsthal Blätter‹, Heft 5, Herbst 1970; ›Karl Kraus und Hugo von Hofmannsthal. Eine Dokumentation‹. Von Reinhard Urbach, ebenda, Heft 6, Frühjahr 1971; ›Hofmannsthal im Urteil seiner Kritiker. Dokumente zur Wirkungsgeschichte Hugo von Hofmannsthals in Deutschland‹. Hrsg., eingeleitet und kommentiert von Gotthart Wunberg. Frankfurt a. M.: Athenäum 1972, s. insbes. S. 476–479.

B.: Rudolf Hans Bartsch.

Egbert T.: Egbert Maria Stanislaus Joseph Antonius Graf Silva-Tarouca (geb. Čech/Mähren 14. 11. 1887), Oberleutnant d. R.

dem Baron: Anton Freiherr Codelli von Codellisberg, Sterngreif und Fahnenfeld.

Was sie sagte: bezieht sich auf Maria = Rilke.

Das kleine Gespenst: nicht ermittelt.

Dostojewski: »Dämonen«: war in der bei Piper verlegten Ausgabe erschienen.

»Lucinde«: Autobiographischer Roman von Friedrich Schlegel (geb. Hannover 10. 3. 1772; gest. Dresden 12. 1. 1829), der bei seinem Erscheinen – 1798 – wegen seiner erotischen Anspielungen ein Skandalerfolg wurde.

Jean Paul, Schulmeisterlein Wuz: ›Leben des vergnügten Schulmeisterlein Wutz in Auenthal‹, eine Idylle, die Jean Paul der Lebensbeschreibung ›Die Unsichtbare Loge‹ (1793) »beigeleimt« hatte.

Plautus, Bramarbas: T. Maccius Plautus (gest. Sarsina? 184 v. Chr.), ›Miles gloriosus‹ / ›Der bramarbasierende Soldat‹, Komödie.
(Diderot-Goethe, Rameaus Neffe): Denis Diderot (geb. Langres 5. 10. 1713; gest. Paris 30. 7. 1784), ›Le neveu de Rameau‹. Das Werk erschien zuerst deutsch: ›Rameau's Neffe. Ein Dialog von Diderot‹. Aus dem Manuskript übersetzt und mit Anmerkungen begleitet von Goethe (Leipzig G. J. Göschen 1805). Saur und Saint-Geniès gaben 1821 ein Supplement zu der 1798 erschienenen Ausgabe der ›Oeuvres de Diderot‹ heraus, in dem eine Rückübersetzung von Goethes Text erschien. Erst 1890 wurde das Originalmanuskript in der Bibliothèque elzévirienne gefunden und 1891 publiziert.
Scribe (Feenhände): Augustin Eugène Scribe (geb. Paris 24. 12. 1791; gest. Paris 20. 2. 1861), Verfasser von 360 Theaterstücken und 60 Operntextbüchern, u. a. für Halévy, Meyerbeer und Verdi; Schöpfer des sogenannten »pièce bien faite«.
Sardou (Die guten Freunde): Victorien Sardou (geb. Paris 7. 9. 1831; gest. Marly 8. 11. 1908), ›Nos Intimes‹, Kömödie (1860) / ›Die falschen guten Freunde‹ (1862). Sardou schrieb u. a. Librettis für Jacques Offenbach.
unter dem ersten Eindruck etwas geschrieben: [419] B v. 16. 5. 1916.

[429] 29. 5. 1916
Abschrift oder Original: [419] B und [420] B.

[430] 29./30. 5. 1916
die Mladotas in Hradek und Linz: Olivier und Rosa Mladota von Solopisk. – In Roth-Hradek lebten damals die Eltern: Johann Nepomuk Franz Mladota v. Solopisk (geb. Amschelberg 1. 2. 1845; gest. Roth-Hradek 4. 9. 1916) und Luise, geb. Freiin von Beaulieu-Marconnay (geb. Baden-Baden 17. 12. 1855; gest. Roth-Hradek 25. 11. 1938).
die alte Tante Mladota: Paula Mladota, geb. Freiin Philippovich v. Philippsberg (geb. Graz 27. 8. 1866; gest. Salzburg 24. 10. 1941). Sie war die Tochter des k. u. k. Geheimrats Joseph Freiherr Philippovich v. Philippsberg.
Cousine Mitta: Maria [Mitta] Nádherný von Borutin, geb. Deym Gräfin von Střítež (geb. Nemyšl 15. 6. 1863; gest. Krakau 17. 7. 1916), die Frau des direkten Cousins Oskar Nádherný von Borutin (geb. Chotovin 22. 9. 1871; gest. Mesic 29. 4. 1952). Mitta Nádherný war Oberhofmeisterin der Erzherzogin Blanka.
Blanka: Blanka von Toscana, Erzherzogin von Österreich. Die spanische Linie Bourbon regierte von 1874–1931.

Gedichten des K.: ›Allos makar‹ (mit 5 Lithographien), in: ›Zeit-Echo. Ein Kriegs-Tagebuch der Künstler‹, Jg. I, Heft 20, S. 300 ff., München: Graphik-Verlag 1915. ›Allos makar‹, griech., bedeutet etwa: »anders als glücklich«. Die beiden Worte enthalten in anagrammatischer Umstellung die Vornamen Oskar und Alma (Mahler), von der sich Kokoschka Ende 1914 getrennt hatte. Jetzt in: Oskar Kokoschka, ›Schriften 1907–1955‹, Hrsg. von Hans Maria Wingler, München: Albert Langen – Georg Müller (1956), S. 130–132.

die prinzipielle Möglichkeit der Porträtierung: bezieht sich vermutlich auf das Vorhaben von SN, sich – wie viele Damen der Wiener Gesellschaft – von Kokoschka porträtieren zu lassen. Der Plan wurde nicht ausgeführt.

»Hugo Heller«: Wiener Buchhändler (geb. Alba 8. 5. 1870; gest. Wien 29. 11. 1923). Vgl. den Aphorismus: »Sie sind nicht imstande, einem Wort Leben zu geben. Wenn ich ›Hugo Heller‹ sage, ist mehr Mysterium darin als in allen transzendenten Redensarten, die die modernen Dichter zu Gedichten zusammenlesen.« [A 1747]. Erstdruck: F 445–453 v. 18. 1. 1917, S. 2 [W 3, 434].

ermüdend durch die Tonart: Raphael Schermann jüdelte.

Hier sind sie: nicht erhalten.

den Brief der armen Mutter: Abgedruckt in F 426–430 v. 15. 6. 1916, S. 40.

»Dämonen«: s. Anm. 427.

zwei Briefe von mir: [419] B und [420] B.

in Wien gebe ich Dir die Briefe zurück: SN reiste am 3. 6. 1916 über Wien nach Našice.

Ch.: Chotovin.

[433] 31. 5. 1916

M-M-Korrespondenz: SN hatte die Berichte von Miss Cooney aus St. Moritz übersetzt und abgeschrieben.

er wendet sich davon ab: s. Anm. 419.

von Fritz: Diener von SN in St. Moritz.

Familie D.: Dietrichstein [?].

die seinerzeit aufgehobene Sache: nicht erhalten.

Dichter, der jetzt endlich eindeutig »Joszi« heißt: nicht ermittelt.

und außerdem wieder das Blatt: nicht erhalten.

»Kind der Mittelwelt«: s. Anm. 423.

[434] 31. 5./1. 6. 1916

Werfel: Franz Werfel, ›Einem Denker‹. Erstdruck: ›Neue Rundschau‹, Berlin, XXVII. Jg., Heft 6 v. Juni 1916, S. 821–822. Wiederabdruck in: ›Gesänge aus den drei Reichen‹, Leipzig: Kurt Wolff 1917, und in: ›Der

Gerichtstag‹, Leipzig: Kurt Wolff 1919; jetzt in: ›Gesammelte Werke. Das Lyrische Werk‹, Hrsg. von Adolf D. Klarmann, Frankfurt: S. Fischer 1967, S. 292–294.

Behandlung, die ich ihm seit zwei Jahren angedeihen ließ: Der in [70] B abgedruckte Entwurf eines Briefes an Franz Werfel bezieht sich auf das von Werfel verbreitete Gerücht über Rainer Maria Rilke und SN, s. Anm. 70. KK hatte daraufhin den Umgang mit Werfel abgebrochen und geschwiegen.

ein Zug in meinem Gesicht: Werfel: »Dein Blick, mein Bruder, hat mich erschreckt./Ich habe um deinen Mund und über deinen Brauen einen fremden Mangel entdeckt./...«

der eigene Sünden zu vergraben habe: Werfel: ».../Du aber bist wie ein Knabe/Und scheinst nicht zu wissen,/Daß du nur angreifst, um dich vor dir zu verteidigen, daß du mit deinem Schilde die eigene Blöße bedeckst.../Aber vergiß nicht, daß Aussatz und Räude dereinst unsern erhabensten Triumphschrei zum Gespött machen.//...«

es (im übernächsten Heft) abdrucken: Der Abdruck unterblieb. Aber bereits in F 426–430 v. 15. 6. 1916, S. 24–25, erschien eine satirische Glosse über Besprechung und Aufführung der im Sommer 1913 entstandenen Bearbeitung ›Die Troerinnen. Nach der Tragödie des Euripides‹, Leipzig: Kurt Wolff 1915. Stefan Großmann hatte die Inszenierung von Viktor Barnowsky in der ›Vossischen Zeitung‹ mit den Worten gerühmt: »Die Aufführung hatte Gedrungenheit und Größe. Der Abend kann historisch werden. In Geschichtsbüchern könnte dereinst stehen: Am Tage, da Amerikas Note in Berlin veröffentlicht wurde, hatten die Bürger innere Stärke und Freiheit genug, die Troerinnen des Euripides andächtig anzuhören!« KK verknüpft den Namen Werfels satirisch mit den Namen Barnowsky, Großmann, Katzenelbogen und Krotoschiner.

Was wohl Maria dazu sagen wird: Über Rilkes Beziehung zu Werfel, s. Anm. 70.

[435] 4. 6. 1916

SN in BA: »Ich kam am 3. Juni nach Wien am Weg nach Nasice.«
Bobby: s. Anm. 419.Vgl. die Personifizierung KK = Bobby in [219] ff.
am 16. Wiederkehr: Anspielung auf ›Abschied und Wiederkehr‹. SN kehrte am 16. 6. 1916 nach Wien zurück.

[436] 6./7. 6. 1916

Das Kind kommt erst morgen zur Untersuchung: Zensur der F 426–430. Die Seiten 1–7 wurden von der Zensur konfisziert. Der Titel des unterdrückten Textes blieb auf der Umschlagseite stehen: ›Das übervolle Haus

jubelte den Helden begeistert zu, die stramm salutierend dankten‹, s. Anm. 421.
die Herrin von Našice: Dora Pejacsevich.

[437] 7./8. 6. 1916

Alma v. M.: nicht ermittelt.

unseres Buches: ›Worte in Versen‹ (I).

erfreuliche Aufklärung: Der Verlag der Schriften von Karl Kraus ⟨Kurt Wolff⟩ teilte am 4. 6. 1916 mit, daß das Honorar für die erste Auflage der ›Worte in Versen‹ in Höhe von M 500.– überwiesen werde. Infolge der lebhaften Nachfrage könnten die gewünschten Exemplare erst Mitte der Woche folgen, WStB IN 187.410.

einen Gast als Lear: Den König Lear am 8. 6. 1916 im K. K. Hoftheater spielte Ludwig Wüllner (geb. Münster/Westf. 19. 8. 1858; gest. Kiel 19. 3. 1938). Gehörte 1889–1895 zu den Meiningern, später als Sänger und Rezitator bekannt. KK beschäftigte sich mit dem Rezitator Wüllner erstmals in F 418–422 v. 8. 4. 1916, S. 53. Die erwähnte ›Lear‹-Aufführung bestimmte ihn, seine eigene »Shakespeare-Bühne« einzurichten, und wenn er ›Viel Lärm um nichts‹ in sein Repertoire aufnehme, so sei das »keine spezielle Absicht gegen den Ruhm des Herrn Wüllner...«, F 426–430 v. 15. 6. 1916, S. 49. Das Theater der Dichtung wird gegründet. Denn bei Wüllner gerate König Lear zu einem »Ober-Medizinalrat, der nicht ausstudieren wollte, in hohem Alter einen psychiatrischen Kurs durchgemacht und sich dabei die Paranoia zugezogen« habe, F 445–453 v. 18. 1. 1917, S. 127. Die »klägliche Wüllnerei«, die das K. K. Ministerium für Kultus und Unterricht nicht davon abhalten konnte, am 29. 5. 1918 eine Freivorstellung des ›König Lear‹ für Mittel- und Hochschüler zu veranstalten, beantwortete KK mit einer »Gegen-Aufführung« im Theater der Dichtung am 30. 5. 1918 und einer Eingabe an das Ministerium, die unbeantwortet blieb, F 484–498 v. 15. 10. 1918, S. 86–91 und F 521–530 v. Januar 1920, S. 48–49. In F 557–560 v. Januar 1921, S. 46, bekennt KK, daß er seit 15 Jahren »mit der unvergeßlichen Ausnahme des König Lear mit Herrn Wüllner« nicht mehr im Theater gewesen sei.

Schweizer Erinnerungen: Beilage nicht erhalten.

seine Schwester: Marie Dopsch (geb. von Ficker; geb. München 8. 11. 1876; gest. Wien 16. 6. 1971), verheiratet mit Alfons Dopsch, Historiker an der Universität Wien.

Der Allerärmste: Ludwig von Ficker an KK am 16. 6. 1916: »Ich bin am Leben und unverwundet, aber die Strapazen und Entbehrungen der letzten Wochen haben mich so erschöpft – auch bin ich bedeckt mit Schorf und schwärendem Ausschlag –, daß ich Ihnen vorderhand nichts weiter

sagen kann als Dank, innigsten Dank für Ihre mir so teuren Grüße!...«,
WStB IN 162.034.
Am 3. Juli: erneute Musterung von KK.
Das »Kind«: F 426–430 erschien am 15. 6. 1916.

[438]   9. 6. 1916

Kind: F 426–430.
viele Briefe: nicht ermittelt.

[439]   9./10. 6. 1916

Frau Gintl (?): nicht ermittelt.
Entscheidung über einen sehr wichtigen Theil: s. Anm. 436.

[440]   11. 6. 1916

Dem Kind fehlen sieben Seiten: s. Anm. 436.

[441]   12. 6. 1916

Rückfahrt: über Wien nach Janowitz. SN in EX: »22.–29. 6. u. 4.–21. 7.
in Jan. Dann gemeinsam ganzen August Schweiz. Thierfehd (»Land-
schaft«) 20. Sept. m. Bobby nach Jan. ohne KK«. SN in Tb v. 28. 7. 1916:
»K was here too, he stayed till about a week ago, made a poem for my
nameday & wrote a Fackel.« [d. i. F 431–436 v. 2. 8. 1916]. Das Gedicht
›Zum Namenstag‹, ein Akrostichon auf den Namen SIDONIE. Hand-
schrift aus dem Besitz von SN in der Österreichischen Nationalbibliothek,
Wien, datiert: »Janowitz 24./25. Juni«. Erstdruck: ›Worte in Versen II‹
[EA 39.2, S. 38; W 7, 85]. Variante: 3. Zeile: »Dankt meines Geistes
Frucht nicht deinem Samen«.

[443]   1. 7. 1916

Putzman: nicht ermittelt.

[445]   22. 7. 1916

Ich hatte das Gefühl eigener Schuld: Peter Altenberg hatte SN offen-
sichtlich sein Buch ›Nachfechsung‹, s. Anm. 405, mit einer Widmung
nach Janowitz geschickt.
Dvořak – Vor dem Grabenkiosk: Ausdruck der Unvorstellbarkeit: Der
Diener Dvořak vor dem Kiosk von Peter Altenberg auf dem Wiener
Graben – der Park von Janowitz von Peter Altenberg besungen!

Irrwisch: gemeint ist Peter Altenberg.

aus einem Schrei eine druckfertige Skizze: Peter Altenberg hatte in ›Nachfechsung‹ viele dubiose Ereignisse, Äußerungen und Erinnerungen unter voller Namensnennung literarisiert, s. Anm. 417.

Von Reisen: den gemeinsamen Reisen von SN und KK.

der L. eine Villa baut: Für 1915/1916 ist im Werkverzeichnis Adolf Loos nur der »Umbau Haus Duschnitz in Wien XIX«, Werk-Verz. 49, nachgewiesen, s. Münz/Künstler, ›Adolf Loos‹, a. a. O.

»Gänsehäufel«: Strandbad in der Alten Donau im Osten von Wien.

über den Unwerth der weiten Reisen: eine Ansicht, die KK in bezug auf SN teilte und von der er sich deshalb in diesem Zusammenhang deutlich distanzierte.

Der Verlag hatte natürlich blau angestrichen: nicht ermittelt.

bis dahin: die nächste F erschien am 2. 8. 1916.

»Vor mir ist nur T.«: Zitat aus dem Brief von SN, die am 28. 7. 1916 über Wien und Innsbruck nach St. Moritz und von dort aus nach Tierfehd reiste.

am Abend des 20.: Der letzte Abend von KK in Janowitz: 20. 7. 1916.

[446]   22. 7. 1916

Von dem Dichter: Franz Werfel. Brief v. 17. 7. 1916, WStB IN 140.817.

Verehrter Herr Karl Kraus,
Mit Erstaunen habe ich die Glosse gegen die Troerinnen in der letzten Fackel gelesen.
Es erscheint mir ein ausserordentliches Unrecht zu sein, mich durch eine Sphäre hindurch zu treffen, an der, (wie Sie sehr genau wissen), nichts von mir Teil hat.
Ich habe mich sehr wenig drum interessiert, was Verleger, Theaterdirektor und Regisseur mit irgend einer Arbeit von mir anfangen. – Für mich ist alles zu Ende gebrachte schmerzlich und hassenswert, und ich tue es aus meinem Gedächtnis und Gefühl. Sie identifizieren nun mein Werk (für mein schärferes geübtes Ohr) mit Barnowsky und Grossmann, und liefern es ruhig Krotoschiner und Katzenellenbogen aus.
Warum. –
Warum werfen Sie nicht mein Gedicht um? Warum packen Sie mich nicht selbst. Ich sage das in ruhigem Ernst und aller Feindschaft gegen mich. Ich habe bei Gott nichts mit Reklamenotizen, Theaterfeulletons [!], u. s. w. zu tun. Alle andere Blösse bleibt. Ich will Sie Ihnen selbst darbieten.

Immer Ihr
Franz Werfel

Standort Feldpost 94   S. Feld. Art. Reg 19
Wendung Troerinnen – Berlin: F 426–430 v. 15. 6. 1916, S. 24–25, s. Anm. 434.

236

[447] 24. 7. 1916

Bewilligung: Reiseerlaubnis für SN nach St. Moritz.

[448] 26. 7. 1916

Fall des armen L. v. F.: Ludwig von Ficker hatte am 20. 7. 1916 an KK geschrieben, daß er Urlaub bekomme und KK unbedingt sehen müsse. *Bilder:* nicht erhalten.
R. M. R.: Rainer Maria Rilke war am 9. 6. 1916 aus dem Militärdienst entlassen worden und am 20. 7. 1916 nach München zurückgekehrt. Das Zitat aus einem Brief von SN [?] bezieht sich vermutlich auf Rilkes Mitteilungen über sein Befinden. Vgl. Rilke/Nádherný, a. a. O., S. 261.
Von Wedekind ein Manuskript erhalten: »In einem der Kriegsjahre sandte er der Fackel das Manuskript seines Dialogs ›Überfürchtenichts‹, das er wieder zurückzog, noch ehe ich ihm mitteilen konnte, daß kein fremder Beitrag mehr in der Fackel erscheine«, F 521–530 v. Januar [Februar] 1920, S. 101. Die Karte ist abgedruckt in F 583–587 v. Dezember 1921, S. 31. – Mit Frank Wedekind (geb. Hannover 24. 7. 1864; gest. München 9. 3. 1918) war KK seit 1892 bekannt, »wo er für eine damals geplante Satiren-Anthologie das Manuskript ›Die Hunde‹ sandte. Begegnungen erfolgten in Wien, wo er 1898, in einem Ibsen-Ensemble, unter dem Namen seiner Mutter »Kammerer« auftrat, in München, Nürnberg, Berlin und Zürich...«, F 521–530, a.a.O., S. 101. – Wedekind veröffentlichte, erstmals in F 143 v. 6. 10. 1903, insgesamt zehn Gedichte im Erstdruck sowie das Drama ›Totentanz‹, F 183–184 v. 4. 7. 1905, S. 1–33, und als Nachdruck den Aufsatz ›Schriftsteller Ibsen und Baumeister Solneß‹, F 205 v. 11. 6. 1906, S. 5–20. Am 29. 5. 1905 veranstaltete KK die Uraufführung der verbotenen ›Büchse der Pandora‹ von Frank Wedekind im Trianon-Theater, Wien, vor geladenem Publikum unter der Regie von Albert Heine. KK spielte den Kongu Poti, Wedekind den Jack; ferner wirkten mit: Tilly Newes, die spätere Tilly Wedekind; Albert Heine; Adele Sandrock; Iduschka [Ida] Orloff; Egon Friedell u. a. F 182 v. 9. 6. 1905, S. 1–16. Eine Auswahl von Briefen Wedekinds an KK erschien in F 521–530, a. a. O., S. 102 135. Wedekind beteiligte sich an der ›Rundfrage über Karl Kraus‹, in: ›Der Brenner‹, Jg. III, Heft 18 v. 15. 6. 1913, S. 839.

[449] 27. 7. 1916

Kind: F 431–436 v. 2. 8. 1916.
wegen Klausel bei Polizei: betrifft die Reisepapiere von SN oder KK [?].
Herrn S.: Sobek.

[450] 28. 7. 1916

Schottenring: Sitz der Polizeikommandantur.

[451] 29./30. 7. 1916

Abschied und Wiederkehr: s. Anm. 310.

[452] 30. 7. 1916

den schöneren am Schreibtisch betrachtend: SN hatte KK einen neuen
Schreibtischstuhl geschenkt.
ein Stück Obstgarten: SN in BA: »Aus Janowitz.«
SN in BA: »Ich über Wien nach Innsbruck.« SN in Tb v. 3. 11. 1916:
»... in August in Switzerland (we made a lovely autotour: Ragaz – Zürich – Basel – Neuchatel – Genf – Montreux – Aigle – Interlaken – Luzern – Ragaz) ...« Es entstanden die Gedichte ›Landschaft‹ und ›Epigramm aufs Hochgebirge‹.
Zum Gedicht ›Landschaft‹: SN in BlH: »... In einem kl. Hotel am Ende
einer Wiese, die mit der hohen Wand des Berges Tödi abschliesst [...]
verbrachten wir mehrere Wochen (2 mal). Er liebte diesen Ort. Auch
war ein Wasserfall dort, unter den er sich stets stellte. Es ist bei Glarus. Viele Jahre später besuchten wir es wieder, als er mich nach Davos
begleitete. Dort schrieb er viel an den Letzten Tagen d. Menschheit, z. B.
der Totenkopfhusar entstand dort u. das Lied des Papageien, die Melodie hielt ich am Klavier u. dann in Noten fest. –« Handschrift in der
WStB IN 107.249, datiert: »9./10. August«. Titel: ›Thierfehd/1916‹.
Handschrift aus dem Besitz von SN in der Österreichischen Nationalbibliothek, Wien, datiert: »10. August«. Titel: ›Thierfehd/1916‹. Erstdruck unter dem Titel ›Landschaft (Thierfehd am Tödi, 1916)‹ in F
437–442 v. 31. 10. 1916, S. 73 [W 7, 108].
Das Gedicht ›Epigramm aufs Hochgebirge‹ hat sich in zwei Fassungen
am selben Ort erhalten. Datierung gleichlautend: »St. Moritz, 18. August
1916«. 1. Fassung: Die 7. Strophe der Druckfassung folgt nach der 2.
Strophe. Das Gedicht schließt mit der 6. Strophe der Druckfassung. 2.
Fassung: textidentisch mit Druckfassung. Erstdruck: F 437–442 v. 31. 10.
1916, S. 23 [W 7, 83–84]. SN in BlH über das Motto: »Die citierte Ansichtskarte war von mir.«

[454] 10. 9. 1916

Verfasser des Züricher Artikels: Hans Adler (geb. Wien 13. 4. 1880;
gest. Wien 12. 11. 1957), Erzähler und Dramatiker, Beamter der Niederösterreichischen Landesregierung, schrieb am 3. 5. 1916 das Feuilleton

›Karl Kraus‹ in der ›Neuen Zürcher Zeitung‹, Jg. 137, 1916, Nr. 703
v. 3. Mai, S. 1 [K 1822].

[455] 11. 9. 1916

Karte in verstellter Handschrift von KK.
einen sehr kompetenten Arzt: Ludwig von Ficker.
einen Patienten schicken: SN reiste am 15. 9. 1916 ebenfalls über Innsbruck nach Wien.

[456] 11. 9. 1916

Frau v. F.: Cäcilie von Ficker (geb. Molander; geb. Göteborg/Schweden
8. 8. 1875; gest. Innsbruck 5. 7. 1960).
Einlage: Kartenbrief aus Innsbruck [?] v. 11. 9. 1916, der mit der Post
befördert worden war.

[457] 12. 9. 1916

Hat 20. August nach Urlaub geschrieben: Bezieht sich wahrscheinlich auf
die Einreisegenehmigung für Miss Cooney.

[458] 12. 9. 1916

Kreid: Hotel in Innsbruck, Boznerplatz.
Goldi: nicht ermittelt.
Keller: nicht ermittelt.

[459] 13. 9. 1916

Gesuch bewilligt: Transportgenehmigung für Bobby [?].

[461] 20. 9. 1916

die drei Freunde: SN, Dora Pejacsevich und Bobby [?]. SN in Tb v.
3. 11. 1916: »Dora was here in September for 3 weeks, ...«

[462] 22. 9. 1916

Kuvert ohne Adresse.
Maymay: Miss Cooney blieb in St. Moritz, weil sie keine Einreisebewilligung erhalten hatte.
Erlaubnis der Julitage: Erinnerung an die Tage in Janowitz: von Anfang Juli bis 20. 7. 1916.

Beilage: nicht erhalten.
Besucherin des ungar. Parlaments: Dora Pejacsevich.
die Glückliche: SN.
Hindenburg: Paul von Beneckendorff und Hindenburg (geb. Posen
2. 10. 1847; gest. Neudeck 2. 8. 1934) hatte am 29. 8. 1916 als Chef des
Generalstabs des Feldheers die Oberste Heeresleitung übernommen.
Thun-Kramarz: nicht ermittelt.
(Von der Dame, die ihr Porträt geschickt hat): nicht ermittelt.

[463]   25. 9. 1916

Vorlesung trotz grösster Schwierigkeit 18. verschoben: Vorlesung aus
eigenen Schriften im Kleinen Konzerthaussaal, Wien, am 18. 9. 1916.
Programm: F 437–442 v. 31. 10. 1916, S. 60. SN war bei der Vorlesung anwesend. KK las zum ersten Mal ›Dialog der Geschlechter‹,
ferner: ›Die Fundverheimlichung‹ und ›Gebet an die Sonne von Gibeon‹.

[464]   25. 9. 1916

also eine blöde Gans: bezieht sich auf den Brief der englischen Dame,
s. [462] B.
Von dem »übervollen Haus«: Der von der Zensur konfiszierte Text der
Polemik ›Das übervolle Haus jubelte den Helden begeistert zu, die
stramm salutierend dankten‹, s. Anm. 421, wurde in F 462–471 v. 9. 10.
1917 gedruckt.
Das gewünschte Programm: Vorlesung am 18. 9. 1916, s. Anm. 463.
Die Broschüre: Es dürfte sich um einen Prospekt oder einen Katalog des
Verlags der Schriften von Karl Kraus ⟨Kurt Wolff⟩ gehandelt haben.
KK schreibt in F 437–442 v. 31. 10. 1916, S. 60: »Vor Beginn dieser
Vorlesung soll im Vestibule eine Schrift ›Karl Kraus‹ verkauft worden
sein. Der Vorleser, der davon erst am andern Tag erfahren hat, also
verhindert war, auf der Stelle ein Kolportageverbot zu erlassen und für
dessen Durchführung durch Saalbedienstete zu sorgen, fürchtet nicht,
daß die Käufer der Schrift ihn der Mitwisserschaft und Begünstigung
des Unternehmens für fähig halten könnten. Immerhin muß er, der nie
geduldet hätte, daß sein eigener Verleger solch gute Gelegenheit, seine
eigenen Bücher an den Mann zu bringen, benütze, seine Ahnungslosig-
keit ausdrücklich feststellen...«
Bis Dezember?: Reisepläne von SN nach Wien [?].
Verkauf von Brot: vgl. ›Eine Lügennachricht. Verbot des Brotverkaufs
in den Gasthäusern in Wien und in ganz Niederösterreich‹, F 437–442,
a. a. O., S. 34.
das Datum: Vorlesung aus eigenen Schriften und ›Worte Luthers‹ im

Kleinen Konzerthaussaal, Wien, am 18. 10. 1916. Programm: F 437–442, a. a. O., S. 62.
in D.: Dresden.
die Kleine: nicht ermittelt.
Max Lobkowitz: Prinz Maximilian *[Max]* Erwin Maria Joseph Antonius von Padua Heinrich Thomas von Lobkowitz (geb. Bilin 29. 12. 1888; gest. Dover/Mass. 1. 4. 1967), Dr. jur., nach Verzicht seines Bruders Ferdinand v. 20. 10. 1920 Vorstand des Familienfideikommisses mit dem Titel: Fürst von Lobkowitz, Herzog von und zu Raudnitz, Gefürsteter Graf zu Sternstein. (Seit 9. 1. 1919 wurde die historisch richtige Schreibweise »Lobkowicz« wieder eingeführt.) Max Lobkowitz war seit seinem Studium an der Prager Universität mit Thomas G. Masaryk befreundet; nach der Ausrufung der Tschechoslowakischen Republik am 28. 10. 1918 verzichtete er auf alle Ränge und Titel und zog sich nach der Bodenreform auf Schloß Raudnitz a. d. Elbe zurück; 1920–1926 Erster Botschaftssekretär in London; 1. 12. 1924 Heirat mit Gillian Margaret Hope Somerville of Drishane (geb. London 16. 10. 1890), der Nichte des irischen Schriftstellers E. O. Somerville. 1939 Minister in der tschechoslowakischen Exilregierung in London. 1947 Rückkehr in die Tschechoslowakei; 1948 erneute Emigration in die USA. Max Lobkowitz war mit KK seit 1913/14 [?] bekannt, der sich in F 531–543 v. April 1920, S. 118–119, ausdrücklich zu ihm bekannte. Lobkowitz machte KK mit Thomas G. Masarky bekannt.
29. Juni 1914: Gemeint ist möglicherweise der 28. 6. 1914, an dem Erzherzog Franz Ferdinand d'Este ermordet wurde. Sein Tod war einer der äußeren Anlässe zum Ersten Weltkrieg.
»Sendung«: Das Gedicht erschien in F 437–442, a. a. O., S. 72, s. Anm. 330.
Etwas Neues: das Gedicht ›Gebet während der Schlacht‹ [?]. Erstdruck, von der Zensur unterdrückt: F 437–442, a. a. O., S. 128–129.
Wohltätigkeitsvorlesung: kam nicht zustande.

[465]   26. 9. 1916

am 3.: Vorlesung von Shakespeare, ›Die lustigen Weiber von Windsor‹ im Kleinen Konzerthaussaal, Wien, am 3. 10. 1916. Programm: F 437–442 v. 31. 10. 1916, S. 62.
den 3. dem 18. vorziehen: s. Anm. 463.
Lustigen W. v. W.: Shakespeare, ›Die lustigen Weiber von Windsor‹.

[467]   28./29. 9. 1916

Verrath am kleinen Opel: nicht ermittelt.
»Sendung«: s. Anfrage von KK in [464] B.

Wegen des 4.: Geplanter Konzertbesuch von SN in Wien.
Sekal: Gärtner in Janowitz.
entsetzliche Dinge über den Punkt, an dem L. v. F. ist: Am 12. 11. 1916 schickt Ludwig von Ficker aus dem Stellungskommando Val Sorda Auszüge aus dem Kompagnie-Tagebuch des k. u. k. 2. Regiments der Tiroler Kaiser-Jäger v. 6.–9. 10. 1916, in dem von den verlustreichen Kämpfen auf dem Cancenagol an der italienischen Front berichtet wird, WStB IN 162.088. KK schreibt in F 437–442 v. 31. 10. 1916, S. 122, in deutlicher Anspielung auf Ludwig von Fickers Bericht unter dem Titel ›Der Krieg‹, der, »wenn er schon sonst nichts für sich hat, ein Aderlaß an der Menschheit sein« soll. Er empfehle für diese offensichtlich notwendige Regulierung statt Soldaten Armeelieferanten zu opfern oder Journalisten und Diplomaten, »jene Berufe, die den Krieg vorbereiten helfen«. »Das gäbe einen ganz ausgiebigen Aderlaß, ohne daß andere, die im Frieden vielleicht eine nützliche oder auch nur geistige Tätigkeit ausgeübt haben, 2500 Meter hoch unter Zeltblättern, an einem schmalen Felsband eng aneinander gekeilt, längs schwindelnden Abgrunds angeklammert an ein Drahtseil, stehend, hängend, dem feindlichen Trommelfeuer ausgesetzt sein müßten...«

[468]   2. 10. 1916

L. W ... W.: Shakespeare, ›Die lustigen Weiber von Windsor‹.
Ende Oktober oder Nov.: Vorlesung aus Johann Nestroy, ›Die beiden Nachtwandler oder: Das Notwendige und das Überflüssige‹; Ferdinand Raimund, ›Der Alpenkönig und der Menschenfeind‹; Gedichte von Matthias Claudius; Chinesische Kriegslyrik; KK, ›Alle Vögel sind schon da‹, ›Der Reim‹, ›Abenteuer der Arbeit‹, ›Gebet‹ im Kleinen Konzerthaussaal, Wien, am 4. 12. 1916. Programm: F 445–453 v. 18. 1. 1917, S. 95.
den Betreffenden: nicht ermittelt.
den kleinen Anton: Diener in Janowitz [?]
der Druck nur ein Buchcitat: Der Abdruck in F 437–442 v. 31. 10. 1916, S. 72, erfolgte nach dem Erstdruck in ›Worte in Versen‹ (I). Auf S. 62 wird das Gedicht ausdrücklich als Nachdruck ausgewiesen.
(Es schließt sich so gut an.): ›Sendung‹ folgt auf den Nachdruck aus dem ›Büchlein von Goethe‹, das die ›Neue Zürcher Zeitung‹ vorgestellt hatte. Ein unbekannter Zeitgenosse Goethes schreibt über ›Seine Gestalt‹. – Der ›Sendung‹ gegenüber steht das Gedicht ›Landschaft‹.
Die »Menage Oli«: Oliver und Rosa Mladota von Solopisk.
R.-H.: Roth-Hradek, das rote Schloß, wird im 14. Jahrhundert erstmals erwähnt. Seit 1837 im Besitz der Freiherrn Mladota v. Solopisk, die es 1844 im neugotischen Stil renovieren lassen.

Hier von einem andern: nicht erhalten.
A.: nicht ermittelt.

[469]   3. 10. 1916

zwei Stunden vor Beginn: der Vorlesung, s. Anm. 465.
Absage für einen andern Tag: Vorlesung vom 18. 10. 1916, s. Anm. 463.
Windsor mit Dresden: KK hatte gehofft, die Reise von Dora Pejacsevich nach Dresden zu einer Hochzeit könne SNs Reise nach Wien zur Vorlesung der ›Lustigen Weiber von Windsor‹ nicht verhindern.
daß soviel Schönes, auch heute nachts wieder, entstanden ist: Das Gedicht ›Memoiren‹, das SN in BIH auf 3. 10. 1916 datiert. Erstdruck: F 437–442 v. 31. 10. 1916, S. 54–55 [W 7, 71–73].

[470]   5./6. 10. 1916

Etwas beiliegendes gibt den Bericht.: In einem seperaten Umschlag mit der Aufschrift »Häusliches aus Manin sur« das Gedicht ›Für nichts besorgt als meine Freude‹ von Goethe und ein undatierter Zeitungsausschnitt ohne Quellenangabe: ›Goethe und der Dienstbotenärger‹. Nachdruck der Anzeige Goethes an das herzoglich Sachsen-Weimarische Polizeikollegium über die Aufführung der Charlotte Hoyer.
Es zieht sich immer weiter hinaus: F 437–442 erschien erst am 31. 10. 1916; der Umschlag ist, abweichend vom Innentitel, auf »November 1916« datiert.
nach Munkacz: Stadt am Südwestrand der Waldkarpaten; bis 1920 ungarisch; 1920–1938 tschechisch; 1938–1945 wieder ungarisch; heute russisch.
Vorhaben des Schönberg: Der Plan wurde nicht realisiert.
»Traum ein Wiener Leben«: Satire. Erstdruck: F 307–308 v. 22. 9. 1910, S. 51–56 [W 9, 85–90].
Es ist etwas entstanden: Das Gedicht ›Memoiren‹, s. Anm. 469.
»Verwandlung« mit D.'s Musik: Das von Dora Pejacsevich vertonte Gedicht ›Verwandlung‹, s. Anm. 239, wurde während des Ersten Weltkriegs nicht öffentlich vorgelesen. Auch von einer Aufführung der Vertonung ist nichts bekannt.
die köstliche Peter-Sache: bezieht sich auf Peter Altenberg; nähere Umstände nicht ermittelt.

[471]   7. 10. 1916

3. Oktober: Die Vorlesung der ›Lustigen Weiber von Windsor‹, s. Anm. 465, zu der SN ursprünglich nach Wien kommen wollte.

*(»die Windsorglock«...): >*Die Lustigen Weiber von Windsor<, V, 5/>Andere Gegend des Parks<. »Falstaff: Die Windsorglocke hat zwölf geschlagen: der Augenblick rückt heran! Nun, ihr heißblütigen Götter, steht mir bei! Erinnre dich, Jupiter, wie du für Europa ein Stier wurdest; Liebe setzte dir deine Hörner auf! ... O, allmächtige Liebe, die auf gewisse Weise das Vieh zum Menschen macht, und auf andre den Menschen zum Vieh: so warst auch du, Jupiter, ein Schwan aus Liebe zu Leda! O, allgewaltige Liebe! ...«

»Denn jeden Schmutz haßt unsre lichte Frau.«: a. a. O. Puck: »Ihr Elfen horcht! Sei still du Geisterreigen! / Heimchen! Du schlüpf in Windsors Essen ein: / Wo noch die Asche glimmt, der Herd nicht rein, / Da kneip die Magd wie Heidelbeeren blau, / Denn jeden Schmutz haßt unsre lichte Frau.«

»Um Sturm zu haben brauch ich nicht den Föhn« –: Zeile aus dem Gedicht >Epigramm aufs Hochgebirge<, s. Anm. 452, mit der gedanklichen Umkehrung.

Und ob sie dieses letzte, ihr verdankte, beste annimmt, –: SN in BA: »(»Memoiren« beigelegt, datiert 2./3. Okt. 16).« s. Anm. 469. Die Handschrift wurde bisher nicht aufgefunden.

Bobby's Hotel: nicht ermittelt.

[472]   7. 10. 1916

könnte für 12. 13. kommen: SN in BA: »11.–13. Okt. in Janowitz.«

[473]   9. 10. 1916

seit Donnerstag nichts gehört: 5. 10. 1916.
Datum 18. bleibt: Vorlesung, s. Anm. 463.
Dora die sich fuer mich beeilt: bezieht sich vermutlich auf die Reise nach Dresden.
Inhalt der Sendung: Bezieht sich auf das Gedicht >Memoiren<, das [471] B beilag.

[474]   9. 10. 1916

»... selbst sonst geliebte Leckerbissen.«: s. >Die Fundverheimlichung<, F 426–430 v. 15. 6. 1916, S. 90–96 und Anm. 419.
die beiden Schwestern: Elisabeth Reitler und Helene Kann.
das Donizetti-Spiel aus Weesen gehört: Gaetano Donizetti (1797–1848), italienischer Komponist; schrieb 70 Opern.
dem Gedicht: >Memoiren<, s. Anm. 469.
die für mich bittende Wiese: »Erfüllt von Lust war's, auf die Lust zu warten. / Durch alle Gitter sah ich in den Garten.«

».. . Schein, der nur, was ist, begreift.«: »Zu eurem Schein, der nur was
ist begreift, / ist nie mein Glück der Scheinbarkeit gereift.«
des andern neuen Gedichts: ›Gebet während der Schlacht‹, s. Anm. 464.

[475]   13./14. 10. 1916

Der Zug war übervoll: Bei der Rückfahrt von Janowitz nach Wien.

[476]   14. 10. 1916

Bitte lesen und mir zurückschicken!: Beilage nicht erhalten. SN in BA:
(»Bezog sich auf Ficker«.)
Alma: nicht ermittelt.
SN in EX: KK war vom »19.–21. 10. in Jan.« Dort entstanden die In-
schriften:
›Drei‹. Akrostichon auf die Namen SIDI, DORA und KARL. »Doras
Liedermund« gilt der Komponistin Dora Pejacsevich, die das Gedicht
›Verwandlung‹ vertont hatte. Handschrift aus dem Besitz von SN in der
Österreichischen Nationalbibliothek, Wien, nachträglich [?] datiert:
»19./20. oder 20./21. Okt. 16 vor der Abreise« [nach Elfant]. Erstdruck:
›Worte in Versen II‹ [EA 39.2, S. 38] [W 7, 86]. Das Gedicht erschien
nicht in der F.
›Gespräche‹. Akrostichon auf die Namen SIDONIE, CHARLIE. SN in
BlH: »Wenn mein Bruder dazwischensprach, antwortete ich ihm schnell,
damit ich dem anderen wieder zuhören könne. Im Manuskript längere
Fortsetzung, wobei die letzte Zeile Phantasie ist.« Im Zusammenhang
mit dieser Erklärung SNs ist darauf hinzuweisen, daß die Nieder-
schriften zum BlH erst nach dem 17. 6. 1936 entstanden. Im Tb von SN
finden sich keine Eintragungen. Handschrift in WStB IN 107.222, datiert: »19./20. Okt. (20/21?)«. Titel: ›Gespräche‹. Handschrift aus dem
Besitz von SN in der Österreichischen Nationalbibliothek, Wien, nachträglich [?] datiert: »19./20. oder 20./21. Okt. 16«. Teil I entspricht der
Druckfassung in ›Worte in Versen II‹ [EA 39.2, S. 40] [W 7, 87] – in
der Handschrift noch ohne Titel –. Teil II und III sind bisher ungedruckt.
SN bezeichnet Teil II in BA als selbständiges »(ungedrucktes) Akrostichon«, das in »derselben Nacht entstand«:

I

Die beiden ließen sich durch mein Gespräch nicht stören.
Sie horchte auf, wenn er dazwischen sprach.
Es war so wichtig ihr, mir zuzuhören,
Daß sie mich, sagt sie, unterbrach.

II

Sobald ich zu ihr sprach,
Ihr Ohr gehörte jenem Frager dort.
Der gab so bald nicht nach,
Oft kam ich gar nicht mehr zu Wort.
Nicht ließ er sich durch seinen Vormann stören.
Ich war so taktvoll, zuzuhören –
Es sprachen nun die beiden fort.

III

Christlich Gespräche theilen, wäre gut.
Hab' ich einmal das Wort, so hab' ichs nicht;
Aus ist's mit dem Gedicht.
Ruft jener eine Frage schnell dazwischen,
Lauscht ihm ihr Ohr, es läßt sich nichts entwischen.
Ich aber leiste still Verzicht –
Er sagte grad, in alles mische sich der Jud.

Nach der Rückkehr nach Wien entstand das Gedicht ›Vor dem Einschlafen‹. Handschrift in der WStB IN 107.238, datiert: »21./22. Okt. 16«
Varianten: »gieng« statt »ging«, »rett« statt »rett'«, »Noth« statt »Not«,
»Thal« statt »Tal«, »Muth« statt »Mut«. Erstdruck: F 443–444 v. 16. 11.
1916, S. 33–34 [W 7, 73–75].

[477]   26./27. 10. 1916

Die Wirklichkeit: SN in EX: »(ich war in Wien gewesen)«.
Gedicht: ›Der Besiegte‹: »Streit' ich vergebens gegen allen Schmutz der
Gosse, / entschädigt mich die Ohnmacht vor dem Licht. / Das Leben,
meistens greller als die Glosse, / ist manchmal schöner doch als ein Gedicht.« Handschrift der Satzvorlage in WStB IN 107.256, datiert: »26./
27. Okt. 16«. Erstdruck: F 443–444 v. 16. 11. 1916, S. 12 [W 7, 85].

[478]   27./28. 10. 1916

Das Glück der zwei Tage: des Aufenthaltes von SN in Wien.
Gestern (nach der Abreise) ein Gedicht und drei Epigramme: Das Gedicht: nicht ermittelt; die zwischen dem 21. und 24. 10. 1916 entstandenen, datierbaren Gedichte, s. unten. Bei den Epigrammen handelt es
sich um folgende »Inschriften«:
›Der Besiegte‹, s. Anm. 477.
›Der Unähnliche‹. Handschrift der Satzvorlage in der WStB IN 107.256,

datiert: »26./27. Okt. 16«. Variante: 5. Zeile: ».../ und *die* Entstellung ist weit schlimmer/...«. Erstdruck: F 443-444 v. 16. 11. 1916, S. 12 [W 7, 85].

Das dritte Epigramm: nicht ermittelt.

heute ein längeres Gedicht: ›Der Reim‹. Handschrift der Satzvorlage in der WStB IN 107.251, datiert: »27./28. Okt. 16«. Varianten: Titel »*Vom Reim*«, gestrichen und ersetzt: »Der Reim«; »gieng« statt »ging«, »schaal« statt »schal«, »Weist mich das Wort in weitere Fernen:«, »dort *gibt es* süßeren Ersatz«, »ein Schöpfer ruft es aus dem All.«, »*der* dient als eine Versfußbrücke.«, »Hier nimmt er *T*heil am ganzen Muß,«, »das ist der Reim, *n*icht was aus euch singt!«. Erstdruck: F 443-444, a. a. O., S. 31-32 [W 7, 80-82].

zwei Epigramme und eine Parodie in Versen: ›Selbstlose Gesellschaft‹. Handschrift in der WStB IN 107.224, datiert: »27./28. Okt. 16«. Erstdruck: F 443-444, a. a. O., S. 24 [W 7, 87].

›Gerüchte‹. Handschrift der Satzvorlage in der WStB IN 107.223, datiert: »27./28. Okt. 16«. Variante: »und eh' die Ehe, die nicht ehern, bricht,«. Erstdruck: F 443-444, a. a. O., S. 25 [W 7, 88].

Die »Parodie in Versen«: nicht ermittelt.

SN erwähnt in EX und BA in diesem Zusammenhang andere Gedichte und Epigramme, die früher datiert werden können. SN in EX: »Zuflucht, Alle Vögel sind schon da, Vor dem Einschlafen, Bekenntnis, Der Irrgarten, Inschriften (Drei, Gespräche).« SN in BA: »Ich verwahre, von ihm datiert:« (die Handschriften sind nicht überliefert, in BA aber wie folgt datiert): »Vor dem Einschlafen – 21./22. Okt., 16«, s. Anm. 476.

»Alle Vögel sind schon da – 22./23. Okt. 16«. Erstdruck: F 443-444, a. a. O., S. 9 [W 7, 70-71].

»Bekenntnis – 22./23. Okt. 16«. Erstdruck: F 443-444, a. a. O., S. 28 [W 7, 79].

»Der Irrgarten – 23./24. Okt. 16«. Erstdruck: F 443-444, a. a. O., S. 29 [W 7, 83].

»nebst Zuflucht und Der Besiegte«: ›Zuflucht‹ wird an anderer Stelle in BA auf »Wien, 23./24. Oktober 1916« datiert. Erstdruck: F 443-444, a. a. O., S. 4 [W 7, 63]. – ›Der Besiegte‹, s. Anm. 477.

den lieben Brief des alten Weiberls: nicht erhalten.

Wir kennen einen Hund: Bobby, s. Anm. 419.

im Voraus vom Vorlesungsgeld: »Der volle Ertrag« der Vorlesung v. 4. 12. 1916, s. Anm. 468, »wurde wohltätigen Zwecken zugewendet.«

Ehepaar W.: Kurt und Elisabeth Wolff-Merck. Es kann zwar kaum von einer Freundschaft zwischen Rilke und dem Ehepaar Wolff gesprochen werden, aber zumindest seit Ende 1913 bestand eine Verbindung voll gegenseitiger respektvoller Hochachtung. Kurt Wolff und seine Frau Elisabeth waren bereit, Rilke auch finanziell zu unterstützen, wie aus einem Brief vom 29. 6. 1914 an Fürstin Mechtilde Lichnowsky hervorgeht. Vgl. Wolff, ›Briefwechsel‹, a. a. O., S. 158–159, 553–554. Im September 1916 war Wolff vom Großherzog von Hessen angefordert und mit unbeschränktem Urlaub zur Fortsetzung seiner verlegerischen Arbeit aus dem Militärdienst entlassen worden.

an eine unmögliche Gesellschaft verloren: Schon 1915 hatte Rilke in München den Archäologen und Mysterienforscher Alfred Schuler (geb. Mainz 22. 11. 1865; gest. München 8. 4. 1923) kennengelernt, der mit Ludwig Klages den unter Bachofens Einfluß stehenden Kreis der »Kosmiker« gegründet hatte, der sich von Wolfskehl und dem Stefan George-Kreis distanzierte.

den hilfsbereiten Mann: Ludwig Wittgenstein [?] (geb. Wien 26. 4. 1889; gest. Cambridge 29. 4. 1951) hatte im Herbst 1914 auf Vorschlag und durch Vermittlung Ludwig von Fickers Rilke 20.000 Kronen (etwa 34.000 DM) aus seinem väterlichen Erbe zukommen lassen. Vgl. Ficker, ›Rilke und der unbekannte Freund‹, ›Denkzettel‹, a. a. O., S. 199–221: und Ludwig Wittgenstein, ›Briefe an Ludwig von Ficker‹. Hrsg. von Georg Henrik von Wright unter Mitarbeit von Walter Methlagl. ›Brenner-Studien, Band 1‹. Salzburg: Otto Müller 1969.

Der fürstliche Gesandte und Gattin: Karl Max 6. Fürst Lichnowsky, (geb. Kreuzenort 8. 3. 1860; gest. Kuchelna 27. 2. 1928), Fideikommißherr auf Kuchelna, 1912–1914 kaiserlich deutscher Botschafter in London, Mitglied des Preußischen Herrenhauses. Seit 22. 8. 1904 verheiratet mit Mechtilde, geb. Gräfin Arco-Zinneberg (geb. Schönburg 8. 3. 1879; gest. London 4. 6. 1958). 1912 veröffentlichte Mechtilde Lichnowsky bei Kurt Wolff ihr erstes Buch, ›Götter, Könige und Tiere in Ägypten‹, das Rilke bewog, mit der Verfasserin Verbindung aufzunehmen. Vgl. Klaus W. Jonas, ›Rilke und Mechtilde Lichnowsky. Eine Reminiszenz‹, in: ›Frankfurter Allgemeine Zeitung‹, Frankfurt, Nr. 158 v. 10. 7. 1969, S. 22. – In der F 418–422 v. 8. 4. 1916, S. 65, fallen zunächst recht bissige Bemerkungen gegen die spätere Freundin: Unter dem Titel ›Lichnowsky und Barnowsky‹ kommentiert KK eine Zeitungsmeldung über die Aufführung von Mechtilde Lichnowskys ›Spiel vom Tod‹ im Lessingtheater, Berlin. In der gleichen Nummer, S. 95, heißt es in der Polemik ›Shakespeare und die Berliner‹: »Daß die deutsche Botschafterin aus London in solchem Milieu [um Max Reinhardt] sich sowohl dramatisch wie gesellschaftlich bewegt, ist ein Symbol, das sich einer Dichterin erschließen könnte, wenn sie ein Dichter wäre. Aber in dieser mechanischen Wunderwelt, die in ihrer ganzen Auflage ein Generalanzeiger des Weltuntergangs ist, grast die Fürstin neben dem Literaten, und wo kein Gras mehr wächst, gibt es doch jene echte Sommernachtstraumwiese, täglich frisch aus der Natur gerupft, durch die Herr Reinhardt sich längst schon um Shakespeare verdient gemacht hat…« Das früheste Zeugnis für die beginnende lebenslange Freundschaft zwischen KK und Mechtilde Lichnowsky ist das Akrostichon auf KK ›Er und die anderen. Aprilscherz anstatt eines

Briefes, 1917‹, das zusammen mit einer Porträtzeichnung aus dem Jahre 1926 in den Band ›Heute und vorgestern‹, Wien: Bergland 1958, S. 143–147, aufgenommen wurde. Vgl. ebd. die Schilderung über die Rettung Mechtilde Lichnowskys aus der Moldau durch KK, S. 37–41, und die Erzählung ›Der Zeichner‹ [über den Tod von SN], in: ›Zum Schauen bestellt‹, Eßlingen: Bechtle 1953. Der von KK stark beeinflußte Essayband ›Worte über Wörter‹, Wien: Berglandverlag 1949, war »In Freundschaft dem damals lebenden Karl Kraus gewidmet und dem heute unsterblichen«.

die eine der beiden Schultern: die Sache des Deutschen Reiches, dessen Botschafter Lichnowsky war.

weil sie sich für Literatur aufopfert: Anspielung auf die gesellschaftliche Rolle der Fürstin Lichnowsky, die auch und gerade durch die von KK abgelehnten Dichter und Schriftsteller respektiert wurde. Alfred Kerr schrieb 1913 nach einem Empfang in der Deutschen Botschaft: »Es war nicht, wie sonst üblich, das Büfett, sondern die Herrin des Hauses [...] die Attraktion des Ganzen.« Zitiert nach Jonas, a. a. O.

aus Patrina: nicht ermittelt.

Die Gedichte: Gemeint sind die zwischen dem 21. und 24. 10. 1916 entstandenen Gedichte, s. oben.

Die Daten: Bezieht sich auf die Epigramme ›Drei‹ und ›Gespräche‹, s. Anm. 476.

Elefant: Szent-János-Elefant in Slawonien war der Sitz des Grafen Leopold Franz Georg Julius Edelsheim-Gyulai von Marosnemeth und Nádaska (geb. Brcsovicza 6. 7. 1888); seit 9. 11. 1912 verheiratet mit Gabrielle Gräfin Pejacsevich von Veröcze (geb. Esseg 4. 1. 1894), der Schwester von Dora Pejacsevich.

Buchbriefe: nicht ermittelt.

[479]   30. 10. 1916

die ersten Exemplare: F 437–442 v. 31. 10. 1916 mit den Gedichten ›Epigramm aufs Hochgebirge‹, ›Memoiren‹, ›Sendung‹ und ›Landschaft‹.

(Wieder Neues entstanden!): ›Abenteuer der Arbeit‹. Handschrift der Satzvorlage verschiedener Ausarbeitungsstufen in der WStB: (1) Handschrift IN 107.247, datiert: »28. Okt. 16« bestehend aus Vers 1–9 und 30. Varianten: »da mußt' ich *finden* lernen;« »*bis ich es* haben werde,«. (2) Korrekturabzug WStB IN 107.247/I mit ergänzendem Manuskript. (3) WStB IN 107.252, datiert: »30./31. Oktober 16« bestehend aus Versen 15–24 und 29. Varianten: »folgt er *posthumen* Spuren / *verbotner* Liebesgluten.«, »Gehemmt aus freien Stücken / durch jedes Tonfalls Fessel«. (4) Korrekturabzug WStB IN 107.247/III mit ergänzendem Manuskript. (5) WStB IN 107.266, datiert: »31. Okt./1. Nov. 16« be-

stehend aus Versen 25–28. Die Verse 10–14 dürften am 2./3. 11. 1916 entstanden sein. Erstdruck: F 443–444 v. 16. 11. 1916, S. 5–8 [W 7, 63– 67]. – ›Den Neubildnern‹ (Inschrift). Handschrift der Satzvorlage in der WStB IN 107.246, datiert »29./30. Okt. 16«. Variante: »Es schwelgen mißgeratne Knaben«. Korrekturabzug WStB IN 107.263 mit entsprechender Korrektur. Erstdruck: F 443–444, a. a. O., S. 25 [W 7, 87].

[480] 1. 11. 1916

Die neuen Gedichte: s. ›Abenteuer der Arbeit‹, Anm. 479. – ›An den Schnittlauch‹. Handschrift der Satzvorlage in WStB IN 107.250, datiert: »30./31. Okt. 16«. Variante: *»wie ungeheuer, und dir wird nicht«.* Erstdruck: F 443–444, v. 16. 11. 1916, S. 10 [W 7, 91]. – ›Grabschrift für ein Hündchen (Woodie, gestorben am 22. Mai 1913.)‹. Handschrift der Satzvorlage in WStB IN 107.255, datiert: »31. Okt./1. Nov. 16«. Varianten: Titel: ›*Woodies Tod‹,* »Unwürdige, *die leben*,«, »*so viele Stille bleibt zurück,«.* Erstdruck: F 443–444, a. a. O., S. 11 [W 7, 92].
das Entstandene ist immer noch im Entstehen: ›Abenteuer der Arbeit‹, s. Anm. 479.
Diesen Brief hier: nicht erhalten.
die A.: nicht ermittelt.
die ist richtig: SN [?].
zum Advokaten: nicht ermittelt.

[481] 2./3. 11. 1916

Prozeß-Vorbereitung: nicht ermittelt.
»Bitte, jetzt hat man doch Zeit.«: Zitat aus dem Brief von SN, die davon ausgeht, daß doch eben erst eine F erschienen sei.
Das Buch: nicht ermittelt.
L.: Leopold Liegler.
das Heft senden lassen: Karl Nádherný war in Prag.
wachsen nachts … Strophen zu: ›Abenteuer der Arbeit‹, s. Anm. 479.
zuletzt in Berlin: Die letzte Vorlesung in Berlin fand am 1. 4. 1914 statt, die nächste am 7. 2. 1917. Dabei wurde ›Vor dem Springbrunnen‹ gelesen.
Das eben erwähnte Gedicht: ›Abenteuer der Arbeit‹ wurde bei der Wiener Vorlesung gelesen, s. Anm. 468.
(Und dies eben steht im Gedicht!): »In sprachzerfallnen Zeiten / im sichern Satzbau wohnen: / dies letzte Glück bestreiten / noch Interpunktionen. //…«
Schweiz: SN fuhr am 16. 12. 1916 über Wien nach St. Moritz.
Antwort an den Censor: In F 437–442 v. 31. 10. 1916 hatte die Zensur

das ›Gebet während der Schlacht‹ gestrichen. Das Heft schließt auf
S. 128 nach der konfiszierten Stelle mit dem Epigramm: »Nie wird bis
auf den Grund meiner Erscheinung / der kühnste Rotstift eines Zensors
dringen. / Verzichtend auf die Freiheit einer Meinung, / will ich die
Dinge nur zur S p r a c h e bringen.«
Das »Gebet« dürfte gerettet werden: Abgedruckt nach der Anfrage des
Abgeordneten Reifmüller und Genossen an den Herrn Justizminister in
der 10. Sitzung der XXII. Session im Haus der Abgeordneten am 26. 6.
1917, F 462–471 v. 9. 10. 1917 unter dem Titel ›Tagebuch‹, S. 8.
wie Klärchen: Anspielung auf Goethes ›Egmont. Trauerspiel in fünf
Aufzügen‹. Egmonts Geliebte, Klärchen, vergiftet sich, als sie die Aus-
sichtslosigkeit der Befreiung Egmonts erkennt.

[482] 5. 11. 1916

Kerssenbrock: Rembert Graf von Korff gen. Schmising-Kerssenbrock.
das konfiszierte Heft: F 437–442.
Alma: nicht ermittelt.
T.: nicht ermittelt.
Kontumaz: Austriazismus für Reisebeschränkung, Quarantäne. KK:
»Kontumaz [...] ein Fremdwort, in dem der Österreicher schwelgt...«,
F 457–461 v. 10. 5. 1917, S. 40: ›Schweizer Idylle‹.
Die Gedichte werden abgezogen: F 443–444 v. 16. 11. 1916 enthielt auf
36 Seiten alle jüngst erschienenen Gedichte und Epigramme, dazwi-
schen auf den Seiten 13–23, ›Zitate aus Schiller, Goethe, Jean Paul‹.
die »Verwandlung« noch immer nicht erhalten: s. Anm. 470.
zum 4.: ›Verwandlung‹ wurde nicht aufgeführt, s. Anm. 468. SN in BA:
»Ich war in Wien. Eine Vorlesung.«
In Frankfurt: Vorlesung aus eigenen Schriften, aus Jean Paul und Kierkegaard im großen Saal des Frankfurter Hofs, Frankfurt, am 13. 2.
1917. Programm: F 454–456 v. 1. 4. 1916, S. 30.

[483] 6. 11. 1916

Das Gespenst: nicht ermittelt.
Die kleine Thierfreundin: s. den »Brief des Alten Weiberls« in [478] B.
Goethe – Stolberg: vermutlich ›Goethe's Briefe an Gräfin Auguste zu
Stolberg, verwitwete Gräfin von Bernstorf‹, Leipzig 1839. ›Goethes Brie-
fe an Auguste zu Stolberg‹ erschienen in einer Auswahl mit Vorwort
und Anmerkungen von Max Hecker in der Insel-Bücherei Bd. 10, Leip-
zig: Insel 1912.
Der Prozeß: nicht ermittelt.
Der 17. wird mir das sächsische Ehepaar: Vorlesung aus Jean Paul,

Kierkegaard und eigenen Schriften im Mittleren Konzerthaussaal, Wien, am 17. 11. 1916. Programm: F 445–453 v. 18. 1. 1917, S. 93. – Fürst Karl Max und Fürstin Mechtilde Lichnowsky besuchten die Vorlesung, wie angekündigt.
Jean Paul-Sache: Jean Paul, ›Von Kriegen‹ aus der ›Levana oder Er-zieh-Lehre‹, vgl. F 443–444 v. 16. 11. 1916, S. 21–23.
K. O.: Kete Otto-Parsenow.
Verbindung von Lyrik und Glosse: Fünf Textauszüge aus Schillers Es-say ›Über naive und sentimentalische Dichtung‹ werden in F 443–444, a. a. O., S. 13–14, abgedruckt.
Wieder etliches zugewachsen: nicht ermittelt.
Und jetzt etwas im Entstehen: Das Gedicht ›Die Fundverheimlichung‹. Vgl. den Essay ›Die Fundverheimlichung‹ in F 426–430 v. 15. 6. 1916, S. 90–96 und Anm. 419. SN in BA:»Die zweite Hälfte der »Fundver-heimlichung« (S. 52–54) [Die Seitenzahlen beziehen sich auf ›Worte in Versen II‹], entstanden 6. Nov. 1916, enthält, was ich ihm über Bobby berichtete, den ich in St. Moritz zurückgelassen hatte.« In BlH gibt SN das Entstehungsdatum »1. u. 7. Nov. 16« an und bezieht das Warten des Hundes am Bahnhof auf ihre zeitweilige Abwesenheit bei längeren Ski-touren. Erstdruck: F 445–453 v. 18. 1. 1917, S. 170–176 [W 7, 93–100].

[485]   9. 11. 1916

Legitimation: Reisegenehmigung für St. Moritz für SN.

[486]   9. 11. 1916

4. Dez.: Tag der Vorlesung in Wien, s. Anm. 468.
L.: nicht ermittelt.
wir drei: SN, Karl Nádherný und KK [?].
Für Mitte Dezember: Vorlesung von Texten Luthers, Jean Pauls, Bis-marcks und Claudius' »über den Krieg« und aus eigenen Schriften im Mittleren Konzerthaussaal, Wien, am 15. 12. 1916. Programm: F 445–453 v. 18. 1. 1917, S. 96.
die Noten: für ›Verwandlung‹, s. Anm. 470.
Alma: nicht ermittelt.
das Schicksal mit dem Hobel: Das ›Hobellied‹ aus Ferdinand Raimunds »Original-Zaubermärchen« ›Der Verschwender‹, III, 3.
Man wird staunen, was alles entstanden ist: s. F. 443–444 v. 16. 11. 1916.
die beiden Akrostichen: ›Drei‹ und ›Gespräche‹ in der ungedruckten Fassung, s. Anm. 476.
Kl. L.: Leopold Liegler.
Sidis Ohr und Doras Liedermund: ›Drei‹, s. Anm. 476.

Pass: für die Reise SNs nach St. Moritz.

Affaire Rost und Codelli: Rost, nicht ermittelt. Anton und Niny Mladota-Codelli, s. Anm. 427.

an den verstorbenen Baron M.: Johann Nepomuk Franz Mladota von
Solopisk war am 4. 9. 1916 in Roth-Hradek verstorben.

Oli und Frau: Olivier und Rosa Mladota von Solopisk.

»Erhebungen gepflogen«: Vgl. den Aphorismus: »Die Mission der Ämter
ist es, die Erhebungen zu pflegen, die eben dadurch zu entstehen pflegen.« F 445–453 v. 18. 1. 1917, S. 11 [W 3, 367].

das herrliche Goethe-Wort? (Von »Erhebungen pflegen« …): nicht ermittelt.

Urbanek: Buchhandlung in Prag [?].

M. S.: Manin sur.

Du wirst bald haben, worüber Du staunen wirst: F 443–444.

Den Brief von Liliencron: nicht ermittelt.

Hier zwei Briefe: nicht erhalten.

Musiker: Egon Kornauth.

der 17.: Vorlesung, s. Anm. 483.

was ich aus Brünn erhalten habe: Einladung zu einer Vorlesung, s.
[493] B; sie kam nicht zustande.

Herrn Sieghart: Rudolf Sieghart (geb. Troppau 13. 3. 1866; gest. Wien
4. 8. 1934), Finanzmann und Gouverneur der Bodenkreditanstalt, Ver-
waltungsrat der Steyrer Waffenfabrik. KK veröffentlichte in F 445–453,
a. a. O., S. 68, die Tantiemen der »Mitglieder des Verwaltungsrates der
Steyrer Waffenfabrik für das Geschäftsjahr 1915/16«: Dr. Rudolf Sieghart bezog allein aus dieser »Beschäftigung« 443.109.91 Kronen.

Pius Hompesch: Pius Maria Alfred Paul Ferdinand Kajus Joseph Igna-
tius Franz Klemens Ludwig Hieronymus Graf Hompesch (geb. Regensburg 30. 9. 1878; gest. Wien 26. 9. 19??), Herr auf Joslowitz, war Leutnant der Reserve des Landwehr-Ulanenregiments Nr. 4.

Freiherr von Teuffenbach: Rudolph Erhard Anton Freiherr von Teuffenbach, Tiefenbach und Maßwegg (geb. Görz 2. 9. 1879; gest. Vipul-
zano 15. 9. 1927), Rittmeister; lebte in Meran und war mit der Familie
Nádherný möglicherweise seit dem Sommeraufenthalt 1896 bekannt.

Frau v. F.: Cäcilie von Ficker.

Beilage: Abrechnung über Kaffee, Kartoffeln und »Bücher mit Porto«.

Frau v. F.: Cäcilie *[Cissi]* von Ficker.

Baronin Ml.: vermutlich Luise Mladota.

»chinesische Kriegsgedichte« (Antikriegsgedichte): ›Dumpfe Trommel

und berauschtes Gong‹. Nachdichtungen chinesischer Kriegslyrik von
Klabund. Mit Nachwort des Übersetzers. Insel-Bücherei 183. Leipzig:
Insel 1915.

wenngleich manchmal zu impressionistisch: modern: »Von der neudeutschen Unart, Sinneseindrücke wortweise nebeneinanderzustellen und
öfter auch neutönerisch solche Adjektive, Wortschmisse, zu verbinden,
die man, ich weiß nicht impressionistisch oder expressionistisch nennt,
was sich etwa mit dem Unterschied zwischen gehupft und gesprungen
decken dürfte, was aber jedenfalls weit entfernt ist von g e s t a n d e n
(worauf es einzig in der Sprache ankommt) – also von solchem Geflunker
ist Klabunds Nachdichtung [...] nicht ganz frei...«, F 445–453 v. 18. 1.
1917, S. 102–103.

Ich werde am 17. und 4. Dez. einige vorlesen: Am 17. 11. 1916 las KK:
›Der Werber‹, ›Nachts im Zelt‹, ›Die junge Soldatenfrau‹, ›Krieg in der
Wüste Gobi‹, ›Der große Räuber‹. Am 4. 12. 1916: ›Der müde Soldat‹,
›Epitaph auf einen Krieger‹, ›Fluch des Krieges‹, ›Ausmarsch‹, ›Nachts
im Zelt‹.

Qualzeit (von 11 Monaten): s. Anm. 345, II. Schönberg litt »damals an
asthmatischen Anfällen [...] und sein Gesundheitszustand [war] auch
sonst nicht befriedigend.« Erst am 20. 10. 1916 wurde Schönberg, u. a.
auf Grund eines Gesuches von Béla Bartók, »auf unbestimmte Zeit vom
Militärdienst enthoben«. Vgl. Willi Reich, ›Arnold Schönberg oder Der
konservative Revolutionär‹, Wien/Frankfurt/Zürich: Molden 1968, S.
127–128.

mein Begleiter: Egon Kornauth.

Arbeiterzeitung: »Die Kinder und der Krieg«: Wilhelm Börner, ›Die
Kinder und der Krieg‹, in: ›Arbeiter-Zeitung‹, Wien, Nr. 314 v. 12. 11.
1916, S. 7–8, belegt unter Hinweis auf zwei Materialiensammlungen
unter dem gleichen Titel von F. Flocke, München 1915, und F. Rothe,
Prag 1915, den Chauvinismus der Kindererziehung im Kriege.

der beiden kleinen F.: Florian von Ficker (geb. Innsbruck 1. 7. 1909;
gefallen 10. 10. 1944); Birgit von Ficker (geb. Innsbruck 1. 7. 1911).

Die Verständigung der »Partei«: über die Ausreisegenehmigung in die
Schweiz.

[489]   14. 11. 1916

Überraschung: F 443–444 mit den neuen Gedichten und Epigrammen erschien bereits 14 Tage nach F 437–442 v. 31. 10. 1916 am 16. 11. 1916.

Das, worüber man noch besonders »staunen« wird: ›Fundverheimlichung‹, s. Anm. 483.

den schönen Brief: Beilage nicht erhalten.

Doras Komposition: ›Verwandlung‹, s. Anm. 470.

[490] 14. 11. 1916

Spiel der Interpunktionen: Bezieht sich auf die Strophen 11–14: »In sprachzerfallnen Zeiten / im sichern Satzbau wohnen: / dies letzte Glück bestreiten / noch Interpunktionen. // Wie sie zu rasch sich rühren, / wie sie ins Wort mir zanken – / ein Strich durch den Gedanken / wird mich ins Chaos führen; // obgleich ein Strichpunkt riefe, / dem Komma nicht zu trauen: / ein Doppelpunkt läßt schauen / in eines Abgrunds Tiefe! // Dort droht ein Ausrufzeichen / wie von dem jüngsten Tage. / Und vor ihm kniet die Frage: / Läßt es sich nicht erweichen? //...«
Am 17.: Vorlesung, s. Anm. 483.
am 4.: Vorlesung, s. Anm. 468.

[491] 14. 11. 1916

(Alle Vögel etc): wurde am 4. 12. 1916 nicht gelesen.
»Abenteuer der Arbeit«!: wurde ebenfalls nicht gelesen.
wo ein Ohr wartet: s. ›Zuflucht‹, Anm. 478.

[492] 16. 11. 1916

Loschek: nicht ermittelt.

[493] 17./18. 11. 1916

nach der Vorlesung: s. Anm. 483.
dem gewissen Buchhändler: Richard Lányí, der für die Vorlesung am 17. 11. 1916 erstmals den Vorverkauf übernommen hatte. Lányí war Nachfolger der Buchhandlung Friedlaender, Wien, Kärntnerstraße 44. KK wollte vermeiden, daß seine Adoranten die erste Reihe aufkauften.
Aline D.: Alexandrine Dietrichstein.
»Höllenwege«: zur Erlangung eines Passes für SN.
»Aus Brünn...«: s. [487] B.
Es dürfte also kaum glücken!!: die Aufführung der ›Verwandlung‹, s. Anm. 470.
Schönberg: Das Folgende bezieht sich auf die Frage, was Schönberg denn an der Komposition besonders gefallen habe, vgl. [488] B.
aus Salzburg eine Einladung: die Vorlesung fand nicht statt.
Grete H.: Freundin von Adolf Loos.
Kropp: nicht ermittelt.
kutschiere man mich lieber nach China: Vgl. die Bemerkung im Zusammenhang mit dem Abdruck der chinesischen Kriegsgedichte in der Übersetzung Klabunds: »Ebenso alt ist das folgende Stück, in dessen Über-

tragung leider die erste Zeile den Weg von China nach Berlin nimmt:«
Es folgt der Abdruck des Gedichts ›Der müde Soldat‹. F 445–453 v.
18. 1. 1917, S. 103.

eine längere Reihe Aphorismen (»Nachts«): Auf der Umschlagseite 2
der F 443–444 v. 16. 11. 1916 werden ›Nachts‹ und ›Untergang der Welt
durch schwarze Magie‹ als »im Druck« angezeigt. ›Nachts‹ erschien Ende
Januar 1919, ›Untergang der Welt durch schwarze Magie‹ am 18. 9.
1922.

den benachbarten Zahnarzt: Universitäts-Dozent Dr. Rudolf Loos,
Wien IX, Kolingasse 4/Ferstelgasse 1.

Heute: Vorlesung, s. Anm. 483.

Du bestes, heiligstes Ohr: Vgl. ›Zuflucht‹, s. Anm. 478.

die neuen Aphorismen: F 445–453 v. 18. 1. 1917 wurde auf 19 Seiten
mit Aphorismen eingeleitet.

Al. T.: Alex Fürst Thurn und Taxis.

L.: Loschek.

Die Interpunktionen: s. Anm. 490.

Innsbrucker Abend: kam nicht zustande.

[495]   18./19. 11. 1916

zwei Thierschutzzeitschriften: Beilagen nicht erhalten.

Inselbücherei 183: s. Anm. 488.

No. 186 Matthias Claudius: ›Der Wandsbecker Bote.‹ Eine Auswahl
aus den Werken von Matthias Claudius. Auswahl und Nachwort: Hermann Hesse. Leipzig: Insel-Verlag 1915.

Das ist einer der allergrößten Lyriker: KK scheint Claudius tatsächlich
erst in der Auswahl Hermann Hesses kennengelernt zu haben. Vgl.
Kurt Wolff, ›Karl Kraus‹, in: ›Autoren, Bücher, Abenteuer. Betrachtungen und Erinnerungen eines Verlegers‹, Berlin: Wagenbach [o. J.], besonders S. 78–79, der von einem Gespräch über Claudius aus dem Jahre
1912 berichtet. Claudius jedenfalls wird in der F bis 1917 nicht erwähnt,
in den folgenden Jahren aber immer wieder als einer der »größten Lyriker« gefeiert und öffentlich vorgelesen. Die F veröffentlicht mehrfach
Hinweise auf neue Claudius-Editionen. Damit beginnt die Beschäftigung
mit Dichtern des 17. und 18. Jahrhunderts, die »unbekannt geworden oder
geblieben« sind und die KK als Beweise dafür nimmt, »daß die Literaturgeschichte, diese nichtswürdigste aller Wissenschaften, dem Glücke darin
gleicht, daß sie ohne Wahl und ohne Billigkeit die Gaben des Nachruhms
verteilt hat.« F 568–571 v. Mai 1921, S. 37. 1926 gibt Heinrich Fischer die
Anthologie ›Die Vergessenen. Hundert deutsche Gedichte des XVII.
und XVIII. Jahrhunderts‹ heraus, Berlin: Paul Cassirer. »Der Plan zu
diesem Buch ist unter dem Eindruck einer Vorlesung von Karl Kraus

entstanden...« Vgl. ›Ein Leben für Karl Kraus. Heinrich Fischer zum
75. Geburtstag‹. Zusammengestellt von Friedrich Pfäfflin, in: ›Nachrichten aus dem Kösel-Verlag. Sonderheft. Heinrich Fischer zum 22.
August 1971‹, München: Kösel 1971, S. 8–10. 1923 erschienen bereits
zwei Goeckingk-Ausgaben, die sich auf KK berufen: ›Gedichte‹, Hrsg. v.
Viktor Stadler, Wien: Lanyi, und eine Auswahl von Ludwig Goldscheider in den Phaedon-Drucken, F 640–648 v. Mitte Januar 1924, S. 56–58.
ganz verschollen: »Von einem der allergrößten deutschen Dichter,
Matthias Claudius [...] hier einiges, zur Mahnung, in welcher Zeit wir
leben. (Sollte ein Volk, dem ein solcher Dichter verschollen ist, das ihn
im Lesebuch begraben hat und so von ihm weglebt, nicht reif für
Zwangsarbeit sein?)«. Es folgen Gedichte von Claudius. F 445–453 v.
18. 1. 1917, S. 97–101.
was schon Schopenhauer für ein deutsches Brandmal angesehen hat:
Vgl. ›Worte Schopenhauers‹ in F 457–461 v. 10. 5. 1917, S. 47–52.
der Prozeß: nicht ermittelt.
Gestern: bei der Vorlesung, s. Anm. 483.
bei der bloßen Nennung des verhaßten Namens: KK las ›Die Schalek
und der einfache Mann‹, F 437–442 v. 31. 10. 1916, S. 94. Es könnte sich
also um einen Prozeß mit Alice Schalek handeln.
»Die Kinder und der Krieg«: s. Anm. 488.
dessen Karte ich sende: Beilage nicht erhalten.
Der Musiker: Egon Kornauth.
größten Schwierigkeiten: bei der Aufführung der ›Verwandlung‹, s.
Anm. 470.
Begegnung mit einem schweren Schicksal: nicht ermittelt.
»Fortinbras«: Prinz von Dänemark in Shakespeares ›Hamlet‹.
diesen ganz traurigen Brief: Beilage nicht erhalten.
Annäherung der Gesandtin: Mechtilde Lichnowsky.
deren Gatte: Fürst Karl Max Lichnowsky.
Tod des Botschafters: Heinrich Tschirschky von Bögendorf (geb. Hoste-
ritz/Dresden 15. 8. 1858; Wien 15. 11. 1916), seit 1883 im diplomatischen
Dienst, seit 1907 deutscher Botschafter in Wien. Vgl. die Emil Ludwig-
Polemik, ›Einer der Ärgsten‹, F 445–453, a. a. O., S. 124–126.
Gf. Wolkenstein: Vermutlich *Engelhard-Dietrich* Anton Maria Graf
Wolkenstein (geb. Teplitz 14. 12. 1848; gest. Lobris 23. 2. 1922), Herr
auf Ober- und Unterwildstein/Böhmen.
die Leute: Fürst Alex und Fürstin Marie von Thurn und Taxis.
außer den später hinzugekommenen: Rudolf Hans Bartsch [?].
Freiherrn v. Schey: vermutlich Philipp von Schey, der sich um die Jah-
reswende 1915/1916 tatkräftig für die Freistellung Rilkes vom Militärdienst eingesetzt hatte.
woher das Geld kommt: Rilke an SN am 13. 12. 1916, »von der Überraschung durch »einige liebe gute Menschen« [...] weiß ich nichts –,

aber sie wäre mir gerade jetzt von dem erfreulichsten Werthe...«, Rilke/
Nádherný, a. a. O., S. 268.
»*Mythologie*«: Erstdruck: F 443–444 v. 16. 11. 1916, S. 1–3 [W 7, 102–
103].

»*Hedda Gabler*«: Die Erwähnung von Henrik Ibsens Drama ›Hedda
Gabler‹ in diesem Milieu von Börsenjobbern und Turfagenten mußte
befremden: »Da würgt mich etwas und es ist ein Wort, / und jenes Maul,
auf das wir beide starren, / hat jetzt ein wunderbares Wort gesagt, /
obschon gesagt im Dialekt der Hölle: / Glaukopis! – und was er ver-
dienen wird.« ›Mythologie‹, a. a. O.
Pallas Athene: Name eines Pferdes von SN [?].
»*Der Mond ist aufgegangen*«: ›Abendlied‹ aus dem VI. Teil des ›As-
mus Omnia sua Secum Portans oder Sämtliche Werke des Wandsbecker
Boten‹. Jetzt in: Matthias Claudius, ›Werke‹, Hrsg. von Urban Roedl,
Stuttgart: J. G. Cotta'sche Buchhandlung Nachfolger 1965, S. 264–265.
Der Tod: Aus dem VI. Teil, a. a. O., S. 520. Gedicht auf den Tod von
Christiane Claudius, die 1796, zwanzigjährig, am Nervenfieber starb.
der Bumsti: Erzherzog Friedrich, Herzog von Teschen (geb. Groß-See-
lowitz 4. 6. 1856; gest. Ungar. Altenburg 30. 12. 1936), seit 1914 Ober-
befehlshaber der Armee; betraute Conrad von Hötzendorf mit der strate-
gischen Führung. »Bumsti« soll Erzherzog Friedrich gerufen haben, als
im Kinotheater des Hauptquartiers die Wirkung von Mörsereinschlägen
demonstriert wurde. Vgl. ›Die letzten Tage der Menschheit‹, II, 28
[W 5, 297–303] und die Inschrift ›Erzherzog Friedrich‹, F 551 v. August
1920, S. 19.
Dalbergs: Karl Heribert Friedrich Ludwig Maria Georg Hubertus Ana-
stasius Baron Dalberg (geb. Röschitz/Mähren 15. 4. 1849; gest. Male-
schau 8. 9. 1920) war Mitglied des Herrenhauses des österreichischen
Reichsrats.
Kranz: Hotel Krantz, Wien.
den patriotischen Aufruf vom Landeshauptmann: nicht ermittelt.
den Brief eines »deutschen Kriegers«: Beilage nicht erhalten.
Konsul Edgar v. Spiegl: Edgar Spiegl Edler von Thurnsee (gest. 1931),
österreichischer Konsul in Bern.
Schulfreund »des Toni«: Anton Freiherr Codelli von Codellisberg, der
Schwager von Olivier Mladota von Solopisk.
an die Baronin: Luise Mladota von Solopisk, die Witwe des Barons
Johann Nepomuk Franz Mladota.
im April bei der Vorlesung: Vorlesung vom 17. 4. 1916, s. Anm. 370.
Grillparzer-Autogramm: s. Anm. 58.
das Manuskript von Freiherr v. Dingelstedts »Sturm-Übersetzung«:
Franz Freiherr von Dingelstedt (geb. Halsdorf 30. 6. 1814; gest. Wien
15. 5. 1881), zunächst Lehrer, später Redakteur an Cottas ›Augsburger
Allgemeiner Zeitung‹; seit 1. 10. 1867 artist. Direktor des Wiener Hof-

operntheaters, seit 1870 des Burgtheaters, 1875–1880 Generaldirektor beider Theater; Erzähler und Dramatiker; Übersetzer Shakespeares. KK erwähnt das Geschenk nicht in der F.

Und doch sind neue entstanden: ›Mit der Uhr in der Hand‹. Handschrift der Satzvorlage und eines Entwurfs in der WStB IN 169.779, datiert: »19. Nov. 16«. Varianten: im Motto: *»Das Wolffsche Büro meldet: Eines unserer...«,* »Ant*h*eil« statt »Anteil«, »mut*h*iger« statt »mutiger«, »No*th*« statt »Not«, »ein Opfer war es, sondern der Maschine.«, »ein stolzer Apparat, dem du die Seele nahmst!«, »Dort ist ein Mörser, ihm entrinnt der arme Mann,«, »seht her: die Uhr die Zeit zum Stehen bringen kann!«, »Geht schlafen, überschlaft's, gebt Gnade euch und Ruh.«, »denn grad flog London in die Luft, wie geht das zu?«, »Entwickelt es sich so mit kunterbunten Scherzen,«. Erstdruck: F 445–453, a. a. O., S. 150 [W 7, 104]. – Andere Gedichte sind nicht nachweisbar.

[496]   21. 11. 1916

Ereignis: Tod des Kaisers Franz Joseph I. (geb. Schönbrunn 18. 8. 1830; gest. Schönbrunn 21. 11. 1916), von 1848 bis zu seinem Tod Kaiser von Österreich, seit 1867 König von Ungarn. Prinzipien seiner Politik waren das Bündnis mit dem Deutschen Reich und der dualistische Aufbau der österreichisch-ungarischen Doppelmonarchie, die nach seinem Tod zerbrach.

vierten Dezember: Vorlesung, s. Anm. 468.

[497]   21. 11. 1916

Abschrift des Briefs eines der wenigen anständigen Literaturmenschen: nicht ermittelt.

Postsendung für den 1.: 31. Geburtstag von SN.

Papagei: Einem Papagei in Hofkreisen war, in Anspielung auf das hohe Alter des Kaisers, der Satz beigebracht worden: »Der wird noch hundert Jahre alt!« KK schrieb 1915 ein Gedicht ›Die Ballade vom Papagei‹ (Couplet macabre), das er auch vertonte. Erstdruck: ›Worte in Versen IV‹ [EA 39.4, 38–41]. F-Erstdruck: F 508–513 v. Mitte April 1919, S. 49–52 [W 7, 213–216].

Jean Paul'sche Rede: Unter dem Titel ›Von Kriegen‹ hatte KK am 17. 11. 1916 aus dem Ersten Kapitel des Fünften Bruchstücks, ›Bildung eines Fürsten‹, der Jean Paul'schen ›Levana oder Erziehlehre‹ gelesen: »Eigentlich sollte nur das Volk – dies könnte man wenigstens einem Erbprinzen erziehend sagen – über den Krieg mit einem andern [...] abzustimmen haben, ob es sich als Totenopfer dem Gewitter und Sturm des Krieges weihe oder nicht. ...« F 443–444 v. 16. 11. 1916, S. 21–23.

Jetzt in: Jean Paul, ›Werke‹, Fünfter Band, Hrsg. von Norbert Miller, München: Hanser 1963, S. 753–758.
»die Kessler«: nicht ermittelt.
»Nachts«: s. Anm. 493.

[498]   23. 11. 1916

Gesuch Charlie: Reisegenehmigung nach St. Moritz.
vierter Dez.: Vorlesung, s. Anm. 468.
Leipziger Vortrag Termin: In Leipzig sind nur zwei Vorlesungen am 8. und 9. 12. 1931 nachweisbar.

[499]   23./24. 11. 1916

der Ärmsten: die »kleine Thierfreundin«, s. [478] B.
Fenster für das Begräbnis: Kaiser Franz Josephs I.
S.: Philipp von Schey.
Ehepaar Wolff: Kurt und Elisabeth Wolff-Merck.
Melancholie: Anspielung auf das Gedicht ›Elysisches. Melancholie an Kurt Wolff‹, die Reaktion auf Werfels Gedicht ›Einem Denker‹. Erstdruck: F 443–444 v. 16. 11. 1916, S. 26–27 [W 7, 77–78]. Zum Verständnis der Reaktion Kurt Wolffs vgl. Anm. 375.
Jüngster Tag: Die von Kurt Wolff, Franz Werfel, Walter Hasenclever und Kurt Pinthus 1913 gegründete Buchreihe ›Der Jüngste Tag‹ förderte Autoren, die »als charakteristisch für unsere Zeit und als zukunftsweisend zu gelten haben«. Der letzte, 86. Band, erschien 1921.
als festliche Illustration eine gewisse Bob-Photographie: Das Heft 445–453 v. 18. 1. 1917 schließt mit dem Gedicht ›Die Fundverheimlichung‹. Das Photo »K. K. & Bobby, Villa Manin sur, 26. 11. 1916 St. Moritz« wurde nicht aufgenommen.
auf den Vortrag zu verzichten: s. Anm. 498.
Arb. Ztg.: s. ›Die Kinder und der Krieg‹, Anm. 488.
»Verwandlung«: s. Anm. 470.
die Sache: der Tod Kaiser Franz Josephs I.
Vigilien: Nächtlicher Gottesdienst, der sich auf die Mahnung in Mark. 13, 35 stützt.

[500]   24./25. 11. 1916

Sein liebster Schüler: W. Ebert, mehr nicht ermittelt.
Claudius-Büchlein: s. Anm. 495.
im nächsten Heft: F 445–453 v. 18. 1. 1917, S. 97–101, enthält: ›Abendlied‹, Strophe 4 und 1, jetzt in: Matthias Claudius, ›Werke‹, a. a. O., IV.

Teil, S. 264–265; ›Der Tod‹, a. a. O., VI. Teil, S. 520; ›Die Liebe‹, a. a. O., VI. Teil, S. 521; ›An –, als Ihm die – starb‹, a. a. O., I./II. Teil, S. 30; ›Der Tod und das Mädchen‹, a. a. O., I./II. Teil, S. 100; ›Bei dem Grabe meines Vaters‹, a. a. O., I./II. Teil, S. 113; ›Der Schwarze in der Zuckerplantage‹, a. a. O., I./II. Teil, S. 20; ›Als der Hund tot war‹, Variante a. a. O., I./II. Teil, S. 52–53; ›Ein Versuch in Versen‹, a. a. O., I./II. Teil, S. 96–97; ›Mein Neujahrslied‹, Strophen 10, 11 und 12, a. a. O., I./II. Teil, S. 15–16; ›Kriegslied‹, a. a. O., IV. Teil, S. 290.

Schubert'sche Komposition: sowohl ein Lied als auch ein Satz aus dem Streichquartett, d-Moll, ›Der Tod und das Mädchen‹ (1826).

Die kleine Hundefreundin: s. [478] B.

diesen Brief: Beilage nicht erhalten.

Frau von Tsch: nicht ermittelt.

Vorlesung: in Innsbruck kam keine Vorlesung zustande.

»Fundverheimlichung«: s. Anm. 483.

L. v. F. schreibt: Brief vom 12. 11. 1916 aus dem Stellungskommando Val Sorda. WStB IN 162.088.

Tagebuche: ›Auszug aus dem Kompagnie-Tagebuche‹ der k. u. k. Tiroler Kaiser-Jäger, 2. Regiment, 21. Feldkompagnie, IV. Zug; Einsatz zwischen dem 6. und 9. 10. 1916.

Frau Professor Dopsch: Marie Dopsch.

an eine melancholische Stelle in einem Brief: Ludwig von Ficker an KK aus Beneschau am 23. 9. 1915, WStB IN 162.092: »... in einem geringen Sinne glaube ich es doch deutlich machen zu können, durch die Versicherung nämlich: daß durch Ihr Werk, durch Ihre letzte Gegenwart [in Beneschau] etwas in mich übergeflossen ist, das mich meine Verehrung für Sie als eine so lebendige Kraft empfinden läßt, daß mir bisweilen ist, als müsse auch mein letzter Blick in diese Welt, und sei er noch so tief in sich zerbrochen, dereinst von ihr geweitet, mein letzter Atemzug noch irgendwie von ihr beseelt sein. Ich weiß zu gut, ich spreche dies nicht leichthin aus, als daß ich fürchten müßte, unmännlich, wo nicht gar schamlos zu erscheinen. Die Ehrfurcht vor Ihrem Wirken im Geiste und – gestatten Sie mir dies beizufügen – die Liebe zu meinem kleinen Sohn: ich wüßte nicht, was meinem unsicheren, nun auch von außen her bedrohten Dasein im Augenblicke stärkeren Halt und innigere Zuversicht verleihen könnte! ...«

Vater des armen Wenzel: Zdenko Lobkowitz, der General-Adjutant des Kaisers Karl v. Österreich.

Keine Zeit, es zu lesen: SN in Tb v. 26. 11. 1916: »Since the 15. we have 8 prisoners of war, italians. [...] They take much of my time, us I go daily up to weigh out their food. The cook is called Pietro. They began their work in the parc, cutting trees.«

Der Brief mit Trauerrand: Beilage nicht erhalten.

Der andere Brief: Beilage nicht erhalten.

261

ein winziges Theilchen der großen Arbeit: F 445–453 v. 18. 1. 1917 umfaßt 176 Seiten.
»und an goldne Gottgestalten streifte«: KK zitiert in F 445–453, a. a. O.,
S. 87, unter der Überschrift ›Goethe und alles‹ / ›Goethe und die Tiere‹:
»... Und wie muß dir's werden, wenn du fühlest, / Daß du alles in dir
selbst erzielest. / Freude hast an deiner Frau und Hunden / Als noch
[recte: wohl] keiner in Elysium gefunden, / Als er da mit Schatten
lieblich schweifte / Und an goldne Gottgestalten streifte.« Briefgedicht
[Sendschreiben] an den Freund Johann Heinrich Merck mit der Anrede
»Lieber Bruder!« vom 4. 12. 1774. KK zitiert die Zeilen 21–26.
durchgreifende Änderungen: Reiseverbot ins Ausland [?].
Der Mann, der für Rilke sammelt: Philipp von Schey.
»...die Mittagsglocke am Kirchthurm hat zum – «: SN in Tb v. 28. 11.
1916: »Today at 1 the churchbells sang – for the last time. Ch. & I ran
out & up on the tower, where soldiers were taking 1 bell down & a
second on the small tower...«
W.: Kurt Wolff.
dem Fest zuliebe zu reisen: nach St. Moritz.
Vor dem 4.: Vorlesung, s. Anm. 468.
das Gespenst mit Begleiterin: nicht ermittelt.
Photographie: KK und Bobby, s. Anm. 499.
das Paar: »Gespenst mit Begleiterin«.
»so kehrt das Chaos wieder.«: nicht ermittelt.
Versicherungssache: Bezieht sich wahrscheinlich auf das in Ragaz unter-
gestellte Auto.

[503]   1. 12. 1916

31. Geburtstag von SN [und Karl Nádherný].

[505]   7./8. 12. 1916

diese drei Tage: SN in BA: »Ich war in Wien. Eine Vorlesung.«
dieser liebe Brief: Beilage nicht erhalten.
der Jagdhund mit dem Mann: nicht ermittelt.
A. C.: Anton Freiherr Codelli von Codellisberg.
seiner Frau: Valentine Marie Codelli von Codellisberg.
Die kleine Thierfreundin: s. [478] B.
nur einen Hund: Bobby.

[506]   11. 12. 1916

Der Brief dieses Trottels: nicht ermittelt.

noch der 15.: Konzertbesuch SNs in Wien [?].

»schlichte Werktag« auf der Burgruine: SN hatte KK Rilkes Brief v.
2. 12. 1916 geschickt, in dem es unter anderem heißt: »Es ist klar, ich
muß mir endlich Verhältnisse schaffen, die meinen Bedürfnissen, denen
meiner Arbeit, genau entsprechen [...] und dann sollen weder Menschen noch Briefe da sein, nur der eine gleichmäßige, gutgewillte,
schlichte Werktag...«, Rilke/Nádherný, a. a. O., S. 266. – Wie aus einer
Postkarte von Burghausen an der Salzach an Marie von Thurn und
Taxis vom 30. 11. 1916 hervorgeht, spielte Rilke schon damals mit der
Möglichkeit einer Übersiedlung in einen Turm: »Liebe Fürstin, sehen
Sie, wie schön: und, so wie dieses Thor, eine herzogliche Burg von Thurm
zu Thurm den ganzen Berg entlang. Ich träume davon, mir später hier in
einem der Thürme mit ein paar alten Möbeln eine kleine Zuflucht zu
gründen...« Rilke/Thurn und Taxis, a. a. O., S. 498. In Burghausen
lebte damals die Dichterin Regina Ullmann, mit der Rilke seit 1908 bekannt war.

Viel neues Leben wird aus den Ruinen nicht blühen: Anspielung auf
Schiller, ›Wilhelm Tell‹, IV, 2.

War je etwas an ihm: Über den Umfang und die Intensität des Brief-
wechsels zwischen Rainer Maria Rilke und SN dürfte KK nicht im Bilde
gewesen sein. In den über 200 Briefen Rilkes an SN wird immer wieder
an das appelliert, was »...durch die Jahre vertraut und mächtig gewesen
ist«, a. a. O., S. 267.

Frau W.: Frau Elisabeth Wolff-Merck.

Dezember-Miethe: SN unterstützte Rilke durch zeitweilige Übernahme
der Mietkosten, und Rilke bat sie in dem erwähnten Brief um die De-
zember-Miete 1916.

V.: Emile Adolphe Gustave Verhaeren (geb. Antwerpen 21. 5. 1855)
war am 27. 11. 1916 in Rouen bei einem Eisenbahnunfall ums Leben
gekommen. Rilke zu SN: »Verhaeren's furchtbarer Tod hat mich im
Innersten getroffen und beraubt, er war mir der stärkste und bestär-
kendste Freund, der Große, – ich habe so wenig Männer, die mir nahe-
stehen, er thats und fühlte mich und stand grenzenlos zu mir. Es wird
trostlos in dieser Welt.«, a. a. O., S. 267–268.

Sein Wiener Übersetzer: Der größere Teil der bei der Insel erschienenen deutschen Übersetzungen stammt von Stefan Zweig (und von
Friderike Maria Zweig), der mit Verhaeren persönlich befreundet war.

an einen ähnlichen Berliner Fall: Johannes Schlaf [?] hatte ›Die Hohen
Rhythmen‹ übersetzt. Druck der Ernst-Ludwig-Presse, Darmstadt, für
den Insel-Verlag: Leipzig: 1912.

heute veröffentlichten geradezu zärtlichen Brief: nicht ermittelt.

Beilage: nicht erhalten.

beim Abschied von Bobby: SN in Tb v. 16. 12. 1916: »I am leaving for St. Moritz, Ch. follows me tomorrow to Vienna.« SN in BA: »Ich musste Bobby in Janow. zurücklassen, weil er altersschwach war, und wir sahen ihn nie wieder. Ich fuhr über Wien in die Schweiz, wurde in Oetz 14 Tage in Kontumaz zurückgehalten, mit Charlie.«

[508]   21. 12. 1916

Maria: Es handelt sich um die telegraphische Geldüberweisung an Rilke, der am 31. 12. 1916 an SN telegraphiert: »Große Zuwendung aus Wien war für das Fest eingetroffen...«, Rilke/Nádherný, a. a. O., S. 269.

[509]   22. 12. 1916

Innsbruck: Ludwig von Fickers Familie.
Prinz Lobkowitz: Prinz Maria *Erwein* Karl Petrus von Alcantara Romanus Damianus Balthasar Lobkowitz (geb. Prag 28. 2. 1887) war k. u. k. Gesandter.

[511]   23. 12. 1916

Erwein: Prinz Erwein Lobkowitz.

[512]   24. 12. 1916

Erwin: Prinz Erwein Lobkowitz.
Vetter Mitas Gatte: Oskar von Nádherný (geb. Chotovin 22. 9. 1871; gest. Mesic 29. 4. 1952) war k. k. Ministerialvizesekretär im Handelsministerium und k. k. Leutnant in der Evidenz des Landwehr-Ulanen-Regiments Nr. 2. Seine Frau: Maria *[Mitta]* geb. Gräfin Deym von Střitez, war Oberhofmeisterin der Erzherzogin Blanka.

[514]   27. 12. 1916

Album: SN in BA: »(Bilder von mir und Bobby)«.
diese Überraschung: SN in BA: »(das Album war ein Weihnachtsgeschenk)«.

[515]   28. 12. 1916

Ein junger Mann, irgendwo bei Hannover: Werner Kraft (geb. Braunschweig 4. 5. 1896) war im September 1915 zum Militärdienst eingezogen worden. Nach der Grundausbildung wurde er im Sommer 1916 in Ilten bei Hannover als Krankenwärter in einem »Lazarett für Kriegshysteriker und Kriegsneurotiker« eingesetzt, Werner Kraft, ›Spiegelung der Jugend‹, Frankfurt, Suhrkamp 1973, S. 55. »Ich lebte eine Zeitlang in dem Glauben, daß der Dichter Karl Kraus zu groß sei für den Satiriker, und ich wagte sogar, es ihm zu schreiben. Auf diesen Brief erhielt ich mit Recht keine Antwort. Der Satiriker erlöste sich in dem Dichter, der den Satiriker nicht aufhob...«, a. a. O., S. 64. – Erste öffentliche Stellungnahme zu KK, in: ›Der Kritiker‹ v. Mai/Juni 1924 über ›Traumstück‹ und ›Traumtheater‹, die KK als »ein Beispiel für Sachlichkeit im wahren Sinne, sichtlich eine Ausnahme auf dem neudeutschen Niveau« in F 657–667 v. August 1924, S. 164, zitiert. KK wurde eines der großen Themen des Essayisten Werner Kraft, der immer wieder den Dichter KK feierte: ›Über den Dichter Karl Kraus‹, in: ›Der Sumpf‹, 1932, Heft 4; ›Karl Kraus. Beiträge zum Verständnis seines Werkes‹, Salzburg: Otto Müller 1956; ›Gespräche mit Martin Buber‹, München: Kösel 1966. [Unvollständige] Bibliographie in: ›Nachrichten aus dem Kösel-Verlag‹, Folge XVIII, Herbst 1963, S. 18–20.

[516]   28. 12. 1916

Hlawatschek: Hlavacek, praktischer Arzt in Innsbruck, Hausarzt der Familie Ficker.

[517]   29. 12. 1916

»Freundes der Kessler«: nicht ermittelt.

[518]   30. 12. 1916

bei Innsbrucker Freunden: Familie Ludwig von Ficker.
ob Kommen sechsten möglich: KK reiste nicht nach Innsbruck.
Vorlesung Februar: sie fand nicht statt.

[519]   31. 12. 1916

Das neue Heft: F 445–453 mit 176 Seiten Umfang erschien am 18. 1. 1917.
mit der Familie: nicht ermittelt.
Markus Pejacsewich: Maria Markus Gustav Rudolf Béla Pejacsevich (geb. Budapest 28. 4. 1882; gest. Našice 22. 6. 1923), der älteste Bruder von Dora Pejacsevich.
Speisenträger: bei den Begräbnisfeierlichkeiten für Franz Joseph I. [?] oder bei der Thronbesteigung Kaiser Karls I. [?].

Vorlesung (Literaturverein): in Zürich [?] fand keine Vorlesung statt.
Die Termine hier sind 17., 21. (nachm.) u. 26.: Nachweisbar sind folgende Vorlesungen:
Vorlesung aus eigenen Schriften und – zum erstenmal – Andreas Gryphius, ›Auf den Sonntag des letzten Greuels‹, im Kleinen Konzerthaussaal, Wien, am 22. 1. 1917. Programm: F 454–456 v. 1. 4. 1917, S. 27.
Vorlesung von Shakespeares ›Maß für Maß‹, nach der Übersetzung von Wolf Heinrich Graf Baudissin eingerichtet, im Kleinen Konzerthaussaal, Wien, am 26. 1. 1917. Programm: F 454–456 v. 1. 4. 1917, S. 29.
Vorlesung von Johann Nestroy, Ferdinand Raimund, Matthias Claudius, Chinesischer Kriegslyrik und eigener Gedichte im Kleinen Konzerthaussaal, Wien, am 28. 1. 1917, nachmittags. Programm: F 454–456 v. 1. 4. 1917, S. 29.
nach Deutschland: Vorlesung ›Kierkegaard über die Tagespresse‹ und aus eigenen Schriften im großen Saal des Architektenhauses, Berlin, am 7. 2. 1917. Programm: F 454–456 v. 1. 4. 1917, S. 29.
Vorlesung aus Jean Paul ›Von Kriegen‹, ›Kierkegaard über die Tagespresse‹ und aus eigenen Schriften im großen Saal des Frankfurter Hofs, Frankfurt, am 13. 2. 1917. Programm: F 454–456 v. 1. 4. 1917, S. 30.
Geplante Vorlesungen »in Leipzig und München mußten entfallen«. F 454–456, a. a. O., S. 30.

[520]   31. 12. 1916

Dienstag noch ein Versuch: um für SN und Karl Nádherný die Genehmigung zur Weiterreise zu erreichen.

[522]   3. 1. 1917

Notiz auf dem Briefumschlag: »(Inhalt: Bewilligung der Devisen-Zentrale)«.
hier die Bewilligung: zur Weiterreise. SN in BA: »Am 3. I. durfte ich Oetz verlassen, fuhr nach St. Moritz.«
Advokaten Kienböck: Viktor Kienböck.
zu der gewissen Stelle: zur Zensurstelle, um die F 445–453 vorzulegen. Die Behörde strich die Glossen ›Die nicht untergehn‹, S. 31, und ›Zum Schießen komisch‹, S. 162–163. Nachdruck in F 508–513 v. Mitte April 1919, S. 64–65.

[524]   8./9. 1. 1917

A. L.: Adolf Loos.
C. v. F.: Cäcilie *[Cissi]* von Ficker.

266

Vor dem 15. oder 17.: F 445–453 erschien am 18. 1. 1916.
(¾ ist bereits gerettet.): vor der Zensur.
Die Termine: s. Anm. 519.
»Blaubart«: Operette in drei Akten von Jacques Offenbach. Text von
Henry Meilhac und Ludovic Halévy. (1866). KK hat diese Operette in
der Übersetzung von Julius Hopp bearbeitet und am 25. 5. 1931 in der
Funkstunde, Berlin, inszeniert, auch vielfach vorgelesen.
Vorlesungen in Deutschland: s. Anm. 519.
von dort zu reisen: von St. Moritz aus.

[525]   16. 1. 1917

Heft erscheint Donnerstag: 18. 1. 1917.

[526]   16. 1. 1917

Codellis Ankunft: Valentine und Anton Codelli von Codellisberg waren
aus Afrika in Weggis/Schweiz eingetroffen.
Die riesenhafte Arbeit: F 445–453 v. 18. 1. 1917.
Altindische Märchen: ›Sagen und Märchen Altindiens‹ (Neue Reihe),
erzählt von Alois Essigmann, Berlin: Axel Juncker-Verlag 1916. Das
KK gewidmete Märchen ist ›Tilottama‹. F 445–453, a. a. O., S. 106. Essigmann (geb. Wien 4. 5. 1878; gest. Wien 3. 3. 1937) war Soldat, 1912
bis 1917 Kanzleiarbeiter an der Öst.-ungar. Gesandtschaft in Berlin und
Herausgeber der Zeitschrift ›Das Gewissen‹.
zwei Fleckchen: s. Anm. 522.
Also 22.: Vorlesungen, s. Anm. 519.
der arme Musiker: Egon Kornauth. Bei der Vorlesung von Shakespeares
›Maß für Maß‹ wurde die ›Ouvertüre zu Iphigenie auf Aulis‹ von Gluck
und ein Menuett und eine Gavotte von Bach hinter der Bühne am Klavier gespielt.
Baronin Codelli: Valentine *[Niny]* Codelli von Codellisberg.

[527]   17. 1. 1917

Grafen Bernstorff: Johann-Heinrich Graf von Bernstorff (geb. London
14. 11. 1862; gest. Genf 6. 10. 1939), 1908–1917 kaiserlich deutscher Botschafter in Washington, warnte vergeblich vor dem uneingeschränkten
U-Boot-Krieg, der Amerikas Kriegseintritt zur Folge hatte; 1920–1928
demokratischer Reichstagsabgeordneter; emigrierte 1934 in die Schweiz.
ein öffentliches und ein nichtöffentliches: ein zensiertes und ein unzen-
siertes Exemplar der F 445–453.
Maymay gehören: das Heft enthielt ›Die Fundverheimlichung‹, deren

Motive – soweit sie Bobby betrafen – Miss Cooney zu verdanken waren.
Weggis: an Valentine und Anton Codelli von Codellisberg.
R. soll über das Geschenk hocherfreut sein: s. Anm. 508.

[528]   17. I. 1917

Baronin Rosl: Rosa Mladota von Solopisk.

[529]   18. I. 1917

»Wir wollen morgen früh zu Abend essen«: Shakespeare, ›König Lear‹, III, 6: *»Lear:* [...]; wir wollen zur Abendtafel morgen früh gehen; so, so, so.«
»Und ich will am Mittag zu Bette gehen«: ebenda, *»Narr:* Und ich will am Mittag zu Bett gehn.«
Vorlesung: in Zürich [?], s. Anm. 519.

[530]   20. I. 1917

Montag wird Bobby verherrlicht: Bei der Vorlesung am 22. I. 1917, s. Anm. 519, wurde ›Die Fundverheimlichung‹ erstmals vorgetragen.
Freunden in Weggis: Valentine und Anton Codelli von Codellisberg.
Hahnensee: Bergsee über St. Moritz–Bad.

[531]   23. I. 1917

Bobby sehr gefeiert: s. Anm. 530.

[532]   24. I. 1917

Kassl: Wirt des Gasthofs in Oetz, in dem SN und Karl Nádherný abgestiegen waren.

[534]   26. I. 1917

Glücklich glatt angekommen: Karl Nádherný wieder in Wien.

[535]   29. I. 1917

Fahrt ins Fextal: s. Vorlesung vom 28. I. 1917, s. Anm. 519.
Springbrunnen: wurde ebenfalls gelesen.
Abreise: s. Anm. 519.

Adressiert an Mary Cooney.
Leipzig reise: geplant für 2. 2. 1917.
soeben mit direkter Bewilligung zu schwerkranker Frau: Bessie Loos
(d. i. Elisabeth Bruce; geb. London 1883/84), die zweite Frau von Adolf
Loos, war im Lungensanatorium Leysin; sie starb etwa 1920. Vgl. Elsie
Altmann Loos, ›Adolf Loos der Mensch‹, Wien/München: Herold 1968,
S. 41–55.

[538]   2. 2. 1917

Die Meisterschaft von St. Moritz: SN war begeisterte Ski- und Schlitt-
schuhläuferin.

[539]   2. 2. 1917

Unternehme Höllenfahrt: nach Leipzig zum Verlag Kurt Wolff.
etwas für den Himmel vorzubereiten: Die ›Worte in Versen II‹ mit der
Widmung »Dem Park von Janowitz« erschienen im Juli 1917 im Verlag
der Schriften von Karl Kraus ⟨Kurt Wolff⟩, Leipzig und München
[EA 39.2].

[540]   5. 2. 1917

Muth für siebenten: Vorlesung in Berlin, s. Anm. 519.
Leipzig aus inneren und äusseren Gründen abgesagt: Die Auseinandersetzung mit Franz Werfel war seit dem Erscheinen des Gedichtes ›Elysisches‹ öffentlich geworden.
dagegen nachtraegliches Weihnachten vollendet: ›Worte in Versen II‹,
s. Anm. 539.
wie vorjaehriges angenommen werden: ›Worte in Versen‹ I war als
Vorausexemplar für Weihnachten 1915 fertiggestellt worden, s. Anm.
328.

[542]   8. 2. 1917

Centrale: Berlin.
Elemer: Maria Elemér Joseph Gabriel von Pejacsevich (geb. Budapest
26. 7. 1883), Bruder von Dora Pejacsevich; Legationssekretär bei der
österreichischen Botschaft in Berlin.
Frankfurter Hof: Vorlesung in Frankfurt, s. Anm. 519.
München: Vorlesung entfiel, s. Anm. 519.

Springbrunnen: ›Vor einem Springbrunnen‹ wurde am 28. 1. 1917 in Wien, am 7. 2. 1917 in Berlin und am 13. 2. 1917 in Frankfurt gelesen.

[543]   9. 2. 1917

Mitunterzeichnet von Elemer Pejacsevich.

[544]   12. 2. 1917

am nächsten: bei St. Moritz.
Springbrunnen: ›Vor einem Springbrunnen‹, s. Anm. 542. SN in BA: »Er überraschte mich in St. Moritz und blieb bis 26. Dort am 22. Todesnachricht über Bobby erhalten. (Als Bobby starb)«.
›Als Bobby starb‹. Handschrift aus dem Besitz von SN in der Österreichischen Nationalbibliothek, Wien, datiert und signiert: »(Karl Kraus für Sidonie Nadherny geschrieben St. Moritz 22./23. Februar 1917)«. Erstdruck: F 454–456 v. 1. 4. 1917, S. 63–64 [W 7, 100–101].

[545]   28. 2. 1917

Isola persa: Verlorene Insel.

[549]   5./6. 3. 1917

R.: Elisabeth Reitler.
Der Sonntag-Nachmittag: Vorlesung aus eigenen Schriften im Kleinen Konzerthaussaal, Wien, am 4. 3. 1917, 3 Uhr nachmittags. Programm: F 454–456 v. 1. 4. 1917, S. 35–36.
die Tante des Biologen: Ernestine Gabriele Johanna Gräfin von Thun und Hohenstein (geb. Prag 24. 11. 1958; gest. Dirna 13. 5. 1948), Witwe des kurz vorher verstorbenen Grafen Franz Thun von Hohenstein (geb. Tetschen 2. 9. 1847; gest. Tetschen 1. 11. 1916).
H.: Freundin von Adolf Loos. Vgl. Elsie Altmann Loos, ›Adolf Loos der Mensch‹, Wien/München: Herold 1968, S. 56–60: ›Das kleine Abenteuer‹.
Die Geschichte, in die sie hineingerathen ist: Adolf Loos war damals noch mit Bessie Loos verheiratet. Um Grete H. »aus dem Abhängigkeitsverhältnis zu ihren Eltern zu lösen, richtete Loos für sie einen Modesalon ein. Er brachte ihr viele Kunden...« Elsie Altmann Loos, ›Adolf Loos, der Mensch‹, a. a. O., S. 59–60.
Partei der Hysterie: Auf die Parodie ›Elysisches. Melancholie an Kurt Wolff‹, s. Anm. 499, schrieb Franz Werfel am 25. 11. 1916 an KK, sein Wort wachse mit der Nichtigkeit des Anlasses, und »Ist es möglich, hat der Verfasser der ›Chinesischen Mauer‹ u. des ›Prozeß Veith‹ diese Zeilen

270

drucken lassen...?« Schließlich: zeuge es nicht von »besonderem Feinge-
fühl [...], wenn ein Gast an die Adresse des gemeinsamen Hausherrn eine
Melancholie über einen anderen Gast richtet...« KK druckte den Brief
in F 445–453 v. 18. 1. 1917, S. 133–147 [W 2, 31–47] in vollem Wortlaut
ab und entwickelte unter dem Titel ›Dorten‹ eine Sprachlehre, in der er
seine These von der Einheit zwischen Wort und Wesen auf Werfel an-
wendet. In dem Gedicht ›Den Zwiespältigen‹, F 445–453 a. a. O., S. 148
bis 149 [W 7, 76] heißt es: ».../ Plötzlich erkannte die Zeit ihr häß-
liches Antlitz im Spiegel, / Warf ihn wütend nach mir, hoffend, nun sei
es mein Bild. / Denn der Splitter bewies, daß mich der Spiegel getroffen. / ...« Am 17. 2. 1917 kündigte ›Die Aktion‹, Jg. 7, Heft 7/8, Sp. 104
im ›Kleinen Briefkasten‹ für die kommende Ausgabe die Auseinandersetzung Franz Werfels »mit dem Autor des ›Verlages der Schriften von
Karl Kraus‹« an. Am 3. 3. 1917 erschien Werfels Antwort, ›Die Meta-
physik des Drehs. Ein offener Brief an Karl Kraus von Franz Werfel‹.
Erstdruck: ›Die Aktion‹, Jg. 7, Heft 9/10, Sp. 124–128; Nachdruck in:
›Selbstwehr. Unabhängige jüdische Wochenschrift‹, Prag, Jg. XI, Nr. 16
v. 20. 4. 1917 [K 2022].
Das Problem des Scheinmenschenthums: In ›Dorten‹, a. a. O., S. 134,
heißt es· »Von allen Stationen, die ich auf der Höllenfahrt durch das
literarische Scheinmenschentum durchzumachen hatte, war die Bekanntschaft mit dem jungen Werfel sicherlich eine, deren Schein von der
Sonne schien und die eine zeitlang die Echtheit des »schönen strahlenden
Menschen« zu versprechen schien.«
für das Prager Ghetto: Der Prager Rainer Maria Rilke hatte in Werfel
den Dichter der neuen Generation erhofft; vgl. Eduard Goldstücker,
›Rainer Maria Rilke und Franz Werfel‹, a. a. O.
dem »persönlichen« Motiv: vgl. vor allem Richard Specht, Anm. 70.
*»Der Mensch sagt die Wahrheit über den Dichter – denn der Mensch
lügt.«:* Diese These variierte KK in ›Dorten‹ a. a. O., S. 135: »Wo sich
mir einmal der Spalt zwischen Wort und Wesen auftat, da konnte ich
mit Stolz sagen, daß der Ephialtes ein Muster der Nibelungentreue gegen mich gewesen ist.«
diese zehnjährige Freundschaft: zwischen SN und Rainer Maria Rilke.
der kürzlich in Berlin die gegentheilige Wendung vollzogen hat: Der
Herausgeber der ›Schaubühne‹, Siegfried Jacobsohn (geb. Berlin 28. 1.
1881; gest. Berlin 3. 12. 1926) berichtete in ›Die Schaubühne‹, Jg. XIII,
Nr. 7 v. 15. 2. 1917 über die Berliner Vorlesung v. 7. 2. 1915, wobei er besonders den Lyriker KK feierte und dann feststellte: »Wie Wenige von
uns entrinnen dem Bezirk der Leidlichkeit und angenehmen Löblichkeit!
[...] Kraus ist aus unbezwingbarerem Stoff gemacht. Für schwache
schöne Seelen ist er nichts...« F 454–456 v. 1. 4. 1917, S. 30–33 [nicht
bei Kerry].
auch dieser Fall: Der »Fall« Rainer Maria Rilkes. In F 457–461 v. 10. 5.

1917, S. 23, vergleicht sich KK mit Rainer Maria Rilke: »Wenn ich ein
so feiner Mensch in der Literatur wäre wie Rainer Maria Rilke (den ich
wirklich dafür halte und den Feinheit vor schlechter Gesellschaft nicht
bewahren konnte [...]), wenn ich wie er wäre, würde mich diese Aner-
kennung meiner Lyrik neben dem Hymnus auf den Herrn Ginskey
[einen Kriegslyriker] zu dem Entschluss treiben, aus der Literatur [...]
auszutreten.«
Erwein-Sache: nicht ermittelt.
Die Natur sagt: Quelle nicht ermittelt.
»Ski und Fiedel«: Unveröffentlichtes Scherzgedicht von KK. Text bisher
nicht aufgefunden.

[550]   6. 3. 1917

Orlik kommt nächste Woche: bezieht sich vermutlich auf eine Buchbestel-
lung SNs.
leset dritten sechste Seite Affaire Piccaver: Vgl. ›Die Affäre Piccaver‹,
in: F 454–456 v. 1. 4. 1917, S. 22: Die ›Neue Freie Presse‹, auf die sich
vermutlich die Seitenangabe bezieht, hatte dem Wiener Operntenor
Alfred Piccaver (geb. Long Sutton/England 5. 2. 1883; gest. Wien
23. 9. 1958), »also einem von der Presse abhängigen Menschen« in Abwesenheit »taktlose Äusserungen über die Lichtersparnis« im Krieg in
den Mund geschoben und ihn – als Engländer – damit »zwei Wochen
lang dem Unmut des Publikums ausgesetzt«. Piccaver wollte sich recht-
fertigen, doch die ›Neue Freie Presse‹ bestand auf ihrem Recht »auf
Erschleichung der Ansicht eines abwesenden Sängers durch Belästigung
seiner Frau«.

[552]   13. 3. 1917

Shakespearsche Prinzessin: Anspielung auf SN in Abwandlung einer
Strophe des Gedichts ›Memoiren‹, s. Anm. 469: »Im Wolterton unendlich ruft von hinnen / die Klage Shakespearischer Königinnen.«

[553]   15. 3. 1917

Erster Schritt durch heutiges Ergebnis: KK war am 7. 3. 1917 erneut als
»Landsturmpflichtiger« gemustert worden. Er dürfte am 15. 3. 1917
seine Freistellung erfahren haben, womit ein »erster Schritt« für eine
neuerliche Reise zu SN getan war.
tief bewegt von Schilderung Begräbnisses und edlen Raubes: Bobby, der
am 17. 2. 1917 gestorben war, wurde wahrscheinlich, wie die übrigen
Hunde SNs, im Park von Janowitz begraben.
Alp Laret: Hochalpe über St. Moritz-Dorf.

[554]   22. 3. 1917

Das Telegramm bezieht sich möglicherweise auf den Besuch von Karl
Nádherný in Wien [?].

[557]   27. 3. 1917

ein Buch kommt: ›Worte in Versen II‹ erschien erst im Juli 1917.
dagegen Gedichtbuch zweite Auflage: ›Worte in Versen‹ I erschien zu-
nächst in einer Bindequote von 500 Exemplaren, s. Anm. 351. Die hier
genannte 2. Auflage (von 500 Exemplaren?) wird später noch zur 1.
Auflage gerechnet.
Verwandlung übersetzt: bezieht sich wohl auf die Vertonung, s. Anm.
470.
Donnerstag erscheint Heft: F 454–456 v. 1. 4. 1917.
Sonntag Nachmittag Vorlesung: Vorlesung aus eigenen Schriften im
Kleinen Konzerthaussaal, Wien, am 1. 4. 1917, 3 Uhr nachmittags. Pro-
gramm: F 457–461 v. 10. 5. 1917, S. 62.
Vierten: Vorlesung von Johann Nestroy, ›Judith und Holofernes‹ und
Gerhart Hauptmann, ›Hannele Matterns Himmelfahrt‹ im Kleinen Kon-
zerthaussaal, Wien, am 4. 4. 1917. Programm: F 457–461 v. 10. 5. 1917,
S. 62. Auf dem Programm zu Hauptmann: »Die Vorführung dieser im
neueren Deutschland einzigartigen Dichtung geschieht, um häufig vor-
kommenden Verwechslungen des Dichters Gerhart Hauptmann mit dem
Kriegsdichter gleichen Namens zu begegnen.«

[558]   29. 3. 1917

Doras Verwandlung erscheint: s. Anm. 470.

[559]   30. 3. 1917

Je zwei Hefte: F 454–456 v. 1. 4. 1917.
Shakespearscher Prinzessin: s. Anm. 552.

[560]   1. 4. 1917

Lieber Zuruf aus unsichtbarer zweiter Reihe: Vorlesung, s. Anm. 557.
In der zweiten Reihe war der Stammplatz von SN.
Peters mit Paula: Peter Altenberg mit seiner Freundin Paula Schweitzer.

[561]   1. 4. 1917

Die von Gibeon: Vgl. das Gedicht ›Gebet an die Sonne von Gibeon‹,
Anm. 389.
Laret: s. Anm. 553.

[562]   4. 4. 1917

die letzte Stunde armen Hanneles: Vorlesung, s. Anm. 557.

[564]   14. 4. 1917

Lias Onkel: Baron Stepski [?], s. Anm. 583.

[565]   15. 4. 1917

Jemand schreibt (aus dem Feld): Franz Janowitz, Feldpostkarte v. 6. 4.
1917, WStB IN 162.488; bezieht sich auf das Gedicht ›Als Bobby starb‹.
Die letzten Zeilen von »Sendung«: s. Anm. 330. »Geh du zu ihr, sei Ich
ihr, sei mein Bote! / Tod heißt nur: zwischen ihren Sternen schweben.«
die letzten von »Bobby«: ›Als Bobby starb‹, s. Anm. 544. »Und ab-
schiedsvoller schlägt mir jede Stund', / nun du noch stummer bist, du
großer Hund.«

[566]   20. 4. 1917

Beschreibung Valorbewiese: Vgl. das Gedicht ›Valorbe‹, s. Anm. 572.
Schaubuehne drei vier eingetroffen: Seit 15. 3. 1917 erschien in Siegfried
Jacobsohns ›Schaubühne‹ der Essay ›Karl Kraus‹ von Berthold Viertel in
zehn Fortsetzungen, mit einem Vorwort und einem Nachwort: Jg. XIII,
Heft 11 v. 15. 3. 1917, S. 246–249; Heft 12 v. 22. 3. 1917, S. 268–271;
Heft 13 v. 29. 3. 1917, S. 291–295; Heft 14 v. 5. 4. 1917, S. 317–320;
Heft 15 v. 12. 4. 1917, S. 338–342; Heft 16 v. 19. 4. 1917, S. 365–371;
Heft 18 v. 3. 5. 1917, S. 408–413; Heft 19 v. 10. 5. 1917, S. 431–434;
Heft 22 v. 31. 5. 1917, S. 499–505; Heft 23 v. 7. 6. 1917, S. 520–525;
Heft 24 v. 14. 6. 1917, S. 546–550; Heft 26 v. 28. 6. 1917, S. 594–600.
[K 2102]. Die außergewöhnliche Hommage des Schriftstellers und Regis-
seurs Berthold Viertel (geb. Wien 28. 6. 1885; gest. Wien 24. 9. 1953)
und der ›Schaubühne‹ an KK ist im Zusammenhang mit der polemischen
Auseinandersetzung zwischen KK und Franz Werfel zu sehen. Viertel,
der bereits als 15jähriger Schüler durch einen Leserbrief »Mitarbeiter«
der F wurde – F 15 v. Ende August 1899, S. 31–32 –, dürfte KK und
Peter Altenberg etwa zu dieser Zeit persönlich kennengelernt haben.
1910–1911 druckte KK Gedichte und Rezensionen von Berthold Viertel
in der F. Als KK sich in F 423–425 v. 5. 5. 1916, S. 21–23, über »Kriegslyriker« äußert, verschont er auch Berthold Viertel nicht, der im ›Österreichischen Almanach auf das Jahr 1916‹, Hrsg. von Hugo von Hofmannsthal, Insel: Leipzig 1915, das Gedicht ›Kote 708‹ erscheinen ließ.
Viertel kommt »wieder zur Besinnung«. Er bleibt KK zeit seines Lebens
freundschaftlich verbunden. Vgl. ›Berthold Viertel (1885–1953)‹. Eine

274

Dokumentation. Zusammengestellt von Friedrich Pfäfflin. [Sonderheft der] ›Nachrichten aus dem Kösel-Verlag‹, München: Kösel 1969.
ob Bobby auch im Druck wiedererkannt: ›Als Bobby starb‹, s. Anm. 544.

[567]   22. 4. 1917

letztmöglicher Termin: für eine Reise nach St. Moritz.
fast fertigen Hefts: F 457–461 mit 100 Seiten erschien am 10. 5. 1917.
Advokatensachen: nicht ermittelt.
Mittwoch wird Hannele für Kinderschutz wiederholt: Vorlesung v. 4. 4. 1917, s. Anm. 557, wurde am 25. 4. 1917 zugunsten von Kriegsblinden und Kindervereinen wiederholt. Programm: F 457–461 v. 10. 5. 1917, S. 62.

[568]   23. 4. 1917

Eintreffen auch zu Hannele: s. Anm. 567.
also fünften: KK reiste am 5. 5. 1917 nach St. Moritz.

[569]   28. 4. 1917

Verwandlung erscheint: s. Anm. 470.
heute vierter Geburtstag: seit der Bekanntschaft mit SN im Jahre 1913. KK war am 28. 4. 1917 43 Jahre alt geworden.

[570]   30. 4. 1917

Glücklichste Fahrt: von SN und Miss Cooney nach Bad Ragaz.

[571]   1. 5. 1917

schaudernde Bewunderung erregenden Inhalts: nicht ermittelt.
das Eintreffen Werkes: ›Worte in Versen II‹.
wichtigstem nichtigstem Tag: Geburtstag von KK.
störenden auch unwissenden Onkel: nicht ermittelt.

[572]   3. 5. 1917

Autor abgeht morgen: SN in BA: »Bis 6. August zusammen in der Schweiz mit Auto. In Tierfehd (Wiedersehn mit Schmetterlingen), Vallorbe, Einsiedeln etc. Ich dann noch nach St. Moritz.« SN in Tb v. 8. 11. 1917: »In May M.-M. & I met K.K. in Ragaz, & from there we started on a large autotour till the middle of August. Over Lenzburg to Genf (Hotel Richemond) where we stayed 3 weeks & I bought dresses [...]. Then Zermatt, Loecte-les-Bains!, the Blansee & Gasternthal by Kandersteg, Interlaken [...]. I forgot the Bodensee & Schaffhausen & the Rheinfall. And the crown of all was sweet Vallorbe, an excursion from Genf via Lac de Joux. [...] Last we were 3 weeks in Thierfehd, from where I drove with M.-M. nearly daily to Liesthal, while K.K. finished his Drama. [...] He set now Vallorbe a monument in a lovely poem.« SN in BlH: »Vallorbe. Mai 1917. Erinnerung an eine Wiese bei Vallorbe, das Auto liessen wir auf der nahen Strasse. Wir verbrachten dort den ganzen Tag.« SN datiert in BA an anderer Stelle das Gedicht auf »Wien, 12. Oktober 1917. Wegen der Seligkeit eines wundervollen Maitages auf einer unvergleichlichen Wiese, von Wald umgeben, zwischen Orb-Vallorbe und Lac de Joux blieben diese Namen Heiligtümer.« Handschrift der Satzvorlage in der WStB IN 172.783, datiert: »3./4. Okt. 17«. Variante: »*indem* sie staunend still stand vor der Ewigkeit.« Erstdruck: F 472–473 v. 25. 10. 1917, S. 32 [W 7, 184].

›Wiedersehn mit Schmetterlingen‹. Handschrift aus dem Besitz von SN in der Österreichischen Nationalbibliothek, Wien, datiert: »Thierfeh 1./2. Juli 17«. Varianten: Zeile 8: »und kühlt die heiße Stirne«, korrigiert von SN auf Druckfassung. Zeile 20: »gibt Rittersporn den Adel«, korrigiert wie oben. Zeile 36: »der spielt: Nur für Natur.« Erstdruck: F 462–471 v. 9. 10. 1917, S. 86–87 [W 7, 118–119].

[574]   7. 8. 1917

Geschrieben auf der Rückfahrt nach Wien.
Ludwigs Befinden: Ludwig von Ficker verbrachte nach einem Lazarettaufenthalt einen Erholungsurlaub in Innsbruck. Er war durch ein Schrapnell am Hinterkopf verwundet worden.

[576]   8. 8. 1917

Parte ärmsten Grüner: Franz Grüner (geb. 1877 [?]; gefallen 19. 6. 1917) war als Leutnant an der Südwestfront von einer Granate zerrissen worden. Grüner gehörte zum engen Freundeskreis von KK. Er war Kunsthistoriker und wies als einer der ersten auf den Maler Oskar Kokoschka hin, s. F 317–318 v. 28. 2. 1911, S. 18–23: ›Oskar Kokoschka‹. In F 743–750 v. Dezember 1926, S. 32, weist KK darauf hin, daß die Szene ›Die letzte Nacht‹ in den ›Letzten Tagen der Menschheit‹ [W 5, 729–770] in »schmerzlichstem Gedenken« an »den teuren Namen« entstanden sei. Traueranzeige für Franz Grüner in F 462–471 v. 9. 10. 1917, S. 73. Vgl. das Gedicht ›Meinem Franz Grüner‹ in F 484–498 v. 15. 10. 1918, S. 126

276

[W 7, 144], das im Anschluß an einen Vorabdruck aus ›Die letzte Nacht‹, S. 116–125, abgedruckt wird. Dieser Zusammenhang bleibt auch in EA 39.3, 40–50 und W 7, 145–154 erhalten.

[579]   11. 8. 1917

Wenn Schmetterlinge noch unverpackt: ›Wiedersehn mit Schmetterlingen‹, s. Anm. 572.

[580]   12. 8. 1917

Ninys Mann: Anton Freiherr Codelli von Codellisberg.
Cousin oder Onkel: Baron Stepski [?].
heute mit jungem Ehepaar: nicht ermittelt.

[581]   13. 8. 1917

Ludwig: Ludwig von Ficker.
Rudolf: Rudolf von Ficker (geb. 11. 8. 1888; gest. 2. 8. 1956), der Bruder Ludwig von Fickers, Musikhistoriker.
Innsbrucker Gesellschaft: Schlafwagengesellschaft.

[583]   16. 8. 1917

Generalkonsul Stepski: SN in Tb v. 8. 11. 1917: »...he gave me a good pass for returning.«
SN in BA: »Ich über Wien nach Janowitz. Er dort 28. 8. bis 20. 9. (Verlöbnis.)«
Das Gedicht ›Verlöbnis‹ wird von SN in BA auf »Janowitz, September 1917« datiert, in BlH auf »1917«, Angaben dazu fehlen. Handschrift der Satzvorlage in der WStB IN 107.217, datiert: »vollendet 17./18. Sept. 17«. Erstdruck: F 462–471 v. 9. 10. 1917, S. 79–80 [W 7, 120–121], vgl. ›Die Wortgestalt‹, in: F 572–576 v. Juni 1921, S. 69–74.

[584]   26. 8. 1917

Abreise Dienstag: 28. 8. 1917.

[585]   27. 8. 1917

Opel nichts: nicht ermittelt.

[586]   24. 9. 1917

Suleika: Goethe, ›Westöstlicher Divan‹, ›Suleika Nameh Buch Suleika‹.

[587]   25. 9. 1917

1. Leider unmöglich: Vorschlag von SN für den nächsten Vorlesungstermin.
17.: eigenes: Vorlesung aus eigenen Schriften, Hölderlins Gedicht ›Vom deutschen Volk‹ und eines Kapitels aus François Rabelais, ›Gargantua‹, im Mittleren Konzerthaussaal, Wien, am 17. 10. 1917. Programm: F 474 bis 483 v. 23. 5. 1918, S. 87.
Verlöbnis: s. Anm. 583.
sechs Bureaus: bei der Zensur.
»erste Menschenpaar«: ».../ Siehe, so führt ein erstes Menschenpaar / wieder ein Gott auf die heilige Insel! //...«, ›Verwandlung‹, s. Anm. 239.
dieses hier: Beilage nicht erhalten.
die »hohe, die himmlisch Göttin«: Xenie von Schiller: »Einem ist sie die hohe, himmlische Göttin, dem andern / Eine tüchtige Kuh, die ihn mit Butter versorgt.«
eine Anspielung gewagt: das Gedicht ›Verlöbnis‹.

[588]   27. 9. 1917

etwas ganz besonderes: SN in BA: (»Jugend«). Erstdruck: F 462–471 v. 9. 10. 1917, S. 180–184 [W 7, 178–182].
das beiliegende: bezieht sich möglicherweise auf die ›Schilderung aus dem Erzgebirge‹.
Schilderung aus dem Erzgebirge im Pr. Tagbl.: s. ›Aus dem Erzgebirge‹, in: F 462–471 v. 9. 10. 1917, S. 169. Das ausführliche Zitat wird ohne Quellenangabe abgedruckt.

[590]   6./7. 10. 1917

»...sie, wie sie ist, vergessen«: Das Epigramm ›Die Geschlechter‹, Handschrift in der WStB IN 172.778, datiert: »2/3 X 17«, lautet: »Ich muß sie erst, wie sie ist, vergessen, / daß ich mich ganz in sie versenke. / Dann stehe ich unter dem Eindruck dessen, / was ich von ihr denke.« Erstdruck: F 472–473 v. 25. 10. 1917, S. 28 [W 7, 130].
ein älterer Aphorismus: »Ich stehe immer unter dem starken Eindruck dessen, was ich von einer Frau denke.« Erstdruck: F 251–252 v. 28. 4. 1908, S. 38; ›Sprüche und Widersprüche‹, 3., veränderte Auflage [EA 32 a, S. 15] [W 3, 22].

278

[591]   12./13. 10. 1917

in unserm Vallorbe: s. Anm. 572.
den lieben Extrazug: SN in BA: »(Militär hatte den in Ragaz eingelager-
ten Wagen zeitweilig mobilisiert)«.
das Gedicht: ›Vallorbe‹, s. Anm. 572.
Montag überrascht zu sein: SN in Wien, 15./16. 10. 1917. SN in BA vor
dem folgenden Brief: »Nach meiner Rückkehr aus Wien:«

[592]   20. 10. 1917

Kuvert nicht adressiert.
»Jugend erst werde!«: Aus ›Jugend‹, s. Anm. 588, Strophe 33: »Rückwärts mein Zeitvertreib! / Jugend erst werde! / Länger als ihr verbleib' / ich auf der Erde!«
Am Leseabend: Vorlesung vom 17. 10. 1917, s. Anm. 587; SN war anwesend. ›Jugend‹ wurde nicht vorgetragen.
Seeligkeit von Vallorbe: vgl. ›Vallorbe‹, Anm. 572.
nie mehr anders sein!: vgl. ›Aus jungen Tagen‹, Anm. 326: »Nie kann
es anders sein ...«.
Dieser kleine Dank: Vorausexemplar der F 472–473 v. 25. 10. 1917, die
ausschließlich ›Epigramme und andere Gedichte‹ enthält, darunter ›Vallorbe‹. Vgl. das ›Chronologische Verzeichnis‹, S. 25 ff., in dem alle Gedichte und Epigramme dieser F datiert worden sind.
die in der Beilage beschriebenen Dinge: Beilage nicht erhalten.
nach dem Hannele ausgeträumt hat: Zu der Vorlesung am 2. 12. 1917,
s. Anm. 601, kam SN nach Wien. Sie fuhr am 3. 12. 1917 nach St. Moritz
weiter, s. Anm. 608.
Citat über das »Zerstören und Nicht-Aufbauen«: nicht ermittelt.
»...das unersetzlichste Menschenleben...«: nicht ermittelt.

[593]   20. 10. 1917

siebzehnte: Vorlesung, s. Anm. 587.
sechzehnte: s. Anm. 591.

[594]   24. 10. 1917

Fabrik J. Granner: Joseph Granner, Wien XII, Hofmeistergasse 2,
eine der ältesten Essigfabriken Österreichs.

[595] 25. 10. 1917

das hier: Brief von Niny Codelli; Beilage nicht erhalten.
Rede Viktor Adlers: Viktor Adler (geb. Prag 24. 6. 1852; gest. Wien
11. 11. 1918), der österreichische Sozialdemokrat und Begründer der
›Arbeiter-Zeitung‹ (1889), deren Hauptschriftleiter er bis 1918 war,
hatte auf dem Parteitag der Internationalen in Stockholm eine Rede
gehalten, die in der ›Arbeiter-Zeitung‹, Wien, Nr. 293 v. 25. 10. 1917,
S. 5–7, unter dem Titel ›Stockholm, die Internationale und der Friede‹
abgedruckt worden war: »...Heute liegt nicht die Frage zur Diskussion,
wer ist schuld am Kriege, sondern wer ist schuld, daß der Krieg nicht zu
Ende geht?...« Da auch die deutschen und österreichischen Sozialdemokraten 1914 für den Krieg gestimmt hatten und die sozialistische Internationale in nationalistische Gruppen zerfallen war, beantwortet Adler
die Kriegsschuldfrage mit der These: »...wie sehr auch Kapitalismus
und Imperialismus zu diesem Kriege führen mußten, so sage ich doch:
Wer einen vielleicht ausweichlichen Brand angezündet hat, der trägt die
größte Schuld!...« Die von ihm selbst geforderte pragmatische Formel,
zunächst müsse die Partei und ihre Organisation gerettet werden, sei in
Stockholm zu revidieren und abzulösen: »...Es ist genug mit dem Krieg,
wir wollen, daß die Schlächterei ein Ende nimmt, wir halten es nicht
länger aus und wir wollen Schluß machen...« Adler fordert den »internationalen Zusammenschluß [...] Aber die Bedingung dafür ist, daß
wir den Frieden wollen, nicht nur außen, sondern daß wir die brüder-
liche Solidarität auch unter uns aufbringen...«
Es entsteht allerlei Neues: ›Phantasie an eine Entrückte‹, Sonett. Handschrift aus dem Besitz von SN in der Österreichischen Nationalbibliothek,
Wien, undatiert. SN in BlH und BA: »Wien, 22./23. Oktober 1917«.
Handschrift in der WStB IN 107.239, datiert: »22./23. Okt. 17«. Variante: »Mit allen bleibt mir meine Lust verwebt«. Erstdruck: ›Worte
in Versen III‹ [EA 39.3, 36] [W 7, 177].
›Es werde Licht‹. Handschrift in der WStB IN 107.241, datiert: »23./24.
Okt. 17«. Variante: Titel: ›Ich und ihr‹ gestrichen und ersetzt: ›Es werde
Licht‹. Erstdruck: ›Worte in Versen III‹ [EA 39.3, 82] [W 7, 183].

[597] 27./28. 10. 1917

Sprache entsteht, weil es dieses Ohr gibt: vgl. ›Zuflucht‹, Anm. 478 und
›Ein leicht verständliches Epigramm‹, Anm. 599.
Vallorbe: s. Anm. 572.

[598] 29. 10. 1917

Kremser: Weinessig, s. Anm. 594.

D.... E....: nicht ermittelt.

von A.: Viktor Adler, s. Anm. 595.

Parteitag: der Internationalen in Stockholm, s. Anm. 595.

was am 17. war: Vorlesung, s. Anm. 587.

»Es entsteht Neues«: ›Ein leicht verständliches Epigramm‹. Handschrift in der WStB IN 107.235; datiert: »26. Okt. 17«. Erstdruck: ›Worte in Versen III‹ [EA 39.3,71] [W 7, 173–174].

›Sinn und Gedanke‹. Handschrift in der WStB IN 107.237, datiert: »26. Okt. 17«. Variante: Titel: ›Sprache und Sinn‹ gestrichen und ersetzt: ›Sinn und Gedanke‹. Erstdruck: ›Worte in Versen III‹ [EA 39.3,71] [W 7, 173].

›Etymologie‹. Handschrift in der WStB IN 107.236, datiert: »26./27. Okt. 17«. Variante: »Sehr wahr, *die* Söldner *thun's für* Sold. / *Soldaten thuns aus* Pflicht. / ...« Erstdruck: nicht ermittelt [W 3, 59; W 7, 163].

›Unterricht‹. Handschrift in der WStB IN 107.243, datiert: »27./28. Okt. 17«. Varianten: »rathe« statt »rate«, »es noch einmal zu lesen –«. Erstdruck: ›Worte in Versen III‹ [EA 39.3,72] [W 7, 174].

Natürlich wird an den Büchern gearbeitet: Ende Dezember 1917 erschien ›Worte in Versen III‹, Leipzig: Verlag der Schriften von Karl Kraus [EA 39.3], mit der Widmung »Der Hörerin«. Erscheinungsnachweis: F 474–483 v. 23. 5. 1918, S. 74–77. – Auf dem Umschlag der gleichen F-Nummer werden als »Im Druck:« angezeigt: ›Nachts‹ [EA 25] und ›Untergang der Welt durch schwarze Magie‹ [EA 35].

im Burgtheater das elende Stück: Am 29. 10. 1917 wurde im Burgtheater ›Die Sprache der Vögel‹ von Adolf Paul nach dem Fragment ›Esther‹ gespielt [?].

»Vallorbe«: s. Anm. 572.

Beiliegend zwei Kuriosa von Adressen: Beilagen nicht erhalten.

dem Verwandten: Baron Stepski [?].

Vallorbe: s. Anm. 572.

»Über allen Gipfeln«: Goethe, ›Ein Gleiches‹.

»Goethes Volk«: F 454–456 v. 1. 4. 1917, S. 1–4.

dessen Abschluß Bobby war: ›Als Bobby starb‹, s. Anm. 544.

den czechischen Ausschnitt: nicht ermittelt.

Amschelberg: an Olivier und Rosa Mladota.

an Wedekind: Frank und Tilly Wedekind waren bis Herbst 1917 auf Gastspielreise in Zürich. Im November kehrten sie nach Deutschland zurück.

der Begleiter: nicht ermittelt.

»großen Zeit, in der wir leben«: Auch KK hatte die Zeit »groß« genannt, vgl. ›In dieser großen Zeit‹.
beiden Zwillingen: SN und Karl Nádherný.
ihrem Onkel: Baron Stepski [?].
die gutgemeinte Huldigung: Beilage nicht erhalten.

[601]   4. 11. 1917

Die arme M. M.: May-May, Miss Cooney hielt sich noch immer in St.
Moritz auf, weil sie keine Einreisegenehmigung erhielt.
die »beiden Theile«: ›Worte in Versen‹ I und II.
Schlafplatz, Endlicher [?]: Bezieht sich auf die Schlafwagenbestellung
für SNs Reise am 3. 12. 1917 nach St. Moritz und die Besorgung von
Essig.
mit den schweren Pflichten der großen Zeit: s. [600] B.
sie: Niny Codelli von Codellisberg.
wo die Stelle über das Goethe-Gedicht steht: nicht ermittelt.
das Gedicht: ›Ein Gleiches‹, s. Anm. 600.
Stelle in Faust II: In der Palastszene, 5. Akt, kündet Lynkeus der Tür-
mer durchs Sprachrohr die Ankunft eines prächtigen Kahns an, »reich
und bunt beladen mit Erzeugnissen aus fremden Weltgegenden«. Das
beladene Schiff als Symbol der Weltherrschaft wird bei der angespann-
ten Lage der Verbündeten und ihrer optimistischen Propaganda als
historischer Beleg für die baldige Änderung der Situation angeführt.
Witwe Franziska L.: s. Anm. 602.
»Datum 17.«: s. Anm. 587.
Am 11.: Vorlesung aus eigenen Schriften und aus Grimmelshausen, ›Der
Abentheuerliche Simplicissimus‹ im Kleinen Konzerthaussaal, Wien, am
11. 11. 1917, 3 Uhr nachmittags. Programm: F 474–483 v. 23. 5. 1918,
S. 87.
am 18.: Das Programm wurde umgestellt: Vorlesung aus eigenen Schriften und aus Grimmelshausen, ›Der Abentheuerliche Simplicissimus‹ mit
einer Einführung ›In memoriam Franz Janowitz‹ im Kleinen Konzerthaussaal, Wien, am 18. 11. 1917, 3 Uhr nachmittags. Programm: F 474
bis 483 v. 23. 5. 1918, S. 88.
Verlorene Liebesmüh': Shakespeares Lustspiel in fünf Aufzügen, ›Ver-
lorne Liebesmüh'‹ (›Liebes Leid und Lust‹) in einer von KK bearbeiteten Übersetzung auf der Grundlage von Wolf Graf Baudissin und Heinrich Voss wurde am 25. 11. 1917, 3 Uhr nachmittags, mit musikalischer
Begleitung durch Egon Kornauth im Kleinen Konzerthaussaal, Wien,
aufgeführt. Programm: F 474–483 v. 23. 5. 1918, S. 88.
am 2.: Vorlesung von ›Worte in Versen‹ und Gerhart Hauptmann,
›Hannele Matterns Himmelfahrt‹ mit musikalischer Begleitung von

Egon Kornauth im Kleinen Konzerthaussaal, Wien, am 2. 12. 1917.
Programm: F 474–483 v. 23. 5. 1918, S. 89–90.
(auf allerhöchsten Wunsch): SN war bei der Vorlesung zu ihrem 32. Geburtstag anwesend.
jene Zeitung: ›Arbeiterzeitung‹ v. 25. 10. 1917.

[602] 5. 11. 1917

Beilagen: F 454–456 v. 1. 4. 1917 mit der Polemik ›Goethes Volk‹ und dem Faksimile aus der ›Neuen Freien Presse‹ v. 14. 2. 1917: ›Eine Audienz bei Kaiser Wilhelm‹.
vorläufig zwei Liter: Kremser Essig, s. Anm. 598.
ein neues altes Weiberl: Ein Teil des Ertrags der Vorlesung vom 11. 11. 1917 war »für die Mutter zweier Kriegskrüppel und eine andere notleidende Frau« bestimmt.
Den Kleinen vom Volksgarten: nicht ermittelt.
Wegen der Reise: von SN nach Wien und St. Moritz.
dort unten an dem Grauenvollen betheiligt: SN in Tb v. 8. 11. 1917 beklagt die Kämpfe um Venedig.
Vallorbe das letzte Wort der Fackel: s. Anm. 572. In F 474–483 v. 23. 5. 1918, S. 71–72, spricht KK von der »täglich vermehrten Schwierigkeit der Drucklegung«, die ihn »nur den kleineren Teil der im Februar und in der ersten Märzhälfte entstandenen Manuskripte und Dokumentensammlungen« habe veröffentlichen lassen.

[603] 8. 11. 1917

Elisabeth R.: Elisabeth Reitler.

[604] 10./11. 11. 1917

Beilage: Zeitungsausschnitt: »[Todesfälle: ... – Gestern abends starb hier Frau Elisabeth Reitler, eine durch Anmut und Geist hervorragende Dame.« Randnotiz von KK: »Der würdigste Nachruf, den ich je auf diesem Papier gelesen habe.«
Könnte ich doch morgen absagen: Vorlesung vom 11. 11. 1917, s. Anm. 601.
den Abend und die Nacht des Mittwoch 7. Nov.: Todestag von Elisabeth Reitler. SN notierte am 8. 11. 1917 in Tb, noch bevor sie die Nachricht vom Tod der Freundin Elisabeth Reitler erfuhr: »I want new people, new experiences, new countries, freedom. And always more I think that after this awfull war I'll go away for a year to far-of-lands – if I dont marry. – K. K., I wish he'd love me less, for in my heart are other dreams, & faithful I cannot be & no man should want that of a woman, for it must make her fade...«

die Schwester: Helene Kann.
»Zuflucht«: »Hab' ich dein Ohr nur, find ich schon mein Wort: /...«,
s. Anm. 478.
die beiliegenden Zeilen: Beilage nicht erhalten. Bezieht sich auf das Gedicht ›Der Mann und das Wort‹. Handschrift in WStB IN 172.787, datiert: »(4. X. 17)«. Varianten: »Ein Mann, ein Wort:«, »Das meine ist:
Ein Wort, ein Mann!« Erstdruck: F 472–473 v. 25. 10. 1917, S. 27. Dann
in ›Worte in Versen III‹ [EA 39.3, 24] in unmittelbarer Nachbarschaft
zur ›Grabschrift für Elisabeth R.‹ [W 7, 131].
»Jemand steht seinen Mann«: Die 8. Zeile lautet: »und jene [die Ehre]
kann man, dieses [das Wort] nimmer brechen, /...«
der unglaublich nachgibige Mann: der Ehemann Elisabeth Reitlers.
Dienstag ist das Begräbnis: 13. 11. 1917. ›Grabschrift für Elisabeth R.‹
Handschrift der Satzvorlage in der WStB IN 107.218, datiert: »(13. Nov.
17)«. Erstdruck: ›Worte in Versen III‹ [EA 39.3, 23] [W 7, 130].
Damals, wo auch Kammermusik war: SN in Tb v. 8. 11. 1917: »Johannes
– my ever present strongest feeling, my nearest thought, my deepest
pain, my endless longing. The other day I, for the first time, had the
courage to go in a bohemian Kammermusic-conzert, where we were
together so often...«
Morgen nachmittag: Vorlesung v. 11. 11. 1917, s. Anm. 601.
Am 18.: Vorlesung, s. Anm. 601.
der Musiker: Egon Kornauth.
Am 25.: Vorlesung, s. Anm. 601.
am 2.: Vorlesung, s. Anm. 601.
Später Goethes »Pandora« und aus meinem Epilog!: Vorlesung ›Pandora, ein Festspiel‹ von Goethe und Szenen aus ›Die letzte Nacht‹ im
Kleinen Konzerthaussaal, Wien, am 9. 12. 1917, halb 4 Uhr. Programm:
F 474–483 v. 23. 5. 1918, S. 90–91.
der jüngste der Brüder J.: Franz Janowitz (geb. Podjebrad/Böhmen 28.
7. 1892; gest. 4. 11. 1917 nach einer Verwundung am 24. 10. 1917 in der
Isonzoschlacht) gehörte zusammen mit seinem Bruder Hans seit 1911
zum Freundeskreis von KK. Am 22. 3. 1912 veranstaltete er mit Willy
Haas die 3. Prager Vorlesung von KK, vgl. F 345–346 v. 31. 3. 1912,
S. 25. Veröffentlichte Gedichte in den ›Herder-Blättern‹ und in dem von
Max Brod herausgegebenen Jahrbuch ›Arkadia‹. KK schrieb am 10./11.
11. 1917 an Franz Janowitz: »Mein lieber, lieber Freund! Wie habe ich
all die Zeit nach einem Wort von Ihnen gebangt!« Die Karte kam mit
dem Vermerk zurück: »Abgeschoben. Aufenthalt unbekannt. Retour«,
WStB IN 167.368. Briefe und Karten von Franz Janowitz an KK und
die Mitteilung des Dieners Josef Greunz über den Tod des Leutnants
erschienen in F 657–667 v. August 1924, S. 13–17. Am 18. 11. 1917, s.
Anm. 601, sprach KK den Nachruf ›In memoriam Franz Janowitz‹,
F 474–483 v. 23. 5. 1918, S. 69–71, in dem bereits der von KK heraus-

gegebene Gedichtband ›Auf der Erde‹, München: Kurt Wolff, angekündigt wird, der im Dezember 1919 in 1000 Exemplaren erschien. Franz Janowitz wird der Antipode zu Franz Werfel. Denn »was Franz Janowitz in den vier Jahren seines Kriegslebens und vorher geschwiegen hat, könnte dennoch einmal lauter und lauterer sprechen als die Werfel'sche Posaune...«, F 484–498 v. 15. 10. 1968, S. 106. Ebenda, S. 115, erscheint das Gedicht ›Meinem Franz Janowitz‹. Erstdruck: ›Worte in Versen III‹ [EA 39.3,51] [W 7, 155]. Der ›Aufruf zur Subskription auf den Nachlaß von Franz Janowitz‹, in: ›Der Brenner‹, 9. Folge, Herbst 1925, den KK auch in die F übernimmt, F 706–711 v. Dezember 1925, S. 43–44, führt nicht zu dem gewünschten Ergebnis. Die beiden geplanten Gedichtbände kommen nicht zustande. Aus dem Nachlaß erscheinen: ›Das Reglement des Teufels‹, in: F 691–696 v. Juli 1925, S. 3–14, sowie Gedichte und Aphorismen in ›Der Brenner‹, vgl. [Friedrich Pfäfflin], ›Der Brenner-Verlag. Eine Gesamtbibliographie. 1910–1954‹, in: ›Nachrichten aus dem Kösel-Verlag‹, [Sonderheft:] ›Der Brenner. Leben und Fortleben einer Zeitschrift‹, München: Kösel o. J. [1965], S. 30–45.
»Die kann von der Liebe nicht leben...«: SN in Tb v. 8. 11. 1917: »True are the words that are said of Lulu in Pandora's Büchse: »die kann von der Liebe nicht leben, weil die Liebe ihr Leben ist.«
(»Verständigungsfrieden«, Czernin etc): Bezieht sich möglicherweise auf den Programmpunkt: ›Eine prinzipielle Erklärung‹ (vom November 1917), in dem KK die Reaktion des Grafen Czernin auf Wilsons 14 Punkte kritisierte und sich lossagt von einer Zeitgenossenschaft, die schon während des Krieges die Propagierung von Soldatengräbern als Attraktionen für den Fremdenverkehr erörtert. F 484–498 v. 15. 10. 1918, S. 232–240. Ottokar Graf Czernin von und zu Chudenitz (geb. Dimokur/Böhmen 26. 9. 1872; gest. Wien 4. 4. 1932), der österreichische Außenminister, wurde am 4. 4. 1918 gestürzt.
des Vetters Max: Max Graf Thun.
seinem Bruder in Bilin: Prinz Ferdinand Joseph Lobkowitz (geb. Bilin 27. 12. 1885; gest. Prag 16. 1. 1953).
»Menschen im Kriege«: Antikriegsbuch von Andreas Latzko (geb. Budapest 1. 9. 1876; gest. Holland 11. 9. 1943). KK empfiehlt die Lektüre dieses Buches in F 462–471 v. 9. 10. 1917, S. 175, mit allem Nachdruck. Latzko lebte in der Schweiz. Das Buch erschien in Zürich: Rascher.
dem Hennet: Baron Maria *Leopold* Hennet (geb. Gaaden bei Wien 10. 5. 1867), vormaliges Mitglied der öst.-ungar. Gesandtschaft in Bern; später Bundesminister.

[605] 14. 11. 1917

Arbeit an den Briefen: SN in EX: »diesen hier«. Das bedeutete, daß SN schon 1917 mit der Reinschrift der ›Extrakte der Briefe von Karl Kraus

an mich (von ihm gewünscht zwecks einmaliger eventueller Veröffentli-
chung)‹ begonnen hätte.
M. L.: Max Lobkowitz.
beide Theile: ›Worte in Versen‹, Bd. I und II.
Egbert S. T.: Egbert Graf Silva-Tarouca.
Welch ein Domizilwechsel: Prinz Max Lobkowitz wohnte in Wien im
Palais Lobkowitz.
seine Mutter: Anna Bertha Fürstin von Lobkowitz, geb. Gräfin von
Neipperg (geb. Prag 7. 8. 1857; gest. Komotau 9. 4. 1932).
Sonntag in die Vorlesung: 18. 11. 1917, s. Anm. 601.
Autor von »Menschen im Kriege«. Andreas Latzko.
Schalek: Alice Schalek, Ps. Paul Mischaely (geb. Wien 21. 8. 1874; gest.
New York 6. 11. 1956), seit 1903 in der Feuilletonredaktion der ›Neuen
Freien Presse‹, im Ersten Weltkrieg Kriegsberichterstatterin. Für KK der
Prototyp des rücksichtslosen Sensationsjournalisten.
Grfn. Drakovich: nicht ermittelt.
Grabschrift: s. Anm. 604.
»Franz, Franz, warum ließest Du Dich verleiten!«: Anspielung auf ein
Feuilleton von Ferdinand Kürnberger, ›Der Krieg und das Lettische
Mädchen‹, F 508–513 v. Mitte August 1919, S. 66–70.

[606]   16. 11. 1917

Der zweite: Franz Janowitz: nach Franz Grüner, s. Anm. 576, stirbt
Franz Janowitz an den Folgen seiner Verwundungen, s. Anm. 604.

[607]   19. 11. 1917

Liebesmüh der Textberichtigung: bezieht sich vermutlich auf die Bearbeitung von Shakespeares ›Verlorene Liebesmüh‹‹; SN sprach und
schrieb Englisch: Sie dürfte KK auf bestimmte »Fehler« aufmerksam gemacht haben, s. Anm. 601.
Mutter des Max L.: Anna Bertha Fürstin von Lobkowitz.
dem L. aus Bern: vermutlich Erwein Lobkowitz.
drin: Vorlesung 18. 11. 1917, s. Anm. 601.
daß ich kommen wollte: Obwohl SN in BA feststellt: »Er in Janowitz.«, scheint diese Reise nicht stattgefunden zu haben.
es ist der Dichter, nicht der Musiker: Franz Janowitz, nicht Otto Janowitz.
Ein dritter Bruder: Hans Janowitz (geb. Podjebrad [?] 2. 12. 1890;
gest. New York 25. 5. 1954) war ebenfalls Schriftsteller, später Film-
regisseur; Mitschüler von Franz Werfel; erste Veröffentlichung in Max
Brods Jahrbuch ›Arkadia‹; Mitarbeiter des ›Brenner‹, der ›Herder-
Blätter‹, des ›Forum‹, der Wiener Zeitschrift ›Der Friede‹ und der Ber-

liner Theatermonatsschrift ›Das junge Deutschland‹, der ›Neuen Schaubühne‹ und der in der KK-Nachfolge stehenden Zeitschrift ›Der Revolutionär‹ von Moritz Lederer. Hans Janowitz schrieb zusammen mit Carl
Mayer das Drehbuch des berühmten expressionistischen Films ›Das Kabinett des Dr. Caligari‹ (1920).
vom Musiker: Otto Janowitz war der Klavierbegleiter von KK.
Der Vater: Gustav Janowitz bat KK am 14. 11. 1917, WStB IN 145.467,
um eine Intervention für seinen Sohn Otto, »welcher sich gleichfalls in
beständiger Gefahr an der ital. Front befindet u. z. bei dem Inf. Reg. 79,
VII Feldko. Feldpostamt Nr. 628. Wäre etwa das Handelsmuseum in
der Lage, Otto für sich zu reklamieren? Vielleicht durch Ihre gütige
Intervention?«
dieses ergreifende Schreiben des Dieners: F 657–667 v. August 1924,
S. 14–15.
Schlafplatz 3. Dez.: für die Reise von SN von Wien nach St. Moritz.
das Gedichtheft des Guten: »Aus einem bescheidenen Heftchen, das er
im Jahre 1913 nur widerwillig einer fragwürdigen Anthologie einver-
leiben ließ, ertöne nun seine Stimme, so leise, so tief.« KK, ›In memo-
riam Franz Janowitz‹, F 474–483 v. 23. 5. 1918, S. 70. Gemeint ist das
Buch ›Arkadia‹; vgl. dazu Max Brod, ›Streitbares Leben. Autobiogra-
phie‹, München: Kindler Taschenbücher 1960, S. 69–72.
Enns: Garnison der Brüder Hans und Franz Janowitz.
Sonntag hält Liegler über mich einen Vortrag: ›Karl Kraus und die
Sprache‹, »Vortrag, gehalten am 24. November 1917 im Festsaal des
Wiener Kaufmännischen Vereines«, Wien: Lanýi 1918 [K 1771].

[608]   25. 11. 1917

Absage für Mittwoch: 22. 11. 1917. Die geplante Reise nach Janowitz
fand nicht statt.
Rückkehr für Sonntag: 2. 12. 1917. Vorlesung, s. Anm. 601. SN in BA:
»Ich dann in Wien u. am 3. Dez. (am 2. Vorlesung) in die Schweiz.«

[610]   9. 12. 1917

Grüße auch an Mutter des Engels: Valentine Codelli von Codellisberg.
Das Telegramm ist an: »Nadherny bei Codelli Bern Luisenstrasse 28«
adressiert.

[611]   14. 12. 1917

könnte Vortragsreise wenn nicht letztes Hindernis Freitag antreten: Die
Vortragsreise war ein Vorwand zur Erlangung der Ausreisegenehmi-
gung in die Schweiz.
Wiederholung Epilogs: Vorlesung aus eigenen Schriften – unter anderem:

›Die letzte Nacht‹ – im Kleinen Konzerthaussaal, Wien, am 16. 12. 1917, halb 4 Uhr. Programm: F 474–483 v. 23. 5. 1918, S. 91.

[612]   18. 12. 1917

Jelinek: nicht ermittelt.
Vortragsfahrt vor Freitag leider unmöglich: Freitag, 21. 12. 1918. SN in BA: »Er kam vor Weihnachten nach St. Moritz und blieb bis 11. 3. (An eine Falte.)« ›An eine Falte‹. Handschrift der Satzvorlage in der WStB IN 107.231, datiert: »St. Moritz 26./27. Dez. 17«. Handschrift aus dem Besitz von SN in der Österreichischen Nationalbibliothek, Wien, datiert »St. Moritz 26./29. Dezember 1917«. Erstdruck: F 474–483 v. 23. 5. 1918, S. 83 [W 7, 187]. SN in BlH: »Dieses Gedicht vertonte meine Freundin Dora Pejacsevich auf seinen Wunsch, als Namenstagsüberraschung. Zu diesem Namenstag, 25. 6. 1918, machte er verschiedene Gedichte, die im Manuskript vorliegen; die Anfangsbuchstaben der Zeilen bilden stets Sidi oder Sidonie u. die Verse beziehen sich auf die Falte u. die Musik. Gedruckt wurde von ihnen nur Einodis.«
Außerdem sind überliefert: ›Die Büßerin‹. Handschrift der Satzvorlage in der WStB IN 107.226, datiert: »St. Moritz 27./28. Dez. 17«. Erstdruck: ›Worte in Versen IV‹ [EA 39.4,11], F-Erstdruck: F 508–513 v. April 1919, S. 17 [W 7, 189]. ›Sylvester 1917‹. Handschrift der Satzvorlage in der WStB IN 107.214, datiert: »St. Moritz, 30./31. Dez. 17«. Bisher unveröffentlicht:

Sylvester 1917

Dies alte Jahr versank so wehrlos
und aus der Mördergrube steht ein neues auf.
Sind denn die lieben Zeiten ehrlos?
Hemmt keine Scham der Jahre Lauf?

Ein frommes Ohr horcht in die Weiten:
und manchmal bebt es in der Erde Raum.
Doch unerschüttert gehn die Zeiten
vorüber diesem Sündentraum.

Sie laufen fort mit den Kalendern,
im neuen Jahr das alte Werk zu fördern.
Und nehmen Abschied von der Menschheit Mördern
und sagen Prosit zu der Schöpfung Schändern.

›Die Flamme der Epimeleia‹. Handschrift der Satzvorlage in der WStB IN 107.253, datiert: »St. Moritz 1./2. Jänner 18«. Erstdruck: F 474–483 v. 23. 5. 1918, S. 85–86 [W 7, 191–192].

288

›Bange Stunde‹. Handschrift der Satzvorlage in der WStB IN 107.227, datiert: »30./31. I. 18. St. Moritz«. Varianten: »bitt' ich, daß ich in dieser Kammer,«, »gestattet wäre, zu entrinnen / *und* immer von neuem zu beginnen,«, sie schließe die vorbereitete T*hür*,«, »wie dreht sich und droht mir, wie knarrt mir die T*hür*,«, »und kann nicht zurück, und will nicht weg.« Erstdruck: F 474–483, a. a. O., S. 78–80 [W 7, 238–240].

[613] 11. 3. 1918

bekannten Besuch: bezieht sich auf einen Besuch bei der Familie von Ficker.
beide Abenteuer umständlich: Ausreise aus der Schweiz und Einreise in Österreich.
Beilage: Quittung der Heerespolizei, Grenzposten Buchs, v. 10. 3. 1918 über »Mehrverbrauch v. Fett (23,5 gr.) Franken & zwei Busse«.

[614] 15. 3. 1918

Paxl: Hund von Valentine Codelli von Codellisberg.
der kleine Engel: Rosalia Maria *(Rosemarie)* Friederike Adolphine Codelli von Codellisberg (geb. Dahomey 22. 12. 1914).

[615] 22. 3. 1918

Mittwoch Vortrag: Vorlesung aus eigenen Schriften und Frank Wedekind, ›Das Lied vom armen Kind‹ im Kleinen Konzerthaussaal, Wien, am 27. 3. 1918, 6 Uhr. Programm: F 474–483 v. 23. 5. 1918, S. 91.

[616] 27. 3. 1918

Auf Weg in Saal: Vorlesung 27. 3. 1918, s. Anm. 615.
Kant-Gedicht: Das mit einem Kant-Zitat als Motto versehene Gedicht ›Zum ewigen Frieden‹. Erstdruck: F 474–483 v. 23. 5. 1918, S. 159–160 [W 7, 234–235].
Charlie vertrat zweite Reihe: den Stammplatz von SN.

[617] 30. 3. 1918

wiederholter Vorlesung: Vorlesung aus eigenen Schriften, mit geringfügiger Programmänderung gegenüber der Vorlesung v. 27. 3. 1918, im Kleinen Konzerthaussaal, Wien, am 30. 3. 1918, 7 Uhr. Programm: F 474–483 v. 23. 5. 1918, S. 92.

[618]   6. 4. 1918

Lias Onkel geliehenen Artikel: bezieht sich auf Baron Stepski [?].
Prozess: nicht ermittelt.

[619]   11. 4. 1918

Maries Distanzlosigkeit: Marie Kinsky.
Ferdinand: Ferdinand Lobkowitz.
Technisches verzögert: F 474–483 erschien am 23. 5. 1918.
Prozesse fast erledigt: nicht ermittelt.
Anfang Mai vier Berliner Abende: Vorlesung aus Jean Pauls Friedenspredigt, Johann Nestroy, ›Die beiden Nachtwandler‹ und aus eigenen Schriften im Klindworth-Scharwenka-Saal, Berlin, am 5. 5. 1918, 12 Uhr. Programm: F 484–498 v. 15. 10. 1918, S. 143.
Vorlesung Gerhart Hauptmann, ›Hanneles Himmelfahrt‹ und aus eigenen Schriften, ebenda, 6. 5. 1918, 7 Uhr. Programm: a. a. O., S. 143.
Vorlesung William Shakespeare, ›Timon von Athen‹, aus Rabelais' ›Gargantua‹ und aus eigenen Schriften, ebenda, 7. 5. 1918, 7 Uhr. Programm: a. a. O., S. 143.
Vorlesung aus Kierkegaard, Matthias Claudius, aus der chinesischen Kriegslyrik, Wedekind und aus eigenen Schriften, ebenda, 8. 5. 1918, 7 Uhr. Programm: a. a. O., S. 143–144.
ersehnter letzter Sonnenblick: Die geplante Reise zu SN fand nicht statt.
glücklichste Fahrt beiden: SN in Tb v. 18. 7. 1918: »This year we could not drive auto, so we went on the 15. of April by train over Luzern (where I passed some days with the Khevenhüllers) & Bern (where Niny was) to Genova…«

[620]   14. 4. 1918

Helena heute gegluedt: Vorlesung von ›Worte in Versen‹ und Akt III des Zweiten Teils von Goethes ›Faust‹ (›Helenaszene‹) im Kleinen Konzerthaussaal, Wien, am 14. 4. 1918, halb 4 Uhr. Programm: F 474–483 v. 23. 5. 1918, S. 92–94.

[621]   16. 4. 1918

Mitfuehle innigst Schmerz fehlenden Kleinen: Der kleine Opel war vom Militär beschlagnahmt worden. SN mußte mit der Bahn reisen.

[622]   23. 4. 1918

nach Schwester Erkundigung: nach Auskunft von Helene Kann.
letzter Vortrag vor Reise: Vorlesung aus Hölderlin und aus eigenen

Schriften im Kleinen Konzerthaussaal, Wien, am 22. 4. 1918, halb 7 Uhr.
Programm: F 474–483 v. 23. 5. 1918, S. 94.
werde Jahrestag unvergesslichsten Sommerbeginns: Anspielung auf die
Schweizer Reise im Mai 1916, s. Anm. 411.

[623] 27. 4. 1918

sagte ihm Hotel: Hotel Richmond.
Schwester verstorbener Freundin: Helene Kann.
Abreise zweiten: nach Berlin.
*neulich gelesene Bange Stunde enthaelt Verherrlichung unveraenderter
Kraftquelle:* Das Gedicht ›Bange Stunde‹ las KK in der Vorlesung am
14. 4. 1918, s. Anm. 620. Große Teile des Gedichtes beziehen sich auf
SN, die das Gedicht in BA fälschlicherweise auf »Wien, April 1918«
datiert, s. Anm. 612.

[624] 28. 4. 1918

44. Geburtstag von KK.
Wunsch besten Freundes: SN.
Glueck in harten Kaempfen um das Kind: F 474–483 erschien ohne die
Glossen ›Mit G.‹, S. 36, nachgedruckt in F 508–513 v. Mitte April 1919,
S. 70, und ›An einem Tag‹, S. 140, nachgedruckt a. a. O., S. 70–71.
wahrscheinlich Muenchen Mitte Mai: Die Vorlesungen fanden nicht
statt.

[625] 30. 4. 1918

Zweitausend sogleich: bezieht sich auf finanzielle Zuwendungen an SN.
Abreise Bristol: KK reiste am 2. 5. 1918 nach Berlin und stieg im Hotel
Bristol ab.

[626] 5. 5. 1918

Matinee gut verlaufen: Vorlesung v. 5. 5. 1918, s. Anm. 619.
wann Innsbruck: SN kehrte am 15. 5. 1918 über Innsbruck und Wien
nach Janowitz zurück.
Mary: Maria Gräfin Dobrzensky v. Dobrzenicz, geb. Gräfin von Wenck-
heim (geb. Meran 26. 1. 1889; gest. Ascona 23. 10. 1970), lebte als Witwe
des Grafen Anton Dobrzensky v. Dobrzenicz (geb. Pottenstein/Böhmen
11. 7. 1889; gef. Luck/Polen 15. 9. 1915) auf Schloß Pottenstein. Seit Herbst
1917 [?] mit SN befreundet, die sie mit Rainer Maria Rilke und KK
bekannt machte. Auf Schloß Pottenstein, das KK besonders liebte, ver-
kehrten auch Rudolf Kassner und Mechtilde Lichnowsky. Rilke bezeich-

nete Gräfin Dobrzensky gegenüber Marie von Thurn und Taxis am 11.
5. 1923 als eine Art »Haupt-Mitschuldige« .... »an allem, was später
Gutes für mich in diesem Lande, von Fügung zu Fügung, kommen sollte«,
Rilke/Thurn und Taxis, a. a. O., S. 755. Schon im Juni 1919 hatte Mary
Dobrzensky Rilke in ihr Haus nach Nyon am Genfer See eingeladen und
es ihm als Wohnung angeboten.
Pilz versorget jedenfalls alles von Berlepsch: nicht ermittelt.

[627] 6. 5. 1918

Doras Bruder: Maria Markus Gustav Béla Graf Pejacsevich (geb. Budapest 28. 4. 1882; gest. Našice 22. 6. 1923), Landtags- und Reichstagsabgeordneter, Minister für Kroatien und Slovenien.
Pottenstein: Barockschloß der Grafen Dobrzensky (1749), östlich von
Königgrätz.

[628] 6. 5. 1918

Muenchen fraglich: s. Anm. 624.
kommt auch Maymay vor Hannele: gemeint ist, ob auch Miss Cooney
eine Ausreiseerlaubnis erhalten habe, die es ihr möglich mache, eine
Lesung von Hauptmanns ›Hanneles Himmelfahrt‹ zu besuchen. Miss
Cooney konnte nicht reisen.

[629] 9. 5. 1918

Zeugnis Bernhard: nicht ermittelt.

[630] 11. 5. 1918

SN kam am 13. 5. 1918 nach Wien und reiste am 15. 5. 1918 nach Janowitz weiter: SN in BA: »In Wien 4 Tage.«

[632] 18. 5. 1918

Zimmer bestellt rate Sacher: SN kam zur Vorlesung am 30. 5. 1918 wie-
der nach Wien.
Abend gefährdet: Vorlesung von Shakespeares ›König Lear‹, »nach Wolf
Graf v. Baudissin (Schlegel-Tieck'sche Ausgabe) und anderen Über-
setzern bearbeitet«, im Kleinen Konzerthaussaal, Wien, am 30. 5. 1918.
Programm: F 484–498 v. 15. 10. 1918, S. 134–135, s. Anm. 437.

[633] 19. 5. 1918

Dolorose: nicht ermittelt.
gleichfalls Dienstag: Vorlesung aus eigenen Schriften und aus Rabelais'

292

›Gargantua‹ im Kleinen Konzerthaussaal, Wien, am 21. 5. 1918. Programm: F 484–498 v. 15. 10. 1918, S. 134.

[635] 31. 5. / 1. 6. 1918

Ai. P.: nicht ermittelt.
M. D.: Mary Dobrzensky.
M. und F. L.: Max und Ferdinand Lobkowitz.

[636] 4. 6. 1918

Und dies eben ist der Sinn: ›Als Bobby starb‹, s. Anm. 544.
der alte Vater des Otto W.: Leopold Weininger. KK stand mit ihm seit 21. 10. 1903 in Verbindung und unterstützte ihn gegen die öffentlichen Schmähungen Otto Weiningers in der Wiener Presse. Otto Weininger hatte sich am 4. 10. 1903 das Leben genommen.

[637] 10. 6. 1918

Dank für diesen Entschluß!: Einladung nach Janowitz.
Tag von Vallorbe: s. Anm. 572.
jene Hörerin: vgl. ›Zuflucht‹, Anm. 478. SN in EX: »(Dora P., meine Freundin)«.
die Trauer nicht im Stich lassen: nicht ermittelt.

[638] 11. 6. 1918

armer guter Neffe: nicht ermittelt.

[639] 12. 6. 1918

Beilage: Zeitungsausschnitt aus dem ›Neuen 8 Uhr-Blatt‹, Wien, Nr. 1116 vom Montag, 10. 6. 1918, S. 2, mit einem Beitrag von Adolf Loos ›Bewegung. Eine neue Künstlervereinigung‹. Dort heißt es u. a.: »...Landschaften und figurale Entwürfe von R. Dillenz, ›lieblich und graziös. Da ist nichts von germanischer Schwere, das ist heutiges Paris. Und ich muß schon sagen, daß mir echte Grazie lieber ist, als die falsche Gemütsathletik, der wir, dank der echten Kokoschkas, seit ein paar Jahren in Wien ausgesetzt sind.‹« Zum Schluß: »Vielversprechend ist K. Zwirner, vielleicht das stärkste Talent dieser Gruppe. Ein Typ für Leute, die Geld gut anlegen wollen.« Diesen Satz unterstreicht KK. Er setzt zwei Ausrufungszeichen!!

[640]   16. 6. 1918

Ankomme Montag: SN in BA: »Vom 18. Juni bis 8. Juli in Janowitz. (Sehnsucht. Huldigung der Künste u.s.w., Schäfers Abschied, Auferstehung.)«.
›Sehnsucht‹. (Akrostichon: Einodis). Handschrift aus dem Besitz von SN in der Österreichischen Nationalbibliothek, Wien, datiert: »Janowitz 23. Juni 18«. Titel: ›Einodis‹. Erstdruck: ›Worte in Versen IV‹ [EA 39.4, 8] [W 7, 187].
›Huldigung der Künste am Namenstag‹. Bisher unveröffentlicht. (Akrostichon: Sidonie). Handschrift aus dem Besitz von SN in der Österreichischen Nationalbibliothek, Wien, datiert: »Janowitz, zum 25. Juni 1918«.

Huldigung der Künste am Namenstag

So stellt, zu noch viel lieblicherem Schein,
In Ton und Wort sich heut' die Falte ein.
Doch wünschen wir, daß unsre liebe Falte
Oft ihren Freunden von sich selber strahlte.
Nie mög' die Falte herb sich uns verschließen,
Ihr Anblick soll uns Wort und Ton versüßen.
Es bleibt nur noch der Wunsch: daß man sie malte.

Zum Namenstag wurde ›An eine Falte‹, s. Anm. 612, in der Vertonung von Dora Pejacsevich aufgeführt.
›Schäfers Abschied‹. (Akrostichon: Sidi). Handschrift aus dem Besitz von SN in der Österreichischen Nationalbibliothek, Wien, datiert: »23./24. Juni 18«. Titel: ›Klagelaute zum 25. Juni 1918‹. Von der Druckfassung stark abweichender Text. Erstdruck: ›Worte in Versen IV‹ [EA 39.4, 70–71] [W 7, 244–245]:

Klagelaute zum 25. Juni 1918

Sind die Wiesenglocken mir
In den Herbst verklungen,
Dauert nur der Sommer dir,
Ist ein Lied gesungen.

Sehnsucht macht den Dichter stark,
Irdisches Entsagen.
Darb' ich, so gedeiht dein Park
In den Thränentagen.

»Semper idem« war das Pfand,
Immer mir gegeben.
Dankbar fühlt ich Frühlingsband
In dem Winterleben.

»Semper idem«: stets bewähr'
Ich die Treudevise
Durch die Zeit, da ich nicht mehr
In dem Paradiese.

Seit mir jener Tag verging,
Ist es noch wie gestern.
Damals war ich Schmetterling,
Ihr zwei Krankenschwestern.

Sommer war in Janowitz,
Ich im reichsten Hoffen.
Durch die Pappel hat ein Blitz
In mein Herz getroffen.

Sorge drückt mir auf die Brust:
Irrte so viel Liebe?
Deine Schafe, deine Lust –
Irgendwo sind Diebe.

Seh' ich ehmals Stern an Stern –
Insel schwand und Schwäne.
Dvořak bläst noch. Aber fern
Ist mir Bobbys Mähne.

Sommernächte: wie erhellt
Ist die Luft vom Lichte!
Deckung bietet uns das Zelt,
Ich mach' dort Gedichte.

Sieh, das war die schönste Zeit,
Ich vergeß sie nimmer.
Du trugst nachts ein grünes Kleid
in dem blauen Zimmer.

Sidis Gartenhaus: da muß
Ich selbst heut' nicht fasten.
Deiner Gnade Hochgenuß
Ist ein Leierkasten.

Seh' ich dich am Bettelstab,
Ich will mit dir gehen!
Doch du müßtest bis zum Grab
Immer Orgel drehen.

Sie sagt »Sie« und »man« zu mir –
Ich kann so nicht lieben.
Du, zu wenig hab' ich dir
In dein Herz geschrieben!

Sei am Tage weltenweit
Ihrem Mönch die Nonne;
Dringt doch aus dem süßen Leid
In der Nacht die Wonne.

Springbrunn, himmelhoch und hell,
Ist er mir verflossen,
Daß dafür ein Thränenquell
In die Welt gegossen?

Sucht' ich Abschied – Wiederkehr
Ist es schon gewesen.
Dieser Wechsel gilt nicht mehr,
Ist verkehrt zu lesen.

Sucht dein Aug' nach fernem Schnee.
Ist dein Ohr nicht hörend.
Dorten wartet schon Maymay,
Ich bin da nur störend.

Sport war meine Sache nie,
Ich laß Berge grüßen.
Du gehst leichter auf dem Ski,
Ich auf Versesfüßen.

So bin ich wohl auch nicht faul,
Ich gelang' zur Höhe.
Du erreichst sie mit Capaul,
Ich in deiner Nähe.

Sonne schien in Alp Laret
Innerstem Verlangen.
Daß mein Herz nicht untergeht,
Ist sie aufgegangen.

Sonnentrunkner, heißern Blicks
Irrt mit blauem Flügel
Durch Vallorbe, das Thal des Glücks,
Ihre Lust zum Hügel.

Selig hat mich aufgethaut
Ihr lebendger Wille.
Dringt mir nach ihr Klagelaut,
Ist der meine stille.

Sicher kommt es noch einmal,
In den bessern Zeiten.
Dorthin sei der Trennung Qual
Inneres Geleiten.

Segen deinem stolzen Schritt
In die fernste Richtung!
Du nimmst meine Seele mit,
Ich bewahr' die Dichtung.

›Auferstehung‹. Handschrift nicht überliefert. Datiert von SN in BA:
»Janowitz, Juli 1918«. SN in BlH: »Janowitz, 1918. Juni«. Erstdruck:
›Worte in Versen IV‹ [EA 39.4, 9] [W 7, 188].
Ferner sind überliefert und bisher unveröffentlicht: ›Aus Gewohnheit‹.
(Akrostichon: Sidonie). Handschrift aus dem Besitz von SN in der Öster-
reichischen Nationalbibliothek, Wien, datiert: »Janowitz, zum 25. Juni
1918«:

Aus Gewohnheit

Sie hat nur einmal Namenstag,
Ich habe täglich ihren.
Drum ist es mir Gewohnheit schon,
Ob's auch im Ohr ihr klingen mag,
Nur so zu gratulieren.
Ich schick' ihr ein Akrostichon,
Es soll den Tag verzieren.

›Zum Namenstag‹. (Akrostichon: Sidi). Zwei Handschriften aus dem
Besitz von SN in der Österreichischen Nationalbibliothek, Wien, datiert:
»Janowitz, 25. Juni 1918« und »Janowitz zum 25. Juni 1918« (ohne
Titel):

Zum Namenstag

Schall und Rauch ist alles Glück,
Ihr dürft drauf nicht wetten:
Dora spendet die Musik,
Ich die Cigaretten.

SN in Tb v. 18. 7. 1918: »K. K. was there [in St. Moritz] too some time,
& now a fortnight here, but speaking it over with dear, kind Dora, we
concluded, that a separation must be; I can stand him always less & less;
the greater his love grows, the less can I return it, & to be free of him,
without hurting him to much, is my one most ferrent wish.« ... »Dora,
K.K. & I were for 2 days in Pottenstein by Mary. – My nameday was
very nice: a composition from Dora (An eine Falte), some poems from
K. K., the frame to Svabinsky's Manes from Ch. –«

separation

[641]   10./11. 7. 1918

Ansichtskarte: Potštýn, zámek.
Goethe 1840: ›Sämmtliche Werke.‹ Vollständig neugeordnete Ausgabe.
40 Bände, Stuttgart: Cotta 1840.

[642]   14./15. 7. 1918

Professor H.: Professor Karel Hoffmann und die Mitglieder des Böhmi-
schen Streichquartetts waren häufig zu Gast auf Schloß Pottenstein.
Freundliche Auskunft von Franz Graf von Dobrzensky-Corio.
Lanner: Josef Lanner (geb. Wien 12. 4. 1801; gest. Oberdöbling, 14. 4.
1843) gilt als der Vater des Wiener Walzers. Er komponierte über 200
Werke. Schon 1824 gründete er ein eigenes Orchester, in dem Johann
Strauß sen. spielte. Seit 1829 war er Musikdirektor der Redoutensäle in
Wien.
Frau P.: Hermine Proeschel, geb. Kunz, Hausdame auf Schloß Potten-
stein. Sie bewunderte KK sehr und war später mit Helene Kann befreun-
det.

[644]   17. 7. 1918

einer kleinbürgerlichen engen Figur (und jetzt noch deren Schwester!):
Hermine Proeschel und Alice Kovanic.
4 Bubnas: die Kinder Margarete, Marietta, Nikolaus und Zdenko der
Pottensteiner Schloßnachbarn, des Grafen Bubna und Litic.
dem Königswarter: Victor Baron Königswarter (geb. Frankfurt/Main 15.
12. 1890), Schloßnachbarn aus Kvasnic bei Reichenau.

298

O. Kolow.: Maria *Othmar* Konstantin Alfred Adolf Ignaz Graf von Kolowrat-Krakowský-Liebsteinský (geb. Prag 11.2.1891), lebte auf dem Nachbarschloß Reichenau.
die böhmischen Musiker: das Böhmische Streichquartett.

[646]   23.7.1918

Dankbrief der alten Frau: nicht ermittelt.
die beiliegenden drei Briefe: Beilagen nicht erhalten.
das Heft mit den kindischen Enthusiasmen: nicht ermittelt.
Littiz: Lititz a. d. Adler, frühgotische Burg vom Ende des 13. Jahrhunderts. Sitz der Grafen Bubna.
Bar. Melowetz: Caroline Maria Ferdinandea Ludovika Huberta Baronin Malowetz von Malowitz und Kosor (geb. Königgrätz 28. 4. 1872), Stiftsdame des Neustädter Damenstifts »Zu den heiligen Engeln« in Prag.
Der Schwager: Heinrich Maria Johann Prokop Anton Georg Paschasius Graf von Dobrzensky v. Dobrzenicz (geb. Pottenstein 22. 2. 1892; gest. Pottenstein 15. 1. 1945).
Brief der N.: Niny Codelli von Codellisberg [?].
»die großen Kinder von T.«: nicht ermittelt.
»Mononcle U.«: nicht ermittelt.
»Sch....«: nicht ermittelt.
Brief des armen F.: Ludwig von Ficker schreibt am 17. 7. 1918 aus dem Heimkehrerlager Nr. 237, Bukaczowce/Galizien: »... ein Fackelheft [...], in dem ich neben all dem andern Herrlichen aufs tiefste bewegt Gedichte wie ›Bange Stunde‹ lese, ›An eine Falte‹, ›Halbschlaf‹ und das erhabene ›Zum ewigen Frieden!‹ [...] Nie noch war Ihr Herz so heilig bloß gelegen! [...] Ich sehe Sie unter den Bäumen im Park von Janowitz. Ich denke mir, Sie sind dort...« WStB IN 162 042.
Adler-Flusse: Pottenstein liegt an der Schwarzen Adler.
die R.: nicht ermittelt.

[648]   18. 8. 1918

Aus einem Brief von KK an Mary Dobrzensky v. 18. 8. 1918 geht hervor, daß er unmittelbar vorher nach Wien zurückgekehrt sein muß. SN in Tb v. 14. 8. 1918: »After Pottenst. – were K. K. & Lolly Malowec were – one afternoon we visited Anna Lützow in Laupach – I drove in the night from Wildenschwert to Vienna with K. K., where I was at 10 & done some shopping. At 3 I left for Budapest, arrived towords 9, Dora & Alice Ripper (the pianist) awaited me at the station. [...] today [...] I left for Vienna, & now I am sitting after supper in the Hotel Sacher, & trying to telephone with K. K. He is a great load on my life...«

SN in Tb v. 17. 8. 1918: »On the 15. K.K. & I spent a lovely day, ate in the Rohrerhütte, went to Hainbach – Weidlingau, suppered in the Volksgarten, enjoyed it greatly...«

[649] 20. 8. 1918

Erwein u. Johannes L.: Erwein Lobkowitz; Johannes L. nicht ermittelt. SN in BA: »Vom 22.–30. August in Janowitz. (Unter dem Wasserfall, Slowenischer Leierkasten.) Gemeinsam nach Potstyn. (Verwandlung)«. ›Unter dem Wasserfall‹. Handschrift aus dem Besitz von SN in der Österreichischen Nationalbibliothek, Wien, datiert: »Janowitz, August 18«. SN datiert in BA: »Janowitz, 23. August 1918«. Erstdruck: ›Worte in Versen IV‹ [EA 39.4, 75], F 508–513 v. Mitte April 1919, S. 76 [W 7, 249].
›Slowenischer Leierkasten‹. Handschrift aus dem Besitz von SN in der Österreichischen Nationalbibliothek, Wien, datiert: »Janowitz 25. VIII. 18«. SN in BlH: »Es war ein alter Leierkasten aus Kroatien, den ich öfters im Park spielte.« Erstdruck: ›Worte in Versen IV‹ [EA 39.4, 72], F 508–513, a. a. O., S. 19 [W 7, 246].
›Verwandlung‹. Handschrift der Satzvorlage in der WStB IN 107.212, datiert: »Pottenstein, 31. Juli 1918«. Varianten: »sie gieng ins Grab, woraus ich sie empfieng.«. SN in BA: »Pottenstein, 1. September 1918. Dort überreichte er mir dieses Gedicht...« Erstdruck: ›Worte in Versen IV‹ [EA 39.4, 73–74] [W 7, 247–248]. SN in BlH: »Ich hatte eine Trennung vorgeschlagen.»Wüste« – Erinnerung an unser erstes Gespräch, als ich ihm von Erlebnissen in der Wüste [nach dem Tod des Bruders Johannes] erzählt hatte u. von [sic!] unsere erste Praterfahrt unter Sternen. Anspielung auf die erste Verwandlung, dort Glück, hier Schmerz.–...« SN in BA: »Diese ›Verwandlung‹ II zerriss mein Herz...«

[650] 2./3. 9. 1918

der Wasserfall: ›Unter dem Wasserfall‹, s. Anm. 649.
Tochter des Jairus: Jairus war Synagogenvorsteher. Jesus erweckte seine zwölfjährige Tochter; s. Mark. 5, 22 ff.
Vallorbe: s. ›Vallorbe‹, Anm. 572.
das rothe Himmelsthor: s. ›Slowenischer Leierkasten‹, Anm. 649.

[651] 8. 9. 1918

R. B.: nicht ermittelt.
der Neger: nicht ermittelt.
nach Janowitz kommen: Die Reise unterblieb.
Depotgebühr: für den Opel.

300

S.: Schopenhauer.
Gfn. Schönborn: nicht ermittelt.
diesen gar nicht scherzhaften Scherz: ›Sage von Steinen‹. Handschrift der
Satzvorlage in der WStB IN 107.220, datiert:»8. Sept. 18«. Variante:
»so haben wir kein Blut vergossen,«. Erstdruck: ›Worte in Versen IV‹
[EA 39.4, 10] [W 7, 188–189].
Deukalion: Sohn des Prometheus und Stammvater der Griechen ent-
kommt mit seiner Gemahlin Pyrrha, der Tochter des Epimetheus und
der Pandora, allein der großen Flut, die Zeus den Menschen aus Zorn
über ihre Untaten sendet. Die Sage gehört zu den großen Sintflutsagen
der Religionsgeschichte. Auch Deukalion baut auf den Rat von Zeus eine
»Arche«, in der er neun Tage über das Wasser fährt. Nach der Landung
werfen Deukalion und Pyrrha auf Geheiß des Zeus die »Gebeine der
Mutter«, d. h. Steine hinter sich: die seinen werden Männer, die der
Pyrrha Frauen. Deukalion wird in Thessalien der Vater der Hellenen.
wir zwei allein im weiten Einerlei: Zeile aus dem Gedicht ›Sage von den
Steinen‹.

[652]   11./12. 9. 1918

»Steinigen«: vgl. ›Sage von Steinen‹, Anm. 651. Die letzten Zeilen lau-
ten:»Versöhnt zu allgemeinem Ziele, / so haben sie kein Blut vergossen – / und nur uns zwei allein gesteinigt.«
»Verwandlung«: s. Anm. 217.
daß es der 15. sein wird: SN in BA:»Ich am 15. nach Wien.«
der gewisse Weg: s. Anm. 654.
am 17. verhindert: Vorlesung von Shakespeares ›König Lear‹ im Kleinen Konzerthaussaal, Wien, am 17. 9. 1918. Programm F 484–498 v. 15.
10. 1918, S. 135.

[653]   14. 9. 1918

Spiel zu sehen: Vorlesung am 17. 9. 1918, s. Anm. 652.

[654]   18./19. 9. 1918

Das Kuvert enthält drei Briefe: KK an SN v. 18./19. 9. 1918; SN an KK,
undatierte Abschrift von SN; KK an SN v. 19. 9. 1918.
SN an KK [19. 9. 1918]:
Ich bin s. unglückl. Ich verliere Dich und mich. Nie kann mir ein Glück
werden, das auf Deinem Unglück aufgebaut ist, denn dieses wird mich
nie loslassen, auch in jenen kürzesten Augenblicken. – Zugleich aber
fühle ich, dass ich nicht anders *kann*, ich weiss ich kann den Geringeren
nicht aus meinen Nerven reissen u. wenn ich auch jede Gelegenheit ver-

meiden werde, so weiss ich doch u. gestehe es zu meiner grossen tiefen Schmach, gegen alles was Edelmuth, Grösse, Vernunft, Dankbarkeit, Freundschaft, Verehrung erwidern mag, dass, freilich nur ihm allein, gelingen kann, was er sich wünscht. Dass er mich unverändert liebt dass ich, u. da thut die Erinnerung an junge glückliche Tage viel mit, seiner alten inneren Macht räthselhafterweise immer noch ausgeliefert bin, kann mich einem so unendlich höheren Wert gegenüber nicht vertheidigen. Deshalb bleibe es beim gestrigen Abschied – solange, bis *ungetheilt* alles in mir Dich zu fragen wünschen wird, ob Du zurückkehren willst oder mir ewig verloren bist. –

SN in Tb v. 1. 10. 1918: »There was a goodbye for ever between K. K. & me – he who loves as no man ever did. But he called me again, I told him all that happened, but he remains my friend. We spent a nice afternoon on Sunday in a forest by Sievering...«

[655]   7. 10. 1918

Abzüge mitbringen: Am 8. 10. 1918 fuhr SN nach Wien; am 9. 10. 1918 weiter nach St. Moritz.

[657]   8. 11. 1918

zwei Exemplare: F 484–498 v. 15. 10. 1918.

[658]   10. 11. 1918

am Tage des grössten aller betäubenden Ereignisse: Am 3. 11. 1918 erklärte Österreich-Ungarn den Waffenstillstand; am 9. 11. 1918 verzichteten Wilhelm II. und der Kronprinz auf den deutschen Kaiserthron; die Republik wurde ausgerufen; am 11. 11. 1918 resignierte Kaiser Karl I. von Österreich.

lese 15. 16. 17. Prag: Vorlesung aus Goethes ›Faust II‹ (Helenaakt) und von Worte in Versen im Mozarteum, Prag, am 15. 11. 1918. Programm: F 508–513 v. Mitte April 1919, S. 41.

Vorlesung aus Shakespeares ›Timon von Athen‹ und Gerhart Hauptmann, ›Hannele Matterns Himmelfahrt‹, ebenda, am 16. 11. 1918. Programm: a. a. O., S. 41.

Vorlesung aus eigenen Schriften, ebenda, am 17. 11. 1918. Programm: a. a. O., S. 41.

Vorlesung aus eigenen Schriften, ebenda, am 20. 11. 1918. Programm: a. a. O., S. 41.

[659]   12. 11. 1918

morgen abreise Saxe: Reise nach Prag, Hotel de Saxe.

[660]   15. 11. 1918

Cerny Kun. Prahá.
Nach einer Vorlesung von »Helena« und »Worte in Versen«: Abenteuer
der Arbeit, Springbrunnen, Bauer, Hund und Soldat, Sonne von Gibeon,
Zum ewigen Frieden, sitzen wir hier und senden herzliche Grüße.
Lolly
Max Lobkowitz
Dr. Janowitz
I'll write soon!! Charlie
Dr. Weyr
Karl Kraus

[661]   17. 11. 1918

der dritten Vorlesung: Vorlesung v. 17. 11. 1918, s. Anm. 658.
Lesbar sind folgende Unterschriften: Seiler / Dr. Janowitz / Lolly / R.
Booswalder / Max Lobkowitz / E. Orssich / Otto Kolowrat / Herzlichste
Empfehlungen Ferdinand Lobkowitz / Charlie.

[662]   20. 11. 1918

Karte von Ferdinand Lobkowitz [?]: »Herzlichste Empfehlungen hoff.
auf baldiges Wiedersehn Max Lobkowitz Ferdinand Lobkowitz Gabrielle Lobkowitz.«
Gabrielle Lobkowitz: vermutlich die Schwester von Max und Ferdinand
Lobkowitz, Prinzessin Gabriele Maria Josepha Theresia Margarete Marie Natalie Karoline (geb. Bilin 18. 10. 1895).

[663]   22. 11. 1918

vierten Prager Mittwochabend: Vorlesung v. 20. 11. 1918, s. Anm. 658.
Doras traurige Nachricht: nicht ermittelt.

[665]   9. 12. 1918

26 großes Heft mit 500 zusammen: Am 26. 10. 1918 hatte KK die 240
Seiten starke F 484–498 v. 15. 10. 1918 nach St. Moritz geschickt; am
20. 11. 1918 noch einmal F 484–498 und F 499–500 v. 20. 11. 1918.

[666]   9. 12. 1918

schweren Krankheitsfall: bezieht sich auf Helene Kann [?]

[667]   23. 12. 1918

Adressiert an SN und Mary Cooney
heute abend der Weihnachten 1913 zu gedenken: die KK zum ersten Mal
in Janowitz verbrachte.

[668]   24. 12. 1918

kleine Freundin: Helene Kann [?].

[672]   10. 3. 1919

Denkschrift: Peter Altenberg war am 8. 1. 1919 gestorben. KK hielt am
11. 1. 1919 die Grabrede, die unter dem Titel ›Peter Altenberg. Rede
am Grabe‹ im Februar 1919 erschien. Wien: Verlag der Buchhandlung
Richard Lanyi. [EA 27]. F 508–513 v. Mitte April 1919, S. 8–10.

[673]   15. 3. 1919

Gedenktag 22. Februar: Am 22. 2. 1917 starb der Hund Bobby.
Nachts: Die Aphorismensammlung ›Nachts‹ mit der Widmung »Dem
Andenken der Freundin Elisabeth Reitler« erschien Ende Januar. Leip-
zig/München: Verlag der Schriften von Karl Kraus ⟨Kurt Wolff⟩ [EA
25].

[675]   1. 4. 1919

20jähriges Bestehen der ›Fackel‹.

[676]   7. 4. 1919

Fest und Blumentag: F-Jubiläum.

[678]   29. 4. 1919

Aprilheft: F 508–513 v. Mitte April 1919.

[679]   29. 4. 1919

Glückwunsch: zum 45. Geburtstag von KK am 28. 4. 1919.
hysterische Broschüre: ›Ave Karl Kraus!‹ von Fritz Kreuzig. Wien: Verlag Buchhandlung F. Lang (Hans Sachsel) 1919 [K 826]. KK veröffentlichte in F 321–322 v. 29. 4. 1911, S. 24, ein Gedicht von Fritz Kreuzig

(geb. Wien 27. 6. 1890; gest. Wien 26. 7. 1958). In der erwähnten Broschüre wird KK in Prosatexten und Sonetten zu einer apokalyptischen
Erscheinung mystifiziert.

[680]   4. 8. 1919

Ansichtskarte: Jägerwiese nächst dem Agnesbründl Sievering, Wien
XIX.
Das Buch: ›Nachts‹, s. Anm. 673.
Nyon: Landsitz von Mary Dobrzensky am Genfer See.
Beilage: Brief des Verlags der Fackel ohne Unterschrift v. 5. 8. 1919 an
SN, der Reklamationen bei der Post wegen nicht eingelangter Sendun-
gen betrifft.

[681]   15./16. 8. 1919

Die gewünschte Erkundigung: Lieferung der ›Arbeiter-Zeitung‹ an
Miss Cooney [?].
Die andere Sache: Beschaffung einer Schopenhauer-Ausgabe [?].
des gewünschten Heftes: F 514–518 v. Ende Juli 1919.
die Bücher: ›Nachts‹, s. Anm. 673; ›Peter Altenberg‹, s. Anm. 672.
(zwei Kindervereine): Der volle Reinertrag von 4432,50 Kronen wurde
zu gleichen Teilen dem Arbeiterverein ›Kinderfreunde‹ und der Kinder-
Schutz- und Rettungsgesellschaft zugeführt.
wegen des IV. Bandes: ›Worte in Versen IV‹ mit der Widmung »Dem
Tag von Vallorbe« war Ende Dezember 1918 erschienen. Leipzig/Mün-
chen: Verlag der Schriften von Karl Kraus ⟨Kurt Wolff⟩ 1919 [EA 39.4].
von der zweiten Auflage: Eine 2. Druckauflage ist nicht nachweisbar.
Vielleicht bezieht sich die Bemerkung auf eine 2. Bindequote.
Das neueste, heute in den Buchhandel gelangte Werk: Die letzte, vierte
Lieferung der Aktausgabe der ›Letzten Tage der Menschheit‹ [EA 13].
Für den Ausschnitt danke ich bestens: nicht ermittelt.

[682]   3. 9. 1919

Dank für die Einladung: SN war am 30. 6. 1919 nach Janowitz zurückgekehrt. Sie notiert in ihrem Tb, daß unter den vielen Gästen im Schloß
u. a. Max Lobkowicz war, der KK schon früher nach Raudnitz eingeladen hatte.
der Sommer, aber nicht meine Arbeit fertig ist: Im November 1919 erschienen die beiden Bände ›Weltgericht‹ mit 70 überarbeiteten Auf-
sätzen aus den im Krieg erschienenen F, gewidmet »Dem Andenken an

Franz Grüner Franz Janowitz Stefan Fridezko Franz Koch«. Leipzig: Verlag der Schriften von Karl Kraus ⟨Kurt Wolff⟩ 1919. [EA 36].

Der Epilog: ›Die letzte Nacht‹, Sonderausgabe des Epilogs zu der Tragödie ›Die letzten Tage der Menschheit‹, erschien im Dezember 1918 [EA 13; 2. Auflage 1918 EA 13 b].

die gewünschte Erkundigung: s. Anm. 681.

»Gespenster«: F 514–518 v. Ende Juli 1919, S. 21–86. Der Sozialdemokrat Karl Seitz (geb. Wien 4. 9. 1869; gest. Wien 3. 2. 1950), 1919–1920 der 1. Präsident der Konstituierenden Nationalversammlung und damit provisorisches Staatsoberhaupt, hatte KK am 1. 5. 1919 zur Vollendung des 20. Jahres der F gratuliert und den »beharrlichen Kampf gegen den Krieg« als unvergeßlich bezeichnet. In seiner ausführlichen Antwort nennt KK die Gründe für das Debakel des Weltkriegs und verlangt, »anstatt Nachgiebigkeit gegenüber den bürgerlichen Gruppen durch Toleranz gegen die bolschewistischen Bestrebungen auszugleichen, [...] eine Absage an die Gewalttäter durch die Unerbittlichkeit gegen die Kriegsschuldigen«.

Präsident einer andern Republik: Bezieht sich vermutlich auf Thomas Garrigue Masaryk (geb. Göding/Mähren 7. 3. 1850; gest. Schloß Lana bei Prag 14. 9. 1937), seit 14. 11. 1918 Staatspräsident der autonomen tschechoslowakischen Republik. Ein persönliches Zusammentreffen zwischen KK und Masaryk ist zwar erst für den 31. 12. 1921 verbürgt, doch ist eine frühere Begegnung nicht auszuschließen. Die Bekanntschaft wurde durch Max Lobkowicz vermittelt, der die Äußerung Masaryks weitergegeben haben könnte.

deren Probe ich beilege: Beilage nicht erhalten.

[683]   16. 9. 1919

Karte Elefant: SN in Tb v. 11. 9. 1919: »... I went with Dora to visit Gabi Edelsheim in Felsö Elefant...«

[684]   19. 9. 1919

Ansichtskarte: Königssee von der Rabenwand. Rabenwand von KK unterstrichen.

»Der Anblick übertrifft die Schweiz!«: Ferdinand Raimund, ›Der Verschwender‹, II, 11.

[685]   undatiert

Ansichtskarte: Königsee vom Malerwinkel.

306

[686] 6./7. 10. 1919

Die Notiz v. 6./7. 10. 1919 ist auf einem Zettel unter dem Datum be-
festigt.
Untersuchung: nicht ermittelt.
Citat aus einem gewissen Gedicht von Schmetterlingen: ›Wiedersehn
mit Schmetterlingen‹, s. Anm. 572.

[687] 15./16. 11. 1919

bis zu einer Vorlesung: Vorlesung von Szenen aus Shakespeares ›König
Heinrich VI.‹ in der Übersetzung von August Wilhelm Schlegel und von
Johann Nestroys ›Das Notwendige und das Überflüssige‹ in der Bearbeitung von KK im Kleinen Konzerthaussaal, Wien, am 16. 11. 1919,
1/2 3 Uhr. Programm: F 521–530 v. Januar 1920, S. 96.
Verkehr mit einem andern Dichter: Rainer Maria Rilke.
wie wir nörgelnden Optimisten: Anspielung auf die Rollen des Nörglers
und des Optimisten in den ›Letzten Tagen der Menschheit‹.
edle Freundin: Gabriele Lobkowicz. Diese als historisch angenommene
Schreibweise – Lobkowicz anstatt Lobkowitz – war am 9. 1. 1919 durch
Familienbeschluß festgesetzt worden.
den Bruder: Ferdinand Lobkowicz.
SN in Tb v. 11. 9. 1919: »With K.K. I am finished, it is soon a year
that I have not seen him. I feel as were all that fever of love – all those
men I loved & that loved me – gone for ever...« Die nächste Notiz über
KK findet sich erst am 4. 11. 1919: »Wrote to K.K.« Am 26. 11. 1919:
»I wrote to K.K. & Jo. There appeared a book from Liegler about K.K.
[...]K. K. sent a very long letter.« Am 26. 12. 1919, abends: »Dora, K.K.,
they reproach me, they miss something in me, they want of me what
they don't find. I understand so well what they mean & feel, better then
they themselves...«

[690] 3. 2. 1920

Ansichtskarte: Garmisch-Partenkirchen. Kleiner und großer Waxen-
stein. Beschrieben auf der Bildseite.

[691] 18. 4. 1920

Max Thun war am 28. 12. 1919 nach Janowitz gekommen. Er blieb über
Neujahr. Am 6. 1. 1920 reisten SN, Karl Nádherný und Dora Pejacsevich nach Prag, wo Max Thun am folgenden Tag, zusammen mit seinen
Schwestern, ein großes Essen gab. SN gab ihr Vorhaben auf, am 11. 1.
1920 mit Blanka Deym nach St. Moritz zu fahren; sie stieg in Furth i. W.

aus dem Zug und kehrte zu Max Thun nach Prag zurück. SN in Tb v.
1. 2. 1920: »I stayed with him till the next Sunday. We drove together
to his Zbrni [?], & looked at our future rooms.« Max Thun begleitete
SN am 18. 1. 1920 bis Furth i. W.; sie fuhr über Regensburg–München–
Ulm–Friedrichshafen–Rorschach nach St. Moritz, wo sie am 22. 1. 1920
eintraf. Am 17. 3. 1920 kehrte SN nach Wien zurück. Karl Nádherný
hatte vergeblich versucht, SN von einer Hochzeit mit Max Thun abzu-
halten, »also the Lobk. want to warn me«, SN in Tb v. 16. 3. 1920. Am
12. 4. 1920 heiratete SN, »34 Jahre«, »wohnhaft in Wien IV, Karolinengasse Nr. 7«, den 32-jährigen Grafen Max Thun, »wohnhaft Wien IV,
Prinz Eugenstraße Nr. 68«. Die beiden Familien nahmen an der Hochzeit nicht teil. Trauzeugen waren der Stifts-Pfarr-Mesner Josef Nesitzky und der Stiftspförtner Franz Koller aus Stift Heiligenkreuz bei
Baden, wo die Trauung durch P. Berthold Scheibenreiter stattfand. Aus
den Kirchenbüchern in Heiligenkreuz geht hervor, daß die Heirat erst
am 11. 4. 1920 ausgeschrieben wurde und daß das Magistrats-Bezirks-
amt IV in Wien und das Erzbischöfliche Ordinariat in Wien Dispens
vom 2. und 3. Aufgebot erteilt hatten.
Der Brief ist nicht im Original überliefert. Textidentische Abschrift des
unvollständigen Briefes in EX und BA. Zusatz in BA: »In eine Wiener
Wohnung [Max Thun war vom 5. 2. 1920–23. 4. 1920 in der Prinz-
Eugen-Straße 68/2/8 polizeilich gemeldet], wo ich kurze Zeit wohnte,
und wohin er mir am 9. April ›Als ein Stern fiel‹ sandte.«
›Als ein Stern fiel‹. Handschrift aus dem Besitz von SN in der Öster-
reichischen Nationalbibliothek, Wien, in einem Briefumschlag mit der
Aufschrift: »An Sidonie Nadherny«, datiert von SN: »Als ein Stern fiel
9. 4. 20.« Erstdruck: F 544–545 v. Juni 1920, S. 39–40 [W 7, 314–315].
SN datiert in BA das nicht in der Handschrift überlieferte Gedicht ›Die
Verlassenen‹ auf »Wien, 20. Februar 1920«. Das Gedicht muß früher
entstanden sein. Erstdruck: F 521–530 v. Januar 1920, S. 92 [W 7, 263].

[692]   26. 6. 1920

SN-Thun und Max Thun wohnten vom 23. 4. 1920–13. 7. 1920 in Wien,
Karolinengasse 7/Mezz. 5, Gez 7/II/10. Am 12. 6. 1920 dürften sie nach
Prag gefahren sein. SN in BA: »Nach unserem ersten Wiedersehn in
Prag.« KK hatte am 11., 12. und 14. 6. 1920 im Mozarteum in Prag vor-
gelesen. Programm: F 546–550 v. Juli 1920, S. 4–5.

[693]   9./10. 7. 1920

SN in BA: »›Traum‹ beigelegt.« Erstdruck: F 508–513 v. Mitte April
1919, S. 73–75 [W 7, 263–266].

Zürich ist unwahrscheinlich geworden: Eine Vorlesung fand in Zürich nicht statt.
Hier einiges aus dem buntesten Leben: Beilagen nicht erhalten.
Der Absender: nicht ermittelt.
die Sprache eines Tischlergesellen: s. ›Heimkehr und Vollendung‹, in F 546–550 v. Juli 1920, S. 1–2, wo KK einen Zeitungsbericht über den Tod der Tischlersgattin Anastasia Kolochy aus Hernals nachdruckt, die nach der Mitteilung, daß ihr totgeglaubter Mann sich auf der Heimreise aus russischer Kriegsgefangenschaft befinde, an einem Herzschlag stirbt.
von den zwei aus Hagen: nicht ermittelt.
Der wegen Prag und R. interessante Brief: Rilke [?], Zusammenhang nicht ermittelt.

[694]   20. 7. 1920

Ansichtskarte: Schutzhaus am Hohen Lindkogel, 874 m. Text läuft auf Bildseite über.
Schloß Sponau: Besitz von Moritz Chlumecky-Bauer.

[695]   25. 7. 1920

Kuchelna: Landsitz der Fürsten Lichnowsky bei Troppau im Hultschiner Ländchen. Es dürfte sich um den ersten Besuch in Kuchelna handeln. Die erste datierbare briefliche Mitteilung von KK an Mechtilde Lichnowsky stammt vom 7. 7. 1918. M.-Lichnowsky-Nachlaß, Bayerische Akademie der Schönen Künste, München.

[696]   27. 7. 1920

Etzel und Rigi: Berge in der Zentralschweiz. Anspielung auf das in Tierfehd entstandene Gedicht ›Wiedersehn mit Schmetterlingen‹, s. Anm. 572.
Vöslau: Bad Vöslau, Kurort südlich von Baden.
Heiligenkreuz: Stift, wo SN geheiratet hatte.
Mayerling: Jagdschloß bei Stift Heiligenkreuz, das dem österreichischen Thronfolger Erzherzog Rudolf gehörte. Er erschoß sich dort am 31. 1. 1889 zusammen mit der Baronesse Mary Vetsera.

[697]   4./5. 8. 1920

Zauchtl: Rittergut des Moritz Chlumecky-Bauer.
L.: Lichnowskys.
Graetz: Schloß Grätz, seit 1777 im Besitz der Fürsten Lichnowsky.
Klavier, auf dem Beethoven gespielt hat: Ludwig van Beethoven (ge-

tauft Bonn 17. 12. 1770; gest. Wien 26. 3. 1827) war zwischen 1806 und 1811 zweimal Gast des Fürsten Karl Lichnowsky in Grätz. Ihm sind mehrere bedeutende Werke gewidmet, darunter die Klaviersonate Nr. 8, op. 13, ›Pathétique‹, und die 2. Symphonie. Mechtilde Lichnowsky berichtet in ihrem Buch ›Zum Schauen bestellt‹, Eßlingen: Bechtle 1953, von einem »musikalischen Schreibtisch, der Bach, Haydn und Mozart spielen konnte, wenn der linke Fuß auf einen Hebel drückte«, der in Beethovens Zimmer gestanden haben soll.

Borutin: Der Ortsname Borutin ist in der Tschechoslowakei recht häufig.

Huldschiner Ländchen: Das Gebiet um die Stadt Hlučin in Ost-Mähren wurde nach dem Versailler Friedensvertrag von Deutschland an die ČSR abgetreten.

»Traum«: s. Anm. 693.

(siehe das letzte): ›Unter dem Wasserfall‹, s. Anm. 649.

Vallorbe: vgl. ›Vallorbe‹, Anm. 572.

Chotzen: Kleinstadt in der Nachbarschaft von Pottenstein; Sitz der Fürsten Kinsky.

den grausigen Brief: nicht ermittelt.

»L. T. d. M.«: Die Buchausgabe der ›Letzten Tage der Menschheit‹ erschien im Sommer 1922 in stark veränderter Fassung.

[699]   27. 8. 1920

Ansichtskarte: Graetz. Auf der Bildseite Text von KK mit Pfeil: »Mein Schlafzimmer«.

G.: Grätz.

[701]   21. 10. 1920

Beilage: ein Föhrenzweig.

Hier der Brief: Beilage nicht erhalten.

Dresden: SN in Tb v. 1. 1. 1921: »I was 3 weeks with Dora in Dresden, Leipz. & Munich...«

[702]   7./8. 11. 1920

»Da schon die Blätter falb«: Erste Zeile des Gedichts ›Jugend‹, s. Anm. 588.

Abschrift der Briefe: vgl. Anm. 709.

am 15. nachm. W. i. V. und Pandora: Vorlesung von Goethes ›Pandora‹ und aus ›Worte in Versen‹ im Mittleren Konzerthaussaal, Wien, am 15. 11. 1920, 3 Uhr nachmittags. Programm: F 554–556 v. November 1920, S. 24.

Hier noch ein Stück Innsbruck: bezieht sich wahrscheinlich auf die von

Ludwig von Ficker initiierte Unterstützung der Familie Thöny, deren Kinder an Tuberkulose erkrankt waren; an der Sammlung beteiligten sich Mechtilde Lichnowsky, Richard Lanyi, KK u. a.

[703]   29./30. 11. 1920

Wann es wieder Sterne geben wird?: Anspielung auf die Praterfahrt unter dem besternten Himmel, s. Anm. 1.

das »ganz zu mir genommene Kind«: Die F, die zwischen 1913 und 1918 oft voller Anspielungen war, die nur SN verstehen konnte, enthielt jetzt keine Gedichte mehr für SN.

»Traum«: s. Anm. 693.

Lac de Joux: vgl. ›Vallorbe‹, Anm. 572.

für den 1. Dezember: 35. Geburtstag von SN.

In der zweiten Januar-Hälfte: Vorlesung aus eigenen Schriften im Meister-Saal, Berlin, am 23. 1. 1921. Programm: F 561–567 v. März 1921, S. 79.

Vorlesung von Goethes ›Pandora‹ und aus ›Worte in Versen‹ im Klindworth-Scharwenka-Saal, Berlin, am 24. 1. 1921. Programm: a. a. O., S. 80.

Vorlesung aus Goethes ›Faust II‹, eines Briefes von Rosa Luxemburg und aus eigenen Schriften, ebenda, am 28. 1. 1921. Programm: a. a. O., S. 80.

Vorlesung von Shakespeares ›Lustigen Weibern von Windsor‹ in der Sezession, Berlin, am 30. 1. 1921. Programm: a. a. O., S. 80.

[704]   1. 12. 1920

Adressiert an SN und Karl Nádherný.
35. Geburtstag von SN.

[705]   28. 12. 1920

Text sehr verstümmelt. SN in Tb v. 1. 1. 1921: Nach der Reise im September 1920 kehrte sie nach Janowitz zurück. Im November fuhr Max Thun nach Wien. »Signed – but never meant – our divorce.« SN war in die Prager Wohnung von Karl Nádherný übersiedelt und von dort am 16. 12. 1920 »secretly« zu Freunden gezogen. Am 19. 12. 1920 holte sie ihre Sachen aus der Prager Wohnung, und am 20. 12. 1920 fuhr sie nach Wien, wo sie sich in der Wohnung Khevenhüller in der Türkenstraße 19 einmietete. »On the 24. afternoon I visited Olga [Nádherný] & bought her xmasthings. In the evening at 7 K.K. came (his coming without telling him to whom, I arranged with Liegler) [...] Gave him a spitzl,

He me his poembook V.« SN in BA: »Gatten auf immer verlassen, gemeinsames Weihnachten und Sylvester in Wien, wo einen Monat blieb.« ›Worte in Versen V‹. Widmung: »Den Verlassenen«. Leipzig/München: Verlag der Schriften von Karl Kraus ⟨Kurt Wolff⟩ 1920 [EA 39.5] [W 7, 251–328].
KK schrieb das Gedicht: ›Eros und der Dichter‹. Handschrift aus dem Besitz von SN in der Österreichischen Nationalbibliothek, Wien, datiert: »28./29. Dez. 20«. Erstdruck: F 561–567 v. März 1921, S. 69–71 [W 7, 331–333].
Unter den Originalbriefen befindet sich ein von SN mit »Sylvester/1. 1. 21« datiertes Kuvert mit einem Tannenzweig.

[706] 20. 1. 1921

Die ursprünglich aufgeklebten Textstreifen des Telegramms sind wegen Textverlust nicht mehr rekonstruierbar.
SN datiert in BA das Gedicht ›Du seit langem einziges Erlebnis‹ auf »Wien, 23. I. 1922«. In BlH ebenfalls »Ende Jänner 22«, s. Anm. 718.

[707] 2. 2. 1921

nach vier schönsten Abenden: s. Anm. 703.

[708] 5./6. 2. 1921

vor einer Vorlesung: Vorlesung aus eigenen Schriften im Mittleren Konzerthaussaal, Wien, am 6. 2. 1921, 3 Uhr nachmittags. Programm: F 561 bis 567 v. März 1921, S. 83–84.
Habe mein Exemplar: Bezieht sich auf eine Tageszeitung.
aus jener Hölle: Berlin. Vgl. ›Vorwort zur letzten Berliner Vorlesung‹, in: F 561–576 v. März 1921, S. 81–82.
Für die russischen Schauspieler: SN in Tb. v. 21. 1., 24. 1. und 1. 2. 1921: Sie habe Tschechovs ›Onkel Wanja‹, ein Stück von Knut Hamsun und die ›Drei Schwestern‹ von Tschechov in Agram von einer russischen Theatergruppe gesehen.
Die Pläne: nicht ermittelt.
(Beilage): Zeitungsausschnitt mit folgender Meldung: »Über Paris wird gemeldet, daß die berüchtigten polnischen Frauenbataillone abgerüstet werden. Damit hört – wenigstens vorläufig – eine der ärgsten Niederträchtigkeiten auf, die der Krieg gezeitigt hatte. Die Mehrheit der 3000 weiblichen Mörder kehrt nach mehr als zwei Jahren Kriegsdienst zu ihren häuslichen Berufen zurück. Ein geringer Teil bleibt aber dem Blutberufe treu, indem sie als Abrichter zur militärischen Erziehung der

Weiber in den Schulen bleiben, die zu diesem wahrhaft weiblichen und edlen Zweck in Warschau, Krakau und Posen errichtet werden.«

[709] 15. 2. 1921

teuerstem Kopist: SN in Tb v. 12. 2. 1921: »Yesterday I at last finished my great work: copying and numbering all my letters, telegramms & cards from K. K., all in all more than 700.«

[710] 15./16. 2. 1921

(»Beschlagnahme« Lichn. ist ein Zeitungsgeschwätz.): nicht ermittelt.
was 3. II. bis jetzt sich am Schreibtisch abgespielt hat: F 561–567 v. März 1921.
Über Berlin: s. Anm. 703.
mit der rührenden Statistik: SN hatte zusammengestellt, wieviele Briefe in den verschiedenen Jahren geschrieben wurden.

[711] 22./23. 2. 1921

ich kam am 3. zurück: aus Berlin.
Frau K.: Helene Kann.
Prozeßsachen: nicht ermittelt.
Hermann Bahr: Hermann Bahr (geb. Linz-Urfahr 19. 7. 1863; gest. München 15. 1. 1934) war Regisseur, Verlagslektor, freier Schriftsteller, Theater- und Literaturkritiker von großem Einfluß. KK attackierte den Betriebsamen, den »Proteus der Literatur« (Ola Hanssen), den »Mann von Übermorgen« (Maximilian Harden), der den Naturalismus bereits als überwunden bezeichnete, bevor er in Österreich überhaupt zur Kenntnis genommen wurde, 1897 in der ›Demolirten Literatur‹ wegen seiner literarischen Cliquenwirtschaft [Vf 109–112; EA 11]. Schon im November 1892 schrieb KK: »Hermann Bahr sitzt fleißig im Griensteidl, zupft auf seiner Nervenguitarre und ersinnt – neue Bezeichnungen, neue Sensationen für die Saison und überwindet; ich glaube, er überwindet jetzt den Symbolismus, übrigens kann man das bei ihm nie genau wissen: Unser Hermann Bahr thut immer ›heimlich‹.« ›Wiener Brief‹, in: ›Die Gesellschaft‹, Leipzig, Jg. 8, Nr. 11 v. November 1892, S. 1506–1510 [Vf 11]. Wenig später, in Jg. 9, Heft 5 v. Mai 1893, S. 627–636, forderte KK, in Anlehnung an die 1890 erschienene Schrift ›Die Überwindung des Naturalismus‹, Dresden/Leipzig: ›Zur Ueberwindung des Hermann Bahr‹ auf [Vf 28]. Bahr wird zum Hauptgegenstand der Satire von KK, dem er die Verletzung der Inkompatibilität als Theaterkritiker und Bühnenschriftsteller vorwirft; später wird vor allem der Stilist Hermann Bahr angegriffen: Linz-Urfahr sei nicht Weimar, stellte KK fest.

313

Die beigelegten Briefe: Beilagen nicht erhalten. Vermutlich handelt es sich um Briefe aus der Verwandtschaft von Max Thun. SN in Tb v. 12. 2. 1921: »From Bl.[anka] I got a telegr. that M. T. knows where I am.« SN in Tb v. 21. 2. 1921: Max Thun werde in ein Sanatorium gebracht.
die Dame: Vermutlich Maria Josepha Gräfin von Thun und Hohenstein (geb. Trient 16. 2. 1887), die Frau des Bruders von Max Thun, Felix Oswald Maria Thun und Hohenstein.
S. B. N. Th.: Sidonie Baronin Nádherný-Thun.
F.: Felix Thun [?].
Ein großes Werk hätte ich vor: Mit dem 76 Seiten starken Heft der F 572–576 v. Juni 1921 unter dem Titel ›Zur Sprachlehre‹ beginnt ein über Jahre fortgesetztes Unternehmen zur Bekämpfung des Sprachverfalls, das in der posthum erschienenen Ausgabe ›Die Sprache‹, Wien: Verlag ›Die Fackel‹ 1937 [EA 14] zusammengefaßt wird [W 2].
Bl.: Maria *Blanka* Editha Antonia Gabriele Gräfin Deym v. Střítež (geb. Trisch 11. 4. 1901).
die andere B.: Binder.
Kirkegaard: Zusammenhang nicht ermittelt.
Hauer (?): nicht ermittelt.
Zitats einer Redoutenschilderung: nicht ermittelt.

[712]   6. 3. 1921

Wegen Agram wird Kanzler sofort interpelliert: nicht ermittelt.

[713]   15./16. 3. 1921

nach der großen Arbeit kam große Arbeit: Nach Abschluß der 108 Seiten starken F 561–567 v. März 1921, in der sich KK auf den S. 53–68 unter dem Titel ›Aus der Sudelküche‹ mit Franz Werfel und seiner »Magischen Trilogie« ›Spiegelmensch‹ auseinandersetzt, schrieb er die Erwiderung ›Literatur oder Man wird doch da sehn. Magische Operette in zwei Teilen‹, Wien/Leipzig: Verlag ›Die Fackel‹ 1921.
Werfel hatte den ›Spiegelmensch‹ im Februar 1919 begonnen und im Februar 1920 abgeschlossen. Am 30. 10. 1919 notiert Werfel in seinem Tagebuch: »Spiegelmensch: Landstraßenakt fast fertig«, am 1. 11. 1919: »Landstraßenakt fertig.« und am 31. 1. 1920: »Ich will ›Spiegelmensch‹ beendigen.« ›Der Spiegelmensch‹ erschien in München: Kurt Wolff Verlag 1920. Uraufführung: Leipziger Altes Theater am 15. 10. 1921; Regie: Alwin Kronacher. Noch am 5. 11. 1920 rät Kurt Wolff Franz Werfel nach einer Diskussion mit Bertha Zuckerkandl, die Karl Kraus-Polemik, die »an dieser Stelle wenig glücklich ist und in vielfacher Beziehung von vielen Seiten mißverstanden werden wird« in dem bereits imprimierten Exemplar zu streichen. Wolff verweist auf die »völlig mißglückte« Pole-

mik von Ehrenstein, ›Karl Kraus‹, in: ›Die Gefährten‹, Wien/Leipzig, Jg. 3, 1920, Heft 7, S. 1–22 [K 1564]. »Sie kennen meinen Standpunkt, daß es nur eine Form der Polemik gegen Kraus geben kann: sie nicht zu führen. Und Sie haben mir, wenn ich mich recht erinnere, in diesem Punkt eigentlich zugestimmt.« Wolff, ›Briefwechsel‹, a. a. O., S. 342–343.

Franz Werfel versuchte, sich in einem grundlegenden Essay ›Dramaturgie und Deutung des Zauberspiels ›Spiegelmensch‹‹ mit diesen und anderen Einwendungen auseinanderzusetzen. Die für 1921 bei Kurt Wolff vorbereitete Schrift wurde von ihm wieder eingezogen. Das 4. Kapitel erschien unter dem Titel ›Theater. Aus einem noch unveröffentlichten dramaturgischen Buche über das Zauberspiel Spiegelmensch‹, in: ›Neue Rundschau‹, Jg. 32, Heft 6 v. Juni 1921. Zwei weitere Kapitel druckte Werfel in den ›Stuttgarter Dramaturgischen Blättern‹, 1921/22. Neudruck des ›Spiegelmensch‹, in: Franz Werfel, ›Gesammelte Werke‹, ›Dramen‹, 1. Bd., Hrsg. v. Adolf D. Klarmann, (Frankfurt:) S. Fischer Verlag 1959, S. 135–250.

Mit welcher Verzweiflung sich Franz Werfel um eine literarische Erledigung seines Gegners KK bemühte, zeigt eine Tagebucheintragung vom 5. 7. 1920, die hier mit freundlicher Genehmigung der Verlagsgruppe Langen-Müller/Herbig aus dem in Vorbereitung befindlichen Nachlaßband wiedergegeben wird:

5. Juli, 1920
Der Verwandte. – Roman-Einfall.
Der Publicist Karl Kalans erwartet in seiner vornehmen, aufs interessanteste geschmückten Wohnung den Besuch der schönen Fürstin S., die nach einem langen Kampfe endlich eingewilligt hat, K. zu gehören. K. erwartet in tiefer Aufregung zugleich mit dem erotischen Erfolg einen ungeahnten gesellschaftlichen Triumph. Er trifft die letzten Vorbereitungen. Verdunkelt um eine Nuance den Bibliotheksraum, verbirgt seinen seidenen Pyjama an einer geeigneten Stelle, wäscht zum soundsovielten Mal sein Gesicht mit Eau de Cologne, parfümiert sich, entlässt den Diener, der den Tee vorbereitet hat. u.s.w. Mit grossem Herzklopfen geht er auf und ab. Die Uhr tickt, die Stunde naht. Erschrickt vor jedem rollenden Wagen und Hupenton. Da läutet es. K. fährt zusammen und eilt in den Vorraum. Ein Mann steht an der Türe, der Kalans brüderlich umarmt.
»Wer sind Sie, ich kenne Sie nicht!«
»Sowas! Du kennst mich nicht, aber Karl …«
»Nennen Sie bitte Ihren Namen …
»So lass mich doch zuerst eintreten … Nun also. Mein lieber Karl, Gott wie gut du aussiehst …
»Was wollen Sie.«
»Seinen eigenen Verwandten erkennt er nicht. Lass mich nur zuerst ab-

legen! Und meinen Koffer. (Ein Dienstmann steht hinter dem Fremden) niedersetzen. Du bist doch so gut und zahlst dem Dienstmann 15 Kronen.«

Kalans tut es. Der Verwandte schleppt einen schäbigen Mantelsack, ein höchst altmodisches Schirmetuie und sonst noch penetrante Reisegegenstände herein. Man weiss nicht recht, auf welche Weise er bisher sie verborgen hielt. Das Vorzimmer ist im Nu von diesen Sachen überfüllt.

Der Verwandte legt den hohen Zylinder ab. Drunter trägt er ein Käppchen, verstaut geschäftig und ungeschickt seine Koffer, indem er den ganzen Raum zu einer unappetitlichen Garderobe macht. Er ist unbestimmten Alters.

Kalans: Das ganze muss ein Irrtum sein.

Verwandter: Ein Irrtum! Wir Kalaner kennen einander gut.

Kalans. Ich heisse nicht Kalaner, ich heisse Kalans.

Verw. Wissen wir schon. Du hast unseren guten Namen abgelegt. Kalaner bist und bleibst du.

Kalans: Habe ich es mit einem Wahnsinnigen zu tun?

Verw. Was heisst wahnsinnig? Tut sich was? Taubele war unsere Grossmutter. Deine und meine. Also sind wir Verwandte. Alle Onkeln und Tanten lassen dich grüssen, Karl. Aber jetzt führe mich hinein. Ich will mir die Hände waschen.

Kal. Das geht nicht. Ich erwarte Besuch. Rufen Sie Ihren Dienstmann zurück und räumen Sie sofort meine Wohnung.

Verw. Du willst doch nicht einen Blutsverwandten hinauswerfen. (Er wird ganz rot und traurig)

Kal. Sie hören doch, ich kenne Sie nicht.

Verw. Lüge nicht Karl. Und zeig mir dein Schlafzimmer. Hat man schon erlebt, dass ich störe.

Kalans führt, ohne zu wollen, in einer Suggestion den Verwandten ins Zimmer. Der bewundert mit grossem Lärm die Bilder, Einrichtung, u.s.w. hält lange Reden über die Familie der Kalaner, undurchsichtig, vieldeutig. Nimmt Bücher aus dem Kasten, schleudert sie auf die Erde, bringt das Zimmer im Handumdrehen in Unordnung, zündet sich eine Knasterpfeife an, es beginnt sogleich alles zu stinken. Dann dringt er in Karls Schlafzimmer ein. Wäscht sich, indem er Wasser überlaufen lässt und daran Bemerkungen knüpft, Gesicht und Hände schnaubend und weitumherspritzend. Er gurgelt auch und spült sich den Mund. Sentenzen über Reinlichkeit. Karl gewahrt plötzlich in diesem zum Empfang der aristokratischen Geliebten so schön hergerichteten Zimmer einen unsagbaren Wäschesack. Der Verwandte beginnt seine Wäsche zu wechseln, lässt das schmutzige Hemd mitten im Zimmer liegen. Karl schon ganz im Bann, räumt es verstohlen fort. Er beschwichtigt sich selbst, indem er sich einredet, man müsste einen Verrückten nachsichtig behandeln. Er taumelt aber, als der Fremde nunmehr auch seine Socken auszieht und aus

der Brusttasche seines Rockes ein Paar ganz verschlappte Pantoffeln
nimmt, die er über die nackten Füsse streift.
Karl rennt ununterbrochen zum Fenster. Es ist nun schon eine Viertel-
stunde über die Rendezvouszeit. Tiefste Verzweiflung, Selbstmord-
gedanken. Was soll er tun?
Der Verw. Herrgott. Da fühlt man sich wie neugeboren. Wer hätte gedacht, dass so ein Kalaner es so weit bringen wird wie du. No, ich
habe ja auch genug erreicht. Aber wir beide zusammen stellen einen
Mann. Was tut Gott, finde ich dich zur rechten Zeit (immer leise mau-
schelnd) – Ja wir sind eine Familie. Mit einem guten Gebiss. Da schau
her!
Das erstemal betrachtet nun Karl den Fremden genau. Und siehe da.
Er erblickt wahrlich ein blutsverwandtes Gesicht. Schauder. Nun weiss
er, warum er den Eindringling nicht entfernen konnte.
Karl (zögernd) Ich bin nun und niemals ein Kalaner.
Verw. Mach keine Witze Karl.
Karl (ausser sich) Hüten Sie sich. Jetzt erst komme ich zu mir. Ich tele-
phoniere die Polizei an.
Verw. Ich bin angemeldet. Und wozu die Polizei. Das Geheimnis ken-
nen wir beide besser.
Karl: Welches Geheimnis.
Verw. Mach nicht so! Das Kalanersche Geheimnis.
Er tritt zu Karl und zwickt ihm in den Rücken. »Unser Buckel, unser
guter Kalanerscher Buckel.« Nachdem Karls Geheimnis, das unter ge-
schickter Kleidung wohlverborgene entlarvt ist, ist er ganz entwaffnet,
der Sklave des Eindringlings. Der triumphiert. Manche Rede. Dann:
»Nun will ich auch etwas essen.« Er zieht aus der Tasche Zwiebeln, in
die er hineinbeisst. Aber das genügt ihm nicht. Er möchte auch was War-
mes haben. Er spioniert in der Wohnung, die nun ganz verwüstet ist. –
Kurze fieberhafte Überlegung von Karl Kalans. Wie werde ich diesen
Furchtbaren los? Draussen rollt ein Wagen vor. Er ist einer Ohnmacht
nahe. Ein Stossgebet. Draussen läutet es. Er stürzt zur Türe. Seine Kniee
versagen. Es ist ein Briefträger mit einem Telegramm. Noch eine Gal-
genfrist. Schnelles Handeln notwendig. Der Verwandte hat mit Triumph-
geheul den Samovar gefunden und entzündet. Er singt schon. Karl ent-
nimmt einem Kästchen Zyankali und wirft ein Körnchen in das kochende
Wasser.
Der Verw: schenkt den Tee ein und nötigt Karl zum Trinken. »Was soll-
test du nicht den Kalanerschen Appetit haben. Dein Grossvater war ein
starker Esser und der Urgrossvater hat eine Schnapsbrennerei besessen,
deren bester Kunde er selbst war.« (Weitere Genealogie.)
Der Verwandte streckt sich behaglich in seinem Fauteuil und brockt ein
Sandwich in den Tee. Nach langer Spannung nippt er von der Tasse,
springt auf und fällt tot um, indem er das Teegeschirr mitreisst. Karl

macht in rasendem Tempo Ordnung. Die Wohnung ist wie durch Zauberei im Nu wieder hergestellt. Zuletzt schleppt er den Leichnam, der merkwürdig leicht geworden ist, zu einem Schrank und hängt ihn dort auf einem Kleiderrechen auf.

Alles ist blitz und blank, wie vorher und es zeigt sich, dass der Minutenzeiger kaum um sieben Minuten vorgerückt ist.

Nun fährt endlich der entscheidende Wagen in den Hof des Hauses. Die Fürstin ist da.

Sie umarmt Karl. – Er, zuerst aus Unsicherheit wird immer nervöser. Sein Glück ist dahin. Alles geht schief. Die Leiche im Kasten. Verwirrte Reden. Erkenntnis der Fürstin.

die Satire: ›Literatur oder Man wird doch da sehn‹ muß also zwischen dem 23. 2. 1920 und dem 6. 3. 1920 entstanden sein: Sie wurde bereits am 6. 3. 1920 im Mittleren Konzerthaussaal, Wien, »aufgeführt«. Programm: F 568–571 v. Mai 1921, S. 35–36.

Programm: Das Programm der Vorlesung v. 6. 3. 1920 enthielt den leicht gekürzten Text des Vorworts von ›Literatur‹ und Auszüge aus Werfels Antwort in der ›Rundfrage über Karl Kraus‹ (1913) und dem ›Spiegelmenschen‹ (1920) im Paralleldruck, F 568–571, a. a. O.

die Erfüllung des Versprechens: s. ›Aus der Sudelküche‹, a. a. O.

eine Maffia: »Ich verstehe von dem Geseres [von Werfel und seinen Combattanten] [...] buchstäblich nichts anderes als das Wort »Material«, das als Drohung immer wiederkehrt, und es scheint sich wirklich eine ganze Maffia von Kettenhändlern mit einer Ware, die nicht vorhanden ist, zusammengeschlossen zu haben...« Die Drohung, KK durch Materialien zu desavouieren, bezieht sich wiederum auf eine Sache, die »den Stadtklatsch zu einem kosmischen Ereignis macht«, wie Werfel festgestellt hatte. KK: »Er [Werfel] wäre nicht Manns genug, sich zu einer Lüge zu bekennen, die er mit keinem Eindruck aus der Zeit erhärten könnte, da er seinen Planeten für ewig an den meinen gebunden gefühlt, also in denkbar engster Nachbarschaft mit mir gelegt hat«, a. a. O., S. 59, 60; vgl. Anm. 70 und 434.

dem Goethedieb: KK wies Werfel die Parallelen zu Goethes Faust nach: »In der Überführung von Schlüsselliteraten habe ich seit alten Zeiten eine gewisse Übung.«, a. a. O., S. 62.

der Druck der Bogen bald beendet: In F 568–571 v. Mai 1921, S. 42, wird die Buchausgabe von ›Literatur‹ mit Erscheinungstermin »Anfang April« ausgewiesen.

»L. T. d. M.«: ›Die letzten Tage der Menschheit‹, s. F 521–530 v. Januar 1920, S. 87.

stärkerer Magnet: Zusammentreffen mit SN.

(auch äußere, prozessuale etc.): nicht ermittelt.

der Herr in München: Kurt Wolff schrieb am 19. 3. 1921, »von einer

Reise nach Berlin zurückgekehrt«: »Sie haben und hatten Recht; daß ich als Inhaber des Verlags der Schriften von Karl Kraus nicht gleichzeitig Verleger der jungen deutschen Literatur sein kann und darf.« Er sehe ein, daß KK gegen Autoren des Verlags Kurt Wolff polemisiert habe; schließlich habe der dem Widerstand gegen Angriffe auf KK nachgegeben. Wolff bietet einen Besuch in Wien an. Wolff, ›Briefwechsel‹, a. a. O., S. 135–136.

am Gründonnerstag vorlesen will: Vorlesung von Goethes ›Clavigo‹ im Festsaal des Niederösterreichischen Gewerbe-Vereins, Wien, am 24. 3. 1921. Programm: F 568–571 v. Mai 1921, S. 42.

Diese Schweizer Buben: Bezieht sich auf die geplante Vorlesung in Zürich.

das mit Georgien: Bezieht sich möglicherweise auf einen Reiseplan von SN oder auf das Zusammentreffen mit russischen Flüchtlingen, das SN in Tb v. 12. 2. 1921 notiert.

Moskauer Schauspieler: s. Anm. 708.

jenes Gräuel: Franz Werfel.

die andere Beilage, der Brief des Arztes: ›Es‹ in F 572–576 v. Juni 1921, S. 46–53 [W 2, 74–81].

Ein Berufsgermanist: Otto Janowitz.

daß so etwas erscheint: Ende 1920 war die Monographie ›Karl Kraus und sein Werk‹ von Leopold Liegler erschienen, Wien: Lányi. In F 521 bis 530, a. a. O., S. 86–87, stellt KK fest, er habe keine Zeile »früher als irgendein anderer Leser gekannt« »trotz täglichem Umgang in den Jahren, da er es schrieb«, während Liegler als Korrektor jedes seiner Worte »früher gelesen hat, aber auch mit besserem Verstand und Herzen, als jeder Wiener Literat.« Vgl. F 531–543 v. April 1920, S. 113–116.

Die Deutung von »Mahnung« und die biographische Festlegung: Das Epigramm ›Mahnung‹, F 551 v. August 1920, S. 5 [W 7, 261–262], beginnt mit der Strophe: »Willst vor dir selbst in Ehren du bestehn, / darfst du mit einem Weib zu Gott nicht gehn.// ...«.

wundervolle alte Dichter: Vorlesung von August Strindberg, Szenen zur ›Psychologie Österreichs‹, aus Shakespeares ›König Johann‹, Jens Peter Jacobsen, Petronius; im II. Teil Gedichte von Andreas Gryphius; Christian Hoffmann von Hoffmannswaldau; Georg Rudolf Weckherlin; Jakob Schwieger; Johann Klaj; Georg Philipp Harsdörffer; Johann Christian Günther; Friedrich von Hagedorn; Johann Elias Schlegel; Magnus Gottfried Lichtwer; Karl Wilhelm Ramler; Friedrich Gottlieb Klopstock; Johann Joachim Eschenburg; Johann Timotheus Hermes; Leopold Friedrich Günther von Göckingk; Ludwig Christoph Hölty; Matthias Claudius; Goethe. Im Festsaal des Niederösterreichischen Gewerbe-Vereins, Wien, am 15. 3. 1921. Programm: F 568–571 v. Mai 1921, S. 36 bis 41.

für die Kinder: Der Ertrag dieser Vorlesung und der Vorlesung von

Shakespeares ›Maß für Maß‹ in einer von KK bearbeiteten Übersetzung von Wolf Heinrich Graf Baudissin im Festsaal des Niederösterreichischen Gewerbe-Vereins, Wien, am 3. 3. 1921 – Programm: F 568–571, a. a. O., S. 35 – wurde der ›Gesellschaft der Freunde‹, der Aktion ›Rettet die Jugend‹, dem ›Haus des Kindes‹ und dem Kinderasyl ›Kahlenbergerdorf‹ zugewiesen. Der ausgewiesene Betrag: K 32.030.
Relief Mission: Englisch-Amerikanische Hilfsmission der Gesellschaft der Freunde. Vgl. ›Ein Vorschlag‹, in F 554–556 v. November 1920, S. 17–18.
»E. u. d. D.«: ›Eros und der Dichter‹, s. Anm. 705.

[714]   22. 3. 1921

Druckfehler »Hir« und »Verd ener«: F 561–567 v. März 1921, S. 44, recte: Hirt; S. 88. recte: Verdiener. Die Fehler sind nur in einer Teilauflage enthalten.
jene Mißbildung: ›Monolog des Alfred Kerr‹, F 561–567 v. März 1921, S. 80–81. KK hatte dem dort abgedruckten ›Rumänenlied‹ eine »Zwischenstrophe« eingefügt.
jenen Münchner Heros: Kurt Wolff.
(»Der Großkophta«): ›Der Groß-Cophta. Ein Lustspiel in fünf Aufzügen von Goethe‹. Berlin: Johann Friedrich Unger 1792.
»Die Aufgeregten«: Politisches Drama in fünf Akten [entstanden etwa 1791].
»Der Bürgergeneral«: ›Ein Lustspiel in einem Aufzuge‹ von Goethe. Berlin: Johann Friedrich Unger 1793. Goethe entschuldigt sich in den ›Tag- und Jahresheften‹ für diese »Produktionen«: »Einem tätigen produktiven Geiste, einem wahrhaft vaterländisch gesinnten und einheimische Literatur befördernden Manne wird man es zugute halten, wenn ihn der Umsturz alles Vorhandenen schreckt, ohne daß die mindeste Ahnung zu ihm spräche, was denn besseres, ja nur anderes daraus erfolgen solle. Man wird ihm beistimmen, wenn es ihn verdrießt, daß dergleichen Influenzen sich nach Deutschland erstrecken [...] In diesem Sinne war ›Der Bürgergeneral‹ geschrieben, ingleichen ›Die Aufgeregten‹ entworfen [...]«
»Abenteuer der Arbeit«: s. Anm. 479.
Die Wirkung der Polizei-Sache: Bei der Vorlesung aus eigenen Schriften im Mittleren Konzerthaussaal, Wien, am 20. 2. 1921 – Programm: F 561 bis 567 v. März 1921, S. 84 – las KK den Aufruf ›An den Polizeipräsidenten‹, F 561–567 v. März 1921, S. 102–103, in dem der Fall einer durch die »Keuschheitskommission« verhafteten jungen Frau zum Vorwand für die Frage wird, »ob er [der Polizeipräsident Schober] und der Autor von ›Sittlichkeit und Kriminalität‹ die Verwandlung des verhaß-

testen Polizeistaats in eine Republik erlebt haben sollen, um derartige Niederträchtigkeiten schweigend hinzunehmen.« Schober antwortete am 13. 6. 1921 und teilte mit, daß der aus der ›Neuen Freien Presse‹ übernommene Bericht auf einer Einsendung beruhe, die sich der Nachprüfung entzöge, F 577–582 v. November 1921, S. 16–20. Der Informant der ›Neuen Freien Presse‹, ein »angesehener Arzt«, setzte sich am 18. 9. 1921 mit KK in Verbindung und teilte mit, leider könne er den Namen der betroffenen Dame nicht nennen, F 583–587 v. Dezember 1921, S. 38–44. Vgl. ferner ›Alpine Moralgesellschaft‹, F 588–594 v. März 1922, S. 89–95.
die lateinischen Sätze: ›Per aspera ad astra‹ [?], F 561–567 v. März 1921, S. 38–39.
Spaziergang: im Wienerwald.
die ehemalige Braut des Bruders: nicht ermittelt.
unseres Falles: Max Thun [?].

[715] 7./8. 4. 1921

SN war am 27. 3. 1921 von Agram über Buccari – zu Schiff – nach Spalato – Ragusa – Lacroma – Cattaro und Venedig gereist, wo sie bis 28. 4. 1921 blieb. Über Florenz und Rom kehrte sie am 4. 5. 1921 [?] nach Wien zurück.
Korrespondenzen der beiden W. zu finden: Kurt Wolff und Franz Werfel.
Der eine hat sich inzwischen gemeldet: Kurt Wolff, s. Anm. 713.
seitdem der Stern gefallen: Vgl. ›Als ein Stern fiel‹, s. Anm. 691.
L. zum Verständnis des Kritikers: nicht ermittelt.
B.: nicht ermittelt.
W.: Kurt Wolff.
Klinik: Aufenthaltsort von Max Thun.
Brief des Arztes: s. Anm. 713.
Mitwisser: Leopold Liegler.
die Widmung: ›Worte in Versen‹ (I): »Sidonie Nadherny zu eigen«.
Prozeß P. A.: Roman Hernicz hatte in der polnischen Zeitung ›Glos Wiedenski‹ ein Feuilleton unter dem Titel ›Die Tragödie des Peter Altenberg‹ erscheinen lassen, in dem er KK beschuldigte, die ›Rede am Grabe‹ verkauft zu haben, um damit Geld zu verdienen. KK erhob im November 1920 Anklage gegen Hernicz und Franz Jenckner, den verantwortlichen Redakteur des Blattes, WStB IN 137.743. Der Umstand, daß der Separatdruck der Grabrede zugunsten der Kinder-Schutz- und Rettungsgesellschaft und eines anderen Wohltätigkeitsfonds verkauft wurde, war Hernicz entgangen.
Zivilprozeß (Konzerthaus gegen mich): Die Wiener Konzerthausgesellschaft hatte für die Vorlesung v. 9. 5. 1920 einseitig den Mietbetrag für

den Saal von 1600 auf 2000 K erhöht; die Klage auf Zahlung von 400 K wurde abgewiesen. Das Urteil ist abgedruckt in dem Essay ›Meine Lustbarkeiten‹, in F 583–587 v. Dezember 1921, S. 45–78.

Max L. telegraphiert heute aus London: Max Lobkowicz war von 1920 bis 1926 Erster Botschaftssekretär an der Tschechoslowakischen Botschaft in London.

»Wozu hab eigentlich«: Kaiser Karl I. von Österreich, der als Karl IV. König von Ungarn war, hatte am 11. 11. 1918 für Österreich und am 13. 11. 1918 für Ungarn abgedankt. Karl versuchte im April und Oktober 1921 von der Schweiz aus die Herrschaft in Ungarn durch einen Putsch wiederzugewinnen. Er wurde von den Entente-Mächten auf Madeira verbannt, wo er am 1. 4. 1922 starb. Vgl. ›Mord in Ungarn‹, in F 544–545 v. Juni 1920, S. 10; F 568–571 v. Mai 1921, S. 1–32: ›Er hat so Heimweh gehabt‹.

Steinamanger: Stadt in Westungarn, nahe der österreichischen Grenze.

außer diesem: Einladung nach Venedig.

Polizei-Sache: s. Anm. 714.

kein k in Klammern: nicht ermittelt.

M. L.: Mechtilde Lichnowsky.

die 200.: Vorlesung aus eigenen Schriften in der Renaissance-Bühne, Wien, am 8. 5. 1921. Programm: F 577–582 v. November 1921, S. 70.

Wiederholung des Lyrik-Abends: Wiederholung der Vorlesung v. 15. 3. 1921 ebenda am 10. 5. 1921. Programm: F 577–582 v. November 1921, S. 71.

[716]   10. 4. 1921

zwanzigsten Process anberaumt: Peter-Altenberg-Prozeß.

ab zweiundzwanzig möglich: KK fuhr nicht nach Italien.

Gaming Höllenthal: Orte in der weiteren Umgebung Wiens.

[717]   19. 4. 1921

Landtour: KK schlug statt einem Treffen in Italien eine Fußwanderung in den Wienerwald vor.

[718]   22./23. 4. 1921

in Arbeit – an dem Heft: F 568–571 v. Mai 1921.

der Gerichtstermin: Peter-Altenberg-Prozeß.

ich sende Dir einen sehr lückenhaften Bericht: Beilage nicht erhalten.

Erlebnis der Henne: SN in EX: »(Eine Henne war in mein Hotelzimmer (Venedig) geflogen u. hatte ins Bett ein Ei gelegt).«

für den 5. und 7. entschieden: Vorlesungen v. 8. 5. und 10. 5. 1921, s. Anm. 715.

den »Fall«: Max Thun.

daß die Scheidung ganz glatt geht: SN ließ sich erst am 15. 9. 1933 gerichtlich scheiden; lt. Erlaß v. 24. 11. 1933 führte sie wieder ihren Geburtsnamen.

(Aber es sind wohl Gattinnen.): Dora Pejacsevich heiratete am 14. 9. 1921 in Našice Otto von Lumbe; Blanka Deym heiratete am 26. 4. 1921 in Prag Friedrich Graf von Herberstein und Proskau.

Es entstand das Gedicht ›Du seit langem einziges Erlebnis‹. Handschrift im M.-Lichnowsky-Nachlaß der Bayerischen Akademie der Schönen Künste, München, datiert: »23./24. April 21«. Widmungsexemplar mit der Unterschrift: »Für Mechtilde Lichnowsky Pottenstein 1./2. Juli 21«; am Kopf des Blattes, oben links: »Karl Kraus«. Erstdruck: F 568–571 v. Mai 1921, S. 34 [W 7, 334].

[719]   26. 4. 1921

nahm zweihundert fuenften: Die 200. Vorlesung fand am 8. 5. 1921 statt, s. Anm. 715.

andere siebenten: fand am 10. 5. 1921 statt, s. Anm. 715.

[720]   29. 4. 1921

Verschoben Sonntag nachmittag: 200. Vorlesung, s. Anm. 715.

SN in Tb v. 15. 11. 1921: »I stayed about a week, went with K. K. on a nice tour over Pentecost, always walking. By train to Weissenbach, then we walked to Gutenstein (1. night), on over the Singerin to Nasswald (2. night), over the Nasskamm down to Kapellen (3. night), by train to Neuberg, walked to Mürz & back, drove to Mürzzuschlag (4. night), then to Vöslau [...], drove to Baden, excellent supper by Jammerpepi in the Helenental, then back to Vienna, came here about the 20. of May & am since then here« [in Janowitz].

[722]   3./4. 6. 1921

mit der Beilage R. L.: bezieht sich möglicherweise auf Rosa Luxemburg (geb. Zamość 5. 3. 1870; erschossen Berlin 15. 1. 1919), auf die KK immer wieder hinwies und deren ›Briefe aus dem Gefängnis‹ er mehrfach vorlas, F 546–550 v. Juli 1920, S. 5–9.

P.: Pottenstein.

Die Beilage G. K.: Beilage nicht erhalten.

Ansichtskarte: Gnadenort auf den Bergen bei Böhm. Trübau.
Zuschriften von Mary [Dobrzensky?] und einer zweiten Person, die nicht
mit Namen unterschreibt.

[724]   3./4. 7. 1921

Goethe (nach dem Leben, 1830): nicht ermittelt.
in schwersten Sorgen: Blanka Deym-Herberstein wurde in Dresden ope-
riert. Aus einem unveröffentlichten Brief v. 8. 7. 1921 an Mechtilde
Lichnowsky, M.-Lichnowsky-Nachlaß, Bayerische Akademie der Schönen
Künste, München, geht hervor, daß SN, anstatt nach Pottenstein zu kommen, nach Dresden zu Blanka Deym-Herberstein gefahren war. »So be-
schloß ich denn, die Zeit bis zu ihrer Rückkehr nach J. an der Ostsee zu
verbringen und mich in Dresden aufzuhalten, um alles zu besprechen. Ich
traf sie, nachdem die Operation glücklich durchgeführt war, in größter
Aufregung wegen der armen Bl., die Qualen leidet und noch lange liegen muß...« KK kehrte wegen der Korrekturen an den ›Letzten Tagen
der Menschheit‹ über Wien nach Pottenstein zurück.

[725]   11. 7. 1921

Prager Ministerial-Beamter: nicht ermittelt.
W.: Wottawa, Diener auf Schloß Pottenstein.
Dienstag früh: 12. 7. 1921. Das folgende bezieht sich auf eine Autoreise
von SN und Karl Nádherný nach Prerau – und von dort, gemeinsam
mit KK – nach Kuchelna zu Mechtilde Lichnowsky.
Lösch: Besitz von Graf Karl Belcredi.
K.: Kuchelna.
D.: Dresden.
Imprimatur für den III. Akt: Die Buchausgabe der ›Letzten Tage der
Menschheit‹ erschien am 22. 5. 1922: Wien/Leipzig: Verlag ›Die Fackel‹
[EA 13 c] [W 5].
P.: Pottenstein.
L.: Lösch.
W.: Wien.

[729]   21. 7. 1921

Aus dem Tb von SN geht hervor, daß SN und Karl Nádherný über
Lösch nach Kuchelna fuhren. KK, SN und Karl Nádherný waren von
18. 7. 1921–19. 7. 1921 auf Schloß Grätz; Eintragung in das ›Fremden-

Buch des Fürstlichen Schloßes Grätz‹. »From Chuchelna we all went in
2 autos to the Altvater & Karlsbrunn, where we separated...« KK fuhr
über Dresden nach Kuchelna zurück, wo er mit Mary Dobrzensky und
ihrer Freundin Ethel Snowden am 24./25. 7. 1921 zusammentraf; Eintragung in das ›Fremden-Buch des Fürstlichen Schloßes Grätz‹.

[730]   23. 7. 1921

SN in BA: »Zu meiner Rückkehr nach Janowitz.«
Faust Helena: bezieht sich vermutlich auf eine private Vorlesung des
Helena-Aktes aus ›Faust II‹.

[731]   23. 7. 1921

Zusammenhang nicht ermittelt.

[733]   zwischen 4. und 18. 8. 1921

SN in BA: »Er blieb in Janow. 4.–18. August. Mechtild besuchte uns.«
Nicht adressiertes Kuvert; im Schloß direkt zugestellt.
SN in Tb v. 15. 11. 1921: »In August Alice Banarelli was here, & Mechtild & K. K. (terrible drowning affair at the Moldau!)« KK rettete Mechtilde Lichnowsky am 11. 8. 1921 aus der Moldau. Vgl. das Gedicht ›Auf
die wunderbare Rettung der Wunderbaren‹. Handschrift im M.-Lich-
nowsky-Nachlaß, Bayerische Akademie der Schönen Künste, München,
datiert: »26./27. 8. 21«. Erstdruck: ›Worte in Versen VI‹ [EA 39.6, 12]
[W 7, 336]. Vgl. Mechtilde Lichnowsky, ›Zum Schauen bestellt‹, Wien:
Bergland 1958, S. 37–41.

[734]   19. 8. 1921

SN in BA: »In Janow. 23. August – 3. Sept.«

[735]   28./29. 8. 1921

Im Schloß direkt zugestellt. SN in BA: »Siehe ›Du bist sie, die ich nie
gekannt‹.« Handschrift aus dem Besitz von SN in der Österreichischen
Nationalbibliothek, Wien, datiert: »26. [korrigiert auf:] 27. August 21«.
Ebenda auch Fahnenabzug des F-Drucks mit der handschriftlichen Wid-
mung: »Ihr gewidmet von K.« Erstdruck: F 577–582 v. November 1921,
S. 68–69 [W 7, 345–346].

[737]   19. 9. 1921

SN in BA: »In Janow. 19.–22. 9., 28./29. 9.« SN in Tb v. 15. 11. 1921:
»From the 22.–28. 9. I made an autotour with K.K. in the Böhmerwald:
Rosenberg, Kuschwarda, Winterberg, Eisenstein (where we met Mecht-
hild) & could not pass the frontier, Klattau...«

[738]   30. 9. 1921

Dazu geschrieben von Max Lobkowicz: »Mußte leider die Fahrt nach
Greifenberg um 24 Stunden verschieben. Hoffentlich auf Wiedersehen
vor dem 15. Max Lobkowicz«.

[739]   4. 10. 1921

sechzehnter und siebzehnter feststehend: Vorlesung von Andreas Gry-
phius, ›Thränen des Vaterlandes‹, aus eigenen Schriften und Andor Gábor, ›Orgovan‹, im Wiener Bürgertheater am 16. 10. 1921. Programm:
F 577–582 v. November 1921, S. 71. Notiz auf dem Programm: »Im
Wald von Orgovan bei Kecskemet haben Horthys Offiziere, vor allen
der berüchtigte Massenmörder Hejjas, hunderte von Unschuldigen zu
Tode gemartert und dann an die Bäume gehängt.« KK übernimmt die
Verse von Gábor aus der ›Weltbühne‹, Berlin, Jg. 17, Heft 35 v. 1. 9.
1921.
Vorlesung von Jacobsen, Ibsen, Liliencron, Wedekind, Raimund, Ne-
stroy und aus eigenen Schriften im Festsaal des Niederösterreichischen
Gewerbevereins, Wien, am 17. 10. 1921. Programm: F 577–582, a. a. O.,
S. 73.

[740]   11. 10. 1921

Ankunft: Ob SN nach Wien kam, ist nicht festzustellen.

[741]   5./6. 11. 1921

Wie gequält ist dieses arme Leben: s. ›An eine Heilige‹, Anm. 748.
die Verfasserin des Briefs, den ich hier zurückgebe: Frau oder Fräulein
Binder, die sich um Max Thun angenommen hatte [?].
»Madame Croquemitaine«: französische Märchenfigur; entspricht etwa
Knecht Ruprecht, Kinderfresser.
diesen Namen: Lumbe, s. Anm. 718.
dem Dichter: Rainer Maria Rilke.

Schwiegervater eines Referendars: Ruth Rilke (geb. Bremen 12. 12. 1901; gest. Fischerhude 1973) verlobte sich, wie aus einer Gratulation von Marie von Thurn und Taxis v. 3. 11. 1921 hervorgeht, mit Carl Sieber (geb. 13. 8. 1897; gest. 5. 12. 1945). Vgl. den Brief Rilkes an Carl Sieber v. 10. 11. 1921, in: Rainer Maria Rilke, ›Briefe‹, Wiesbaden: Insel-Verlag 1950, S. 693–696.

jenes Dummkopfs: Karl I., Kaiser von Österreich und König von Ungarn putschte von seinem Schweizer Exil aus in Ungarn, s. Anm. 715.

in Berlin: Vorlesung von Gryphius, ›Tränen des Vaterlandes‹ und aus eigenen Schriften in der Sezession, Berlin, am 8. 12. 1921. Programm: F 588–594 v. März 1922, S. 64. Die Vorlesungen vom 14. 12., 16. 12. und 17. 12. 1921 wurden wegen Erkrankung verschoben: Vorlesung von Ibsen, ›Aases Tod‹, von Dichtungen des 16. und 17. Jahrhunderts, s. Anm. 713, und aus eigenen Schriften, ebenda, am 20. 12. 1921. Programm: a. a. O., S. 64.

Vorlesung aus Jacobsen, Claudius, Mörike, Liliencron und aus eigenen Schriften, ebenda, am 21. 12. 1921. Programm: a. a. O., S. 65.

Vorlesung von Goethe ›Helena‹ und aus ›Worte in Versen‹, ebenda, am 22. 12. 1921. Programm: a. a. O., S. 65. SN in Tb v. 21. 12. 1921: »I have been in Berlin, living by Mechtild Lichnowsky, Buchenstr. 2. Her husband & K. K. were there too; I came on the 7. & left on the 12....«

daß sie »so sanft und mild war...«: »Lear: ... – Ihre Stimme war stets sanft, / zärtlich und mild: ein köstlich Ding an Fraun – / ...« Shakespeare, ›König Lear‹, V, 3.

Cordelia schweigt: Als Lear sein Land unter seinen Töchtern aufteilt, die mit verlogener Eloquenz um die Gunst des Vaters buhlen, sagt Cordelia zu sich: »Was sagt Cordelia nun? Sie liebt und schweigt.« Shakespeare, a. a. O., I, 1.

Swift-Monographie: nicht ermittelt, s. [300] B.

[742]   27./28. 11. 1921

in Wahrheit sie, die ich nie gekannt: s. ›Du bist sie, die ich nie gekannt‹, Anm. 735; vgl. auch ›Eros und der Dichter‹, 9. Strophe: »Eros // Du erkennst sie, die du immer / nah bei solchem Ding erkannt. / Himmlisch wird ein Frauenzimmer / erst durch solchen Höllenbrand! / ...« Der Binnenreim »sie, die« = Sidie zeigt, wie die zahlreichen Akrostichen auf Sidi, das Versteckspiel in den »Widmungen«.
M.: Mechtilde Lichnowsky.

[744]   30. 11./1. 12. 1921

M. war da – mit L.: Mechtilde und Karl Max Lichnowsky.
Es war unbeschreiblich heute: Vorlesung Johann Nestroy, ›Der Zer-

327

rissene‹, im Festsaal des Niederösterreichischen Gewerbevereins, Wien, am 30. 11. 1921. Programm: F 583–587 v. Dezember 1921, S. 32.

Das zweite Lied war verändert worden: Das Entree des Herrn von Lips (1. Akt) und seine beiden Couplets, »Sich so zu verstell'n...« (2. Akt) und »So gibt es halt allerhand Leut' auf der Welt« (3. Akt) wurde nach neuen Melodien von Mechtilde Lichnowsky gesungen; vgl. ›Zeitstrophen‹ [EA 40], Notenbeilage.

B.: Berlin.
SN datiert in BlH das Gedicht ›Verlust‹ auf »1. 12. 21«. Erstdruck: ›Worte in Versen VI‹ [EA 39.6, 23] [W 7, 344–345].

[745] 24. 12. 1921

Abreise Prag: SN in EX: »In Janow. 24.–28. 12., 31.–6. I.« SN in Tb v. 30. 1. 1922: »After xmas K. K. had 4 lectures in Prague, at which I always was. [...] After New–year Mechtild & her daughter came for 2 days.«
Vorlesung aus eigenen Schriften im Mozarteum, Prag, am 27. 12. 1921. Programm: F 588–594 v. März 1922, S. 65.
Vorlesung aus Ibsen, Liliencron, Altenberg, Wedekind und aus eigenen Schriften, ebenda, am 28. 12. 1921. Programm: a. a. O., S. 66.
Vorlesung von Gerhart Hauptmann, ›Die Weber‹ (1. und 2. Akt) und aus eigenen Schriften, ebenda, am 29. 12. 1921. Programm: a. a. O., S. 66.
Vorlesung von Dichtungen des 16. und 17. Jahrhunderts und aus eigenen Schriften, darunter auch aus ›Literatur‹, ebenda, am 30. 12. 1921. Programm: a. a. O., S. 66.
Vrbičany bei Lobosice: SN verbrachte fast den ganzen Januar 1922 bei Blanka Deym-Herberstein.

[746] 15./16. 1. 1922

der Abend unseres ersten Tages: s. Anm. 1.
Ich habe Dich so noch nicht gekannt: Anspielung auf das Gedicht: ›Du bist sie, die ich nie gekannt‹, s. Anm. 735.
der Bettler Azur Deiner Gaben: Azur, der dienstbare Geist der Fee Cheristane in Raimunds ›Verschwender‹ tritt mit den Worten auf: »Du! die du mich durch Zaubermacht geboren, / Gebietest du mir Segen oder Fluch?«. I, 10.
Verse des Lynkeus: »Zum Sehen geboren, / Zum Schauen bestellt, / Dem Turme geschworen, / Gefällt mir die Welt. / ...« Goethe, ›Faust‹ II, V, ›Tiefe Nacht‹.
mit mir und der Arbeit zu sein: Bearbeitung der Akt-Ausgabe der ›Letzten Tage der Menschheit‹ für die Buchfassung.

Elpore: Tochter des Epimetheus in Goethes Festspiel ›Pandora‹. Elpore, d. h. Hoffnung.

SN in Tb v. 30. 1. 1922: »K.K. sends me lovely loveletters – but I – cannot love any more. I have only one wish, one longing & I think of nothing else: to travel into foreign lands, to remain a few years away. But where get the money? It is the only sense & aim that I can get still out of life.«

die Akte: für Buchausgabe der ›Letzten Tage der Menschheit‹.

ein riesiges Heft: F 588–594 v. März 1922.

ein Gedicht um das andere: ›Erlebnis‹. Handschrift aus dem Besitz von SN in der Österreichischen Nationalbibliothek, Wien, datiert: »23./24. I. 22«. Erstdruck: F 588–594 v. März 1922, S. 57 [W 7, 343].

›An eine Heilige‹. Handschrift im M.-Lichnowsky-Nachlaß, Bayerische Akademie der Schönen Künste, München, datiert »23./24. Januar 1922«; unterzeichnet: »für Mechtilde Lichnowsky Karl Kraus«. Die Initialen der ersten beiden Verszeilen, M und L, sind deutlich hervorgehoben. Erstdruck: F 588–594, a. a. O., S. 54 [W 7, 373].

›Dank‹. Handschrift aus dem Besitz von SN in der Österreichischen Nationalbibliothek, Wien, datiert: »24./25. I. 22«. Erstdruck: F 588–594, a. a. O., S. 58 [W 7, 348].

›Dein Fehler‹. Handschrift aus dem Besitz von SN in der Österreichischen Nationalbibliothek, Wien, datiert: »25/26. I. 22«. Erstdruck: F 588–594, a. a. O., S. 56 [W 7, 344].

›Fernes Licht mit nahem Schein‹. Handschrift aus dem Besitz von SN in der Österreichischen Nationalbibliothek, Wien, datiert: »31. I./1. II. 22«. Erstdruck: F 588–594, a. a. O., S. 55 [W 7, 343].

Das von SN in EX, BIH und BA hier ebenfalls vermerkte Gedicht ›Du seit langem einziges Erlebnis‹, s. Anm. 718.

Korrektor: SN las manchmal Korrekturen für KK.

Seit ihm ein Sturm den Athem verschlagen hat: vgl. ›Sturm und Stille‹, Anm. 766.

»Freude an seiner Stärke«: nicht ermittelt.

Andeutung über etwas Schreckliches: nicht ermittelt.

Σιδι: griech., Sidi.

Programm vom 19.: Vorlesung aus eigenen Schriften in der Renaissance-Bühne, Wien, am 19. 2. 1922. Programm: F 595–600 v. Juli 1922, S. 64.

der »Zerrissene«: Vorlesung von Johann Nestroys Posse ›Der Zerrissene‹ im Festsaal des Ingenieur- und Architektenvereins, Wien, am 10. 3. 1922. Programm: F 595–600, a. a. O., S. 64. Die Melodien für die

Couplets des Herrn von Lips (2. und 3. Akt) und sein Entree (1. Akt) schrieb Mechtilde Lichnowsky.
den ersten Brief über das blaue Glas: Gemeint ist der erste Brief von SN an KK, auf den er mit der undatierten Postkarte [2] antwortet.

[749] 8./9. 2. 1922

nach Beendigung des großen Werkes: ›Die Letzten Tage der Menschheit‹ [W 5].
Dänemark: Eine Vorlesung in Dänemark fand nicht statt.
das Kampanerthal: Jean Paul siedelte das von dem Geraer Verleger August Hennings im Dezember 1796 angeregte Gespräch über die Unsterblichkeit in dem damals vielbesuchten Tal von Campan in den Nordhängen der Pyrenäen an, »weil ich keines weiß, worin ich lieber aufwachen oder sterben oder lieben möchte als eben darin: ich ließe das Tal, wenn ich zu sprechen hätte, nicht einmal mit den Tempe- und Rosentälern und Olympen verschütten, höchstens mit Utopien…«, Jean Paul, ›Das Kampaner Tal oder über die Unsterblichkeit der Seele, nebst einer Erklärung der Holzschnitte unter den 10 Geboten des Katechismus‹ (1797), jetzt in: ›Werke‹, Vierter Band, Hrsg. v. Norbert Miller, München: Carl Hanser Verlag 1962, S. 561–716.

[750] 13./14. 2. 1922

die Gedichte: s. Anm. 748.
Sie hatte einmal geschrieben: Mechtilde Lichnowsky. KK antwortete am 19./20. I. 1922: »…Wurde auf der Fahrt noch gesprochen? *Ich* schicke natürlich nichts ein (warum übrigens die Sorge, da ja nur Gutes gesagt ist); aber das mit der Heirat in dem Bekenntnis sollte man *direkt* schreiben. Wahrscheinlich ließe sich da auch sagen, was man schwerer sagt. „Vielleicht kommt doch noch etwas Schönes zustande." Wie und wann? Aber es ist ja ein so unzweifeliches Wesen und man möchte immer zur eigenen Vollkommenheit helfen (d. h. ihrer. Aber freilich, die [unleserlich] hilft zur *eigenen*) …« M.-Lichnowsky-Nachlaß, Bayerische Akademie der Schönen Künste, München.
Jago-Maske: Jago, der Fähndrich Othellos, verleumdete Desdemona, die von Othello auf Grund der falschen Verdächtigungen getötet wird.
»Geburt«: Mechtild Lichnowsky, ›Geburt‹, Berlin: Erich Reiss 1921.
schrieb ich M. sofort: KK an Mechtilde Lichnowsky am 11. 2. 1922: »Mir geht es doch viel schlechter […] ich schlafe vor Erregung nicht mehr ein […] Bitte, bitte, *warum* dieses halbe Sprechen nach so langem Schweigen. Warum ist die Wegradierung nicht *vor* den Worten: „Doch der Dichter ist *nicht* K. K.! Ach…" begonnen? Was soll ich anderes glauben

330

als daß es mich betrifft und die Fortsetzung eines Seufzers ist [...] das wirft mich um, mehr noch daß ich es so verschweigend erfahre...« M.-Lichnowsky-Nachlaß, a. a. O.

kastalischen Quell: Kastalia, die heilige Quelle in Delphi, war in hellenistischer Zeit das Sinnbild der dichterischen Begeisterung.

auch dort, wo sonst, absteigen: In der Wohnung Khevenhüller, Türkenstraße 19.

zum Heft: F 588–594 v. März 1922.

Was die andere Arbeit betrifft: Korrekturen an den Büchern.

eine Vorlesung: Vorlesung von Andreas Gryphius, ›Thränen des Vaterlandes‹, aus Jean Jacques Rousseau, ›Emil‹ und aus eigenen Schriften in der Renaissance-Bühne, Wien, am 19. 3. 1922. Programm: F 595–600 v. Juli 1922, S. 65.

Vorlesung von Shakespeares Lustspiel ›Die lustigen Weiber von Windsor‹ in der von KK bearbeiteten Übersetzung von Wolf Graf Baudissin im Festsaal des Ingenieur- und Architektenvereins, Wien, am 27. 3. 1922. Programm: F 595–600, a. a. O., S. 66.

Vorlesung von Nestroys Posse ›Das Notwendige und das Überflüssige‹ in der Bearbeitung von KK, von verschiedenen Nestroy-Couplets und Gedichten von Wedekind, Liliencron und KK im Festsaal des Niederösterreichischen Gewerbevereins, Wien, am 29. 3. 1922. Programm: F 595–600, a. a. O., S. 67.

Vorlesung von Shakespeares Tragödie ›König Lear‹ in der Bearbeitung von KK, ebenda, am 30. 3. 1922. Programm: F 595–600, a. a. O., S. 68.

den »Zerrissenen«: Vorlesung am 10. 3. 1922, s. Anm. 748.

der ältere Begleiter: Egon Kornauth [?].

die Grüngekleideten: Das Gedicht wurde nicht vorgelesen [W 7, 35–36].

der Biberpelz: Die Komödie von Gerhart Hauptmann wurde im März 1922 nicht gelesen.

mit den Worten jenes Ultimatums: SN ergänzt in EX: »(ich habe alles reichlich erwogen)«.

der Hauptsache wegen: Finanzierung.

Kopenhagen: Eine Vorlesung in Dänemark fand nicht statt.

Das Werk: ›Die letzten Tage der Menschheit‹.

No. 600: Im März 1922 erschien F 588–594, im Juli F 595–600.

Lebt wohl! an Iphigenie und Orestes?: Abschiedsszene in Goethes ›Iphigenie auf Tauris‹, V/6, Z. 2172–2174: Iphigenie und Orest scheiden von Thoas, dem König der Taurier: Iphigenie: »... Leb' wohl! und reiche mir / zum Pfand der alten Freundschaft deine Rechte. / Thoas: Lebt wohl!«

im Prager Tgbl. die entzückende Gerichtssaalnotiz: nicht ermittelt.

Ich habe dem Blatt: F 588–594 v. März 1922, S. 70: Aus dem Ertrag der Vorlesungen in Berlin und Prag gingen u. a. 150 csl. Kronen an die »Hilfe für die Hungernden in Rußland (Aktion des ›Prager Tagblatt‹).«

Austerlitz

Sammlung: In F 595–600 v. Juli 1922, S. 82, werden an Spenden für die Hungernden in Rußland K 1.085.509 und Mk 2980 ausgewiesen. »Aber das genügt ja eben nicht, und deshalb will ich mehr tun.«

[752] 27. 2. 1922

SN in Tb v. 10. 4. 1922: »The month of March I spent in Vienna, lived in the Türkenstrasse 19. Saw sometimes Chlumecky & Olga, but daily K. K. Each evening at 7 I went to him, generally suppered there, & then worked either till the last omnibus at 2 or till the first tram at 6 in the morn. – interrupted by a coffeehouse visit to read the papers. My work consisted in the reading & correcting ›Unterg. d. Welt durch schw. Magie‹, & the 5. act of ›Die letzten Tage der Menschheit‹. I liked very much to do it & K. K. was kind & good. Some lectures he had while I was there. One night we went to Austerlitz in the Arb.Ztg. And sometimes to Gerichtssaal-Sitzungen, I once alone to a Schwurgerichtsverhandlung. [...] Since the 1. I am here...« [in Janowitz].

[753] 3./4. 4. 1922

drei Abende: Vorlesungen v. 27. 3., 29. 3. und 30. 3. 1922, s. Anm. 750.
Dein »Untergang«: Anspielung auf die Korrekturarbeit von SN an ›Untergang der Welt durch schwarze Magie‹.
die Citatenreihe: ›Das ist der Krieg – c'est la guerre – das ist die Zeitung!‹, in: ›Untergang der Welt durch schwarze Magie‹, [EA 35, 395–420]. Erstdrucke: F 360–362 v. 7. 11. 1912, S. 39–52; F 363–365 v. 12. 12. 1912, S. 31–43, und 47–49 [W 8, 363–390].
»Herbstzeitlose«: ›Herbstzeitlose oder Die Heimkehr der Sieger‹, in: a. a. O. [EA 35, 421–450]. Erstdruck: F 366–367 v. 11. 1. 1913, S. 36–56 und 30–32 [W 8, 391–414].
Dein letzter Wille, wie Sohn Schmächtig sagt: Shakespeare, ›Die lustigen Weiber von Windsor‹, I, 1/›Windsor: Straße‹. »Ich will sie [Jungfer Anne Page] heiraten, Sir, wenn Ihrs verlangt, und wenn sich dann auch anfänglich keine große Liebe einfindet, so wird der Himmel sie schon bei näherer Bekanntschaft diminuieren lassen, [...] Wenn ihr mir aber sagt, heirate sie, so heirate ich sie; [...] Ja wahrhaftig, sonst wollte ich mich ebensogern hängen lassen!«
zum Inhalt des beiliegenden Briefes: Von Mechtilde Lichnowsky. SN in Tb v. 10. 4. 1922: »Poor Mechtild had both her feet operated in Berlin.«
»ich wetz mit die Füß«: Aus dem Entree des Willibald in der Burleske mit Gesang ›Die schlimmen Buben in der Schule‹ von Johann Nestroy, das in der Musik von Mechtilde Lichnowsky am 29. 3. 1922 vorgetragen wurde, s. Anm. 750.

»dieser schreckliche Druck«: Nestroy, ›Die schlimmen Buben in der Schule‹, a. a. O.

Fußblöcke des Kent: Kent, der treue Diener Lears, wird in Fußblöcke gelegt, als er den Verschwörern Cornwall und Regan eine Nachricht seines Herrn überbringt. II, 2 / ›Vor dem Schlosse des Grafen Gloster‹. Shakespeares ›König Lear‹ wurde am 30. 3. 1922 gelesen, s. Anm. 750.

»solche Schmach erdulden muß«: Nachdem Lear von beiden Töchtern vertrieben wird, begegnet er dem wahnwitzigen Edgar: »Ha, Tod, Rebell! Nichts beugte die Natur / Zu solcher Schmach, als undankbare Töchter! / ...«, ›König Lear‹, III, 4 / ›Heide‹.

die Professer es wirklich besser wissen: Nestroy, ›Die schlimmen Buben in der Schule‹: »Allein die Professer, / Die wiss'n alles besser. / ...«

Das Vertrackteste an Arbeit: ›Die letzten Tage der Menschheit‹.

V.: V. Akt der ›Letzten Tage der Menschheit‹.

Epilog: ›Letzte Nacht‹ aus den ›Letzten Tagen der Menschheit‹.

Berliner Wohnens: Zwischen dem 21. 4. und dem 3. 5. 1922 veranstaltete KK 7 Vorlesungen in Berlin.
Vorlesung aus ›Der Journalismus‹ von Balzac und eigenen Schriften im Meister-Saal, Berlin, am 21. 4. 1922. Programm: F 595-600 v. Juli 1922, S. 68-69.
Vorlesung aus eigenen Schriften, ebenda, am 23. 4. 1922. Programm: a. a. O., S. 69.
Vorlesung von ›Literatur oder Man wird doch da schn‹, Begleitung Ernst Jockl, ebenda, am 27. 4. 1922. Programm: a. a. O., S. 69.
Vorlesung von Nestroys ›Der Zerrissene‹ und anderer Couplets mit einem ›Vorwort zum 60. Todestag Nestroys‹ ebenda, am 29. 4. 1922. Programm: a. a. O., S. 69.
Vorlesung von Shakespeares ›König Lear‹ im Feurich-Saal am 30. 4. 1922. Programm: a. a. O., S. 69.
Vorlesung von Shakespeares ›Die lustigen Weiber von Windsor‹, Begleitung Otto Janowitz, ebenda, am 2. 5. 1922. Programm, a. a. O., S. 69.
Vorlesung von Goethes ›Pandora‹ und aus ›Worte in Versen‹, ebenda, am 3. 5. 1922. Programm: a. a. O., S. 69.

[754]   7./8. 4. 1922

alles fertig geworden: ›Untergang der Welt durch schwarze Magie‹.

S. n. ar. Umg.: ›Sehnsucht nach aristokratischem Umgang‹, in: ›Untergang der Welt durch schwarze Magie‹ [EA 35, 369-376]. Erstdruck: F 400-403 v. 10. 7. 1914, S. 90-95 [W 8, 339-345].

F. F. u. d. Tal.: ›Franz Ferdinand und die Talente‹, a. a. O. [EA 35, 454-458]. Erstdruck: F 400-403, a. a. O., S. 1-4 [W 8, 418-421].

W. Fr.: Schw. M.: ›Weiße Frau und schwarzer Mann‹, a. a. O., [EA 35, 356-359]. Erstdruck: F 354-356 v. 29. 8. 1912, S. 1-4 [W 8, 327-330].

»Herbstzeitlose«: s. Anm. 753.
Die Personenverzeichnisse: für ›Die letzten Tage der Menschheit‹.
Seiten von V.: V. Akt der ›Letzten Tage der Menschheit‹.
Das mit dem zweiten Fuß: bezieht sich auf die Fußoperation Mechtilde Lichnowskys.
Brief, den ich beilege: Beilage nicht erhalten.
(Nádherný): tschech., herrlich.
andere Zwillinge: Anspielung auf SN und Karl Nádherný.
Kongreß: nicht ermittelt.
Der Vater Otto Weiningers: Leopold Weininger.
Zusammenstellung von Zitaten aus Shakespeare: nicht ermittelt.

[755]   12./13. 4. 1922

Druck der letzten Bogen: Buchausgabe ›Die letzten Tage der Menschheit‹.
»Untergang«: ›Untergang der Welt durch schwarze Magie‹.
wenn ich reise: nach Berlin, s. Anm. 753.
»Teilnahme eines einzigen (des einzigen) Menschen: s. [277] B.
Mitteilung des Datums betr. Vorspiel!: SN verwies KK auf seinen Brief v. 29. 7. 1915, [283] B, wo erstmals von den ›Letzten Tagen der Menschheit‹ gesprochen wird.
Das mit der Wirkung besprechen wir noch: KK hatte SN am 5. 7. 1915, [277] B, geschrieben: »Es ist zum Schaudern schön, zu sehen, wie wahr alles erst jetzt ist und wie bestimmt, wirkungslos zu bleiben...«
mit dem hysterischen Mann: Leopold Liegler.
der rührende J.: Georg Jahoda, der Mitinhaber der Druckerei Jahoda & Siegel (geb. 28. 11. 1863; gest. Wien 24. 11. 1926). Druckte seit Anfang Oktober 1901, Nr. 82, die ›Fackel‹ »unter persönlichster Aufsicht und Mitwirkung«. Ihm und Leopold Liegler wurde ›Untergang der Welt durch schwarze Magie‹ zugeeignet. KK rühmte Jahodas Gewissenhaftigkeit und Buchstabenfrömmigkeit, F 474–483 v. 23. 5. 1918, S. 75–76; er schrieb zu seinem 60. Geburtstag das Gedicht ›An meinen Drucker‹, F 649–656 v. Anfang Juni 1924, S. 1 [W 7, 463]; und er sprach die Totenrede bei seiner Einäscherung, die mit dem Claudius-Zitat endet: »Ach, sie haben / Einen guten Mann begraben, / Und mir war er mehr.« F 743–750 v. Dezember 1926, S. 1–3.
mein Arzt, der ausgezeichnete Dr. K.: nicht ermittelt.
eine außerordentliche Arbeit geleistet: SN in Tb v. 10. 4. 1922: »These days I was continually copying the letters of K.K. into a nice leather book. About 330 letters, very beautiful ones.« Hier zitiert als EX = ›Extrakte der Briefe von Karl Kraus an mich (von ihm gewünscht zwecks einmaliger eventueller Veröffentlichung).‹
Aber war sie nicht schon einmal getan?: SN hatte schon 1920/21 eine

Abschrift der Briefe von KK hergestellt, die bisher noch nicht aufgefunden wurde.

mit M. sprechen: Wegen der musikalischen Begleitung zu Nestroys ›Talismann‹.

Vorlesungen: Vorlesung von Jean Paul, Goethe, Claudius, Göckingk, Liliencron, Bürger, Schiller, Peter Altenberg und aus eigenen Schriften im Festsaal des Ingenieur- und Architektenvereins, Wien, am 31. 5. 1922. Programm: F 595–600 v. Juli 1922, S. 75.
Vorlesung der Posse von Johann Nestroy, ›Der Talisman‹ mit dem ›Vorwort zum 60. Todestag Nestroys‹ und in der Musik von Mechtilde Lichnowsky, ebenda, am 7. 6. 1922. Programm: a. a. O., S. 76.
Vorlesung von Goethes ›Faust‹ II, 5. Akt, und aus ›Worte in Versen‹, ebenda, am 9. 6. 1922. Programm: F 595–600, a. a. O., S. 79.
Vorlesung aus eigenen Schriften im Mittleren Konzerthaussaal, Wien, am 13. 6. 1922. Programm: F 595–600, a. a. O., S. 79.

Arbeit am Heft: F 595–600 v. Juli 1922.

die nordische Fahrt: Dänemark–Norwegen. KK war v. Juli–September 1901 in Dänemark und Norwegen.

Kampanerthal: s. Anm. 749.

ob Du ein Faden bist: Sebastian Faden, ein armer Seiler, wird in Nestroys Posse ›Die beiden Nachtwandler oder Das Notwendige und das Überflüssige‹ von Lord Howart nur solange mit allem zu seinem Glück Notwendigen ausgestattet bis er das Überflüssige verlangt.

Emilie: Emilie von Brauchengeld ist die zu Fadens Glück »notwendige« Braut, deren Maßlosigkeit ihn schließlich das Überflüssige verlangen läßt, wodurch der Zauber verschwindet.

»Deine Reize verdienen noch viel mehr als das«: Als Emilie sich einen Palast wünscht und Howart fragt: »Was kümmern mich die übertriebenen Wünsche deiner Braut?«, entgegnet Faden: »Der Wunsch is nicht übertrieben, ihre Reize verdienen noch viel mehr als das. Es is noch recht schön von ihr, daß sie sich mit dem Palast behelfen will…«, II/8.

Bernhardiner: SN in Tb v. 10. 4. 1922: »Ludwig bought from Prague a young Bernhard's dog. We have now 3: Sandy, Brok & him.«

Alard: Matthias Claudius, ›Als der Hund tot war‹, in: ›Werke‹, a. a. O., S. 52. Vgl. ›Als Bobby starb‹, Anm. 544.

der Betroffene: Ludwig Hardt (geb. Neustadt/Ostfriesland 16. 1. 1886; gest. 1947) las Gedichte und Satiren von KK seit 1912 in seinen öffentlichen Veranstaltungen, s. F 360–362 v. 7. 11. 1912, S. 55. KK druckte in F 426–430 v. 15. 6. 1916, S. 54–55, einen Brief von Hardt ab. Die geschilderte Wiener Vorlesung veranlaßte ihn, Vorlesungen seiner Schriften zu untersagen, s. F 595–600 v. Juli 1922, S. 80. KK schrieb das Gedicht ›Der neue Rezitator‹, das Hardts Vortrag kritisierte: »Alles auswendig können, das ist eine Kunst; / wenn was fehlt, wird keinem was fehlen. / …« Erstdruck: F 622–631 v. Mitte Juni 1923, S. 74–75 [W 7, 417–419].

»so verabscheut sind wir heute, ...«: nicht ermittelt.
ihr heilges (!) Rom (statt »ewges«): nicht ermittelt.
»Fluch euch, die mir das angetan«: nicht ermittelt.
»Schlafe, was willst du mehr?: Goethe, ›Nachtgesang‹.
(wegen der Feiertage): Ostern, 14.–17. 4. 1922.
Buchenstraße 2: Adresse Lichnowsky in Berlin.
den beigelegten Brief: Beilage nicht erhalten.

[756]   16. 4. 1922

Komme von »Literatur«: Vorlesung ›Literatur oder Man wird doch da
sehn‹ mit einer Einleitung zur Aufführung des ›Spiegelmensch‹ von
Franz Werfel an der Wiener Burg am 22. 4. 1922 und ›Wien‹ in der
Renaissance-Bühne, Wien, am 16. 4. 1922, 3 Uhr. Programm: F 595–600
v. Juli 1922, S. 68.
das in dem beiliegenden Ausschnitt Angekündigte: Vermutlich Zeitungsausschnitt aus dem ›Neuen Wiener Journal‹ v. 15. 4. 1922 über den zu
erwartenden Krawall bei der ›Spiegelmensch‹-Premiere, dem man mit
dem »jetzt beliebten Polizeiaufgebot« begegnen wolle, s. ›Er ließ etwas
streichen‹, F 595–600, a. a. O., S. 41–48.
von einem dortigen Leser: Henry S. Morvay, a. a. O., S. 9–10.
Artikel eines bald als zweifelhaft erkannten Herrn: ›Weibliche Atten-
täter‹ von Dr. Fritz Wittels (Avicenna) F 247 v. 12. 3. 1908, S. 26–38. –
Fritz Wittels (geb. Wien 14. 11. 1880; gest. New York 16. 10. 1950), Me-
diziner und Schriftsteller, der sich zu Sigmund Freud und zur Psycho-
analyse bekannte. War bis Mai 1908 Mitarbeiter der F. Distanziert sich
von KK in dem Schlüsselroman ›Ezechiel, der Zugereiste‹, Berlin/Wien:
Fleischel & Co 1910 [K 1300], in dem ein »Benjamin Eckelhaft« die
Zeitschrift ›Das Riesenmaul‹ herausgibt. Vgl. F 311–312 v. 23. 11. 1910,
S. 56.
Dienstag nachm. reise ich: 19. 4. 1922, nach Berlin.
Wegen K. und M.: s. das Wortspiel in [754] B.
So wird das in jenem Brief gesagte wahr: s. [277] B und Anm. 755.
Buchenstr. 2: Adresse Lichnowsky in Berlin.
Der Mann: Ludwig Hardt.

[757]   25. 4. 1922

der unglücklichste Mensch: Mechtilde Lichnowsky.
zwei Abende: Vorlesungen v. 21. 4. und 23. 4. 1922, s. Anm. 753.
Vielleicht kommt ein 5. dazu: ursprünglich waren nur vier Vorlesungen
geplant.
König Lear – für die Russen: Die Erlöse wurden der Aktion für die
Hungernden in Rußland überwiesen.

336

das Reisen ohne mich: SN, Karl Nádherný und Miss Cooney machten v. 2. 7.–24. 7. 1922 eine Reise nach Schönburg – Franzensbad – Bayreuth – Bamberg – Pommersfelden – Würzburg – Veitshöchheim – Rothenburg – Ansbach – Nürnberg.
Schönb.: Schloß Schönburg/Niederbayern, Sitz der Grafen Arco-Zinneberg. Vgl. Mechtilde Lichnowsky, ›Kindheit‹, Berlin: S. Fischer 1934.
Gilhofer: Buchhändler und Antiquar in Wien.
»Jener Mann«: Ludwig Hardt.
D. + D.: Didi und Dora Pejacsevich.
Das Eingesandte: Brief von Dora Pejacsevich [?].
Die D.-Sache: bezieht sich auf die Eheschwierigkeiten.
monarchistischen Drohbrief: nicht ermittelt.

[758]   25. 4. 1922

Nachtrag: Vorlesungen, s. Anm. 753.
tschechische Vorlesungen: Sie fanden statt.
Vorlesung aus ›Der Journalismus‹ von Balzac und eigenen Schriften im Mozarteum, Prag, am 10. 5. 1922. Programm: F 595–600 v. Juli 1922, S. 70.
Vorlesung von Shakespeares ›König Lear‹, ebenda, am 11. 5. 1922. Programm: F 595–600, a. a. O., S. 70.
Vorlesung von Shakespeares ›Die lustigen Weiber von Windsor‹, Begleitung Fritzi Pollak, ebenda, am 13. 5. 1922. Programm: F 595–600, a. a. O., S. 70.
Vorlesung von Goethes ›Pandora‹ und aus ›Worte in Versen‹, ebenda, am 14. 5. 1922. Programm: F 595–600, a. a. O., S. 71.
Vorlesung des 5. Akts von Goethes ›Faust‹ II und aus ›Worte in Versen‹, ebenda, am 15. 5. 1922. Programm: F 595–600, a. a. O., S. 71.
Vorlesung von Nestroys ›Der Zerrissene‹ mit einem ›Vorwort zum 60. Todestag Nestroys‹ und anderen Couplets, ebenda, am 17. 5. 1922. Programm: F 595–600, a. a. O., S. 71.

[759]   5. 5. 1922

ab Sonntag Palace: ab 8. 5. 1922 Prag, Hotel Palace.

[760]   22./23. 5. 1922

SN in EX: »20. 5. in Jan.«
der monarchistischen Drohung: nicht ermittelt.

Groteske in Sachen »Spiegelmensch«: Die Burgtheaterdirektion stellte Strafanzeige gegen den »Verein der Anhänger von Karl Kraus« und die »Deutschnationale Jugend« wegen der »Drohung mit Skandalen«. KK wurde bei der Polizei befragt, ob ihm »jener behördlich nicht gemeldete Verein bekannt sei«, s. F 595–600 v. Juli 1922, S. 43.
H.: Ludwig Hardt.
Nationalfeiertag: nicht ermittelt.

[761]   1./2. 6. 1922

am »Untergang«: ›Untergang der Welt durch schwarze Magie‹. Erschien am 18. 9. 1922.
drei Aufsätze bleiben zurück: nicht ermittelt.
In den »Letzten Tagen«: In F 595–600 v. Juli 1922, S. 51, wird die Fertigstellung der ›Letzten Tage der Menschheit‹ für den 26. 5. 1922 angezeigt: Wien/Leipzig: Verlag ›Die Fackel‹ 1922 [EA 13 c]. Es folgen genaue Angaben über die Entstehungszeit und ein Druckfehlerverzeichnis: »Die unermüdlichste Sorgfalt konnte Druckfehler nicht ausschließen.« F 601–607 v. November 1922, S. 96, bringt ein weiteres Druckfehlerverzeichnis.
J.: Georg Jahoda.
Dr. J.: Otto Janowitz.
Das Papier schlägt an manchen Stellen durch: In F 595–600, a. a. O., S. 51, wird auf diesen Umstand hingewiesen und eine neue Auflage, »mit etwas stärkerem Papier« angekündigt. F 601–607, a. a. O., S. 96–97, verzeichnet die Dünndruckausgabe als vergriffen. »Die neue Auflage (6.–10. Tausend) wird voraussichtlich vor Weihnachten erscheinen.« Sie enthält einige Verbesserungen, vgl. auch F 608–612 v. Ende Dezember 1922, S. 37. Die bei Kerry unter EA 13 c erfaßte Dünndruck- und Normalausgabe dürfte demnach aus zwei Auflagen bestehen: dem 1.–5. Tausend auf Dünndruckpapier vom Mai 1922 und dem 6.–10. Tausend auf gewöhnlichem Papier vom Dezember 1922.
nach dem 13. Vorlesungen: s. Anm. 755. Es fanden keine Vorlesungen mehr statt.
vor der Reise: vor der geplanten Nordlandreise.
Sch.: Schönburg.
den Auswahlband: ›Ausgewählte Gedichte‹ von Karl Kraus. München: Verlag der Schriften von Karl Kraus ⟨Kurt Wolff⟩ 1920 [EA 2].
Für S.: nicht ermittelt.
Wann willst Du, daß VI. erscheint?: ›Worte in Versen VI‹. Widmung: »Dem Knaben Lenker«. Erschien am 9. 12. 1922. Wien: Verlag ›Die Fackel‹ [EA 39.6].

338

[762]   17. 6. 1922

Franzensbader Engel: Blanka Deym-Herberstein.

[763]   21./22. 6. 1922

Das Heft: F 595–600 hatte 128 Seiten.
Leben in Porzellan: SN in Tb v. 17. 1. 1923: »... I rewrote the whole porcelaine & glasskatalog on nice cartons: Keramik A till 688, glass B till 138.«
Brief an jene dumme Gans: nicht ermittelt.
R. ist hier: nicht ermittelt.
Den Brief des Engels aus Franzensbad: Blanka Deym-Herberstein; Beilage nicht erhalten.
das beiliegende Stück: ›Dialog‹ wurde am 9. 6. 1922 gelesen, s. Anm. 755, und erschien in F 595–600 v. Juli 1922; S. 63 [W 7, 347]. Die ›Worte in Versen VI‹, in die das Gedicht aufgenommen wurde, werden auf US 4 als »im Druck« bezeichnet.
den »Talismann« und den Abend nachher: 7. 6. und 9. 6. 1922, s. Anm. 755.
Das Dokument: nicht ermittelt.
Ein Gedenkblatt: Totenbrief für Johannes Nádherný [?].
Am Tag der letzten Vorlesung: 13. 6. 1922, s. Anm. 755.

[764]   5./6. 7. 1922

so trüben Erlebnissen: SN in Tb v. 29. 6. 1922: Die 500jährige Pappel im Park von Janowitz sei auseinandergebrochen, sie habe das Boot zerstört; vgl. ›Sehnsucht nach aristokratischem Umgang‹, s. Anm. 133. Max Thun habe brieflich seinen Anteil an Miss Cooneys Hochzeitsgeschenk für SN zurückgefordert.
die große Arbeit: F 595–600.
in einer seiner Druckschriften gedroht hat: nicht ermittelt.
Telemarken: norwegische Gebirgslandschaft.
Gedenkblatt: s. Anm. 763.
Das Beiliegende: ›Wien‹ [?]. Erstdruck: F 595–600 v. Juli 1922, S. 124–128. [W 7, 352–357].

[765]   9. 7. 1922

schönste Fahrt: Reise durch Bayern, s. Anm. 757.
Franzensbader Engel: Blanka Deym-Herberstein.

339

SN in EX: »30. 7.–14. 8. in Jan. 13.–14. 9. in Jan. ›Dialog‹ ›Sturm u. Stille‹. SN in Tb v. 17. 1. 1923: »... autotur with K. K. & Niny beginning the 14. 8., returning the 12. 9. First a week by Mechtild (Niny drove away sooner) in Grätz & Kuchelna, then over Hennersdorf, Neisse, Sprottau, Kottbuss, Spreewald, Friedrichshagen, Berlin, Greifswald to the island Rügen (Göhren), where Niny & C. Lumbe. Hiddensee! Over Stralsund, Prerow!, Rostok, Heiligendamm, Wismar, Schwerin, Ludwigslust, Wörlitz (Park!), Dessau, Leipzig & Chemnitz (auto-repair!) home.« Eintragung im ›Fremden-Buch des Fürstlichen Schloßes Grätz‹: »Nini Codelli-Mladota 15–18-8-1922 / Sidi Nádherný 15.–20. 8. 22 / Karl Kraus 15.–20. 8. 22«.
›Dialog‹. Von SN in BA auf »Wien, Juni 1922« datiert.
›Sturm und Stille‹. Handschrift aus dem Besitz von SN in der Österreichischen Nationalbibliothek, Wien, datiert »2./3. 8.«, von SN ergänzt »22«. Titel und Text variieren von der Druckfassung:

An die Unbekannte

Weh mir, daß Deine Stimme mir versagte,
als ich in meinem Sturm zu Dir mich wagte.
Allgegenwärtig war, was mich verzückte!
Und nie im Leben traf ich Dich, Entrückte.

Weh mir, daß ich das Beste, was ich wußte,
Dich selber, selbst vor Dir verbergen mußte.
An Dir empor – welch grenzenloses Wagen!
Erlangt, erlebt – und konnt' es Dir nicht sagen.

Erstdruck: ›Worte in Versen VI‹ [EA 39.6, 28] [W 7, 348].

C. L.: Karl Ritter von Lumbe heiratete am 16. 11. 1922 in Roth-Hrádek Valentine *(Niny)* Marie Freiin Codelli von Codellisberg, geb. Freiin Mladota von Solopisk.
den zwei gekauften N.: Nachtigallen [?].
Die Spenderin: nicht ermittelt.
der linke Ärmel des Mantels nicht ganz trocken: SN in BA: »(Regen und Nebel)«.
das wundervollste Zitat: Für die Widmung von ›Worte in Versen VI‹, s. Anm. 761, aus Goethe, ›Faust‹ II, I/›Weitläufiger Saal‹ Z. 5693–5696. Die vier Zeilen aus der Anrede des Plutus an den Knaben Lenker wurden in der Widmung mit den vier Eingangszeilen ergänzt. Z. 5689–5692.

Der Mann: Die Bestellung dürfte von einem Diplomaten gestammt haben.
20 »Volkshymnen«: Textliche Neufassung der von Joseph Haydn vertonten österreichischen Nationalhymne »Gott erhalte, Gott beschütze / Unsern Kaiser, unser Land! / ...« unter dem Titel ›Volkshymne‹: »Gott erhalte, Gott beschütze / vor dem Kaiser unser Land!...«. Erstdruck: F 554–556 v. November 1920, S. 59–60. Der Text erschien auf einer Ansichtskarte bei Richard Lanyi, Wien 1921, F 561–567 v. März 1921, US 4. »Der volle Ertrag wird den Kriegsblinden zugewendet.«

[768]   26./27. 9. 1922

Eine Vorlesung: Vorlesung von Johann Nestroys Posse ›Der Talisman‹, Begleitung Josef Bartosch, im Mittleren Konzerthaussaal, Wien, am 24. 9. 1922, 3 Uhr. Programm: F 601–607 v. November 1922, S. 92.
»Wanderer«: Automarke.
»Thermobus«: Automarke.
Gilets: Austriazismus für Weste.
Wähle: Der erste Vorschlag wurde verwendet.

[769]   30. 10./1. 11. 1922

einen Ausschnitt den ich im Sommer gesandt hatte (über L. T. d. M.): nicht ermittelt.
zwischen dem 15. und 20. nach Kuchelna wegen Musikprobe: für Nestroys ›Weder Lorbeerbaum noch Bettelstab‹, s. Anm. 770.
Ende November die »Letzte Nacht« aufgeführt: Die erste Aufführung in der Neuen Wiener Bühne fand erst am 3. 2. 1923 statt; bis zum 14. 2. 1923 haben 12 Vorstellungen in Wien stattgefunden. Die Proben begannen am 15. 11. 1922 durch eine interne Vorlesung vor Schauspielern in der Renaissancebühne. Vgl. ›Die letzte Nacht‹, in F 613–621 v. Anfang April 1923, S. 59–145.

[770]   8./9. 11. 1922

das Original für Reklamation: Telegramm von KK an SN [?].
Ja, am 11. und 12.: Für die Wiener Arbeiterschaft zur Feier der Republik Vorlesung aus den ›Letzten Tagen der Menschheit‹ im Festsaal der Neuen Hofburg, Wien, am 11. 11. 1922. Programm: F 608–612 v. Ende Dezember 1922, S. 49–50. Veranstaltung der Kunststelle der Bildungszentrale der SDAPÖ.
Vorlesung aus den ›Letzten Tagen der Menschheit‹ (2. Teil), ebenda, am 12. 11. 1922. Programm: F 608–612, a. a. O., S. 50.

Lumpazivagabundus-Abend: Vorlesung der Zauberposse von Johann Nestroy, ›Der böse Geist Lumpazivagabundus oder Das liederliche Kleeblatt‹ im Kleinen Konzerthaussaal, Wien, am 5. 11. 1922. Programm: F 608–612, a. a. O., S. 43.
außer im (angekündigten) Cyklus: s. ›Nestroy-Zyklus‹ v. 24. 1.–30. 1. 1923, F 613–621 v. Anfang April 1923, S. 42–58, s. Anm. 775.
M. kommt: Mechtilde Lichnowsky sagte ihre Vorlesung ab. Statt ihrer veranstaltete KK die Vorlesung der parodierenden Posse von Johann Nestroy, ›Weder Lorbeerbaum noch Bettelstab‹, Musik von Mechtilde Lichnowsky, im Kleinen Konzerthaussaal, Wien, am 4. 12. 1922. Programm: F 608–612, a. a. O., S. 52–58.
»Der Vortrag [...] wurde durch die Entstehung der Begleitmusik angeregt, die gleich dem Entree in den ›Schlimmen Buben in der Schule‹ und den andern Kompositionen Mechtilde Lichnowskys zu Nestroy [...] ein Wunder der Einfühlung bedeutet...«, F 608–612, a. a. O., S. 53–54.
Erinnerungen an den großartigen Burgschauspieler Gabillon: Helene Bettelheim-Gabillon, ›Ludwig Gabillon. Tagebuchblätter, Briefe, Erinnerungen. – Ludwig Gabillon (geb. Güstrow 16. 7. 1828; gest. Wien 13. 2. 1896) debütierte 1844 in Güstrow als Schauspieler; nach Zwischenstationen in Rostock, Oldenburg, Schwerin, Kassel und London wurde er von Heinrich Laube an die Wiener Burg engagiert. KK zitiert aus den Erinnerungen in F 640–648 v. Mitte Januar 1924, S. 82–83.
der göttlichen Zerline: Zerline Gabillon (geb. Würzburg; geb. Güstrow 18. 8. 1835; gest. Meran 30. 4. 1892) debütierte am Hamburger Stadttheater; seit 1856 mit Ludwig Gabillon verheiratet; Engagement an der Wiener Burg. Vgl. ›Liebeserklärung an Zerline Gabillon‹, F 743–750 v. Dezember 1926, S. 62–63 [W 7, 500–501].
nach K.: Kuchelna.

[771] 25./26. 11. 1922

zwischen Rückkehr und Vorlesung: Rückkehr von Kuchelna und Vorlesung aus Luther und eigenen Schriften im Mittleren Konzerthaussaal, Wien, am 26. 11. 1922. Programm: F 608–612 v. Ende Dezember 1922, S. 50–52.
Der Ausschnitt: nicht ermittelt.
Plutus es ist, der dem Knaben Lenker jene herrlichen Worte zuruft: s. [768] B und Anm. 767. »Plutus, des Reichtums Gott genannt!« Goethe, ›Faust II‹, I/›Weitläufiger Saal‹, Z. 5569.

[772] 1. 12. 1922

37. Geburtstag von SN und Karl Nádherný.

»Dialog«: s. Anm. *766.* »Sag mir, wie lange währt die Ewigkeit?« /
»Nicht länger, als den Augenblick / das Glück, / das ich empfange und
gewähre.« / … / »Auf den, bei meiner Ehre, / auf den nur kommt es an,
von Zeit zu Zeit, / und ach, er währt, den ich empfange und gewähre, /
glaub mir, so lange wie die Ewigkeit!«

»immer höher muß ich steigen«: Goethe, ›Faust II‹, III/›Schattiger
Hain‹, Z. 9821.

»immer weiter muß ich schauen«: Goethe, a. a. O., Z. 9822.

aber leis' lispeln werde ich nicht: »So lebe wohl! Du gönnst mir ja mein
Glück; / Doch lisple leis', und gleich bin ich zurück.« Goethe, a. a. O., II/
›Weitläufiger Saal‹, Z. 5707–5708.

Angelegenheiten Deiner Reise: SN trat am 27. 1. 1923 zusammen mit
Miss Cooney eine Reise nach Ägypten – Palästina – Syrien an, von der sie
am 27. 4. 1923 zurückkehrte.

Proben für die »Letzte Nacht«: s. Anm. *769.* KK war an der Einstudie-
rung der Aufführung selbst beteiligt.

Ende des Monats so viel Hörenswürdiges: Nestroy-Zyklus, s. Anm. 770.

die rührendste und lieblichste Musik: Von Mechtilde Lichnowsky, s.
Anm. 770. SN in BAB v. 18. 3. 1948: »Karl Kraus war eifersüchtig auf
die Macht, die Musik über mich hat u. mich ihm entzog…«

Lies den Brief, den ich beilege: bezog sich vermutlich auf eine Einladung
von Mechtilde Lichnowsky.

den eingesandten Brief lege ich bei: Beilage nicht erhalten.

von dem Überflüssigen, das ich ja hier für notwendig halte: s. Anm. 755.

Der Knabe Lenker Geist von meinem Geiste: »Plutus: Wenn's nötig ist,
daß ich dir Zeugnis leiste, / So sag' ich gern: Bist Geist von meinem
Geiste. / Du handelst stets nach meinem Sinn, / Bist reicher als ich selber
bin. […] Ein wahres Wort verkünd' ich allen: / Mein lieber Sohn, an
dir hab' ich Gefallen.« Goethe, a. a. O., II/›Weitläufiger Saal‹, Z. 5622
bis 5629.

die eigene Sphäre, an die er los der lästigen Schwere: »Plutus zum Lenker: Nun bist du los der allzulästigen Schwere, / Bist frei und frank, nun
frisch zu deiner Sphäre! / Hier ist sie nicht!…« Goethe, a. a. O., Z. 5689
bis 5691. Widmung für ›Worte in Versen VI‹, s. Anm. 767.

Die war's nicht, der's geschah: nicht ermittelt.

dem vertanen großen Aufwand: »Mephistopheles: …Ein großer Aufwand, schmählich! ist vertan; / Gemein Gelüst, absurde Liebschaft wan-
delt / Den ausgepichten Teufel an. / …« Goethe, a. a. O., V/›Grable-
gung‹, Z. 11837–11839.

sechs Bücher Verse: ›Worte in Versen‹; sechs der neun Bände waren erschienen.

einen ganzen Akt in Versen: ›Traumstück. Ein dramatisches Gedicht‹.

Widmung: »Ludwig Münz gewidmet im gemeinsamen Andenken an Franz Grüner«. Wien/Leipzig: Verlag ›Die Fackel‹ (1923) [EA 33] [W 14, 75–93].
SN in Tb v. 17. 1. 1923: »1923 I began with driving on New year's day to Vienna. Lived by Chlumeckys. Returned the 5. Each evening by K.K. Read for me a new work: Traumgesicht. Was in a theatre Probe (Renaissancebühne) of ›Die letzte Nacht‹, K.K. told them how to speak the verses…«

[774]   6. 1. 1923

Nicht böse sein: Die offensichtlich SN [und Mechtilde Lichnowsky?] zugedachte Widmung von ›Traumstück‹ wurde zurückgezogen, s. Anm. 773.
das Ganze: ›Traumstück‹.
Reaktion der Betroffenen: KK nennt das ›Traumstück‹ »eine Reihe Visionen des Halbschlafs und des Traums, aus den Erlebnissen des Krieges, des Grauens und der Nachkriegswelt, des schlechten Lebens und des schlechten Wissens, der Zeitung, der Psychoanalyse, der Liebe, der Sprache und des Traumes selbst«, F 686–690 v. Mai 1925, S. 37. In dem Gedicht ›Die Psychoanalen‹ werden Albert Ehrenstein und Sigmund Freud namentlich genannt. Auf den Goethe-Adepten Franz Werfel wird angespielt.
an die weibliche Adresse: Die von Paul Schick, ›Karl Kraus‹, Reinbek: Rowohlt Taschenbuchverlag ²1968, S. 108, geäußerte Vermutung, das Gedicht ›Imago‹ wecke die Erinnerung an Annie Kalmar, dürfte nicht zutreffen. Das Motiv des Hundes und die Melodie des slowenischen Leierkastens weisen eindeutig auf SN.
Das Gesindel hat jetzt auch ein Tagesblatt: 1919 wurden die Zeitschriften ›Imago‹ (gegr. 1912) und ›Zeitschrift für Psychoanalyse‹ (gegr. 1913) zur ›Internationalen Zeitschrift für Psychoanalyse und Imago‹ vereinigt.
ein Symptomjäger: Fritz Wittels, s. Anm. 763.
die Verbindung mit der Schlußperspektive: »Wann ruft Natur zu reiner Rache Schwur! / Wann endlich putzt das Pack Proletenschuhe, / die schmutzig sind vom Tritt in die Kultur! / O Gott, wenns einmal so ans Fenster dröhnt, / dann weiß ich erst, wofür das Blut vergossen, / dann erst, wofür der Mütter Tränen flossen – / und mit dem Leben bin ich dann versöhnt!«
Episode: ›Imago‹.
»Zur Sprachlehre«: Posthum erschienen unter dem Titel ›Die Sprache‹ (Mit einer Anmerkung des Herausgebers Dr. Philipp Berger). Wien: Verlag ›Die Fackel‹ 1937 [EA 14] [W 2]. Das Buch erschien ohne Widmung.
»Literatur und Lüge«: Erschien erst am 1. 2. 1929: ›Literatur und Lüge‹.

344

Widmung: »Heinrich Fischer gewidmet«. Wien/Leipzig: Verlag ›Die Fackel‹ 1929 [EA 22] [W 6].
wie diese wenigen Tage meinen Horizont reingefegt haben: SNs Aufenthalt in Wien.
Hier eine Karte: Beilage nicht erhalten.

[775]   15./16. 1. 1923

plus-Bemerkung: s. Anm. 777.
Depot: nicht ermittelt.
Vielleicht geht es: Bezieht sich vermutlich auf die Aufführung der ›Letzten Nacht‹, s. Anm. 769.
Du wärest dann nicht mehr da: s. Anm. 773.
Bedenken wegen der Widmung: s. Anm. 774.
Widmung der »Sprachlehre«: s. Anm. 774.
Herrscht doch über Gut und Blut / dieser Schönheit Übermut: Goethe, ›Faust II‹, III/›Innerer Burghof‹, Z. 9348–9349.
»Letzten Nacht«: s. Anm. 769.
Nestroy Versuche mit den Schauspielern an Goethes »Pandora«: Nestroy-Zyklus v. 24. 1.–30. 1. 1923; Musik von Mechtilde Lichnowsky: Vorlesung der Travestie von Nestroy, ›Judith und Holofernes‹ und der Burleske ›Die schlimmen Buben in der Schule‹ im Festsaal des Niederösterreichischen Gewerbevereins, Wien, am 24. 1. 1923. Programm: F 613–621 v. Anfang April 1923, S. 42–46.
Vorlesung der Possen von Nestroy, ›Das Notwendige und das Überflüssige‹, nach ›Die beiden Nachtwandler‹ in der Bearbeitung von KK, und ›Tritschtratsch‹, ebenda, am 25. 1. 1923. Programm: F 613–621, a. a. O., S. 46–47.
Vorlesung der Posse von Nestroy, ›Eine Wohnung zu vermieten in der Stadt, Eine Wohnung zu vermieten in der Vorstadt, Eine Wohnung mit Garten zu haben in Hietzing‹ im Kleinen Konzerthaussaal, Wien, am 26. 1. 1923. Programm: F 613–621, a. a. O., S. 47–50.
Vorlesung der Posse von Nestroy, ›Der Talisman‹ im Festsaal des Niederösterreichischen Gewerbevereins, Wien, am 27. 1. 1923. Programm: F 613–621, a. a. O., S. 50–51.
Vorlesung der parodierenden Posse von Nestroy, ›Weder Lorbeerbaum noch Bettelstab‹, ebenda, am 28. 1. 1923. Programm: F 613–621, a. a. O., S. 51–54.
Vorlesung der Posse von Nestroy, ›Der Zerrissene‹, ebenda, am 29. 1. 1923. Programm: F 613–621, a. a. O., S. 54–56.
Vorlesung der Zauberposse von Nestroy, ›Der böse Geist Lumpazivagabundus oder Das liederliche Kleeblatt‹, ebenda, am 30. 1. 1923. Programm: F 613–621, a. a. O., S. 57–58.
Eine Vorlesung oder Aufführung von Goethes ›Pandora‹ ist Anfang

345

1923 nicht nachweisbar. Es handelt sich vermutlich um eine Vorlesung vor den Schauspielern, die ›Die letzte Nacht‹ probten.

[776]   25. 1. 1923

Premiere etwa zweiten: Die öffentliche Generalprobe der ›Letzten Nacht‹ fand am 3. 2. 1923 statt.
SN kam am 27. 1. nach Wien und fuhr am 31. 1. 1923 nach Ägypten.

[777]   27. 1. 1923

(Eine Wohnung zu vermieten): Vorlesung 26. 1. 1923, s. Anm. 775.
Vielleicht ist er noch da?: Beantwortet in der Handschrift von Fräulein Wacha [?]: »Der Erlagschein ist nicht mehr hier. Es stand darauf: oben: K 18.– + 2.– für Porto. 20 Kronen (stand auf der Zeile auf der der Betrag auszufüllen ist.)
Beilage: Telegramm v. 26. 1. 1923 an SN nach Janowitz: »Herberstein Imperiale Samstag nachts«. Von SN nicht datiert, nicht numeriert.

[778]   15./16. 2. 1923

von Hakenkr. bedrohter, polizeilich geschützter Vorlesung: Vorlesung aus ›Worte in Versen‹ und – zum ersten Mal – ›Traumstück‹ im Kleinen Konzerthaussaal, Wien, am 15. 2. 1923. Programm: F 613–621 v. Anfang April 1923, S, 156.
(L. N., 12 mal Stimme und 7 mal Herr d. Hy.!): s. ›Die letzte Nacht‹, eingeleitet durch die am 15. 2. 1923 gesprochene Rede ›Vom Mut vor der Presse‹, F 613–621, a. a. O., S. 59–145. KK sprach die »Stimme von oben« und, als der Sprecher des »Herrn der Hyänen« erkrankte, in den letzten sieben Aufführungen auch diese Rolle.
Umbesetzungen und dgl.: Die ersten sechs Vorstellungen fanden wegen der Besetzung mit Schauspielern anderer Bühnen als Nachtvorstellungen statt.
Die Ausschnitte: Zeitungsberichte über die Aufführung der ›Letzten Nacht‹, s. F 613–621, a. a. O., S. 59–145.
Hatte wirklich erraten: Ludwig von Ficker bedankte sich am 11. 1. 1923, WStB IN 162.067, für ›Worte in Versen VI‹: »Ein einziges Gedicht freilich ist da, bei dem mich der Anlaß – aus menschlichen Gründen, die begreiflich, vielleicht auch kaum begreiflich sind – tiefer berührt hat als die Formung: ›Auf die wunderbare Rettung der Wunderbaren.‹ [s. Anm. 733] Das Gedicht ist schön und eigen. Aber es kann sich – darin besteht für mich wohl dieses Schöne und Eigene – kaum fassen vor einer Gefühlsüberwältigung, von der ich den Eindruck habe, daß sie ihre letzte Freiheit des Ausdrucks nur in einem Dankgebet an den Retter,

346

nicht in einem huldigenden Anruf der Geretteten gewinnen kann. Ich glaube nicht, daß ich mich hierin täusche...«

L. N. in Brünn und Prag: In der zweiten Februarhälfte 1923 fanden in Brünn zwei, in Prag im Neuen Deutschen Theater drei Aufführungen statt. Vgl. ›Brünn‹, F 613–621, a.a.O., S. 91–98; ›Prag‹, F 613–621, a. a. O., S 98–145.

Stimme und H. d. H.: »Stimme von oben« und »Herr der Hyänen«.

F.: Friedrich Graf von Herberstein und Proskau (geb. Vribicany 15. 1. 1895), seit 26. 4. 1921 mit Blanka Deym verheiratet.

Soph.: Maria *Sophia* Leopoldine Antonie Elisabeth Editha Gräfin Deym von Střítež, die Schwester von Blanka Deym (geb. Nemyšl 9. 7. 1899).

Frau K.: Helene Kann.

»L. N.« noch im Frühjahr: Es fanden keine weiteren Aufführungen mehr statt.

Afrikaforscherin: Miss Cooney [?].

Heft: F 613–621 v. Anfang April 1923.

Buch: ›Die Sprache‹, s. Anm. 774.

Dankbrief von blinden Kindern: Dem Nieder-österreichischen Landesverein für Jugend- und Kriegerhinterbliebenenfürsorge, der Vereinigten In- und Auslandshilfe für tuberkulöse Kinder, der Bereitschaft und dem Blindenerziehungsinstitut wurden zu gleichen Teilen die Tantiemen der 11 Aufführungen der ›Letzten Nacht‹ überwiesen: K 4.365.931. F 613 bis 621, a. a. O., S. 157. Vgl. auch die Briefe der Zöglinge und der Direktion des israelitischen Blinden-Instituts Hohe Warte und die Auswahl aus ›Worte in Versen‹ in Blindenschrift, die 1924 erschien, F 649–656 v. Anfang Juni 1924, S. 150–151.

»Bauer, Hund und Soldat«: Das Gedicht ›Der Bauer, der Hund und der Soldat‹ geht nach einer Anmerkung von SN in BA auf ein Erlebnis zurück, das Max Lobkowicz berichtete. Erstdruck: F 484–498 v. 15. 10. 1918, S. 141–142 [W 7, 142–143].

»Manuscript nicht wiedergekommen«: nicht ermittelt.

Gericht hat die Berufung abgewiesen!!: nicht ermittelt.

»ach, alle die Herrlichkeiten, wozu Du mich Arme führst!« (Aase und Per): Ibsen, ›Per Gynt‹, III: »Nein; alle die Herrlichkeiten, dazu du mich arme führst...«

Vorrede über »L. N.« und Presse: ›Vom Mut vor der Presse‹, s. oben.

[779] 9. 3. 1923

Bin nahe: SN in Tb v. 24. 1. 1924: »Just before leaving Vienna on the 31. 1. I got telegr., that Dora had a boy after Kaiserschnitt. I drove to Egypt, Palestine & Syria & when I came back to Cairo, I got the sad, sad news, that Dora, dear, dear Dora, had died. Died on the 5.3., I got the news on the 20.3....«

[780]   28./29. 3. 1923

Gefährtin: Miss Cooney.
Karten: nicht erhalten.
ein armer Teufel: Otto von Lumbe.
»Sendung«: Das Gedicht auf SNs Lieblingsbruder Johannes, s. Anm. 330.
Das Prager Erlebnis: Aufführung der ›Letzten Nacht‹ in Prag, s. Anm. 778.
Morgen oder übermorgen ist alles, sozusagen, fertig: F 613–621 v. Anfang April 1923.
Weidlingau, zu »meinem Haus«: In Weidlingau bei Wien verbrachten KK, seine Eltern und Geschwister ihre Sommerferien.
Hainbach: s. Anm. 75.
Aussichtspunkt: Franz Karl Fernsicht.
Sophienalpe: Ausflugsrestaurant an der Mamsellen Wiese.
»Sprachlehre«: ›Die Sprache‹, s. Anm. 774.
in Brünn (und Prag?) versprochene Vorträge: Vor 23. 5. bzw. 27. 5. 1925 fanden in Brünn und Prag keine Vorlesungen statt.
»Sie will nicht, daß Du weinst«: ›Sendung‹, s. Anm. 330.
Ihr glücklichen Augen…: Goethe, ›Faust II‹, V/›Tiefe Nacht‹, Z. 11300 bis 11303.
das Bildchen: SN, KK und Dora Pejacsevich im Park von Janowitz, s. Abb. 24.

[781]   6. 4. 1923

Ansichtskarte: Anningerspitze (Wilhelmswarte).
Anninger: Berg im Wienerwald, westlich von Gumpoldskirchen, 675 M. ü. M., Wilhelmswarte.
letzten Tagen der Ärmsten: Dora Pejacsevich-Lumbe.
L.: Otto von Lumbe.

[782]   29. 6. 1923

Glückwunsch zum morgigen Tag: Namenstag von SN.

[783]   16./17. 7. 1923

Der Mann: nicht ermittelt.
Vorlesungen in Moskau: fanden nicht statt.
einer großen dramatischen Arbeit: ›Wolkenkuckucksheim‹. Phantastisches Versspiel in drei Akten auf Grundlage der »Vögel« von Aristophanes (mit Beibehaltung einiger Stellen der Chöre in der Schink'schen Übersetzung). Widmung: »Berthold Viertel gewidmet«. Wien/Leipzig:

348

Verlag ›Die Fackel‹ 1923. [EA 37] [W 14, 269–366]. Entstehungsvermerk auf S. 5: »Entstanden Ende Juni bis Mitte Juli 1923«.
Vielleicht in Prerov (zunächst wohl Hamburg): nicht ermittelt.

[784]   26./27. 7. 1923

durch traurigsten Familienfall: Tod des Mannes von Marie Turnovsky, geb. Kraus (geb. Jicin 12. 12. 1875), der die am 14. 11. 1923 erschienenen ›Worte in Versen VII‹ gewidmet werden, Wien/Leipzig: Verlag ›Die Fackel‹ 1923 [EA 39.7] [W 7, 377–428].

[786]   13. 8. 1923

Ansichtskarte: Insel Rügen. Herthasee.

[787]   1. 12. 1923

Adressiert an SN und Carl Nadherny.
38. Geburtstag von SN.
SN in Tb v. 24. 1. 1924: »With K. K. I broke, I found out, that even he has a small bad character, especially after an interview Blanca had with him. 2 friends less [Dora Pejacsevich und KK], Bl. alone remains.«

[789]   21./22. 5. 1924

Im Kuvert von KK ein von SN beschriebenes Kuvert:
»Dieser Brief wurde mir erst am 22. 10. 1925 zugesandt*) und gleich von mir, ein Wiedersehen vorschlagend, beantwortet, im Tel. zum 1. 12. 25 aber abgeschlagen.
*) einen von mir beantwortend. Diese seine Antwort habe ich auf seinen Wunsch vernichtet.« SN hatte die Antwort von KK auch in EX übertragen, den Schluß eines Blattes, ein vollständiges Blatt und den Anfang eines weiteren Blattes dann aber herausgeschnitten. Sie notiert dazu: »Auf seinen Wunsch, im Falle späterer Veröffentlichung, die Abschrift eines Briefes entfernt (1925). SN in BA: »Wäre dieser erschütternder [!] Brief damals abgegangen, hätten Entfremdung und Missverständnisse bis 1927 nicht entstehen können...«
Und jetzt, hinum die Stämme schreitend, augenblicks...: Goethe, ›Pandora‹, Z. 728–729.
an einem Tag meiner nicht gedacht hat: am 28. 4. 1924 feierte KK seinen 50. Geburtstag und das 25-jährige Jubiläum der F. Vgl. ›Die Gedenktage‹, F 649–656 v. Anfang Juni 1924, S. 100–114.
die Widmung beweist es: ›Traumtheater‹. Spiel in einem Akt. Wien/

Leipzig: Verlag ›Die Fackel‹ 1924. ›Traumtheater‹ erschien am 25. 4. 1924 mit der Widmung »In Memoriam Annie Kalmar«. Die Gleichsetzung der Schauspielerin mit der Frau, von der es heißt, daß der Dichter sie »seit jeher« gekannt habe, wiederholt ein SN-Motiv.
»entgegen ewig verwaister Zeit«: »…/ So leb' ich fort, entgegen ewig verwaister Zeit,/…« Goethe, ›Pandora‹, Z. 741.

[790]   1. 12. 1925

40. Geburtstag von SN und Karl Nádherný.

[791]   Zum 1. Dezember 1925.

Der Brief besteht nur aus einem Zitat aus Kierkegaards ›Tagebüchern‹, die, in der Übersetzung von Theodor Haecker, von Ludwig von Ficker verlegt worden waren. Eintragung v. 29. 7. 1835 nach einem Spaziergang von Kleven über Sortebro auf den Gibbjerg. Sören Kierkegaard, ›Die Tagebücher‹. In zwei Bänden ausgewählt und übersetzt von Theodor Haecker. Erster Band 1834–1848. Zweiter Band 1849–1855. Innsbruck: Brenner Verlag 1923.

[792]   11. 12. 1925

Alter Nestroy vergriffen: Die erste Gesamtausgabe Nestroys veranstalteten Vinzenz Chiavacci und Ludwig Ganghofer in 12 [?] Bänden: Wien: 1891.
neuer noch unvollständig: Johann Nestroy, ›Sämtliche Werke‹. Historisch-kritische Gesamtausgabe in 15 Bänden. Hrsg. von Fritz Brukner und Otto Rommel. Wien: Anton Schroll 1924–1930.
neuer Claudius: Matthias Claudius, ›Werke‹, 3 Bde., Hrsg. von Bruno Adler. Weimar: Utopia-Verlag 1924. Vgl. den ausdrücklichen Hinweis in F 679–685 v. März 1925, S. 80.

[794]   22. 4. 1926

Hotel Madison bis 25.: KK, der von Professor Walter F. Otto und einer Reihe Professoren der Pariser Sorbonne für den Nobelpreis 1926 vorgeschlagen worden war, vgl. ›Der Nobelpreis‹, F 800–805 v. Anfang Februar 1929, S. 56–58, las am 16. 4. 1926 aus eigenen Schriften – u. a. die Szene ›Kerr am Schreibtisch‹ aus den ›Letzten Tagen der Menschheit‹ an der Sorbonne/Amphithéâtre Descartes, Paris. Programm: F 726 bis 729 v. Mai 1926, S. 74.
Vorlesung von Goethes ›Pandora‹ und aus eigenen Schriften, ebenda, am 17. 4. 1926. Programm: F 726–729, a. a. O., S. 74.

Vorlesung aus Kierkegaard und aus eigenen Schriften, darunter ›Traumstück‹, im Salle Turgot, Paris, am 19. 4. 1926. Programm: F 726–729, a. a. O., S. 74.

Vorlesung von Shakespeares ›Macbeth‹ im Théâtre du Vieux Colombiers, Paris, am 21. 4. 1926. Programm: F 726–729, a. a. O., S. 75.

Vorlesung aus Gerhart Hauptmann, ›Und Pippa tanzt‹, Frank Wedekind, ›Totentanz‹ und ›Traumtheater‹, ebenda, am 24. 4. 1926. Programm: F 726–729, a. a. O., S. 75.

[796]   18. 8. 1926

Trostlose Fülle und Art der Arbeit: In F 730–731 v. Anfang Juli 1926 kündigt KK ein stärkeres Heft der F an, »das zum größten Teil vor diesem entstanden ist«. Die Verschiebung des Erscheinungstermins wird in F 732–734 v. Mitte August 1926 nocheinmal angezeigt. Das 160 Seiten starke Heft F 735–742 erscheint im Oktober 1926. Mit der Polemik gegen Kerrs Auftreten in Paris, vgl. ›Ein Friedmensch‹, F 735–742, a. a. O., S. 70–95, beginnt die große Auseinandersetzung mit Alfred Kerr.

[800]   3./4. 4. 1927

Am 29. 12. 1926 war Rainer Maria Rilke in Val Mont bei Montreux gestorben. SN in Tb v. 30. 12. 1926: »My first real friend, my friend since 20 years, he is no more! [...] I have none more. He was the only man, whose friendship was pure & brotherly ...«

KK hatte am 10. 3. 1927 Privatklage gegen Alfred Kerr erhoben; die Auseinandersetzung zog sich bis Februar 1928 hin.

»Jugend erst werde!«: »...// Rückwärts mein Zeitvertreib! / Jugend erst werde! / Länger als ihr verbleib' / Ich auf der Erde! // ...«, ›Jugend‹. Erstdruck: F 462–471 v. 9. 10. 1917, S. 180–184 [W 7, 178–182].

Eibsee: KK war vom 22. 8.–23. 8. 1927 im Hotel Eibsee, WStB IN 164. 260.

[802]   28. 8. 1927

Königs: Königsee.

[803]   28. 8. 1927

der entsetzlichen Ereignisse und ihrer Folgen: Am 15. 7. 1927 demonstrierten Arbeiter in Wien gegen die Freisprechung einer rechtsextremistischen Frontkämpferorganisation, die eine Arbeiterdemonstration in Schattendorf beschossen und dabei einen Kriegsinvaliden und ein Kind

getötet hatten. Die Arbeiter verließen die Betriebe und stürmten den Justizpalast. Akten wurden angezündet. Der Palast stand in Flammen. Der Feuerwehr wurde der Zutritt versperrt, bis der sozialdemokratische Bürgermeister die Arbeiter zum Zurückweichen bewegte. Doch der Polizeipräsident Johann Schober ließ auf die Demonstranten schießen. Es gab 90 Tote und etwa 300 Verwundete.
eine Wiener Kröte: nicht ermittelt.
SN in BA: »Am 1. Sept. Wiedersehn am Königssee, wo wir eine Woche blieben.«

[804]   9./10. 10. 1927

in der furchtbarsten Bedrängnis dieser Tage: F 766–770 v. Oktober 1927 enthielt auf 92 Seiten unter dem Titel ›Der Hort der Republik‹ die Antwort auf die Juliereignisse: Der Brand des Justizpalastes sei ein Symptom von zwingender Notwendigkeit für den Verfall der Justiz; der Polizeipräsident Schober, der auf Wehrlose schießen lasse, dulde auch die Revolverpresse des Imre Bekessy. KK stellt sich auf die Seite der Arbeiter und wendet sich gegen Schobers barbarisches Vorgehen. Vom 17.–19. 9. 1927 hatte er in Wien ein Plakat anschlagen lassen mit der Aufforderung:»An den Polizeipräsidenten von Wien /JOHANN SCHOBER // Ich fordere Sie auf, / abzutreten. // KARL KRAUS / Herausgeber der Fackel«.
Widmung der gleichzeitig gesandten Reliquie spricht: Widmungsexemplar der ›Letzten Tage der Menschheit‹ von KK für Dora Pejacsevich.
in der mitgeteilten Sache: nicht ermittelt.
(Madame L'Archiduc): Theater der Dichtung. Zum 1. Mal: ›Madame L'Archiduc‹ von Jacques Offenbach mit dem Text nach Albert Milhaud von Karl Kraus im Mittleren Konzerthaussaal, Wien, am 9. 10. 1927. Programm: F 781–786 v. Anfang Juni 1928, S. 50–52.
Heinrich Fischer: Der Dramaturg, Regisseur und Schriftsteller Heinrich Fischer (geb. Karlsbad 22. 8. 1896; lebt in München) lernte KK 1922 durch Berthold Viertel kennen; 1923 Dramaturg an Berthold Viertels Ensembletheater ›Die Truppe‹, die 1924, zum 50. Geburtstag von KK und zum 25-jährigen Jubiläum der F, in Berlin und Wien ›Traumstück‹ und ›Traumtheater‹ aufführte, vgl. ›Dankschreiben. An Berthold Viertel‹, F 649–656 v. Anfang Juni 1924, S. 2–51. 1926 erschien die von KK angeregte Barockanthologie ›Die Vergessenen. Hundert deutsche Gedichte des XVII. und XVIII. Jahrhunderts‹. Ausgewählt von Heinrich Fischer. Berlin: Cassirer 1926. 1926–1928 Chefdramaturg der Münchener Kammerspiele: Aufführung von ›Traumstück‹ am 1. 3. 1928 an der von Heinrich Fischer, Hans Gellner, Kurt Horwitz und Hans Schweikart geleiteten Jungen Bühne. 1928–1931 Stellvertretender Direktor und Chef-

dramaturg am Theater am Schiffbauerdamm, Berlin. Die am Schiffbauerdamm geplante Aufführung der ›Unüberwindlichen‹ kam nicht zustande. 15. 1. 1930 Uraufführung der ›Letzten Nacht‹ aus ›Die letzten Tage der Menschheit‹ am Schiffbauerdamm. 1931–1933 Rückkehr an die Münchener Kammerspiele. Zum 60. Geburtstag von KK am 28. 4. 1934 hielt Heinrich Fischer, der bereits nach Prag emigriert war, in Wien die Rede ›Karl Kraus und die Jugend‹, Wien: Verlag Richard Lanyi 1934 [K 2149]. Seit 1952, nach der Rückkehr aus der Emigration, Herausgeber der ›Werke von Karl Kraus‹ und des Reprints der ›Fackel‹. Vgl. ›Heinrich Fischer zum 22. August 1971‹, ›Nachrichten aus dem Kösel-Verlag‹, Sonderheft, München: Kösel 1971.
Einem Maler: nicht ermittelt.
Buchhandlung: Die Bücherkiste Alfred Eichholz, München, Schellingstraße.
Untat der Großeltern: nicht ermittelt.

[806]   14. 11. 1927

Ansichtskarte: Wien, I. Votivkirche.
Postkarte von Gretl Chlumecky mit einer Zuschrift von KK.
Bitte Samstag kommen: 19. 11. 1927. SN in BA: »19.–24. Nov. in Wien«.
»In lieber Gesellschaft sendet alles Schöne Gretl. Schon sehr sehr lange nichts von dir gehört« »Herzlichste Grüße Mony Chl« [Bildseite:] »Wir erwarten Dich unbedingt am Samstag den 19., denn Sonntag ist *Mme L'Archiduc* und da *mußt* Du dabei sein. Bitte *sofort* um Nachricht. Zusammensein mit K. K. von Samstag auf Sonntag, da Sonntag auf Montag schwerste Arbeitsnacht. Bei uns wohnen! zu lustig« [Gretl Chlumecky].

[807]   14./15. 11. 1927

Beilage: Zeitungsausschnitt mit einem Bericht über den Untergang der ›Principessa Mafalda‹ und die Berichterstattung der ›Neuen Freien Presse‹ unter dem Titel ›Kein Passagier erster und zweiter Klasse unter den Opfern‹.
zum 20. Nov.: Theater der Dichtung, Jacques Offenbach, ›Madame L'Archiduc‹, s. Anm. 804, im Architektensaal, Wien, am 20. 11. 1927. Programm: F 781–786 v. Anfang Juni 1928, S. 53.
20./21. habe ich die schwerste Arbeitsnacht: Fertigstellung von F 771–776 v. Dezember 1927 [?].
vor Abreise nach Paris: Vorlesung aus eigenen Schriften an der Sorbonne/Amphithéâtre Descartes, Paris, am 6. 12. 1927. Programm: F 781–786, a. a. O., S. 75.
Vorlesung aus eigenen Schriften, ebenda, am 9. 12. 1927. Programm: F 781–786, a. a. O., S. 75.

München: Aufführung des ›Traumstücks‹ durch die Junge Bühne der Münchener Kammerspiele am 1. 3. 1928, Matinee. Inszenierung: Julius Gellner; Musik: Heinrich Jalowetz; Musikalische Leitung: Ilja Jacobson. Programm: F 781–786 v. Anfang Juni 1924, S. 68–71.

Vorlesung von Nestroys Posse ›Das Notwendige und das Überflüssige‹, Begleitung Eugen Auerbach, und aus ›Worte in Versen‹, ebenda, am 2. 3. 1928, Matinee. Programm: F 781–786, a. a. O., S. 76.

Vorlesung von Goethes ›Pandora‹ und von ›Traumstück‹, Begleitung Max Stefl, in den Kammerspielen des Schauspielhauses, München, am 9. 3. 1928. Programm: F 781–786, a. a. O., S. 75.

Berlin Ende März, Anfang April: Offenbach-Zyklus v. 24. 3.–27. 3. 1928, Begleitung Otto Janowitz.

Theater der Dichtung: Jacques Offenbach, ›Die Großherzogin von Gerolstein‹ im Schwechten-Saal, Berlin, am 24. 3. 1928. Programm: F 781–786, a. a. O., S. 77.

Theater der Dichtung: Jacques Offenbach, ›Blaubart‹, ebenda, am 25. 3. 1928. Programm: F 781–786, a. a. O., S. 75.

Theater der Dichtung: Jacques Offenbach, ›Madame L'Archiduc‹, ebenda, am 26. 3. 1928. Programm: F 781–786, a. a. O., S. 77.

Theater der Dichtung: Jacques Offenbach, ›Pariser Leben‹, ebenda, am 27. 3. 1928. Programm: F 781–786, a. a. O., S. 77.

Vorlesung aus eigenen Schriften, u. a. ›Traumstück‹, Begleitung Theo Mackeben, und ›Die faden Fehden‹, ebenda, am 30. 3. 1928. Programm: F 781–786, a. a. O., S. 81.

Vorlesung zum »Andenken Frank Wedekinds«, dessen Todestag sich am 9. 3. 1928 zum 10. Mal jährte, Begleitung Theo Mackeben, ebenda, am 30. 3. 1928. Programm: F 781–786, a. a. O., S. 81.

Vorlesung von Nestroys Posse ›Lumpazivagabundus‹, Begleitung Theo Mackeben, ebenda, am 1. 4. 1928. Programm: F 781–786, a. a. O., S. 81.

Vorlesung aus eigenen Schriften, u. a. ›Von Herrn Schober und der Klage gegen ihn‹, Epigramme, ebenda, am 2. 4. 1928. Programm: F 781–786, a. a. O., S. 81.

Deine Bekannten: nicht ermittelt.

Schulbühne der Lichtwark-Schule: KK fuhr am 16. 3. oder am 17. 3. 1928 nach Hamburg, um an den Hauptproben am 20. 3./21. 3. 1928 zu Offenbachs ›Madame L'Archiduc‹ in der Bearbeitung von KK teilzunehmen, s. F 781–786 v. Anfang Juni 1928, S. 71–73, S. 59.

Vorlesung am 20.: Vorlesung aus ›Worte in Versen‹ und ›Traumstück‹,

Begleitung Gustav Witt-Hamburg, im Großen Saal der Universität, Hamburg, am 20. 3. 1928. Programm: F 781–786, a. a. O., S. 77.
Berlin: s. Anm. 811.
zur Sammlung: Am 26. 12. 1927 war das 90. Opfer der Polizeiaktion v. 15. 7. 1927, der sechzehnjährige Hans Erwin Kiesler, gestorben. Der Polizeipräsident stellte der durch die hohen Spitalskosten in wirtschaftliche Schwierigkeiten geratenen Mutter einen Betrag von 500 Schilling zur Verfügung, insgesamt weniger als 10 % der verauslagten Kosten. KK rief am 9. 2. 1928 zur Sammlung auf, F 778–780 v. Mitte Mai 1928, S. 3–7. Am 15. 3. 1928 konnte er der Mutter 3500 Schilling übergeben. Unter den Spendern waren das Personal der Druckerei Jahoda & Siegel; die Sekretärin des Verlags ›Die Fackel‹, Frieda Wacha; Karl Jaray; Max Lobkowicz; Heinrich Fischer; Oskar Samek; Franz Glück, u. a.; SN und Karl Nádherný sind nicht ausgewiesen.
»Vaterländischen Verbände«: Das »Kampfblatt der national-sozialistischen Bewegung Großdeutschlands«, der von Adolf Hitler herausgegebene ›Völkische Beobachter‹, 53. Ausgabe, 41. Jg. v. 3. 3. 1928, Bayernausgabe, S. 1, erschien unter der Schlagzeile: ›Neue Verhöhnung der deutschen Frontsoldaten auf der Bühne [...] Eine skandalöse Erstaufführung in München. Die Verhöhnung des Soldatentodes durch den Juden Karl Kraus – Wir fordern Verbot der Aufführung im Schauspielhaus‹. Der von Julius Streicher herausgegebene ›Fränkische Courier‹ schloß sich an. KK erhob am 10. 4. 1928 Privatklage gegen Wilhelm Weiß, den verantwortlichen Schriftleiter des ›Völkischen Beobachters‹, der am 11. 6. 1928 wegen Beleidigung in zwei Fällen zu 200.– RM Geldstrafe verurteilt wurde. Vgl. F 800–805 v. Anfang Februar 1929, S. 50, S. 73–74.

[814]   3. 4. 1928

6. abends (hoffentlich) oder 7. früh: SN in BA: »In Janow. 6./7. 4.«
der Schuft ist morgen plakatiert: In der Vorlesung von ›Pariser Leben‹ am 27. 3. 1928, s. Anm. 811, hatte KK in einer Zusatzstrophe vorgetragen: »Wenn ihr nur wollt und nach Berlin, Berlin ihn ruft: / Er treibt aus jeder Stadt hinaus den Schuft!« Gemeint ist Alfred Kerr (d. i. Alfred Kempner, geb. Breslau 25. 12. 1867; gest. Hamburg 12. 10. 1948), neben Maximilian Harden der einflußreichste Berliner Kritiker, »dessen Fall nun aus einem chronischen ein akuter geworden ist. Ich nenne ihn einen Schuft und ich bin bereit, die Beweise dafür, daß er es ist, vor jedem gerichtlichen Forum, Wiens oder Berlins, zu erbringen«, ›Wer glaubt ihm?‹, F 781–786 v. Anfang Juni 1924, S. 10–39. Kerr hatte wegen der Angriffe in F 735–742 v. Oktober 1926, S. 70–95: ›Ein Friedmensch‹ und die dort abgedruckten Gottlieb-Gedichte aus dem Ersten Weltkrieg und

wegen der Glosse ›Kerr in Wien‹, F 743–750 v. Dezember 1926, S. 96–97, in der Morgenausgabe des ›Berliner Tageblatts‹, Jg. 55, Nr. 600 v. 21. 12. 1926, ›Zur Jessner-Hetze‹, KK einen »kleinen miesen Verleumder mit moraligem Kitschton« genannt. Nachdem Kraus' Rechtsanwalt mit dem Berliner Justizrat Viktor Fraenkl die Möglichkeiten einer Widerklage Kerrs erörtert hatte, die KK wegen der Umständlichkeiten, in Berlin vor Gericht auftreten zu müssen, gerne ausschließen wollte, reichte Fraenkl am 10. 3. 1927 die Privatklage wegen Beleidigung gegen Alfred Kerr ein. Die Anwälte von Kerr beantragten am 29. 4. 1927, die Eröffnung des Hauptverfahrens abzulehnen. Heinrich Fischer wies inzwischen weitere Gottlieb-Gedichte nach, die er an KK sandte. Die Hauptverhandlung wurde auf 4. 8. 1927 festgesetzt, dann aber auf 29. 9. 1927 verschoben. Am 16. 9. 1927 legte Kerr dem Amtsgericht Charlottenburg, das der Widerklage stattgab, einen Schriftsatz vor, in dem er KK wiederum einen Verleumder nannte, ihn des Plagiats bezichtigte und des Vaterlandsverrats beschuldigte, wobei er sich selbst als deutsch-nationalen Patrioten ausgab, F 787–794 v. Anfang September 1928, S. 9–24. KK bat am 26. 9. 1927 um eine Vertagung des Termins mit Rücksicht auf den neuen Schriftsatz Kerrs. Der neue Termin wurde auf 10. 11. 1927 festgesetzt. KK erweiterte am 4. 10. 1927 die Klage gegen Kerr wegen des Plagiatvorwurfs und reichte am 27. 10. 1927 den von ihm selbst verfaßten Schriftsatz gegen Kerr ein, der in F 787–794, a. a. O., S. 25–87, in vollem Wortlaut abgedruckt wurde. Der Verhandlungstermin wurde auf Antrag von Alfred Kerr erneut verschoben und auf 10. 1. 1928 festgesetzt, schließlich aber noch einmal auf 2. 2. 1928 vertagt. Viktor Fraenkl vereinbarte mit den Anwälten Kerrs einen Vergleich: Klage und Widerklage wurden zurückgenommen; die Kosten wurden geteilt; Ehrenerklärungen bzw. Publikationsverpflichtungen wurden nicht vereinbart. Sigismund von Radecki berichtete KK am 3. 2. und 8. 2. 1928 über das zwischen den gegnerischen Anwälten offensichtlich bestehende Einvernehmen über die Niederschlagung eines Prozesses. Am 24. 2. 1928 wurde das Verfahren eingestellt, nachdem KK auf einen Einspruch verzichtet hatte. KK warf Fraenkl vor, daß er die kulturpolitischen Gesichtspunkte der Auseinandersetzung nicht erkannt habe. KK ging nun an die Öffentlichkeit und legte die ausführlichen Schriftsätze in F 787–794 v. Anfang September 1928 vor: ›Der größte Schuft im ganzen Land... (Die Akten zum Fall Kerr)‹. Eine Plakatierung dieser Anschuldigung in Berlin im April 1928 konnte nicht nachgewiesen werden.

[815]   4. 4. 1928

KK am 6. 4. und 7. 4. 1928 in Janowitz.

[816] 10./11. 5. 1928

19. 21. und ev. 22. in Prag: Theater der Dichtung: Jacques Offenbach, ›Pariser Leben‹, Begleitung Otto Janowitz, im Mozarteum, Prag, am 19. 5. 1928. Programm: F 800–805 v. Anfang Februar 1929, S. 47. Vorlesung aus eigenen Schriften, u. a. ›Traumstück‹, Begleitung Fritzi Pollak, ebenda, am 21. 5. 1928. Programm: F 800–805, a. a. O., S. 47. Vorlesung ›Die Unüberwindlichen‹, Begleitung Fritzi Pollak, ebenda, am 25. 5. 1928. Programm: F 800–805, a. a. O., S. 48. Vorlesung ›Wolkenkuckucksheim‹, Begleitung Fritzi Pollak, ebenda, am 2. 6. 1928. Programm: F 800–805, a. a. O., S. 49. *Teplitz:* Vorlesung aus eigenen Schriften, u. a. ›Traumstück‹, im Monopol-Theater, Teplitz-Schönau, am 22. 5. 1928. Programm: F 800–805, a. a. O., S. 48. Vorlesung aus eigenen Schriften, ebenda, am 29. 5. 1928. Programm: F 800–805, a. a. O., S. 48. *Gablonz:* Vorlesung aus eigenen Schriften, u. a. ›Traumstück‹, Begleitung Anton Busch, im Geling-Saal, Gablonz, am 30. 5. 1928. Programm: F 800–805, a. a. O., S. 49. *Reichenberg:* Eine Vorlesung ist nicht nachweisbar. Dafür fanden vermutlich zwei Vorlesungen in Karlsbad am 24. 5. und 31. 5. 1928 statt. *der Begleiter:* Otto Janowitz. SN in BA: »Ich reiste nach den Abenden nach Italien, wo ich an einer schweren Lungenentzündung erkrankte. Blieb dort den ganzen Juni.«

[817] 3. 6. 1928

Zuschriften: »Deine Sophie« [Deym?] »Viele herzliche Grüsse Bessa«.

[818] 8./9. 6. 1928

»Goldne Sonne, leihe mir…«: Goethe, ›Iphigenie auf Tauris‹, III, 1, Z. 983–985. *Herzenswunsch:* Reise nach Italien. *S. D.:* Sophie Deym. *die andere:* Bessa; Identität nicht ermittelt.

[821] 14./15. 6. 1928

Die Beschreibung des Wunders: SN in BA: »(ich war von den Aerzten aufgegeben).« *Die Angst:* SN in BA: Verdacht auf »Tuberkulose, da immer fieberte«.

357

[825]   25. 6. 1928

Gluecklichster Tag: SN in BA: »(Mein Namenstag).« SN in BA: »Ich kehrte anf. Juli nach Jan. zurück.«

[826]   8. 7. 1928

Muss abreisen: nicht ermittelt.

[827]   11. 7. 1928

die Sorge: Tuberkuloseverdacht.
am 15. Juli in Wien: Jahrestag des Juliaufstands.
die Pest von 200.000 Sängern: Sängerfest in Wien, vgl. ›Griff und Mißgriff‹, F 806–809 v. Anfang Mai 1929, S. 1–4.
Ozeanfliegern: nicht ermittelt.
Raudnitz: Schloß der Fürsten Lobkowicz bei Leitmeritz an der Elbe. Ursprünglich romanische Burg. 1652–1684 zu einem monumentalen Barockschloß umgebaut.

[829]   26. 7. 1928

SN in BA: »Er kam vom 1.–9. 8. nach Janowitz.«

[831]   9. 8. 1928

Kameny: SN in EX: »(Sein Lieblingsteich hier).«
Beilage: Zeitungsausschnitt aus der ›Arbeiter-Zeitung‹ v. 8. 8. 1928: ›Das Lied, das Herr Schober nicht hören mag‹: »Das Schoberlied, das Karl Kraus in seinem Nachkriegsdrama gedichtet und das er in einem Separatdruck verbreiten läßt, scheint dem Herrn Schober schon sehr unangenehm zu sein – was ja auch seine Bestimmung ist –, und so ist er eifrig bemüht, seine Verbreitung zu hindern. Offenbar hat er die Order gegeben, zu verhindern, daß das Lied auf der Straße verkauft wird; so sind den Kolporteuren, die am letzten Sonntag das Lied auf der Jesuitenwiese feilhielten, nicht nur sämtliche Exemplare von Wachleuten weggenommen worden, die Kolporteure wurden auch zur »Ausweisleistung« auf das Kommissariat (in der Ausstellungsstraße im Prater) geschleppt. Daß dabei die Wachleute einer Weisung von oben folgten, ist selbstverständlich. Deshalb muß mit allem Nachdruck darauf aufmerksam gemacht werden, daß diese Beanstandung der Verbreitung ganz ungesetzlich ist. Die Polizei möchte die Sache so hinstellen, als ob es sich bei dem Lied um ein selbständiges Druckwerk handeln würde,

358

dem das Kolportagerecht, das nur für Z e i t u n g e n gilt, nicht zustehen
würde. Danach wäre mit dem Vertrieb auf der Straße der § 9 des Preßgesetzes, der ihn nur Zeitungen einräumt, verletzt, und da in diesem
Falle die Beschlagnahme und die Verfallserklärung zulässig sind, so
könne sie den Kolporteuren die Exemplare wegnehmen und sie im
Straferkenntnis für verfallen erklären. Aber das alles ist falsch; denn
in Wahrheit tritt das Schoberlied nicht als Druckwerk auf, sondern es
steht in einer S o n d e r a u s g a b e d e r ›F a c k e l‹, und die Sonderausgabe einer Zeitschrift ist die Zeitschrift (Zeitung) selbst, kann also auf
der Straße so vertrieben werden, wie eine Zeitschrift vertrieben wird.
Da überdies die ›Fackel‹ kein regelmäßiges, an ein Datum geknüpftes
Erscheinen hat, so geht die Sonderausgabe eben in i h r Erscheinen ein;
daß die ›Fackel‹ sonst mit einem roten Umschlag erscheint, diese Sonderausgabe der ›Fackel‹ mit einem weißen Umschlag erschien, ist natürlich
nebensächlich und geht die Sicherheitsbehörde, die auf den roten Umschlag kein Anrecht hat, nichts an. Da es sich also um den Vertrieb einer
Zeitung handelt, ist der § 9 des Preßgesetzes nicht verletzt: die Beschlagnahme ist ebenso unzulässig, wie es eine Bestrafung der Kolporteure
und Verfallserklärung wäre. Die Strafhandlung steht hier der Polizeidirektion zu; es ist also gegen ihre Straferkenntnis (mit dem Beschlagnahme und Verfallserklärung zusammenhängen) einfach an die Landesregierung zu berufen. Und dort, wie zu erwarten, wird der ungesetz-
lichen Einmischung der Polizeidirektion in diese Kolportage das Ende
schon bereitet werden.«

[832]   10. 8. 1928

Mit Berlin geht's eben: Vorbereitung der Vorlesungen in Berlin vom
1. 10.–13. 10. 1928 [?].

[833]   15. 8. 1928

Ansichtskarte: Ostseebad Jershöft.
Theatersachen (Berlin, wichtiger Art): Vorlesung aus eigenen Schriften,
u. a. ›Der größte Schriftsteller im ganzen Land‹, im Schwechtensaal, Berlin, am 1. 10. 1928. Programm: F 800–805 v. Anfang Februar 1929, S. 50.
Vorlesung ›Die Unüberwindlichen‹, Begleitung Hellmut Baerwald,
ebenda, am 2. 10. 1928. Programm: F 800–805, a. a. O., S. 50.
Vorlesung von Nestroys Posse ›Das Notwendige und das Überflüssige‹
und aus eigenen Schriften, Begleitung Hellmut Baerwald, ebenda, am
4. 10. 1928. Programm: F 800–805, a. a. O., S. 50.
Theater der Dichtung: Shakespeare, ›Timon von Athen‹, ebenda, am
10. 10. 1928. Programm: F 800–805, a. a. O., S. 51.

Peter Altenberg-Feier, ebenda, am 11. 10. 1928. Programm: F 800–805, a. a. O., S. 51.
Vorlesung ›Literatur oder Man wird doch da sehn‹, Begleitung Hellmut Baerwald, und andere Schriften, ebenda, am 13. 10. 1928. Programm: F 800–805, a. a. O., S. 52.

[834] 17. 8. 1928

Ansichtskarte: Ostseebad Jershöft an der Glawnitz.

[835] 28. 8. 1928

»vor dem dritten schwierig«: SN reiste Anfang September nach Davos. SN in BA: »Am 6. Sept. trafen wir uns in Glarus (Schweiz) und besuchten Thierfehd. Dann begleitete er mich nach Davos. Wohnten Pension Ruheleben, wo ich dann drei Monate blieb.«
Aufführung »Unüberwindliche«: Heinrich Fischer, Stellvertretender Direktor und Chefdramaturg am Theater am Schiffbauerdamm, Berlin, machte KK mit Bertolt Brecht bekannt, der im August 1928 mit Erich Engel, Caspar Neher und Kurt Weill die ›Dreigroschenoper‹ einstudierte. Das Vorhaben, ›Die Unüberwindlichen. Nachkriegsdrama in vier Akten‹, Widmung: »Dr. Oskar Samek gewidmet«, Wien/Leipzig: Verlag ›Die Fackel‹ 1928 [EA 15] [W 14, 111–267], unter Brechts Regie am Schiffbauerdamm zu inszenieren, wurde nicht ausgeführt, vgl. ›Spezialmassage‹, F 806–809 v. Anfang Mai 1929, S. 24–27. ›Die Unüberwindlichen‹ wurden am 20. 10. 1929 von der Volksbühne im Theater am Bülowplatz, Berlin, uraufgeführt. Regie: Heinz Dietrich Kenter; Bühnenbilder: B. F. Dolbin; s. ›Die Unüberwindlichen‹, F 827–833 v. Anfang Februar 1930, S. 1–41. Weitere Aufführungen unterblieben wegen des Einspruchs der österreichischen Gesandtschaft.
›Madame L'Archiduc‹: Wurde in der Neubearbeitung von KK am 12. 1. 1929 im Altmärkischen Landestheater Stendal uraufgeführt. Inszenierung: Anton Kohl; Musikalische Leitung: Fritz Mahler; Regie Milly Zaschka. Programm: F 811–819 v. Anfang August 1929, S. 35.
Kerr-Sache: s. Anm. 814.

[836] 29. 8. 1928

Gefängnis: SN empfand den Kuraufenthalt in Davos als Gefängnisaufenthalt.
Glarus: s. Anm. 835.

nach Klosters: Geschrieben auf der Rückfahrt von Davos nach Wien.
Ruheleben: Anspielung auf den Namen der Pension, in der SN in Davos
wohnte.

[841] 20./21. 9. 1928

vor 22.: Vorlesung aus eigenen Schriften, Begleitung Olga Novakovic,
im Mittleren Konzerthaussaal, Wien, am 22. 9. 1928. Programm: F 800–
805 v. Anfang Februar 1929, S. 50.
Berlin: s. Anm. 833.
Das Beiliegende: nicht ermittelt.

[842] 3. 10. 1928

ohne Störung: Vorlesungen in Berlin, s. Anm. 833.

[843] 7. 10. 1928

Ansichtskarte: Königsberg i. Pr. Am Schloßteich.
Königsberg i. Pr.: Vorlesung aus eigenen Schriften im Goethebund,
Königsberg, am 7. 10. 1928. Programm: F 800–806 v. Anfang Februar
1929, S. 51.

[845] 10. 10. 1928

Ansichtskarte: Berlin. Schloßbrücke am Dom. Text läuft auf Bildseite
über.
15.–19. Hamburg: Theater der Dichtung: Jacques Offenbach, ›Madame
L'Archiduc‹, Begleitung Gustav Witt-Hamburg, als Veranstaltung der
›Hamburger Bühne‹ in der Kunsthalle, Hamburg, am 17. 10. 1928. Pro-
gramm: F 800–805 v. Anfang Februar 1929, S. 52.
Theater der Dichtung: Jacques Offenbach, ›Pariser Leben‹, Begleitung
Gustav Witt-Hamburg, ebenda, am 19. 10. 1928. Programm: F 800–806,
a. a. O., S. 52.
»Timon«: s. Anm. 833.

[848] 17. 10. 1928

Ansichtskarte: Palast-Hotel, Hamburg.
Neustrelitz: Theater der Dichtung: William Shakespeare, ›König Lear‹
und aus eigenen Schriften, Begleitung Bernhard Conz, im Landestheater

361

Neustrelitz, am 21. 10. 1928. Programm: F 800–805 v. Anfang Februar 1929, S. 52.
Theater der Dichtung: Johann Nestroy, ›Das Notwendige und das Über-flüssige‹ und aus eigenen Schriften, Begleitung Bernhard Conz, ebenda, am 22. 10. 1928. Programm: F 800–805, a. a. O., S. 52.

[850]   23. 10. 1928

Ansichtskarte: Neustrelitz. Landestheater.
Hier sind wir einmal durchgefahren: im Sommer 1922, s. Anm. 766.

[851]   25. 10. 1928

Sonntag wieder Hamburg: Vorlesung aus eigenen Schriften, Begleitung Gustav Witt-Hamburg, in den Kammerspielen, Hamburg, am 27. 10. 1928. Programm: F 800–805 v. Anfang Februar 1929, S. 52.
SN in BA: »Ende Oktober besuchte er mich. Blieb eine Woche.« Rechnung für KK in der WStB IN 164.260 für Aufenthalt in der Pension Ruheleben, Davos, vom 31. 10.–2. 11. 1928.

[852]   2. 11. 1918

Ansichtskarte: Sargans mit Castels.

[855]   23. 11. 1928

Am 30. ist die 300. Wr. Vorlesung: Vorlesung aus eigenen Schriften, Begleitung Olga Novakovic, im Großen Konzerthaussaal, Wien, am 30. 11. 1928. Programm: F 800–805 v. Anfang Februar 1929, S. 53.
»Die Briganten« von Offenbach: »Nach der Übersetzung von Richard Genée erneuert von Karl Kraus«. Programm: F 800–805, a. a. O., S. 61 bis 64.

[856]   29. 11. 1928

Weihnachten Janovice: SN in EX: »24.–25. Dez. in Jan.«

[857]   13. 12. 1928

Beilagen: Zeitungsbericht der ›Arbeiter-Zeitung‹ vom Dezember 1928.
»Gegen die Auslieferung des Jugoslawen Mavrak. An den Justizmi-nister ist, wie man uns mitteilt, folgende Zuschrift gerichtet worden:

›Die Unterzeichneten, die den Fall des politischen Emigranten M a v r a k
kennengelernt haben, glauben sich verpflichtet, das Wort zu nehmen,
und treten an das österreichische Justizministerium mit der Erwartung
heran, es werde in einem der Fälle, wo die Erfüllung des Auslieferungs-
begehrens aufs tiefste als V e r l e t z u n g e i n e s e u r o p ä i s c h e n B e -
g r i f f e s d e r M e n s c h l i c h k e i t empfunden würde, diesem gerecht
werden und jene verweigern.
                                        Karl K r a u s , Henri B a r b u s s e.‹
Der Fall liegt, da die Anträge der beiden Gerichte bereits vorliegen,
zur Entscheidung beim Justizministerium. Der Abgeordnete Austerlitz
hat in der Debatte über den Justizetat im Budgetausschuß den Justizminister auf die Sache nachdrücklich aufmerksam gemacht; auch seither
ist der Justizminister von sozialdemokratischen Abgeordneten wiederholt aufmerksam gemacht worden, daß diese Auslieferung ein schweres
Unrecht und eine wahre Barbarei wäre.«
Die unmittelbar darauf folgende Meldung hat KK nicht abgeschnitten:
›In Indien sind Menschenleben billig!‹
»Bombay, 21. Dezember. (Reuter.) Wie verlautet, haben s t r e i k e n d e
S p i n n e r e i a r b e i t e r die Polizei mit Steinen beworfen. Die Poli-
zisten gaben zu ihrem Schutze S c h ü s s e ab, wodurch, soweit bisher fest-
gestellt werden konnte, d r e i P e r s o n e n g e t ö t e t wurden.«
                                                      A. Z. Dez. 1928
Vgl. F 806–809 v. Anfang Mai 1929, S. 21–22. – Postkarte des Verlags
Hans Friedrich, Radegast (Anhalt), mit der Mitteilung, daß der Titel
Pückler-Muskau, ›Landschaftsgärtnerei‹ erst in 2–3 Monaten wieder
lieferbar sei.
Statt des Absenders: Kameny
Riesenarbeit (für den 1. Jänner): Vorlesung des bereits am 30. 11. 1928
auf dem Programm angekündigten Essays ›Aus Redaktion und Irren-
haus oder Eine Riesenblamage des Karl Kraus‹ im Mittleren Konzert-
haussaal, Wien, am 1. 1. 1929. Programm: F 800–805 v. Anfang Februar 1929, S. 64.
Buch: Hermann Pückler-Muskau, ›Andeutungen über Landschaftsgärtnerei‹, 1834.
Madame L'Archiduc in Stendal: s. Anm. 835.

[860] 15. 1. 1929

Ansichtskarte: Dortmund – Reinholdkirche mit Marktplatz.
Dortmund: Theater der Dichtung: Goethe, ›Pandora‹ und KK, ›Traumstück‹ im Altrathaussaal, Dortmund, am 16. 1. 1929. Programm: F 806
bis 809 v. Anfang Mai 1929, S. 11.
München: Eine Vorlesung in München ist nicht nachweisbar.
in Stendal: s. Anm. 835.

Else
Cleff

[861]   18. 1. 1929

Umschlag enthält nur ein Blatt aus der ›Wiener Allgemeinen Zeitung‹
v. 7. 11. 1928 mit der von KK angezeichneten Nachricht: ›Karl Kraus für
den literarischen Nobelpreis vorgeschlagen‹. Vgl. ›Der Nobelpreis‹,
F 800–805 v. Anfang Februar 1929, S. 56–58.

[862]   19. 1. 1929

Ansichtskarte: Köln. Dom, Südseite.
Eine tieftraurige Sache hat mich hierher geführt: Der Tod der Tänzerin
Else Cleff am 31. 12. 1928. Vgl. das Gedicht ›Geheimnis‹ mit dem Ver-
merk: »Entstanden im Juli 1928. Gewidmet dem Andenken an Else
Cleff (Paris, Bensberg bei Köln) † 31. Dezember 1928.« Erstdruck:
F 800–805 v. Anfang Februar 1929, S. 59 [W 7, 498–499].
Am 18.: Theater der Dichtung: Jacques Offenbach, ›Die Briganten‹, Be-
gleitung Georg Knepler, im Architektenvereinssaal, Wien, am 18. 2.
1929. Programm: F 806–809 v. Anfang Mai 1929, S. 24.
Geburtsstadt Offenbachs und der Charlotte Wolter: Jacques Offenbach
wurde am 20. 6. 1819 in Köln geboren, Charlotte Wolter am 1. 3. 1834.
Sie war eine der gefeiertsten Schauspielerinnen ihrer Zeit, seit 1862 bis
zu ihrem Tod am 14. 6. 1897 an der Wiener Burg.

[863]   22. 1. 1929

Anfang März: Vorlesung aus eigenen Schriften, Begleitung Eugen Auer-
bach, im Steinicke-Saal, München, am 1. 3. 1929. Programm: F 806–809
v. Anfang Mai 1929, S. 43.
Theater der Dichtung: Jacques Offenbach, ›Pariser Leben‹, Begleitung
Georg Knepler, ebenda., am 2. 3. 1929. Programm: F 806–809, a. a. O.,
S. 46–48.
Theater der Dichtung: Jacques Offenbach, ›Die Briganten‹, Begleitung
Georg Knepler, ebenda, am 4. 3. 1929. Programm: F 806–809, a. a. O.,
S. 49–50.

[864]   24. 1. 1929

am 8. Altenbergfeier: Vorlesung aus Peter Altenberg und eigenen
Schriften (zum 10. Todestag des Dichters) im Architektenvereinssaal,
Wien, am 8. 2. 1929. Programm: F 806–809 v. Anfang Mai 1929, S. 11.
»Briganten« am 18.: s. Anm. 862.
D. Buch L. der V.«?: nicht ermittelt.
N. D.: nicht ermittelt.
P.: nicht ermittelt.

[865]   8./9. 2. 1929

Termin vom 17.?: Peter Altenberg-Vorlesung und Vorlesung aus eigenen Schriften im Architektenvereinssaal, Wien, am 17. 2. 1929. Programm: F 806–809 v. Anfang Mai 1929, S. 16–24.
(18.: Briganten): s. Anm. 862.

[866]   11./12. 2. 1929

17. war plötzlich eingeschoben: s. Anm. 865.
nach dem 18.: s. Anm. 862.

[867]   25. 2. 1929

Ansichtskarte: Hotel Hermes, Berlin, Schiffbauerdamm 4.
»Schwätzerin von Saragossa«: Operette von Jacques Offenbach.
Berlin: Sendergruppe Berlin.
Königswusterhausen: Deutschlandsender.
Breslau: Schlesischer Rundfunk.
Leipzig: Mitteldeutscher Rundfunk.
Königsberg: Ostmarkenrundfunk.
(Hussa): Maria Hussa, Schauspielerin und Sopranistin an der Hambur-
ger Oper. Sang die Rolle der Beatrice auch in der von KK eingerichteten
Aufführung der Funkstunde am 28. 11. 1930, F 845–846 v. Dezember
1930, S. 28–29.
Roland, Sarmiento und Alkalde: Rollen in der ›Schwätzerin von Sara-
gossa‹.
Mittler: Franz Mittler (geb. Wien 14. 4. 1893; gest. München 28. 12.
1970), Musiker, Korrepetitor für Sologesang an der Staatsoper Wien;
emigrierte in die USA, Korrepetitor an der Metropolitan Opera, New
York.

[869]   11./12. 3. 1929

München war ausserordentlich: s. Anm. 863.
den 2 herausfordernd jüd. Gesichtern: Eugen Auerbach und Georg
Knepler.
einen jungen Menschen: SN in BA: »(Sein Klavier-Begleiter Kepp-
ler…)«. Gemeint ist Georg Knepler (geb. Wien 21. 12. 1906; lebt in
Berlin-Ost), Schüler von Guido Adler, Robert Lach, Eduard Steuermann und Hans Gal. Lernte KK durch Oskar Samek kennen, begleitete
KK am Klavier in den Jahren 1928/29; Kapellmeister an deutschen

Opernbühnen; 1934–1945 Emigration nach England; 1949 Rückkehr in die DDR, wo er bis 1959 Rektor der Deutschen Hochschule für Musik und 1959–1969 Ordinarius für Musikwissenschaft an der Humboldt-Universität war.

Ersatz für J.: Otto Janowitz war von der Staatsoper nahegelegt worden, »seine Beschäftigung mit Karl Kraus aufzugeben«. Mitteilung von Georg Knepler v. 16. 8. 1972.

M.: Franz Mittler.

Pr. v. Trapezunt: Theater der Dichtung: Jacques Offenbach, ›Die Prinzessin von Trapezunt‹, Text von Ch. Nuitter und E. Tréfeu, nach Julius Hopp, bearbeitet von Karl Kraus, Begleitung Georg Knepler, im Architektenvereinssaal, Wien, am 5. 4. 1929. Programm: F 806–809 v. Anfang Mai 1929, S. 59–65.

Am 15. oder 16. reise ich ab: Nach Hamburg, wo von 18.–22. 3. 1929 ein Offenbach-Zyklus, veranstaltet von der ›Hamburger Bühne‹, im Curio-Haus stattfand. Begleitung Georg Knepler. Aufgeführt wurden: ›Die Großherzogin von Gerolstein‹, ›Blaubart‹, ›Die Briganten‹, ›Madame L'Archiduc‹, ›Pariser Leben‹. Programm: F 806–809, a. a. O., S. 59.

Ende März: SN in EX: »27. 3. in Jan.«

[870] 28./29. 4. 1929

zum Offenbach-Zyklus: Theater der Dichtung: Offenbach-Zyklus (Zum 110. Geburtstag) im Architektenvereinssaal, Wien, v. 3. 6.–10. 6. 1929. Begleitung Georg Knepler. Aufgeführt wurden: ›Pariser Leben‹, ›Madame L'Archiduc‹, ›Die Briganten‹, ›Die Großherzogin von Gerolstein‹, ›Blaubart‹, ›Die Prinzessin von Trapezunt‹, ›Fortunios Lied‹ und ›Die Insel Tulipatan‹. Programm: F 811–819 v. Anfang August 1929, S. 59 bis 74.

Das Wort im Brief: SN in EX: »(Hatte einen Brief einer Freundin eingesandt.)«

SN in EX: »7./8. 5. in Jan.« »31. 5.–1. 6. in Jan.«

[872] 2. 7. 1929

vielleicht Monatsmitte: SN in EX: »31. 7.–11. 8.« in Janowitz.

[873] 16. 8. 1929

Ansichtskarte: Lyon – Place de la République – Monument Carnot et Rue Président-Carnot.

»Gönnt mir den Flug«: nicht ermittelt.

[874]   19. 8. 1929

Ansichtskarte: Le Lavandou (Var) – Vue d'ensemble.
Tino: Hund SNs.

[875]   31. 8. 1929

Ansichtskarte: Pardigon (Var) – Les Avenues du Grand Hotel.

[876]   16. 9. 1929

SN in EX: »17.–22. 9.« in Janowitz.

[877]   23. 10. 1929

Beilage: Zeitungsausschnitt des ›Berliner Börsen-Courier‹, Jg. 61, Nr.
492, Abend-Ausgabe v. 21. 10. 1929, mit der Kritik ›»Die Unüberwindlichen« im Berliner Volksbühnenstudio‹ von Herbert Ihering [K 627].
Ihering hatte gefordert: »»Die Unüberwindlichen‹ im Abendspielplan –
100 Aufführungen. Es darf nicht bei der Studioaufführung bleiben.«
F 827–833, v. Anfang Februar 1930, S. 31–32.
Proben: Für die Aufführung der ›Unüberwindlichen‹, s. Anm. 835.
Vorträgen: Theater der Dichtung: Jacques Offenbach, ›Die Prinzessin
von Trapezunt‹, Begleitung Georg Knepler, im Bechstein-Saal, Berlin,
am 16. 10. 1929. Programm: F 827–833 v. Anfang Februar 1930, S. 42.
Theater der Dichtung: Jacques Offenbach, ›Blaubart‹, Begleitung Georg
Knepler, ebenda, am 18. 10. 1929. Programm: F 827–833, a. a. O., S. 42.
Theater der Dichtung: Jacques Offenbach, ›Die Briganten‹, Begleitung
Georg Knepler, ebenda, am 21. 10. 1929. Programm: F 827–833, a. a. O.,
S. 42, 69.
Theater der Dichtung: Jacques Offenbach, ›Fortunios Lied‹ und ›Die Insel
Tulipatan‹, Begleitung Eugen Auerbach, ebenda, am 28. 10. 1929. Pro-
gramm: F 827–833, a. a. O., S. 42, 69–70.
Wiederholung: »Die Volksbühne hat sich mit dem Ruhm begnügt, die
Arbeit, die Tat dieser Aufführung an eine Matinee gewandt zu haben.
Sie weigerte sich der Übernahme in den Abendspielplan und setzte [...]
auch die auf den 3. November angesetzte Nachmittagsvorstellung ab,
die mit dem Hinweis auf den »außergewöhnlichen Erfolg« der Erstaufführung plakatiert worden war. Daß die angegebenen Gründe nicht zutrafen, ging selbst für den, der sich sonst dem vorschriftsmäßigen Zwang
des Blödgemachtwerdens nicht entziehen könnte, aus der einfachen Er-
wägung hervor, daß sie, wenn sie zutrafen, um keinen Preis in einem
Fall Geltung erlangen durften, wo es so verdammt nahe lag, einen an-

367

dern Grund der Absetzung zu vermuten.« Die ›Unüberwindlichen‹ wurden auf Einspruch der Österreichischen Gesandtschaft abgesetzt. F 827–833 v. Anfang Februar 1930, S. 9.
»Letzte Nacht«: Die Aufführung der ›Letzten Nacht‹ fand erst am 15. 1. 1930, 12 Uhr nachts, im Theater am Schiffbauerdamm statt. Leitung: Heinrich Fischer; Regie: Leo Reuss; Musik: Hanns Eisler. F 827–833, a. a. O., S. 117, 134–136; vgl. ferner F 834–837 v. Mai 1930, S. 46–70.

[878] 31. 10. 1929

Aufführung verschoben: ›Die letzte Nacht‹, s. Anm. 877.

[880] 13. 2. 1930

Ansichtskarte: Le Lavandou. Le Petit Salon du »Provence-Hôtel«.
Zuschrift von Gillian und Max Lobkowicz: »Wishing you were both with us, Love, Gillian, Max«.

[881] 2./3. 3. 1930

vor Abreise nach Berlin: Theater der Dichtung: ›Die letzten Tage der Menschheit‹, Aktausgabe, Begleitung Franz Mittler, im Schwechten-saal, Berlin, am 7. 3. 1930 (I., II., III. Akt) und am 11. 3. 1930 (IV., V. Akt). Programm: F 834–837 v. Mai 1930, S. 23.
Vorlesung aus eigenen Schriften, ebenda, am 13. 3. 1930. Programm: F 834–837, a. a. O., S. 23.
Fahre März Prag: Theater der Dichtung: Nicolai Gogol, ›Der Revisor‹ im Mozarteum, Prag, am 26. 3. 1930. Programm: F 834–837, a. a. O., S. 29.
Theater der Dichtung: ›Die letzten Tage der Menschheit‹ analog zur Berliner Vorlesung, ebenda, am 27./28. 3. 1930. Programm: F 834–837, a. a. O., S. 29.
Vorlesung aus eigenen Schriften im Spinnersaal, Prag, am 1. 4. 1930. Programm: F 834–837, a. a. O., S. 29.
Rundfunk-Aufführung der Madame L'Archiduc: Funkstunde der Sender Berlin, Deutschlandsender Königswusterhausen und Breslau. Dirigent Fritz Mahler; Regie Cornelis Bronsgeest; Vorrede von Heinrich Fischer. Programm: F 834–837, a. a. O., S. 35.

[882] 7. 3. 1930

L.'s: Lobkowicz' [?].

[883]   7. 4. 1930

Liebes Opernglas besah Ungestrichenes: nicht ermittelt.

[884]   27./28. 4. 1930

W.: nicht ermittelt.
SN in EX: »4. 5. in Jan.«

[887]   6. 6. 1930

Katherine: Katherine *[Kitty]* von Karminsky [?].

[888]   7. 6. 1930

SN in EX: »8.–10. 6. in J.«

[890]   25./26. 6. 1930

R.: Raudnitz.
Schallplatten: »Die ›Neue Truppe‹ hat zwei Elektro-Schallplatten hergestellt: Das Schoberlied und das Lied von der Presse, Die Raben und
Todesfurcht. ›Die Raben‹ wurden zum erstenmal am 21. August (1930)
im Berliner Rundfunk vorgeführt.« F 838–844 v. September 1930, S. 131.
Nyon: am Genfer See. Mary Dobrzensky hatte dort für mehrere Jahre
ein Haus gemietet, in dem auch Rainer Maria Rilke wohnte.

[891]   1. 7. 1930

SN in EX: »30. 6.–1. 7. in J.«
M.: Mary Dobrzensky.

[892]   2. 7. 1930

Ansichtskarte: Nyon. Vue générale et le Mt. Blanc.
Karte von Mary Dobrzensky: »L'Erémitage *Nyon* 2. VII. 30. Viele herzliche Grüsse! Nach 10 Jahren wieder hier zurück – es ist jetzt so herrlich im See zu baden. Alles Gute für Deine Reise und viel Liebe Dir
und Miss Cooney von Mary«.

[893]   6. 7. 1930

Ansichtskarte: Vallorbe. La Dent de Vaulion (Alt. 1487 m).

[894]   16. 7. 1930

Ansichtskarte: Cavalaire (Var) – La Plage.
Beschreibung von Ihm: nicht ermittelt.
Auf der Bildseite: »Das bin ich aber nicht!« mit Pfeil auf einen Herrn im Bademantel.

[895]   21. 7. 1930

Ansichtskarte: Cavalaire (Var) – La Plage et ses Pins Maritimes.

[896]   1. 8. 1930

Ansichtskarte: Saint-Tropez (Var) – Ensemble de la Ville.

[897]   11. 8. 1930

(Flug) Berlin: Zur Vorbereitung der Sendung ›Die Prinzessin von Trapezunt‹ in der Funkstunde am 26. 8. 1930. Dirigent: Fritz Mahler; Regie: Cornelis Bronsgeest. Ausgestrahlt über die Sendergruppe Berlin, Breslau–Gleiwitz, Frankfurt/M.–Kassel, Stuttgart–Freiburg, Basel–Bern. Programm: F 838–844 v. September 1930, S. 131.

[898]   23. 8. 1930

27 Trapezunt: s. Anm. 897.

[899]   28. 8. 1930

Eisenberg: Barockschloß der Fürsten Lobkowicz in Nordböhmen, wo Christoph Willibald Gluck seine Jugend verbrachte. Sein Vater war Musikant in der berühmten fürstlichen Hofkapelle.
M.: Max Lobkowicz.

[900]   6. 10. 1930

Ansichtskarte: Hotel Hermes, Berlin, Schiffbauerdamm 4.
Tino: Hund SNs.
seit dem 29. hier: Theater der Dichtung: Jacques Offenbach, ›Die Seufzerbrücke‹ (Zum 50. Todestag Offenbachs), Begleitung Franz Mittler, im Breitkopf-Saal, Berlin, am 30. 9. 1930, Programm: F 845–846 v. Dezember 1930, S. 14.

370

Theater der Dichtung: Jacques Offenbach, ›Die Schwätzerin von Sara-gossa‹, Begleitung Franz Mittler, ebenda, am 3. 10. 1930. Programm: F 845–846, a. a. O., S. 14.
Änderung für Prag: Theater der Dichtung: Jacques Offenbach, ›Die Seufzerbrücke‹ (Zum 50. Todestag Offenbachs), Begleitung Franz Mitt-ler, im Mozarteum, Prag, am 29. 10. 1930. Programm: F 845–846, a. a. O., S. 17.
Theater der Dichtung: Shakespeare, ›Das Wintermärchen‹, Begleitung Franz Mittler, ebenda, am 30. 10. 1930. Programm: F 845–846, a. a. O., S. 17.
Theater der Dichtung: Jacques Offenbach, ›Die Schwätzerin von Sara-gossa‹, Begleitung Franz Mittler, ebenda, am 31. 10. 1930. Programm: F 845–846, a. a. O., S. 17.

[901]   4. 11. 1930

Ansichtskarte: Hotel Hermes, Berlin, Schiffbauerdamm 4.
Band VI: ›Worte in Versen‹.
eine Hellseherin: nicht ermittelt.
Tagebücher betr. Goethe: Napoleon: nicht ermittelt.

[902]   12. 11. 1930

Auch angeschlossen Leipzig Königsberg: Shakespeare, ›Timon von Athen‹, Inszenierung unter der Regie von KK für die Funkstunde. Über-setzung von Dorothea Tieck, bearbeitet und sprachlich erneuert von KK. Ausgestrahlt über die Sender Berlin, Leipzig und Königsberg am 13. 11. 1930. KK sprach die Rolle des Timon. Programm: F 845–846 v. Dezem-ber 1930, S. 27–28.

[905]   5./6. 2. 1931

Reise heute Berlin: Theater der Dichtung: Jacques Offenbach, ›Peri-chole‹, Begleitung Franz Mittler, im Schwechtensaal, Berlin, am 9. 2. 1931. Programm: F 847–851 v. Ende März 1931, S. 58.
Theater der Dichtung: Jacques Offenbach, ›Madame L'Archiduc‹, Be-gleitung Friedrich Hollaender, im Breitkopf-Saal, Berlin, am 12. 2. 1931. Programm: F 847–851, a. a. O., S. 58.
15. abends: Offenbach-Zyklus VII: ›Perichole‹. Neuer Text nach der Fassung von Meilhac und Halévy von KK. Wortregie: KK; Musikalische Einrichtung und Dirigent: Franz Mittler; Regie: Cornelis Bronsgeest. Ausgestrahlt über die Sender Berlin O, Stettin, Magdeburg, Breslau, Königsberg am 15. 2. 1931. Programm: F 847–851, a. a. O., S. 60–61.

371

[906] 9./10. 2. 1931

an dem Tage vor der Aufführung: Bezieht sich auf die Inszenierung der
›Perichole‹ von Offenbach in der sprachlichen Neufassung von KK an der
Krolloper Berlin unter Otto Klemperer, die schließlich am 31. 3. 1931
stattfand. Vgl. ›Um Perichole‹, F 852–856 v. Mitte Mai 1931, S. 21–28,
46–47, 56–57 und F 857–863 v. Ende Juli 1931, S. 60, 119–120.
Am 10. Dresden Uraufführung: Die Aufführung ist in der F nicht nach-
gewiesen. F 852–856, a. a. O., S. 58, weist das Erscheinen der Komposi-
tion des Gedichtes ›Die Nachtigall‹ nach, Wien: Universal-Edition 1931;
F 857–863 von Ende Juli [August] 1931, S. 74, vermerkt das Erscheinen
der Komposition ›Durch die Nacht‹. »Ein Zyklus aus ›Worte in Versen‹
von Karl Kraus«. Musik von Ernst Křenek. Op. 67. Gesang und Klavier.
Wien/Leipzig: Universal-Edition A.G. 1931. Entstanden 1930/31.
Křenek: Ernst Křenek (geb. Wien 23. 8. 1900; lebt in Palm Springs/
Calif.), Komponist und Schriftsteller, Schüler von Franz Schreker, seit
Ostern 1924 mit Rainer Maria Rilke bekannt, dessen Trilogie ›O Lacri-
mosa‹ er auf ausdrücklichen Wunsch Rilkes vertonte, vgl. Ernst Křenek,
Zur Entstehungsgeschichte der Trilogie ›O Lacrimosa‹, in: ›Das Insel-
schiff‹, 9. Jg., H. 3 v. Sommer 1928. Lernte KK 1929/1930 kennen, nach-
dem er in der Wiener Musikzeitschrift ›Anbruch‹ einen Essay über ›Karl
Kraus und Offenbach‹ veröffentlicht hatte, F 806–809 v. Anfang Mai 1929,
S. 62–63 [K 1499]. In der ›Prager Presse‹ erschien am 16. 1. 1931 der
Beitrag ›Perichole, der elfte Offenbach‹ [zusammen mit Soma Morgen-
stern; nicht bei Kerry]. Křenek gehörte im Januar 1932 zusammen mit
Rudolf Ploderer und Willi Reich zu den Gründern und zur Redaktion
der Wiener Musikzeitschrift ›23‹, die von den Gründern und ihrem
Lehrer Alban Berg als »eine musikalische ›Fackel‹« verstanden wurde.
Vgl. den Reprint: ›23. Eine Wiener Musikzeitschrift‹, Hrsg. von Willi
Reich, Wien: Kerry 1971. Vgl. dort: Ernst Křenek, ›Karl Kraus und
Arnold Schönberg‹, Nr. 15/16 v. 25. 10. 1934, S. 1–3, ›Erinnerung an
Karl Kraus‹, Nr. 28/30 v. 10. 11. 1936. Ferner: Ernst Křenek, ›Zur
Sprache gebracht. Essays über Musik‹, hrsg. von Friedrich Saathen,
München: Albert Langen Georg Müller 1958.
23. Berlin: Offenbach-Zyklus VIII: ›Pariser Leben‹. Bearbeitung und
Wortregie von KK; Dirigent: Friedrich Hollaender; Regie: Cornelis
Bronsgeest. Ausgestrahlt über die Sender Berlin, Stettin, Magdeburg,
Breslau, Königsberg und Deutschlandsender Königswusterhausen am
23. 3. 1931. Programm: F 852–856, a. a. O., S. 53–54.

[907] 14. 2. 1931

Proben nach Berlin: Für ›Pariser Leben‹ [?], s. Anm. 906.
Breslau: Veranstaltung der Breslauer Volksbühne.
Theater der Dichtung: Jacques Offenbach, ›Pariser Leben‹, Begleitung

372

Franz Mittler, im Kammermusiksaal des Konzerthauses, Breslau, am 14. 3. 1931. Programm: F 852–856 v. Mitte Mai 1931, S. 53.
Vorlesung aus eigenen Schriften, Begleitung Franz Mittler, ebenda, am 15. 3. 1931. Programm: F 852–856, a. a. O., S. 53.
Theater der Dichtung: Jacques Offenbach, ›Perichole‹, Begleitung Franz Mittler, ebenda, am 16. 3. 1931. Programm: F 852–856, a. a. O., S. 53.
Rundfunklesung im Breslauer Rundfunk: Johann Nestroy, ›Das Notwendige und das Überflüssige‹, am 17. 3. 1931.
Theater der Dichtung: Shakespeare, ›König Lear‹, im Kammermusiksaal des Konzerthauses, am 18. 3. 1931. Programm: F 852–856, a. a. O., S. 53.

[908]   19. 2. 1931

23. März Sendung von »Pariser Leben«: s. Anm. 906.
Die Premiere von »Perichole« in der Staatsoper: s. Anm. 906.
Sendung im Rundfunk: s. Anm. 905.
»Pariser Leben im Rundfunk«: s. Anm. 906.
»Perichole« in Prag: Theater der Dichtung: Jacques Offenbach, ›Perichole‹, Begleitung Franz Mittler, im Mozarteum, Prag, am 1. 6. 1931. Programm: F 857–863 v. Ende Juli [August] 1931, S. 70.
in Frankfurt (»Die Unüberwindlichen«): Die Aufführung kam nicht zustande.
Düsseldorf (»Perichole«...): Städtische Bühne, Düsseldorf, Dirigent Jascha Horenstein; Inszenierung W. B. Iltz, am 30. 10. 1931. Vgl. F 864 bis 867 v. Anfang Dezember 1931, S. 16.
»Strudel Strudel gestürzt«: Gondremark (und Chor) in ›Pariser Leben‹: »Ich stürz' mich in den Strudel Strudel hinein«. Vgl. ›Zeitstrophen‹ [EA 40], S. 187–194.
Novotna: Jarmila Novotna (geb. Prag 23. 9. 1907), erstes Auftreten als Violetta in Prag 1926; 1929 als Gilda an der Staatsoper Wien; 15. 12. 1933 – 1. 9. 1939 an der Wiener Staatsoper; regelmäßig auch bei den Salzburger Festspielen; sang alle Mozartpartien ihres Fachs.
Breslau: s. Anm. 907.
im dortigen Rundfunk: s. Anm. 907.
käme ich Ostern nach J.: SN in EX: »4.–5. 4. in J.« (Karsamstag, Ostersonntag).
der Affenführer unser Fall: nicht ermittelt.
Frankfurter Zeitung betreffend Perichole: Vgl. ›Der Fall Diebold‹, F 857–863, a. a. O., S. 48–55.

[909]   20. 3. 1931

Aufführung: ›Perichole‹ am 31. 3. 1931, s. Anm. 906.

nach Grässlichem: Aufführung ›Perichole‹, s. Anm. 906.

[914]   11. 4. 1931

SN in BA: »(Nach Zusammensein in Prag und Jan.)«

[916]   24. 5. 1931

Ansichtskarte: Hotel Hermes, Berlin.
Prager Vorlesung: s. Anm. 908.
Bin hier bis 28.: Theater der Dichtung: Jacques Offenbach, ›Blaubart‹, Begleitung Georg Knepler, im Breitkopf-Saal, Berlin, am 21. 5. 1931. Programm: F 857–863 v. Ende Juli (August) 1931, S. 70. – Am 25. 5. 1931 wurde in der Funkstunde im Offenbach-Zyklus IX ›Blaubart‹ in der Bearbeitung von KK aufgeführt. Wortregie: KK; Dirigent Paul Breisach; Leitung Cornelis Bronsgeest. Ausgestrahlt über die Sender Berlin, Stettin, Magdeburg, Königsberg. F 857–863, a. a. O., S. 58–60.
bin ich in Mährisch-Ostrau: Theater der Dichtung: Jacques Offenbach, ›Perichole‹, Begleitung Franz Mittler, im Großen Saal des Lidový dum, Mährisch-Ostrau, am 29. 5. 1931. Programm: F 857–863, a. a. O., S. 70.

[917]   5. 6. 1931

Ansichtskarte: Sommerfrische Weidlingau. Text läuft auf Bildseite über.
»Schwimmeisterstimme«: »Bin schon im Herrenbad / Schwimmeister-stimme, / welch eine Wundertat, / daß ich schon schwimme!« s. ›Jugend‹, Anm. 588.
Max und Gillian: Max und Gillian Lobkowicz.

[920]   25. 7. 1931

könnte ich zwischen 28 und 30 dort sein?: SN in EX: »30. 7.–4. 8. in J.«

[922]   14. 8. 1931

Ansichtskarte: Achensee. Text auf der Bildseite. Mit dem Hinweis: »Hier gewohnt«. Pfeil zeigt auf Hotel Achenseehof.
Vert-Vert fertig: Jacques Offenbach, ›Vert-Vert‹. Komische Oper in drei Akten. Neuer Text nach Henry Meilhac und Charles Nuitter von Karl Kraus. Mit Beilage der französischen Verse. Widmung: »Carl Nadherny zugeeignet«. Wien/Leipzig: Verlag ›Die Fackel‹ 1932 [HN 17].

[923] 19. 8. 1931

Ansichtskarte: Calavaire-sur-Mer (Var) mit einem Pfeil und dem Zusatz: »wohne, wo Pfeil endet.«

[924] 21. 8. 1931

Tiefster Anteil: Erkrankung von SNs Bruder Karl Nádherný.

[925] 21. 8. 1931

Mlle Goblot: Germaine Goblot, eine französische Germanistin aus Straßburg, hatte in der ›Revue d'Allemagne‹, Paris, Jg. 3, Nr. 18 v. April 1929, S. 325–348, einen Aufsatz unter dem Titel ›Karl Kraus et la lutte contre la barbarie moderne‹ veröffentlicht, den KK in F 820–826 v. Ende Oktober 1929, S. 80–90, fast vollständig abdruckte [K 597]. 1930 äußerte sie sich zur Kerr-Polemik: ›Gottlieb‹, in: ›Mercure de France‹, Paris, Jg. 41, Nr. 777 v. 1. 11. 1930, S. 574–611 [K 1279], vgl. F 857–863 v. Ende Juli [August] 1931, S. 120–123: ›Le plus grand coquin du pays‹. Vgl. ferner: ›Adolf Loos‹, ›Revue d'Allemagne‹, Jg. 5, Nr. 49 v. 15. 11. 1931, S. 990–999 [K 1405].

[928] 1. 9. 1931

Ansichtskarte: La Corniche des Maures – Le Lavandou. Text läuft auf Bildseite über.

[929] 2. 9. 1931

SN in BA: »Er kam nach Prag, dann allein nach Jan., wo er 8.–14. blieb.«

[931] 15. 9. 1931

Schwester N.: nicht ermittelt.

[932] 18. 9. 1931

Karl Nádherný starb plötzlich am Morgen des 18. 9. 1931. SN in BA: »Der plötzliche Tod Charlie's am 18. wurde ihm von Anderen mitgeteilt, ich konnte das Unfassbare nicht aussprechen. Liess bitten, vorerst nicht zu kommen.«

[934]   22. 9. 1931

SN in BA: »22.–25. 9. in Janowitz.«

[936]   10. 10. 1931

Leipzig: Zur Vorbereitung der Inszenierung der ›Unüberwindlichen‹ im Komödienhaus, Leipzig, am 7. 11. 1931. Inszenierung: Lotte Franck-Witt unter Mitwirkung von KK; Bühnenbild: B. F. Dolbin. Programm: F 864–867 v. Anfang Dezember 1931, S. 17.

[937]   13./14. 10. 1931

politische Katastrophe: Hindenburg hatte die Regierung Brüning trotz starker Vorbehalte gegen deren Einstellung der Osthilfe zur Entschuldung der ostelbischen Güter im Jahre 1931 zwar unterstützt, verlangte aber im September 1931 die Entlassung von Julius Curtius, Joseph Wirth und Theodor von Guérard. Damit gewannen die Rechtsparteien, die sich in der Harzburger Front verbündet hatten, entscheidenden Einfluß.
Cricri: nicht ermittelt.
Dr. S.: Oskar Samek (geb. Wien 31. 1. 1889; gest. New York 28. 1. 1959), seit 1922 Rechtsberater von KK, seit 1925 sein alleiniger Anwalt für publizistische und private Rechtsangelegenheiten mit Ausnahme des Testaments, zu dessen Vollstrecker er bestellt wurde. Samek arbeitete in den ersten Jahren unentgeldlich für KK, da er diese Tätigkeit als Ehre betrachtete. Nach freundlicher Auskunft von Frau Maryla Bix vom 19. 5. 1972 soll sich Oskar Samek auch literarisch betätigt haben. Ob seine Gedichte jemals veröffentlicht wurden, ließ sich nicht ermitteln.
den beiden M. und G.: Mechtilde Lichnowsky, Max Lobkowicz und Gillian Lobkowicz.

[938]   17. 10. 1931

das teure Bild: von Karl Nádherný.

[939]   1. 11. 1931

Ansichtskarte: Hotel Hermes Berlin.
zumal heute: Allerheiligen.
K.: Karl.
Aufführung Leipzig: s. Anm. 936.
wegen des 13. (600.): 600. Vorlesung. Aus eigenen Schriften im Mittleren Konzerthaussaal, Wien, am 13. 11. 1931. Programm: F 864–867 v. Anfang Dezember 1931, S. 5.

[940] 11./12. 11. 1931

Beilage: Zeitungsausschnitt des Rundfunkprogramms v. 13. 11. 1931 mit
der von KK bezeichneten Stelle: »19.45 Uhr: Karl Kraus liest. Teilüber-
tragung der 600. Kraus-Vorlesung aus dem Mittleren Konzerthaussaal.«
*»Er will nicht, daß Du weinst ... Tod heißt nur: zwischen ihren Sternen
schweben.«:* ›Sendung‹, s. Anm. 330.
Plan der Widmung: s. Anm. 922.
am 29.: Theater der Dichtung: Jacques Offenbach, ›Vert-Vert‹. Neuer
Text nach Meilhac und Nuitter von KK; Musikalische Einrichtung und
Begleitung: Franz Mittler, im Mittleren Konzerthaussaal, Wien, am
29. 11. 1931. Programm: F 864–867 v. Anfang Dezember 1931, S. 6–16.

[941] 13./14. 11. 1931

die gestrige Feier: 600. Vorlesung, s. Anm. 939.
Willst Du zwischen diesen Widmungen die Wahl treffen?: Beilagen
nicht erhalten; es handelt sich um die Widmung von ›Vert-Vert‹ an Karl
Nádherný, s. Anm. 922.

[942] 18./19. 11. 1931

Beilage: Ein Blatt mit dem Wort »Nádherný?«. Bezieht sich auf die
Schreibweise des Namens für die Widmung.
Du handelst in Seinem, Ihrem Sinne nur: Bezieht sich auf die beiden
verstorbenen Brüder.
Erinnerung an die Kindheitstage: Die Geschwister Nádherný und Dora
Pejacsevich hatten den Sommer 1896 in Meran verbracht.
Widmung: ›Vert-Vert‹, s. Anm. 922.
die ihm doch auch gewidmeten süssen Klänge: ›Vert-Vert‹, s. Anm. 922.
an den letzten Korrekturen: ›Vert-Vert‹ mit dem Impressum 1932 er-
schien am 28. 11. 1931, F 864–867 v. Anfang Dezember 1931, S. 55.

[944] 5. 12. 1931

Leipzig: Theater der Dichtung: Shakespeare, ›Timon von Athen‹, Be-
gleitung Hermann Heyer, im Komödienhaus, Leipzig, am 8. 12. 1931.
Programm: F 868–872 v. Anfang März 1932, S. 25.
Theater der Dichtung: Shakespeare, ›Das Wintermärchen‹, Begleitung
Hermann Heyer, ebenda, am 9. 12. 1931. Programm: F 868–872, a. a. O.,
S. 25.
SN in BA: »Anf. Dez. zwei Tage in Jan.«

[945]   7. 12. 1931

Wirst Du das Stück nachlesen: Szene 3 des 2. Aktes von Shakespeares
›Wintermärchen‹ spielt in Böhmen:»Bist du gewiß, daß unser Schiff gelandet / An Böhmens Wüstenein?«

[947]   8. 1. 1932

Zusammenstellung Deiner Sprachlehre: ›Die Sprache‹.

[948]   13. 1. 1932

Madame L'Archiduc Prag 14. II.: Im Neuen Deutschen Theater, Prag,
fand am 19. 12. 1931 unter Ernst Waigand eine Aufführung von ›Madame L'Archiduc‹ statt, von der sich KK in F 868–872 v. Anfang März
1932, S. 25, distanziert. Eine spätere Aufführung wird in der F nicht
erwähnt.»Als Protest« gegen die Prager Aufführung las KK das Stück
am 9. 5. 1932 im Mozarteum, F 876–884 v. Mitte Oktober 1932, S. 93.
Vgl. ›Madame L'Archiduc in Prag‹, F 885–887 v. Ende Dezember 1932,
S. 34–44.

[949]   21. 1. 1932

SN in BA:»Zusammensein in Raudnitz.«

[952]   25./26. 1. 1932

Hier ist es: Beilage nicht erhalten.

[954]   13. 2. 1932

Premiere verschoben: ›Madame L'Archiduc‹, s. Anm. 948. SN in BA:
»Am 13. II. einige Tage Jan.«

[955]   18. 2. 1932

Sandi: SN in BA:»(Eine alte Hündin.)«

[957]   9./10. 3. 1932

Termin in Agram (Goethe-Vorträge): Vorlesungen in Agram fanden
erst 1934 statt.
Aber sieh nur das hier: Beilage nicht erhalten.
Niederträchtigkeit des Eselsbildes: nicht ermittelt.

378

[958]   26. 3. 1932

hoffe bald zu kommen: SN in BA: »Anf. April in Jan.«

[960]   27./28. 4. 1932

8. in Mährisch-Ostrau: Goethe-Feier: ›Pandora‹, ›Die Flamme der Epimeleia‹, im Großen Saal des ›Deutschen Hauses‹, Mährisch-Ostrau, am
8. 5. 1932. Programm: F 876–884 v. Mitte Oktober 1932, S. 93.
9. in Prag: s. Anm. 948.
11. wegen des Radio: Radio Prag (Arbeitersendung), Vorlesung von
Szenen aus Ferdinand Raimund, ›Der Alpenkönig und der Menschenfeind‹, Begleitung Franz Mittler. Programm: F 876–884, a. a. O., S. 93.
28.: 58. Geburtstag von KK.

[961]   12. 5. 1932

Mondlieder: Theater der Dichtung: Jacques Offenbach, ›Die Reise in
den Mond‹, Begleitung Franz Mittler, im Mozarteum, Prag, am 13. 5.
1932. Programm: F 876–884 v. Mitte Oktober 1932, S. 93.
in Wien am 4. Juni: Offenbach-Saal. Programm: F 876–884, a. a. O.,
S. 96.
Samstag zusammen nach J. fahren: SN in BA: »14.–17. 5. in Jan.«

[963]   28. 5. 1932

Nach »Perichole«: Theater der Dichtung: Jacques Offenbach, ›Perichole‹,
Begleitung Franz Mittler, im Offenbach-Saal, Wien, am 28. 5. 1932.
Programm: F 876–884 v. Mitte Oktober 1932, S. 95.
Weitere Zuschriften: »Verbrachten einen herrlichen Abend, dachte sehr
an Dich Zu schade, daß Du nicht doch herkamst. Innigste Grüße Gretl.
[Chlumecky].
Der Park und das schöne Bad freuen mich in der Erinnerung an den
letzten Besuch. – Heute war besonders gute Stimmung im Vortrag.
Herzliche Grüße Louis
Beste Empfehlungen Ludwig Münz«.

[965]   14./15. 6. 1932

Deine Sprachlehre: ›Die Sprache‹.
Dienstag: 21. 6. 1932. SN in BA: »Bis 13. Juli in Jan. (»Der Gärtne-
rin«.)« ›Der Gärtnerin‹, datiert in BIH: »Janowitz, 9. 7. 1932 Nach dem
Tod meines Bruders«.

Datiert in BA: »Janovice 7./8. Juli 1932«. Handschrift nicht überliefert.
Erstdruck. Kraft, ›Beiträge‹, a. a. O., S. 351, Text nach BA [Faksimile auf S. 107]:

Der Gärtnerin

Blick um dich, wie das Leben leuchtet,
wenn sich dein liebend Auge feuchtet:
sieh, wie für dich das Herz der Erde loht!
In deines Gartens Heiligtume
betreust vergebens du den Tod:
wo deine Thräne fiel, blüht eine Blume.

[966]   14. 7. 1932

Dr. F.: Vermutlich Otokar Fischer (geb. Kolin 20. 5. 1883; gest. Prag 12. 3. 1938), Dichter, Theaterkritiker, Dramaturg und Literarhistoriker an der tschechischen Universität Prag, Übersetzer von Goethe, Monographien über Kleist, Nietzsche und Heine. Professor Fischer war am Zustandekommen der tschechischen Ausgabe der ›Letzten Tage der Menschheit‹, Prag: Družstevní práce 1933, beteiligt [EA 13j]. Er hatte sich bereit erklärt, die Übersetzung Jan Münzers zu kontrollieren.

[967]   14./15. 7. 1932

in der Beilage: nicht ermittelt.
Fall B.: nicht ermittelt.
Broschüre: nicht ermittelt.

[968]   15. 7. 1932

Gärtnerin: s. Anm. 965.

[969]   24./25. 7. 1932

Kahn: für den Parkteich in Janowitz.
die Verse: ›Der Gärtnerin‹, s. Anm. 965.

[970]   1. 8. 1932

Ansichtskarte: Seehof am Achensee/Tirol.
der Gärtnerin und dem Garten: s. Anm. 965.

380

[971]   11. 8. 1932

Ansichtskarte: Biarritz – Roger de la Vierge.

[972]   13. 8. 1932

Ansichtskarte: Plage de Guéthary. Beschrieben auf der Bildseite.

[974]   28. 8. 1932

Ansichtskarte: Café de Madrid – Guéthary. Beschrieben auf der Bildseite.

[975]   4. 9. 1932

Ansichtskarte: Pays basque. Maison basque à Ibarron.

[977]   3./4. 10. 1932

das da wird mir gesandt: Beilage nicht erhalten.
schöne Inschrift: Der Grabstein von Karl Nádherný trägt folgende Inschrift:

KAREL NÁDHERNÝ
PAN NA JANOVICICH
NAROZEN V JANOVICICH
DNE 1. 12. 1885
ZEMREL V PRAZE
DNE 18. 9. 1931
I KDYZ MI PROJIT JEST UDOLIM STINN SMRTI,
NEBOJIM SE ZLEHO, NEBOT TY JSI SE MNON

Text aus Ps 23, 4: »Und ob ich schon wanderte im finstern Tal, fürchte ich kein Unglück; denn du bist bei mir.«
in Prag: Theater der Dichtung: Shakespeare, ›Timon von Athen‹, im Mozarteum, Prag, am 8. 11. 1932. Programm: F 885–887 v. Ende Dezember 1932, S. 14.
Theater der Dichtung: Ferdinand Raimund, ›Der Alpenkönig und der Menschenfeind‹, Gedichte von Claudius, Goeckingk, Brecht, Liliencron, Altenberg und Wedekind, Begleitung Franz Mittler, ebenda, am 9. 11. 1932. Programm: F 885–887, a. a. O., S. 14–15.
Theater der Dichtung: Goethe, ›Pandora‹, Vorrede Professor Dr. Otokar Fischer, in der Städtischen Bibliothek, Prag, am 10. 11. 1932. Programm: F 885–887, a. a. O., S. 15.

Theater der Dichtung: Jacques Offenbach, ›Pariser Leben‹, Begleitung
Franz Mittler, im Mozarteum, Prag, am 11. 11. 1932. Programm: F 885–
887, a. a. O., S. 15.

[978]   15./16. 10. 1932

Dr. S.: Oskar Samek wurde vermutlich mit den juristischen Formalien
der Scheidung SNs von Max Thun beauftragt. SN führte laut Erlaß v.
24. 11. 1933 wieder ihren Geburtsnamen.
in Prag wohl am 8.?: SN in BA: »Zusammensein in Prag (Vorlesungen).«
in München: Theater der Dichtung: Ferdinand Raimund, ›Der Alpenkönig und der Menschenfeind‹, Gedichte von Brecht, Altenberg, Wedekind, Begleitung Franz Mittler, im Steinicke-Saal, München, am 24. 10.
1932. Programm: F 885–887 v. Ende Dezember 1932, S. 13.
Theater der Dichtung: Shakespeare, ›Das Wintermärchen‹, Begleitung
Franz Mittler, ebenda, am 25. 10. 1932. Programm: F 885–887, a. a. O.,
S. 13.
Theater der Dichtung: Jacques Offenbach, ›Perichole‹, Begleitung Franz
Mittler, ebenda, am 26. 10. 1932. Programm: F 885–887, a. a. O., S. 13.

[979]   31. 10. 1932

Tag vor Allerheiligen.

[980]   2./3. 11. 1932

Siehe 4. Umschlagseite: F 876–884 v. Mitte Oktober 1932: »In Vorbereitung: Die Sprache«.
8. Timon: s. Anm. 977.
ungedruckte Worte in Versen: wurden nicht gelesen.
Shakespeare-Sonette: ›Shakespeare-Sonette‹. Nachdichtungen von Karl
Kraus. Widmung: »Gillian und Max Lobkowitz gewidmet«. Wien/Leip-
zig: Verlag ›Die Fackel‹ 1933 [HN 20; Neudruck: HN 20 a].
der Greuel von George: KK las die Polemik gegen Georges Shakespeare-
Übersetzungen: ›Sakrileg an George oder Sühne an Shakespeare?‹,
F 885–887 v. Ende Dezember 1932, S. 45–64. Er stellte seine Nachdichtungen und Georges Übertragungen einander gegenüber.
Dr. Münzer: Jan Münzer (Lebensdaten nicht ermittelt), Mitarbeiter der
Prager ›Tribuna‹ und, mindestens seit 1930, Redakteur des ›Ceske slovo‹
[Das böhmische Wort], dem Organ der Benesch-Partei, hatte am 27. 5.
1925 zur Kerr-Polemik Stellung genommen. KK druckte den Text in

mortgages to be paid off

F 697–705 v. Oktober 1925, S. 107, nach [K 1929]. 1933 erschien in seiner Übersetzung ›Die letzten Tage der Menschheit‹, ›Poslední dnové lidstva‹, Prag: Družstevní práce.
Am 9.: Arbeiterradio Prag. Nachweis: F 885–887, a. a. O., S. 15.
11: Pariser Leben: s. Anm. 977.
14. Vortrag in Berlin: Theater der Dichtung: Jacques Offenbach, ›Die Reise in den Mond‹, Begleitung Franz Mittler, im Breitkopfsaal, Berlin, am 14. 11. 1932. Programm: F 885–887, a. a. O., S. 15.

[981] 2. 12. 1932

Ansichtskarte: Hotel Vier Jahreszeiten, München.
1. 12. 1932: 47. Geburtstag von SN.

[982] 9./10. 12. 1932

In W.: nicht ermittelt.
neue Zaubereien: nicht ermittelt.
2. Jänner wegen Musik zu »Lustigen W. v. Windsor«: Mit ›Die Lustigen Weiber von Windsor‹ begann ein 12-teiliger Shakespeare-Zyklus des Theaters der Dichtung; alle Stücke in der Bearbeitung von KK; Begleitung: Franz Mittler, Offenbachsaal, Wien, 2. 1. 1933–22. 2. 1933. »Dieser Zyklus, auffällig plakatiert, wird wohl der letzte Versuch sein, Wiens Interesse für diesen Autor auf die Probe zu stellen...«, F 885–887 v. Ende Dezember 1932, S. 20 und US 3. Programm: F 909–911 v. Ende Mai 1935, S. 1–2.
Arbeit am Heft: F 885–887 v. Ende Dezember 1932.
Tirlemont: Blanka Deym-Herberstein hatte 1928 den Industriellen Paul Kronacker geheiratet. Sie lebte in Tirlemont/Belgien. SN versuchte vermutlich auf dieser Reise, Bilder und andere Kunstgegenstände zu verkaufen, um die auf dem Schloß liegenden Hypotheken abzudecken.

[984] 24. 12. 1932

Pamela Sternheim: Der Schriftsteller Carl Sternheim (geb. Leipzig 1. 4. 1878; gest. Brüssel 3. 11. 1942) war in 3. Ehe, seit 1930, mit Annapamela Wedekind (geb. 12. 12. 1906), der Tochter Frank Wedekinds verheiratet. Sie lebten in Brüssel. »...Karl Kraus, ohne daß ich ihn bat oder ihm auch nur schrieb, schickte mir von Zeit zu Zeit größere Beträge.« Tilly Wedekind, ›Lulu, die Rolle meines Lebens‹, München/Bern/Wien: Rütten & Loening 1969, S. 250.

generosity to Tilly Wedekind

[985]   25. 12. 1932

F.: F 885–887 v. Ende Dezember 1932.
den Mann: Carl Sternheim.
In W.: nicht ermittelt.
Der Zauberer: nicht ermittelt.
Gärtnerin: s. Anm. 965.

[987]   7. 2. 1933

Ansichtskarte: Brno [Brünn].
»Weber« (6.): Theater der Dichtung: Gerhart Hauptmann, ›Die Weber‹,
im Deutschen Haus, Brünn, am 6. 2. 1933. Programm: F 909–911 v. Ende
Mai 1935, S. 2.
»Perichole« (7.): Theater der Dichtung: Jacques Offenbach, ›Perichole‹,
ebenda, am 7. 2. 1933. Programm: F 909–911, a. a. O., S. 2.
»Ant. und Kleop.«: Shakespeare-Zyklus, s. Anm. 982: ›Antonius und
Kleopatra‹, 3. 2. 1933.
Die Widmungsfrage besprochen: für ›Shakespeares Sonette‹, s. Anm.
980.
zu Macbeth, Hamlet und Lear: Shakespeare-Zyklus, s. Anm. 982: ›Macbeth‹, 13. 2. 1933; ›Hamlet‹, 17. 2. 1933; ›König Lear‹, 22. 2. 1933.
»Der Widerspenstigen Zähmung«: Zum ersten Mal: Shakespeare, ›Der
Widerspenstigen Zähmung‹, nach Wolf Graf Baudissin bearbeitet und
ergänzt, unter Verwendung der Musik von Hermann Goetz; Begleitung
Franz Mittler; Shakespeare-Zyklus, s. Anm. 982; am 1. 3. 1933.
»Timon« in Wien: Shakespeare-Zyklus, s. Anm. 982; am 8. 2. 1933.

[988]   16. 2. 1933

Hamlet: Shakespeare-Zyklus, s. Anm. 987.

[989]   17./18. 2. 1933

Ansichtskarte: Wien, Schönbrunn. Geschrieben von Max Lobkowicz:
»Bin heute (ohne Gillian) für Hamlet hereingekommen – schade, dass
Du nicht dabei sein konntest – voller Saal, volle Wirkung. Nachher mit
Chlumetzkys im »Parsifal«; jetzt im »Fichtehof« zu zweit, 3 h 30 früh!
Herzlichst Max.«

[992]   21. 3. 1933

SN in BA: »Einige Tage in Jan.«

[993] 2. 4. 1933

Janovice muss verschieben: SN in BA: »9.–12. 4. in Jan.«

[994] 6. 4. 1933

Paar Fischer: Heinrich und Senta Fischer waren nach dem Reichstags-
brand am 27./28. 2. 1933 nach Prag emigriert.
Nürnberg: in Nürnberg fanden die Reichsparteitage der NSDAP statt.

[996] 21./22. 5. 1933

Große Arbeit: Im Mai 1933 begann KK mit der Niederschrift der ›Dritten Walpurgisnacht‹. Ein vollständiges Typoskript mit der Datierung
»Anfang Mai 1933« befindet sich im Brenner-Archiv, Innsbruck. Ebenda
ist auch ein Umbruchexemplar aus dem Nachlaß Lazarus überliefert,
dessen Korrekturen in gut lesbarer Schrift von fremder Hand mit dem
in der posthumen Erstausgabe abgebildeten Faksimile der Seite 90 über-
einstimmen. Zusammen mit Typoskript-Ergänzungen zählt diese Vor-
lage 279 Seiten. Über die Gründe, warum die ›Dritte Walpurgisnacht‹
nicht erschien, berichtet Heinrich Fischer im Nachwort zur Erstausgabe:
›Die dritte Walpurgisnacht‹, Hrsg. von Heinrich Fischer, München: Kösel-Verlag 1952 [EA 12]. Vgl. Friedrich Jenaczek, ›Zeittafeln zur
Fackel‹, Gräfelfing: Edmund Gans/Kommissionsverlag München: Kösel-
Verlag 1965, S. 74–76. Wesentliche Teile des Buches werden in F 890–
905 v. Ende Juli 1934, S. 1–315, unter dem Titel ›Warum die Fackel
nicht erscheint‹ veröffentlicht.
Gärtnerin: s. Anm. 965.
Hier eine ganz gute Zusammenfassung: Beilage nicht erhalten.
Sache mit Bl.: bezieht sich vermutlich auf die Verkaufsabsichten SNs
während ihres Aufenthalts bei Blanka Kronacker, s. Anm. 982.

[997] 4./5. 6. 1933

Die große Arbeit: ›Die dritte Walpurgisnacht‹, s. Anm. 996.
den Kerlen: Engelbert Dollfuß (geb. Wien 4. 10. 1892; ermordet Wien
25. 7. 1934) wurde am 20. 5. 1932 Bundeskanzler. Er stützte sich auf die
Christlich-Sozialen, den Landbund und den Heimatblock mit nur einer
Stimme Mehrheit gegen die Opposition aus SPÖ und Großdeutschen,
wodurch seine Regierung in Abhängigkeit von außerparlamentarischen
Kräften, vor allem von der Heimwehr, geriet. Im Lausanner Abkommen
von 1932 erreichte er eine Verlängerung der Völkerbundsanleihe unter
der Verzichtserklärung des Anschlusses an das Deutsche Reich bis 1952.
Unter Ausnutzung eines Verfahrensfehlers der drei Nationalratspräsi-
denten setzte er am 7. 3. 1933 die Verfassung außer Kraft und errichtete,

im Schutz der italienischen Faschisten, die »austro-faschistische Diktatur«. Seine Ankündigung, die Verfassung bald wieder in Kraft zu setzen, wurde nicht wahr gemacht. Am 13. 5. 1933 hatte Dollfuß reichsdeutschen Emissären, die auf dem Wiener Flughafen gelandet waren, durch den Polizeipräsidenten mitteilen lassen, ihre Anwesenheit sei unerwünscht. Dem Führer der Nationalsozialisten in Österreich, Theo Habicht, wurde das erbetene Agrément als Pressechef der Deutschen Gesandtschaft verweigert; er ließ sich in München nieder. Im Juni 1933 wurde die Nationalsozialistische Partei in Österreich verboten, was freilich bei den latenten Sympathien durch die faschistischen Heimwehrbünde, auf die Kanzler Dollfuß angewiesen war, keine unmittelbaren Konsequenzen hatte. Der Republikanische Schutzbund war bereits am 31. 3. 1933 verboten worden. Vgl. Wilhelm Alff, ›Karl Kraus und die Zeitgeschichte (1927–1934)‹, in: ›Die dritte Walpurgisnacht‹, Hrsg. von Heinrich Fischer, Sonderausgabe, München: Kösel-Verlag 1967, S. 317–365 [EA 12 a].
Die Narzissen: SN in BA: »(Während eines Landbesuches in Oesterreich hatte ich gefragt, ob viele Nazis da, Antwort: Narzissen u.s.w.)«
die Mutter der Pamela S.-W.: Tilly Wedekind (geb. Newes; geb. 11. 4. 1886), Schauspielerin, die Frank Wedekind bei der von KK veranstalteten Aufführung der ›Büchse der Pandora‹ kennenlernte. Sie lebte in beengten Verhältnissen in Berlin. Wedekinds Verlag »befand sich längst unter der Kontrolle der neuen Machthaber«, Tilly Wedekind, ›Lulu‹, a. a. O., S. 254. Seine Stücke wurden nicht mehr aufgeführt. Vgl. Tilly Wedekind, ›Meine Erinnerungen an Gottfried Benn‹, in: Gottfried Benn, ›Den Traum alleine tragen‹, Hrsg. von Paul Raabe und Max Niedermayer, Wiesbaden: Limes 1966, S. 80–114.
jene Vergeuderin: Blanka Kronacker.
Gärtnerin: s. Anm. 965.

[998] 22. 6. 1933

Ansichtskarte: Semmering, Südbahnhotel. Karte von Marcel Ray mit Zuschrift von KK. Marcel Ray: »Semmering, 22. VI. 1933. Hochverehrte liebe Frau Baronin! Wie gerne hätte ich Sie gestern nach vielen Jahren wiedergesehen, die Sie so nahe an K. Kraus und mir vorbeifuhren! In steter Erinnerung Ihr sehr ergebener Marcel Ray.«
»Warum hab' ich das früher nicht gewußt?«: Offenbach, ›Blaubart‹, 3. Bild / ›Des Giftmischers Höhle‹ und 17. Bild / Duo Blaubart–Boulotte.

[999] 2. 8. 1933

Gewisse Sendung: Bezieht sich auf Honorare aus der tschechischen Ausgabe der ›Letzten Tage der Menschheit‹.

SN in BA: »Während des Sommers öftere längere Besuche in Jan. (»Man frage nicht.« »Immergrün.«)«

›Man frage nicht‹. Handschrift aus dem Besitz von SN in der Sammlung Walter Methlagl, Solbad Hall, datiert: »Janovice 13. Sept. 33«, unterschrieben: »für Sidi K. K.«. Variante: »das Wort *schlief ein,* als jene Welt erwachte.« Handschrift der Satzvorlage im Deutschen Literaturarchiv/Schiller-Nationalmuseum, Marbach a. N., datiert: »13. Sept.«. Erstdruck: F 888 v. Oktober 1933, S. 4.

›Immergrün‹, datiert in BA: »Janovice, 1. Oktober 1933 für Sidi«. Notiz in BIH: »Nachdem er mich bei den Gräbern (im Park) traf, wo ich Blumenzwiebeln pflanzte im Immergrün.« Erstdruck: Kraft, ›Beiträge‹, a. a. O., S. 351, Text nach BA [Faksimile auf S. 106]:

Immergrün

Hohes Amt, in Gottes Erde
spätre[r] Schönheit Samen senken,
dass Gewesnes immer werde,
sich der Geberin zu schenken.

Viele Kreaturen harren
deiner Wartung in der Runde.
Ziehst du mühvoll deinen Karren
folgen dir zwei treue Hunde.

Und zwei treue Hände graben
zwischen Gräbern neues Leben.
Graut die Welt, so sollst du haben
Immergrün, von dir gegeben.

Ansichtskarte: Paris – Place de l'Opéra.
M... [?]: nicht ermittelt.
B.: nicht ermittelt.
Ray: Marcel Ray.

Ansichtskarte: Juan-les-Pins. La Plage.

[1005] 25. 10. 1933

Ansichtskarte: Juan-les-Pins. La Pinède et la Plage.
Immergrün: s. Anm. 1002.
Pr. Tgbl. wollte Gedicht nachdrucken: ›Man frage nicht‹, s. Anm. 1002.
Vgl. F 889 v. Juli 1934, ›Nachrufe auf Karl Kraus‹, S. 1–16, und F 890–
905 v. Ende Juli 1934, S. 127–128.

[1006] 27. 10. 1933

C. H.: nicht ermittelt.
»Es«: F 572–576 v. Juni 1921, S. 46–53 [W 2, 74–81].
»Gillette de Narbonne«: Rolle in einer Offenbach-Operette [?].

[1008] 3. 11. 1933

Innsbruck treffen: SN in BA: »Trafen uns in Innsbruck. Ich weiter nach
Italien.«
Agram: In Agram fanden am 11. 1. und 12. 1. 1934 zwei Vorlesungen
statt, s. Anm. 1012.

[1010] 1. 12. 1933

48. Geburtstag von SN. SN in BA: »Ich kam nach Wien.«

[1012] 12. 1. 1934

Ansichtskarte: Zagreb. Hotel Esplanade.
Frau v. O.: nicht ermittelt.
Dr. Sl.: nicht ermittelt.
14. Es war wirklich alles sehr schön: Theater der Dichtung: Shakespeare,
›Macbeth‹, im Musikinstitut, Agram, am 11. 1. 1934. Programm: F 909–
911 v. Ende Mai 1935, S. 3.
Vorlesung aus eigenen Schriften, ebenda, am 12. 1. 1934. Programm:
F 909–911, a. a. O., S. 3.

[1013] 23./24. 1. 1934

Das Kapitel (nicht Schlußkapitel): nicht ermittelt.
das beiliegende: Beilage nicht erhalten.
den Namen los zu sein: den Namen Thun.
etwas wirklich Rührendes: Beilage nicht erhalten.
Karte aus Jicin: Geburtsort von KK.
auf der Rückseite des Kuverts Zusatz von SN: »Habe sie nicht in Pr.T.
gefunden!«

388

[1014] 8. 2. 1934

Vielen Dank für die Zeitung: ›Prager Tagblatt‹, s. Anm. 1013.
Auch der Fall St.: bezieht sich möglicherweise auf Ludwig Steiner, den politischen Leitartikler des ›Prager Tagblatt‹, der über jede Vorlesung von KK in Prag berichtet hatte und der sich nun, wie viele Freunde von KK, von ihm abwandte.
Die Vermittlung des F.: Heinrich Fischer.
das Bein: KK litt an einer leichten Venenentzündung des linken Beins, die sich als sehr hartnäckig erwies, WStB IN 171.270.
Dr. S.: Oskar Samek.
U 42422: Telefonnummer von KK.

[1015] 1. 3. 1934

das Blatt: ›Prager Tagblatt‹.
der Brief des armen Gehenkten: nicht ermittelt.
Rezensionen der Broschüre: nicht ermittelt.
Berchtolds: Leopold Graf Berchtold (geb. Wien 18. 4. 1863; gest. Schloß Percszyne bei Ödenburg 21. 11. 1942) hatte als österreichischer Außenminister, 1912–1915, entscheidenden Anteil am Ausbruch des Ersten Weltkriegs; vgl. F 890–905 v. Ende Juli 1934, S. 197.
Dieser intellektuelle Schwachkopf: Otto Bauer (geb. Wien 9. 5. 1882; gest. Paris 4. 7. 1938) war einer der führenden Persönlichkeiten des Austromarxismus, der sich bereits als Staatssekretär des Auswärtigen im November 1918 für den Anschluß Österreichs an das Deutsche Reich einsetzte. Das Anschlußprotokoll wurde am 2. 5. 1919 unterschrieben; Bauer mußte am 26. 7. 1919 zurücktreten, blieb aber bis zu seiner Emigration im Februar 1934 Nationalrat. KK nennt ihn den »Leitartikler des Unheils«, dem es erlaubt ist, »eine [...] Gastfreundschaft intellektuell zu mißbrauchen und als Winkeladvocatus diaboli fortzuwirken, alles erklärend, alles zurechtlegend bis zur weltrevolutionären Hoffnung auf einen Krieg, aus dem, zwischen hundert Millionen Gasleichen, ausgerechnet der Bürovorstand der zweiten Internationale phönixartig emporsteigen wird« und er zitiert eine Äußerung Bauers [aus dem ›Prager Tagblatt‹?]: »Die ganze internationale Entwicklung, die auf einen neuen Weltkrieg zusteuert ..., all das g i b t u n s G e w ä h r, daß die G e l e g e n h e i t e n für eine neue revolutionäre Volkserhebung in Österreich kommen werden.« F 890–905 v. Ende Juli 1934, S. 179 [Auslassung und Sperrung in der F].
sein Kumpan: möglicherweise Friedrich Adler (geb. Wien 9. 7. 1879; gest. Zürich 2. 1. 1960), 1911–1925 Sekretär der SDAPÖ, 1923–1940 Generalsekretär der Sozialistischen Arbeiter-Internationale, von dem KK in F 890–905, a. a. O., S. 179, das Wort überliefert, die österreichi-

sche Verfassung sei »nichtig von ihrem Ursprung an«. KK fährt fort: »Daß die Sozialdemokratie [...], ein Gebilde, verfallsreif und absurd schon neben der größeren Konstruktion des Kommunismus, sich aus vergossenem und erst zu vergießenden Blut zu erneuern wünscht«, zeige ein Bild, »frei von Mitleid mit den Opfern auf beiden Seiten«.

den beiden Abendblättern: ›Prager Tagblatt‹ und ›Prager Presse‹.
die gleiche Fälschung der Rede: nicht ermittelt.
M.: Max Lobkowicz.
F.: Heinrich Fischer.
dem dritten: nicht ermittelt.

[1016] 6. 3. 1934

Schandblatt: ›Prager Tagblatt‹ [?].
Schwachköpfe im englischen Unterhaus: »... die Treffsicherheit eines Unterhäuslers, aus dessen Oberstübchen die Frage kam: »Ist denn die Freiheit Österreichs ebenso wichtig wie seine Selbständigkeit?«, F 890–905 v. Ende Juli 1934, S. 173.
Oranienburg: In Böhmen, »einer wüsten Gegend am Meer«, hätte man von ihm nur wissen wollen, »wie man zu Dollfuß stehe; [...] wo nach einem Jahr nie zuvor getaner und beschriebener Untaten, nach »Stehsärgen in Oranienburg«, das gleiche Titelformat einer »Barbarei in Österreich« angemessen schien, der zufolge einem Gefangenen eine Decke verweigert wurde.« Die Unverhältnismäßigkeit in der Kritik des Nationalsozialismus und des Austrofaschismus bestimmen die Argumentation von KK, der in Dollfuß den Garanten der österreichischen Unabhängigkeit sieht, der den von den Sozialdemokraten propagierten Anschluß ans Reich ausgeschlossen hatte, s. Anm. 997. F 890–905 v. Ende Juli 1934, S. 172.
Faulhaber: Michael von Faulhaber (geb. Heidenfeld 5. 3. 1869; gest. München 12. 6. 1952) Erzbischof von München und Freising, seit 1921 Kardinal, wandte sich entschieden gegen den Rassismus der Nationalsozialisten.
Mercier: Désiré Mercier (geb. Braine l'Allend 21. 11. 1851; gest. Brüssel 23. 1. 1926), Erzbischof von Mecheln und Kardinal, war während des Ersten Weltkriegs Führer des Widerstands gegen die deutsche Besatzung.
Innitzer: Theodor Innitzer (geb. Weipert/Böhmen 25. 12. 1875; gest. Wien 9. 10. 1955), 1929–1930 österreichischer Bundesminister für soziale Verwaltung, 1932 Erzbischof von Wien, 1933 Kardinal.
Hilferding: Rudolf Hilferding (geb. Wien 10. 8. 1877; gest. Paris 11. 2. 1941) war ein führender Theoretiker des Austromarxismus. Er emigrierte 1933 und wurde von der Vichy-Regierung an die Gestapo ausgeliefert.

Blum: Léon Blum (geb. Paris 9. 4. 1872; gest. Jouy-en-Josas 30. 3. 1950), seit 1919 Abgeordneter und linkssozialistischer Parteiführer; gründete 1924 das Linkskartell und war 1936/1937 und 1938 Ministerpräsident der französischen Volksfront-Regierung.

Bauer: Otto Bauer, s. Anm. 1015.

Vgl. F 890–905, a. a. O., S. 180–181: »Auch sollen sich Führer im Ausland darüber beschweren, daß sie von der österreichischen Arbeiterschaft im Stich gelassen wurden, ein Vorwurf, der ja manches für sich hat, aber noch immer nicht die Einsicht herbeizuführen vermöchte, daß die sozialpolitischen Dinge, welche ja im Grunde mehr die Arbeiterschaft als die Intellektuellen betreffen, (und wahrscheinlich auch die geistigen Dinge) bei Faulhaber, Innitzer und Mercier in besserer Obhut sein dürften als bei Hilferding, Bauer und Blum.«

Elementarereignis H.: Hitler. »Wir [seine Prager Gesprächspartner und KK] waren uns bald einig, daß ein Zehntel dessen, was geschehen war, wenn es umgeben von einer Friedenswelt geschehen wäre und vollends nicht in kriegerischer Abwehr, hingereicht hätte, die Menschlichkeit aufzustören und mich zum Autor stärkeren Protestes zu machen, als er Schwachköpfen gelingt. Daß aber ein Hundertfaches von dem, was gemeldet wurde, doch nichts ist gegenüber dem System einer Erledigung von Leben, Freiheit und Besitz, deren tausend Fälle [...] wohl unvergeßlich blieben, wenn nicht das Übermaß der Wirklichkeit und der Mechanismus des Berichts uns ans Ungeheure gewöhnt hätten...«, F 890–905, a. a. O., S. 172–173.

»Wiener Reise«: nicht ermittelt.

des Marsches der armen Floridsdorfer: Am 12. 2. 1934 hatte österreichisches Militär und Polizei unter der Leitung des Heimwehrführers und Vizekanzlers Major Emil Fey in Linz und Wien gegen Sozialdemokraten und Demokratischen Schutzbund losgeschlagen. Otto Bauer, der Führer der Österreichischen Sozialdemokraten, hatte den bewaffneten Widerstand und einen Generalstreik gegen die erwartete Aktion abgelehnt. Die Schutzbündler, deren Organisation bereits verboten war, Sozialdemokraten und Kommunisten, erwiderten das Feuer. In Floridsdorf, einem Wiener Bezirk, wurden die Barrikaden mit Artillerie und gepanzerten Fahrzeugen gestürmt. Am 13. 2. 1934 fühlt sich die Regierung bereits als »Herrin der Lage«. Die Sozialdemokratische Partei wurde aufgelöst; ihre Führer flohen nach Paris und in die ČSR. Die ›Neue Freie Presse‹, Abendblatt, Nr. 24936 A v. 14. 2. 1934 meldete: ›Fortschreitende Erfolge der Regierungsaktion‹ und ›Voller Erfolg der Räumung Floridsdorfs‹: »Die Hauptaktion der Bundestruppen richtete sich heute nacht und heute früh auf die Stellung der Schutzbündler in Floridsdorf [...] Gegen Mitternacht wurden Minenwerfer eingesetzt, die drei Maschinengewehrstände auf dem Dach eines Floridsdorfer Hauses bezwangen [...] Die Säuberungsaktion wurde unter Zuhilfenahme von **A r t i l l e r i e   u n d   s c h w e r e n** Maschinengewehren durchgeführt.« [Sperrung im Original].

Vaterländerei: der Christlich-Sozialen unter Dollfuß.

Oranienburg: Sommer 1922, s. Anm. 766.

»Wenn man aber die deutsche Revolution studiert...«: Eine geläufige Entschuldigungsformel für die NS-Verbrechen. Quelle nicht ermittelt.

die Partei: Die deutschen Sozialdemokraten hatten im Deutschen Reichstag für den Eintritt Deutschlands in den Ersten Weltkrieg gestimmt.

von vielen verlassen: vgl. F 890–905, a. a. O., S. 312.

Professor J.: Der Architekt, Professor Dr. tech. Karl Jaray, gehörte nachweislich seit 1925 zu den Hörern der Vorlesungen von KK. Am 28. 11. 1928 schrieb er an KK »zu dem festlichen Anlass der 300.« Wiener Vorlesung. Er beteiligte sich im Mai 1931 an dem Aufruf zur Gründung eines ›Theaters der Dichtung Karl Kraus‹, das von Robert Bergmann, Rudolf Hermann, Michael Lazarus, Dr. Rudolf Ploderer und Paul Sonnenfeld initiiert worden war. Mitunterzeichnende waren u. a.: Alban Berg, Albert Bloch, Ludwig Ficker, Heinrich Fischer, Otokar Fischer, Emil Franzel, Germaine Goblot, Werner Kraft, Ernst Křenek, Franz Leschnitzer, Adolf Loos, Rudolf Ploderer, Paul Rilla, Otto Rommel, Richard Schaukal, Max Stefl, Eduard Steuermann, Otto Stoessl, Anton Webern. – Anfang 1934 verschickte Jaray Rundschreiben an die Freunde von KK mit der Aufforderung, »angesichts des öffentlichen Abfalls unechter Anhänger nach Karl Kraus' ›Man frage nicht‹, angesichts der mir wohlbekannten Haltung sozialdemokratischer Hörer« einen »Nachweis der Treue wirklicher Anhänger« zu geben. Jaray wurde neben Philipp Berger und Heinrich Fischer zum Rechtsnachfolger testamentarisch bestimmt. Er starb in der südamerikanischen Emigration.

Der arme Loos: Adolf Loos war am 23. 8. 1933 im Sanatorium Dr. Schwarzmann in Kalksburg bei Wien gestorben und am 25. 8. 1933 zunächst auf dem Kalksburger Friedhof beigesetzt worden. KK hielt die ›Rede am Grabe‹, F 888 v. Oktober 1933, S. 1–3. In F 890–905, a. a. O., S. 238 schreibt KK: Loos habe im Kriege optimistisch geschaut und sei im Friedensrausch früher zum Nörgler geworden; er habe vom ersten Tage an die Unmöglichkeit der Freiheit erkannt und das Absurdum einer Partei, deren Opfer er später werden sollte.

[1017]   24./25. 3. 1934

Noch ganz benommen von den Wundern: SN in BA: »Oefteres Beisammensein in J. oder Wien, fast tägliche tel. Anrufe.«
Meinungskorrespondenz: Bezieht sich auf die letzten Briefe von KK an SN.
dem Kerl: nicht ermittelt.

In der Beilage: Beilage nicht erhalten.
(aus der Nachbarschaft): nicht ermittelt.

[1018] 5. 4. 1934

28ten: 60. Geburtstag von KK.

[1019] 2./3. 5. 1934

Die Riesenarbeit: Nachdem sich KK entschlossen hatte, die ›Dritte Walpurgisnacht‹ nicht erscheinen zu lassen, s. Anm. *996,* arbeitete er seit
Januar 1934 an F 890–905, ›Warum die Fackel nicht erscheint‹, in die
wesentliche Teile des unterdrückten Buches eingingen. Teil I, ein fik-
tiver Brief an einen imaginären Adressaten, einen »Vertreter des ›op-
positionellen Schrifttums‹«, setzt sich mit der Februar-Tragödie ausein-
ander. Er entstand von Anfang Januar bis 12. 2. 1934, S. 1–169. Teil II,
KKs Stellungnahme zur Februartragödie entstand zwischen April und
Anfang Juli 1934, S. 170–313. KK benützt wiederum die Form des fik-
tiven Briefs vom Herausgeber an den Verlag ›Die Fackel‹. Der III. Teil,
›Ad Spectatores‹ von Mitte Juli 1934, greift die bereits in F 115 v. 17. 9.
1902, S. 4 [W 11, 11] ausgesprochene These auf: »Shakespeare hat alles
vorausgewußt...«: »– – Mir war's, als hört' ich rufen: Schlaft nicht mehr,
Macbeth mordet den Schlaf! Und drum wird Macbeth nicht mehr schlafen!«, F 890–905 v. Ende Juli 1934, S. 315.
Anna: Dienerin auf Schloß Janowitz.
Es war ein großer Rummel: Feier des 60. Geburtstags von KK am
29. 4. 1934: Der von der Prag-Paris-Filmgesellschaft hergestellte Tonfilm ›Karl Kraus. Aus eigenen Schriften‹ wurde vorgeführt; aufgenommen wurde der Vortrag von ›Weg damit!‹, ›Die Raben‹, ›Zum ewigen
Frieden‹, ›Reklamefahrten zur Hölle‹. KK führte die öffentliche Ge-
burtstagsfeier, die er »zu Gunsten der Opfer des sozialdemokratischen
Verbrechens« veranstalten ließ und der er »weder gewehrt noch beige-
wohnt« hatte, gegen seine politischen Gegner an: »... wenn immerhin
in einem öffentlichen Raum die ›Raben‹ und die ›Reklamefahrten zur
Hölle‹ als zensurierter Tonfilm unversehrt vorgeführt werden konnten,
so würde wohl der letzte Kasmader kapieren, daß es in Wien ›kaum‹
eine geistige Gleichschaltung gibt wie in Deutschland.« F 890–905,
a. a. O., S. 277. – Der in der Prager Emigration lebende Heinrich Fischer
hielt die Rede ›Karl Kraus und die Jugend‹, Wien: Verlag Richard
Lanyi 1934 [K 2149]; Neudruck in: ›Heinrich Fischer zum 22. August
1971‹, ›Nachrichten aus dem Kösel-Verlag‹ [Sonderheft], München:
1971. »Ein Kreis dankbarer Freunde« gab den Band ›Stimmen über
Karl Kraus. Zum 60. Geburtstag‹ heraus, unter ihnen: Else Lasker-

Schüler, Henri Barbusse, Bert Brecht, Karel Čapek, Mechtilde Lichnowsky, Jan Münzer, Marcel Ray, Berthold Viertel, Alban Berg, u. a.
Wien: Verlag der Buchhandlung Lanyi 1934 [K 2165].

[1021] 9./10. 7. 1934

die Arbeit: s. Anm. 1019.
an jenem Schreckenstag: Am 30. 6. 1934 wurde der Stabschef der SA, Ernst Röhm, in Bad Wiessee von Hitler persönlich festgenommen und ohne Verfahren erschossen. Die Röhm ergebene SA-Führung und politische Gegner des Regimes wurden ermordet. Die Morde wurden als »Staatsnotwehr« durch Gesetz nachträglich sanktioniert.
(die Route) ändern soll: KK wollte, daß SN nicht durch Deutschland fahre.
dem Kerl: Max Thun.

[1023] 6. 9. 1934

SN in EX:»In Jan.«

[1026] 17. 9. 1934

SN in EX:»Sterbetag meines Bruders«.

[1027] 22. 9. 1934

Ansichtskarte: Laurana – Bagno Maddalena von Isola di Cherso.
die Sache: Scheidung SNs.

[1028] 1. 10. 1934

Ansichtskarte: Laurana – Villa Fernandea e Hôtel Excelsior. Notiz auf der Bildseite:»Terrasse vor dem Zimmer«.
das familiäre Milieu – das sich jetzt durch den Ruf einer »Narzisse« und Ausbeuterin bemerkbar macht: nicht ermittelt.
Der ältere Wiener Arzt: Dr. Fritz Schweinburg, Facharzt für Innere Medizin, behandelte KK seit Februar 1933. Er diagnostizierte »die durch seine Wirbelsäulenveränderung hervorgerufene Vergrösserung und Erweiterung seiner rechten Herzhälfte, die allerdings nicht sehr beträchtlich war, ihm ausser leichter Atemnot nach stärkerer Bewegung keinerlei Beschwerden machte, ein Zustand, der beinahe als physiologisch zu bezeichnen war, da alle Menschen mit Verkrümmung der Wirbelsäule ihn haben, ja haben müssen…«, WStB IN 171.270.

394

[1029] 5. 10. 1934

Ansichtskarte: Trieste – Panorama.
»Rechtsanwalt« R.: Rechtsanwalt von Max Thun [?].
Den Artikel (Geschwätz) über Frank W.: nicht ermittelt.

[1030] 9. 10. 1934

Ansichtskarte: Innsbruck. Maria Theresiastraße. Text läuft auf Bild-
seite über.
Die schuftige Grußformel: Heil Hitler.
Prof. J.: Karl Jaray.
Die Schrift, die ich heute erhielt: vermutlich handelt es sich um die Zeit-
schrift ›Der Brenner‹, 15. Folge, 1934, mit einem Frontispiz *»Karl Kraus
zum 60. Geburtstag (28. April 1934)«* und dem Beitrag von Werner
Kraft, ›Zu zwei Gedichten von Karl Kraus‹ mit einer ›Vorbemerkung
des Herausgebers [Ludwig von Ficker] zum 60. Geburtstag von Karl
Kraus‹, S. 34–47 [K 2147 und K 1035].

[1031] 17./18. 10. 1934

I.: Innsbruck.
Bilin: Schloß der Fürsten Lobkowicz.
Pf.: Franz Pfemfert (geb. Lötzen 20. 11. 1879; gest. Mexiko 26. 5. 1954),
1911–1932 Herausgeber und Verleger der ›Aktion‹, die seit ›Heine und
die Folgen‹ immer wieder die Gegner von KK zu Wort kommen ließ,
während Siegfried Jacobsohn in ›Die Schaubühne‹/›Die Weltbühne‹ bis
1924 immer wieder für KK eintrat. Pfemfert floh am 1. 3. 1933 von Berlin nach Karlsbad, wo er bis 1936 als Photograph tätig war.
Narzisse: Nazi.
zwischen I. und J.: Italien und Janowitz.
Thoas und Iphigenie: Thoas, der König der Taurer, fordert Iphigenie
auf, zu gehen. Iphigenie: »Nicht so, mein König! Ohne Segen, / In Wi-
derwillen, scheid' ich nicht von dir.« Thoas verabschiedet Iphigenie mit
»Lebt wohl!«, Goethe, ›Iphigenie auf Tauris‹, V, 6, Z. 2152 2153, 2174.

[1032] 30. 10. 1934

dem schwächlichen Mann in P.: bezieht sich vermutlich auf Jan Münzer,
den Übersetzer der ›Letzten Tage der Menschheit‹, der, wie aus [1056] B
hervorgeht, sich im Auftrag des Melantrich-Verlages offensichtlich auch
um die Rettung des Leipziger Lagers des Verlags Die Fackel vor den
Nationalsozialisten bemüht hatte; das Lager wurde in Kommission übernommen. Die offene politische Konfrontation mit den Sozialdemokraten

in F 890–905 v. Ende Juli 1934 dürfte den gewerkschaftseigenen Melantrich-Verlag zu einer Revision seiner Zusagen gegenüber KK veranlaßt haben, wobei der Mittelsmann Münzer nun plötzlich als nicht handlungsbevollmächtigt gegenüber KK bezeichnet wurde.

dieser unselige L.: Max Lobkowicz hatte eine Ausfallgarantie für die tschechische Ausgabe der ›Letzten Tage der Menschheit‹ übernommen, von der KK nichts wußte.

Lurch ist gestorben: Hund Mechtilde Lichnowskys.

»Troilus und Cressida«: schloß den zweiten Band von ›Shakespeares Dramen, für Hörer und Leser bearbeitet, teilweise sprachlich erneuert von Karl Kraus‹ ab; er enthielt außerdem ›Macbeth‹ und ›Die lustigen Weiber von Windsor‹. Wien: Verlag von Richard Lanyi 1935 [HN 19b; Neudruck: München: Kösel 1970]. Der schon in F 890–905, a. a. O., US 3, angezeigte Plan, die Ausgabe auf vier Bände zu erweitern, blieb durch den Tod von KK unausgeführt.

[1033] 1. 11. 1934

Allerheiligen.

[1034] 14. 11. 1934

Abenden: Theater der Dichtung: Shakespeare, ›Macbeth‹, Begleitung Franz Mittler, im Kleinen Konzerthaussaal, Wien, am 19. 11. 1934. Programm: F 909–911 v. Ende Mai 1935, S. 3.
Theater der Dichtung: Shakespeare, ›Das Wintermärchen‹, Begleitung Franz Mittler, ebenda, am 26. 11. 1934. Programm: F 909–911, a. a. O., S. 3.
Theater der Dichtung: Jacques Offenbach, ›Madame L'Archiduc‹, Begleitung Franz Mittler, ebenda, am 1. 12. 1934. Programm: F 909–911, a. a. O., S. 3.
Theater der Dichtung: Jacques Offenbach, ›Perichole‹, ebenda, am 5. 12. 1934. Programm: F 909–911, a. a. O., S. 3.
Die Anzeige in dem Blatt: Beilage, Ausschnitt aus ›Der Sozialdemokrat‹ [?] mit der Ankündigung der Vorlesungen.
der Mann: Vermutlich Emil Franzel (geb. Haan bei Teplitz-Schönau 29. 5. 1901; lebt in München) schrieb seit 1925 über KK in ›Der Sozialdemokrat‹, Prag; wurde 1937 aus der Sozialdemokratischen Partei ausgeschlossen.
den dortigen H.: Der »Hitler der Tschechoslowakei« war Konrad Henlein (geb. Maffersdorf bei Reichenberg 6. 5. 1898; gest. durch Selbstmord in amerikanischer Gefangenschaft, Pilsen 10. 5. 1945); Verbandsturnwart des völkischen Deutschen Turnerbunds in der ČSR; gründete nach dem Verbot der Deutschen Nationalsozialistischen Arbeiterpartei im

396

Oktober 1933 als Nachfolgeorganisation die Sudetendeutsche Heimat-
front, 1935 in Sudetendeutsche Partei umbenannt; sie trat, besonders
1938, für den Anschluß des Sudetenlandes an das Deutsche Reich ein;
1938 Gauleiter der NSDAP; 1939 Reichsstatthalter im Sudetenland.
Ch.: Chlumeckys.
ihre Mutter: Olga Gräfin Arco-Zinneberg, geb. Freiin von Werther.
das gewünschte »Heft«: F 906–907 v. April 1935 enthielt nur den Aufsatz ›Lear im Burgtheater‹.
zweiten Band Shakespeare: s. Anm. 1032.
durch die Hölle: durch Deutschland.
materielle Sorge: Der Verlag Die Fackel arbeitete seit 1930 defizitär.
Deutschland als Absatzgebiet für die F und die Buchveröffentlichungen
fiel praktisch aus, nachdem die Bestände des Verlags von Leipzig nach
Prag verlagert worden waren. In der ČSR aber war KK wegen seiner
politischen Stellungnahme verpönt. Die politische Isolation hatte ein-
schneidende Konsequenzen wie aus den Steuererklärungen von KK hervorgeht, die freundlicherweise von Herrn Friedrich Ungar, New York,
zur Verfügung gestellt wurden:

1930	Verlags-Verlust	Schilling 15.509.49	
1931	Verlags-Verlust	Schilling 10.309.76	
1932	Verlags-Verlust	Schilling 12.679.29	

Die Summen entsprechen etwa den bis dahin erzielten Verlags-Gewin-
nen. Die Verluste konnten bis 1932 mit Erlösen aus Vorlesungen, durch
Tantiemen und Kapitalvermögen ausgeglichen werden. Ab 1933 über-
stiegen die Verluste alle anderen Einkünfte:

1933	Verlags-Verlust	Schilling 12.891.84	Gesamtverlust 3.101.67
1934	Verlags-Verlust	Schilling 15.391.75	Gesamtverlust 6.969.38
1935	Verlags-Verlust	Schilling 16.994.76	Gesamtverlust 8.941.71
1936	Verlags-Verlust	Schilling 12.517.51	Gesamtverlust 6.242.61

[1035] 16. 11. 1934

Martin: Prinz *Martin* Maximilian Georg Lobkowicz (geb. London 21. 12.
1928).

[1037] 27./28. 11. 1934

Ich erwarte Deinen Anruf: SN in BA: »Ich kam am 3. 12. nach Wien
zur ›Perichole‹ für mehrere Tage, vor Weihnachten nach Italien.«
Ch.: Chlumeckys.
Frau W.: Frieda Wacha, Sekretärin des Verlags Die Fackel.
K.-Zimmer: Künstler-Zimmer.
der Kleine: Martin Lobkowicz.

[1038]   1. 12. 1934

49. Geburtstag von SN.

[1039]   30./31. 1. 1935

SN in Tb v. 14. 1. 1935: »...tomorrow at 5 I depart for Tabor and on for Vienna...« SN in Tb, undatiert 1935: »Left Vienna on the 19. of Jan. for Florence...«
hier das Gewünschte: Beilage nicht erhalten.
»Stimmen« (mit den Bildern): ›Stimmen über Karl Kraus‹, s. Anm. 1019. Die Publikation enthielt neben einem Phototeil mit Bildern von KK verschiedene Faksimiles von Knut Hamsun, Else Lasker-Schüler und Alban Berg.
wo französisches vorkommt: Der Brief von Henry Barbusse v. 25. 4. 1934, a. a. O., S. 7; der Brief von Jacques Brindejont-Offenbach v. 15. 3. 1934 ›à Karl Kraus, Apôtre de Jacques Offenbach‹, a. a. O., S. 13–16; der Beitrag von Marcel Ray, a. a. O., S. 36–37.
Deinen Freunden: SN in Tb 1935: »Stayed at Cricri's, Via Bezzecca 9«. Der Umschlag des Briefes ist »p. A. Dr Fantecci« adressiert.

[1040]   20. 2. 1935

Wie lange bleibst Du in Wien?: SN in Tb 1935: »M. M. arrived in the 5. of Febr. Kind, good, generous, considerate L.K. insisted on her paying her stay that I may have her near me & not be anixous [...] Left with M.-M. on the 28. for Vienna, K.K. awaited us on the 28. for Vienna, K.K. awaited us on the S.B. [...] Left with M.-M. on the 5. of March for Jan.«

[1041]   8./9. 4. 1935

diesen entzückenden Hund: Rover, ein schwarzer Neufundländer.
Das Büchlein: nicht ermittelt.
Prager Schwätzer: nicht ermittelt.

[1042]   19. 4. 1935

den 26. verdorben: 400. Wiener Vorlesung: Shakespeare, ›König Lear‹ in der Bearbeitung von KK, Begleitung Franz Mittler, im Kleinen Musikvereinssaal, Wien, am 26. 4. 1935. Programm: F 909–911 v. Ende Mai 1935, S. 6 und S. 49–50.

Brief vom 13.: Am 12. 4. 1935 war Max Thun in Wien gestorben.
Affenumgang: Max Thun hatte seine Bewegungstheorien durch Vorführungen mit Affen demonstriert, s. Anm. 7.
am 7. Mai: 80. Geburtstag von Mary Cooney.

[1043] 16./17. 5. 1935

auf Anfang Juni: SN in EX: »Er 7. 6.–16. 6. in Jan.«
31. oder 3. Juni: Zum ersten Mal: Theater der Dichtung: Johann Nestroy, ›Eisenbahnheiraten oder Wien, Neustadt, Brünn‹, eingerichtet
von KK, Begleitung Franz Mittler, im Kleinen Konzerthaussaal, Wien,
am 31. 5. 1935. Programm: F 909–911 v. Ende Mai 1935, S. 7 und S. 61.
»Ganz Wien« und das Heft!: F 906–907 v. Ende April 1935 enthielt auf
28 Seiten nur den Essay: ›Lear im Burgtheater‹.
Die Wiederholung: des Shakespeare-Zyklus von 1933.
Qualle M.: Jan Münzer.

[1045] 26. 6. 1935

Prof. M.: nicht ermittelt.
Ankunft: SN in BA: »Ich kam anf. Juli nach Wien, Rover (2 Monate
alt) abzuholen.«
Frau v. Ch.: Gretel Chlumecky [?].
L.: Ludwig Sprissl.

[1046] 7. 7. 1935

SN in EX: »Ich 9.–11. 7. in Wien.«

[1047] 17. 7. 1935

Ansichtskarte: Reichenau – Hotel Talhof.
»sogenannte Höllental«: Tal zwischen Gloggnitz und Reichenau an der
Rax. Anspielung auf das Synonym für NS-Deutschland: die Hölle.

[1048] 4. 8. 1935

Verlagsschurkerei: bei der juristischen Auseinandersetzung wurde Münzer, der ein Opfer seiner Bemühungen um das Werk von KK war, als
nicht verhandlungsfähig eingestuft, um den Rückzug (aus politischen
Gründen?) zu motivieren.

[1049]   18. 9. 1935

Todestag von Karl Nádherný.

[1050]   21. 9. 1935

Ansichtskarte: Abbazia (Italien). Text läuft auf Bildseite über.
der Kleine: Martin Lobkowicz.
»Kreolin« fertig: Theater der Dichtung: (angekündigt als) Letzte öffentliche Vorlesung: Jacques Offenbach, ›Die Kreolin‹, Text von Milhaud, nach dem Original und der Übersetzung von J. Hopp bearbeitet von KK; Musikalische Einrichtung und Begleitung Franz Mittler, im Ehrbar-Saal, Wien, am 11. 11. 1935. Programm: F 916 v. November 1935, S. 1–6.
Tag der Pariser Aufführung: im Théâtre des Bouffe-Parisiens am 3. 11. 1875.
Tochter Zerline Gabillons: Helene Bettelheim-Gabillon (geb. Wien 7. 11. 1857; gest. Wien 1946), verheiratet mit dem Literarhistoriker und Herausgeber des Biographischen Jahrbuchs, des ›Deutschen Nekrologs‹ und der ›Neuen Österreichischen Biographie‹ Anton Bettelheim (1880 bis 1930). Vgl. Franz Glück, ›Helene Bettelheim-Gabillon‹, in: ›Wiener Zeitung‹, Wien, v. 9. 3. 1946. KK hatte in F 912–915 v. Ende August 1935 Äußerungen berühmter Zeitgenossen zum 100. Geburtstag von Zerline Gabillon am 19. 8. 1934 abgedruckt, S. 21–33. Vgl. ›Das Ehepaar Gabillon‹ von August Wilbrandt-Baudius, F 916 v. Anfang November 1935, S. 12–14.
Baron Biedermann: recte Bidermann, nicht ermittelt.

[1051]   5. 10. 1935

Ansichtskarte: Abbazia – Lungomare – Villa Bidermann. Text beginnt auf der Bildseite.
Von diesem: Ein Pfeil deutet auf ein Fenster der Villa Bidermann. Der Text wird auf der Rückseite weitergeführt.
F.: Flock, ein schneeweißer ungarischer Hirtenhund SNs.

[1052]   9. 10. 1935

vom Bett aufs Podium: Anspielung auf die Anrede ›An die Abwesenden‹ v. 9. 1. 1935 und 12. 1. 1935, wo KK feststellte, daß die Vermittlung von Shakespeare, Offenbach und Nestroy »in der Welt der Hitler und Stalin« für ihn entscheidend sei: Es sind »Vorstellungen, durch die [...] eine Erkrankung abgesagt werden könnte und die wegen Unpäßlichkeit

400

des Vortragenden stattzufinden hätten«, F 909–911 v. Ende Mai 1935, S. 27–29.

[1053]   4. 11. 1935

SN in EX: »25.–27. 10. in Jan.«, nach BA: bis 28. 10. 1935.

[1054]   15./16. 11. 1935

Verhandlung vom 22.: Bezieht sich möglicherweise auf die Privatklage von KK gegen den verantwortlichen Redakteur der Zeitschrift ›Sozialdemokrat‹ in Prag, Dr. Emil Strauß. Der ›Sozialdemokrat‹ hatte KK in einem Beitrag vom 10. 8. 1934 wegen seinem Verhältnis zum Dollfuß-Regime heftig kritisiert. KK erhob gegen den Vorwurf, »daß er sich dem österreichischen Regime gleichgeschaltet habe« und »zahlreiche andere, dem wahren Sachverhalt widersprechende Behauptungen« Beleidigungsklage. Zitiert nach dem Brief von RA Johann Turnovsky an den verantwortlichen Redakteur der ›Prager Presse‹, Arne Laurin v. 16. 4. 1936, Literatur Archiv Prag.

Am 24.: Theater der Dichtung: »Zur Wiederherstellung« Johann Nestroy, ›Der Zerrissene‹, Musik Mechtilde Lichnowsky, Begleitung Franz Mittler, im Ehrbarsaal, Wien, am 24. 11. 1935. Programm: F 917–922 v. Februar 1936, S. 31. Die »Wiederherstellung« bezieht sich auf eine Funksendung der Wiener RAVAG v. 3. 11. 1935, F 917–922, a.a.O., S. 30–34.

Wiederholung der »Kreolin«: Theater der Dichtung: Jacques Offenbach, ›Die Kreolin‹, Begleitung Franz Mittler, am 9. 12. 1935. Programm: F 917–922, a.a.O., S. 32–34.

um den Shakespeare-Band: ›Shakespeares Dramen‹, Band II, s. Anm. 1032, erschien am 6. 12. 1935.

»Lear«: Theater der Dichtung »zur Wiederherstellung nach den letzten Inszenierungen des Burgtheaters«: Shakespeare, ›König Lear‹, am 10. 1. 1936. Programm: F 917–922, a.a.O., S. 41–42.

das Beiliegende: Beilage nicht erhalten.

Abschrift des brieflichen Berichts: Abschrift eines Briefes von Dr. Johann Turnovsky, Prag, an Dr. Oskar Samek, Wien, aus dem hervorgeht, daß Max Lobkowicz vom Melantrich-Verlag unberechtigterweise zur Zahlung einer Garantiesumme von Kc 6000.– für die tschechische Ausgabe der ›Letzten Tage der Menschheit‹ veranlaßt worden war. Max Lobkowicz habe die Empfehlung, den Betrag einzuklagen, nicht angenommen.

Gillian: Gillian Lobkowicz.

den beiden Staunern: Chlumecky.

am gleichen Tage zugestoßen war: bezieht sich vermutlich auf die finanziellen Verluste beim Prager Kommissionär.

in dem bekannten Blatt der Ignorant: Dr. Sigmund Blau, der Chefredakteur des ›Prager Tagblatt‹, hatte das unter einem Pseudonym eingesandte Gedicht ›Weltende‹ von Else-Lasker-Schüler als literarische Neuentdeckung abgedruckt. Der stellvertretende Chefredakteur Rudolf Thomas bezeichnete diesen Reinfall gegenüber Heinrich Fischer als nicht besonders tragisch.

Seinerzeit in der F. erschienen!: F 309–310 v. 31. 10. 1910, S. 4.

[1055]   10. 3. 1936

SN in BA: »Ich kam nach Wien Ende Nov. und dann vor Weihnachten (Abend bei ihm) und blieb 2 Monate, bis 21. 2. Mit Rover. Sylvesterabend gemeinsam in einer Opernloge: Fledermaus.« SN in EX: 1.–3. 3. in Jan.«

[1056]   24./25. 3. 1936

– – von der sie Herr Eden und der Erzbischof von Canterbury bald befreien: nicht ermittelt.

Ribbentrop: Joachim von Ribbentrop (geb. Wesel 30. 4. 1893; hingerichtet Nürnberg 16. 10. 1946) war von 1933–1945 Reichsaußenminister der NS-Regierung.

Riesensohn: Sohn der Clumecky's [?].

G. Ch.: Gretel Chlumecky-Bauer.

Kopfschmerzen: SN in Tb 1936: »Nearly all nights by L.K. He suffered with bad headaches since knocked down by a bycicle on the 4. of Febr.«

[1057]   26./27. 3. 1936

Urteil: über die Auseinandersetzung mit dem Melantrich-Verlag.

M.: Jan Münzer.

Transportkosten: betrifft die Transferierung des Kommissionslagers des Verlags Die Fackel von Leipzig nach Prag.

Die Idealisten dürften aber binnen dieser Frist berufen: dieser Sarkasmus bezieht sich auf die Verlagsleitung von Melantrich; weiter oben wird Münzer ausdrücklich als »Idealist« anerkannt.

Rover, Flock, Sandy ... Flick: die Hunde SNs, die KK scherzhaft den »Völkerbund« nannte.

15. April: Verhandlung in der Privatklage Karl Kraus ./. ›Sozialdemokrat‹, s. Anm. 1054.

402

[1058] 4./5. 4. 1936

über das Kommen: SN in EX: »In Jan. 10.–14. 4. (Ostern).«
Flicks: Hund SNs.
am 2. abends: Vorlesung aus eigenen und anderen Werken im Mittleren
Konzerthaussaal, Wien, am 2. 4. 1936. Ankündigung: F 917–922 v. Februar 1936, US 4.
Abschied von Chlum.: SN an Mechtilde Lichnowsky am 28. 6. 1936:
»NN war auch die Ursache [...] dass seine Freundschaft mit Münz u.
dessen Anhang in Brüche gieng u. ihm dies ganze letzte Halbjahr, mit
allerlei Beleidigungen u. Ehrenbeleidigungsklagen u. was sonst Hysterie
sich ausdenkt, sehr viel Unangenehmes brachte. Er hatte in Wien zuletzt buchstäblich nur Frau K. u. Prof. Jaray, nunmehr erfrischte ihn der
Umgang mit Chlumeckys. Es wurde immer einsamer um ihn...« M.-Lichnowsky-Nachlaß, Bayerische Akademie der Schönen Künste, München.

[1059] 15. 4. 1936

Professor: Otokar Fischer war gleichfalls am Zustandekommen der
Übersetzung der ›Letzten Tage der Menschheit‹ beteiligt.

[1061] 25. 4. 1936

Adressiert: »Rover, Vrchotovy Janovice. Zámek«. SN in BA: »Rover zu
seinem Geburtstag.« SN in EX: »Zum letzten Mal in Jan. 30. 4.–4. 5.«

[1062] 5. 5. 1936

D.: Engelbert Dollfuß.
Sch.: Johann Schober (geb. Perg/Oberösterreich 14. 11. 1874; gest. Pottenbrunn 19. 8. 1932); ließ als Polizeipräsident von Wien beim Juliaufstand 1927 in die demonstrierenden Arbeiter schießen.
»Vor dem Kreisgericht«: Bericht der ›Prager Presse‹ v. 16. 4. 1936 unter
dem Titel ›Karl Kraus contra »Sozialdemokrat«‹, der die unrichtige Feststellung enthält, die Verhandlung habe vor dem Straf-Kreisgericht stattgefunden und der Prozeß gegen Dr. Emil Strauß sei mit einem Freispruch beendet worden; der Kläger, KK, habe »gemäss § 18 des Gesetzes
über den Schutz der Ehre das Klagerecht verloren«. Prager Literaturarchiv. Vgl. dort auch die ›Pressberichtigung‹ von Dr. Johann Turnovsky v. 16. 4. 1936.
L.: Arne Laurin (1889–1945), verantwortlicher Redakteur der ›Prager
Presse‹.
Sidisandi, Rover, Piryflock: Sandi, Rover, Piry und Flock, Hunde SNs.

403

[1063] 5. 5. 1936

SN in EX: »Sein letzter Flug (Prag–Wien).«

[1064] 8./9. 5. 1936

Bekessy: Imre Bekessy (geb. 1886; Freitod 1951), Journalist; übersiedelte 1919 von Budapest nach Wien. Zusammen mit C. Castiglioni und S. Bosel gründete er die Wirtschaftszeitung ›Die Börse‹, 1923 die Wiener Mittagszeitung ›Die Stunde‹, 1924 das illustrierte Wochenblatt ›Die Bühne‹. Am 22. 7. 1926 brach das Reich des »Wiener Zeitungskönigs« zusammen, nachdem drei leitende Mitarbeiter wegen ständiger Bestechung verhaftet worden waren. Bekessys Zeitungen arbeiteten mit einer bis dahin unbekannten Taktik der Personalstory, deren Inhalte durch Bestechungen beeinflußt waren. An der Aufdeckung seiner Taktiken war KK wesentlich beteiligt; vgl. ›Die Unüberwindlichen‹ [EA 15]; ferner die Autobiographie von Hans Habe, d. i. Hans Bekessy, ›Ich stelle mich. Meine Lebensgeschichte‹, München/Wien/Basel: Desch 1954.
Pyri: Hund SNs.
einen allzu glühenden Verehrer: Brief von Richard Liska v. 5. 5. 1936, WStB IN 171.269.
Deinem Viergespann: Rover, Flock, Pyri und Sandi.
Respekt vor dem Rhododendron: der Park von Janowitz ist im Frühjahr ein einziger blühender Rhododendrongarten.

[1065] 15./16. 5. 1936

Zeugenschaft am 23. Mai: nicht ermittelt.
N.: Rolf Nürnberg (geb. Berlin 26. 8. 1903; gest. New York März 1949), Journalist und Kritiker, emigrierte 1936 in die USA. Nürnberg sorgte nach dem Tod von KK für die Pflege des Grabes von Annie Kalmar.
in ärztlicher Behandlung: Dr. Fritz Schweinburg am 22. 1. 1937 an Oskar Samek [?], WStB IN 171.270: »Nach einem Unfall im Februar 36 längere Behandlung. Damals unverhältnismässig viel Schmerzen bei sehr geringem objektivem Befund. Im April starke Kopfschmerzen von grosser Hartnäckigkeit, wieder durch Blutdrucksteigerung bedingt. Rechtes Herz recht weit. Anfangs Juni plötzlich anfallsweise Verschlechterung bedingt durch Loslösung von sogenannten Klappenthromben mit Verschluss zunächst von einer grossen Armschlagader mit Lähmung des Arms, dann auf die andere Seite übergreifend, schliesslich Herz- und Gehirnschlagadern verschliessend und dadurch zum Tode führend...«
»Liebesleid und Lust«: Die Bearbeitung von Shakespeares ›Liebesleid und Lust‹, vermutlich für den 3. Band der ›Shakespeare Dramen‹ be-

404

stimmt, ist nicht mehr erschienen. Ein Manuskript ist bisher nicht aufgefunden worden.
SN in EX: »Am 31. Mai vormittag rief er mich telephonisch an, er komme abends. Wegen Regen u. Kälte rieth ich, einige Tage zu warten. In der Nacht vom 2./3. fing die tödtliche Krankheit an: Herzschwäche, Angstgefühl, geweint, rechter Arm gefühllos. Er stand nicht mehr auf. Liess mir am 7. sagen, ich solle ihn im Auto abholen kommen, bis ihm besser. Donnerstag früh bewusstlos. Ich kam nachmittags. Freitag d. 12. um 4 h früh hörte er zu athmen auf.« – »Tod heisst nur: zwischen ihren Sternen schweben.« –
SN in Tb von 1936: »On the 31. K.K. wanted to come, put it off as cold weather. On the 5. of June news from Gretl that K.K. ill, on the 11. telegr. from Gretl that »hopeless«, left at once, at 6 in Vienna – the same night he died [...] On the 15. funeral, then Max with us by Chlum. M.-M. came after by train on the 12., returned with me here on the 17. On the 16. I was the last time in his rooms.«

Mein Nachwort: Eintragung SNs auf der letzten Seite des Bandes der ›Extrakte der Briefe von Karl Kraus an mich (von ihm gewünscht zwecks einmaliger eventueller Veröffentlichung).‹

Arbeitspraxis und Dank

Die besonderen Schwierigkeiten, die dem Zustandekommen dieser Edition entgegen standen, machten die Inanspruchnahme vielseitiger Hilfen notwendig. Michael Lazarus hat zusammen mit seiner Frau, Irene Lazarus, die Briefe entziffert. Frau Gertrud Jahn war an dieser Arbeit zeitweise beteiligt. Als Michael Lazarus am 6. August 1971 in Mutters, Tirol, plötzlich verstarb, hinterließ er neben dem Manuskript eine Sammlung von Anmerkungen sowie sein Nachwort zur Edition. Der Textteil wurde von Walter Methlagl in Zusammenarbeit mit Irene Lazarus, New York, und unterstützt von Heidemarie Bayer, Bernhard Bucher und Franz Oberhauser, alle Innsbruck, kollationiert und von Waltraud und Friedrich Pfäfflin und Klaus Schultz, München, nochmals revidiert. Frau Marlene Braun, München, und Klaus Schultz standen für die Satzeinrichtung des Manuskripts während mehrerer Wochen zur Verfügung. All diesen Mitarbeitern sei an dieser Stelle besonders herzlich gedankt.

Der Anmerkungsteil wurde von Friedrich Pfäfflin erarbeitet; Heinrich Fischer nahm an dieser Arbeit lebhaften Anteil. Die von Michael Lazarus gesammelten Anmerkungen wurden mitverwendet. Für bisher unveröffentlichte Texte und Zeugnisse über Karl Kraus ist an dieser Stelle besonders zu danken: Dr. Jiří Tywoniak vom Staatsarchiv Prag, Abteilung Beneschau; Hofrat Professor Dr. Albert Mitringer, Direktor der Wiener Stadtbibliothek, und seinen Mitarbeitern, Dr. Josef Vass und Dr. Hans Ziegler; Universitäts-Dozent Dr. Otto Mazal, Direktor der Handschriftensammlung in der Österreichischen Nationalbibliothek, Wien; Frau Anna Bloch, Lawrence/Kansas, für die Überlassung von Materialien aus dem Nachlaß ihres Mannes; Dr. Leonore Gräfin Lichnowsky, Rom, für Materialien aus dem in der Bayerischen Akademie der Schönen Künste, München, verwahrten Nachlaß von Mechtilde Lichnowsky; H. R. Fischer, London, für Kopien der Briefe von Karl Kraus an Mary Dobrzensky. Professor Dr. Adolf D. Klarmann, Philadelphia, gab freundlicherweise die Genehmigung zur Aufnahme bisher unveröffentlichter Äußerungen Werfels zur Kontroverse mit Karl Kraus.

Für Sachhinweise und die oft mühevolle Beantwortung von Einzelfragen oder ganzen Fragekatalogen ist zu danken: Frau Maryla Bix, Flushing/USA; Frau Marlene Braun, München; Frau Elisabeth Borchers, Frankfurt/Main; Franz Graf von Dobrzensky-Corio, Ascona; Holger Fließbach, München; Fräulein Gabriele Fries, München; Dr. Franz Glück, Wien; Ludwig Greve, Leiter der Bibliothek im Deutschen Literaturarchiv, Marbach a. N.; Dr. Hans Heinz Hahnl, Wien; Edwin Hartl, Wien; Erwin Heidrich, Wien; Dr. Rudolf Hirsch, Philadelphia/USA; Dr. Alois Hofman, Dr. Sc., von der Tschechoslowakischen Akademie der Wissenschaften (Anstalt für tschechische Literatur), Prag; Dr. Friedrich Jenaczek, München; Frau Gina Kaus, Los Angeles/USA; Dr. Friedhelm Kemp, München; Professor Otto Kerry, Wien; Pravoslav Kneidl, Direktor der Strahover Bibliothek des Tschechischen Literaturmuseums, Prag; Professor Dr. Georg Knepler, Berlin/DDR; Gabrielle von Kochanovszky, Cascais/Portugal; Dr. Werner Kraft, Jerusalem/Israel; Dr. Kurt Krolop, Halle/DDR; Paul Liegler, Wien; Fürstin Gillian Lobkowicz, Dover, Mass./USA; Niny Baronin Lumbe-Mladota, Matzing; Manfred Müller, Düsseldorf; Franz Ogg, Wien; Dr. Hans F. Prokop, Wien; Heinz Puknus, München; Professor Dr. Willi Reich, Zürich; Dr. Hans Röder, Zürich; Lawrence A. Schoenberg, Pacific Palisades, Calif./USA; Sigurd Paul Scheichl, Innsbruck; Klaus Schultz, München; Werner J. Schweiger, Wien; Dr. Zdeněk Šolle, Prag; Gerald Stieg, Paris; Professor Hans Swarowsky, Wien; Prinzessin Maria Julia von Thurn und Taxis, München; Frau Ulla Wiesmann, Innsbruck; Professor Harry Zohn, Waltham, Mass./USA.

Die Manuskripte und Verlagskorrekturen las Waltraud Pfäfflin, die an allen Entdeckungen Anteil hat. Der zweite Band wurde in vielen sachlichen Einzelfragen von Niny Baronin Lumbe-Mladota, der Jugendfreundin von Sidonie Nádherný, von Franz Glück und Klaus Schultz kontrolliert und ergänzt. Die Register erstellten Walter Methlagl (Band I) und Fritz Pfäfflin (Band II).

Der Bildteil dieses Bandes kommt dank der großzügigen Unterstützung folgender Archive und Persönlichkeiten zustande: Brenner-Archiv, Innsbruck; Staatsarchiv Prag, Abteilung Beneschau; Tilbert Eckertz, Berlin/DDR; Edwin Hartl, Wien; Frau Lotte Reiss-Jacobi, Deering/USA; Hein Kohn, Hilversum/Holland; Dr. Viktor Matejka, Wien; Professor Dr. Willi Reich, Zürich; Dr. Hans Röder, Zürich; Professor Hans Swarowsky, Wien.

Editionen dieses Umfangs, an denen über Jahre intensiv gearbei-
tet wird, sind ohne Forschungsaufträge oder Druckkostenzuschüsse
nicht mehr zu verwirklichen. Die Dokumentationsstelle für Neuere
Österreichische Literatur in Wien unter der Leitung von Professor
Dr. Viktor Suchy hat dankenswerterweise bereits 1970 die
Vorarbeiten der Manuskripterstellung subventioniert, wofür
den seinerzeit im Bundesministerium für Unterricht und Kunst,
Wien, zuständigen Persönlichkeiten, Herrn Bundesminister
Dr. Mock und Herrn Ministerialrat Dr. Hans Brunmayr, gedankt
sei.

Der Geschwister-Böhringer-Stiftung für Geisteswissenschaften in
Ingelheim am Rhein danken wir für einen großzügigen Druck-
kostenzuschuß, der das rechtzeitige Erscheinen dieser Ausgabe
zum 100. Geburtstag von Karl Kraus möglich machte. Herr Bi-
bliotheksdirektor a. D. Professor Dr. Wilhelm Hoffmann, Stuttgart, und Herr Professor Dr. Bernhard Zeller, Direktor des
Deutschen Literaturarchivs und Schiller Nationalmuseums in
Marbach a. N., unterstützten dieses Unternehmen in einer
schwierigen Situation; beiden sei besonders herzlich gedankt.

Das Kulturreferat der Tiroler Landesregierung, Innsbruck, in
dessen Wirkungsbereich sich heute die zweite große Forschungsstelle über Karl Kraus am Brenner-Archiv befindet, förderte den
Druck dieser Ausgabe gleichfalls in großzügiger Weise. Besonde-
rer Dank gilt Herrn Landeshauptmannsstellvertreter Professor
Dr. Fritz Prior. – Dem Kulturamt der Stadt Innsbruck und besonders dessen Referenten, Herrn Vizebürgermeister Dr. Arthur
Haidl und Herrn Dr. Otto Reisinger, ist für die Unterstützung
bei der Drucklegung ebenfalls zu danken.

Die Sicherung der Druckauflage durch öffentliche Ankäufe ist dem
Bundesministerium für Unterricht und Kunst, Wien, Herrn Bundesminister Dr. Fred Sinowatz, und dem Kulturamt der Stadt
Wien, Herrn Senatsrat Dr. Foltinek, zu danken. Herr Dr. Wolfgang Kraus von der Österreichischen Gesellschaft für Literatur,
Herr Dr. Viktor Matejka, Wien, Herr Direktor Albert Mitringer
von der Wiener Stadtbibliothek und Herr Professor Friedrich
Torberg, Breitenfurth, unterstützten die Anträge des Verlages in
selbstloser Weise. Ihnen sei nachdrücklich gedankt.

Nicht unerwähnt darf bleiben, daß die Erben von Karl Kraus auf
das Honorar an der ersten Auflage dieser Briefausgabe verzichteten, um so diese Edition zu ermöglichen.

408

Die ersten Korrespondenzen, die schließlich zur Auffindung der Originalbriefe von Karl Kraus an Sidonie Nádherný führten, liegen sieben Jahre zurück. Dem Kösel-Verlag, vor allem Herrn Dr. Heinrich Wild und Herrn Dieter Munz, ist für die Langmut zu danken, mit der sie dieses Unternehmen begleitet haben. Auch allen nicht genannten Beteiligten im Verlag und in den Graphischen Werkstätten Kösel sei dieser öffentliche Dank ausdrücklich gesagt. *W. M.   F. P.*

Der Verlag bemerkt mit einem Dank an Friedrich Pfäfflin, daß auch er, als Verfasser des zweiten Bandes dieser Ausgabe, auf Honorar an der ersten Auflage verzichtet hat.

Werkregister

Das Werkregister erfaßt alle in Band I und II genannten bzw. in Anspielungen erwähnten Titel von Karl Kraus mit einer entsprechenden Seitenzahl. Durch *Kursivdruck* werden jene Stellen in Band II hervorgehoben, unter denen sich genaue Drucknachweise oder nähere Angaben über die Entstehung des Werkes finden lassen. Teile von größeren Werken, etwa bei den ›Letzten Tagen der Menschheit‹, werden nur unter dem Haupttitel erfaßt. Die von Karl Kraus verwendeten Titelabkürzungen bzw. Titelvarianten sind berücksichtigt. Auf den Titel der Druckfassung wird verwiesen. Bei Buchtiteln werden, zur Unterscheidung von mitunter gleichlautenden Essay-Titeln, generell die Werknummern der Kerry'schen Bibliographie angeben.

Abenteuer der Arbeit 374, 375, 376, 386, 389, 500. II: 29–30, 242, *249–250*, 255, 256, 303, 320
Absage II: 40
Abschied und Wiederkehr 211, 217, 218, 221–222, 223, 236, 248, 250, 252, 255, 257, 262, 272, 280, 300, 348, 354, 367, 376, 433, 466, 601. II: 25, 26, 28, *184–185*, 186, 187, 189, 194, 195, 197, 199, 200, 204, 225, 233, 238, 296
Abschied und Wiedersehen, s. Abschied und Wiederkehr
Ad Spectatores, s. Warum die Fackel nicht erscheint
Adolf Loos und ich II: 116
Affaire Friedjung II: 39
Alle, die durch der Zeitung 18. II: 120
Alle Vögel sind schon da 386. II: 214, 242, *247*, 255
Alles oder nichts, s. Leben ohne Eitelkeit
Als Bobby starb 425, 428, 459, 471, 551. II: 25, 26, 30, 54, 117, 225, 270, 274, 275, 281, 335
Als ein Stern fiel 488, 501, 513. II: 26, 41, 55, *308*, 321
Also Dichter und Denker, nicht Barbaren 339. II: 229

Am Kreuz II: 26, 42
An den Polizeipräsidenten II: 320
An den Schnittlauch 375. II: 29, *250*
An denselben II: 32
An der schönen Herrin sprangen die Hunde empor II: 156
An die Abwesenden II: 400
An die Unbekannte, s. Sturm und Stille
An eine Falte 370. II: 20, 25, 26, 38, *288*, 294, 298, 299
An eine Heilige 514, 530, 533. II: 42, 326, *329*
An einem Tag II: 291
An einen alten Lehrer 321. II: 218
An meinen Drucker II: 334
Annie Kalmar II: 197
Apokalypse II: *169*, 172
Aphorismen s. Nachts
Aschermittwoch II: 32–33
Auf die wunderbare Rettung der Wunderbaren II: 42, *325*, 346
Auferstehung II: 20, 25, 26, 39, 294, 297
Aufforderung II: 36
Aus der Sudelküche 495. II: *314*, 318
Aus Gewohnheit II: 26, 39, 297
Aus jungen Tagen 245, 254–255,

262, 263, 272, 310. II: 25, 26, 28, *193*, 196, 198, 199, 202, 213, 219
Aus Redaktion und Irrenhaus oder Eine Riesenblamage des Karl Kraus II: 363
Ausgewählte Gedichte 551. II: 61, 176, *338*
Ausgleich II: 31
Auszeichnung eines Überlebenden II: 36

Bahrs Himmelfahrt II: 31
Bange Stunde 456. II: 25, 26, 39, *289*, 291, 299
Begehrlichkeit II: 37
Bekenntnis II: 247
Bekenntnisbuch, s. Worte in Versen [I]
Berichtigung II: 33
Beschwörung des bösen Geistes II: 37
Bitte an Verehrer II: 36
Bomben auf den Ölberg II: 30
Botschaft, s. Sendung
Brünn II: 347
Bunte Welt II: 38
Burgtheater-Tradition II: 33

Chin. M., s. Die chinesische Mauer
Czernins Rede II: 36

Dank 530, 533, 540. II: 26, 35, 42, *329*
Dankschreiben. An Berthold Viertel II: 352
Das abgeschaffte Orchester II: 35 bis 36
Das arme Leben II: 20
Das Buch und die Frau 314. II: 216
Das Ende eines zugelaufenen Hundes II: 224
Das Gedankenleben II: 191
Das ist der Krieg – c'est la guerre – das ist die Zeitung II: 332
Das Lebensmittel II: 34
Das Lied von der Presse II: 369
Das Originalgenie II: 31

Das Schoberlied 598. II: *358–359*, 369
Das übervolle Haus jubelte den Helden begeistert zu, die stramm salutierend dankten 358. II: *226* bis *227*, 233, 234, 240
Das Wunder II: 26, 42–43
Das zweite Sonett der Louise Labé II: 38
Dein Fehler 530, 533. II: 26, 42, *329*
Dem Schönfärber 314. II: 216
Den Neubildnern 374. II: 29, *250*
Den Psychoanalytikern II: 34
Den Verlassenen II: 25–26, 41, *308*
Den Zwiespältigen II: 271
Der allgemeine Verteidigungskrieg II: 31
Der Anstoß II: 35
Der Bauer, der Hund und der Soldat II: 303, *347*
Der Bericht vom Tag II: 31
Der Besiegte 373. II: 25, 26, 29, *246*, 247
Der Ernst der Zeit und die Satire der Vorzeit 128. II: *151*, 158, *159*
Der Erotiker II: 36
Der Fall Diebold II: 373
Der Fall einer deutschen Mona Lisa II: 137, *152*
Der Flieger II: 32
Der Fremdenverkehr II: 34
Der Gärtnerin 638, 639, 640, 643, 645, 646, 654, 656, 662. II: 26, 43, 107, *379–380*, 385
Der Geschäftskrieg II: 34
Der größte Schriftsteller im ganzen Land II: 359
Der größte Schuft im ganzen Land II: 356
Der Heldensarg II: 30
Der Hörerin II: 25, 26, 38
Der Hort der Republik 591. II: 352
Der Irrgarten II: 247
Der Krieg II: 242
Der Mann bildet sich ein II: 169
Der Mann ist der Anlaß der Lust II: 12

Der Mann und das Wort 446. II:
36, 284
Der Mäzen II: 42
Der müde Soldat II: 256
Der neue Pair II: 31
Der neue Rezitator II: 335–336
Der neue Wiener II: 30
Der Nobelpreis II: 350, 364
Der Reim 373, 386, 389. II: 29,
242, 247
Der Ruf der Wienerstadt II: 34
Der Satiriker geißelt die Schwä-
chen II: 33
Der Siebenschläfer II: 20
Der sterbende Mensch 255. II: 113,
142
Der Strom II: 26, 42
Der Tod eines Schmetterlings, s.
Die Krankenschwestern
Der Tote, s. Sendung
Der Traum ein Wiener Leben 155
bis 156, 367. II: 164, 243
Der triftige Grund II: 37
Der Unähnliche 373. II: 29, 246–247
Derselbe II: 37
Der Vorleser II: 33
Der Wiener wird nicht untergehn
II: 177
Deutsche Literaturgeschichte II: 33
Dialog 554, 565, II: 26, 42, 339,
340, 343
Dialog der Geschlechter II: 240
Die Affäre Piccaver II: 272
Die Ballade vom Papagei 395. II:
259
Die Balten und die Letten II: 33
Die Büßerin II: 38, 288
Die Claque II: 36
Die chinesische Mauer [EA 8] II:
176, 270
Die chinesische Mauer [EA 9] 249,
270, 657. II: 119, 157, 194, 199
Die demolirte Literatur [EA 11]
304. II: 209, 313
Die deutsche Schuldfrage II: 33
Die dritte Walpurgisnacht [EA 12]
646. II: 385, 393
Die Ehe ist eine Mesalliance II:
158

Die Flamme der Epimeleia II: 38
bis 39, 288, 379
Die Fundverheimlichung [Essay]
333, 335, 341, 346, 371. II: 224,
244
Die Fundverheimlichung [Gedicht]
378, 397, 399, 415, 417, 418, 428.
II: 25, 30, 225, 240, 252, 254,
260, 261, 267, 268
Die Gedenktage II: 349
Die Gerüchte, s. Gerüchte
Die Geschlechter 435. II: 35, 278
Die Grüngekleideten II: 331
Die Historischen und die Vordrin-
genden 243. II: 192, 194, 215
Die Instrumente II: 31
Die Intimen 55, 56, 83. II: 135
Die Kinder der Zeit II: 169
Die kranke Valuta II: 31
Die Krankenschwestern 181, 191,
200, 203, 204, 207, 209, 247–248,
259, 452. II: 25, 26, 27, 53, 174,
175, 176
Die Kriegsberichterstatterin II: 32
Die Kunst sich zu freuen II: 30
Die Leidtragenden II: 195, 200
Die letzte Nacht [Essay] II: 341
Die letzten Tage der Menschheit
[EA 13] 167, 175, 179, 277, 280,
303, 314, 447, 480, 485, 495, 502,
510, 525, 530, 539, 540, 541, 542,
543, 550–551, 552, 558, 560, 561,
563, 567, 571, 572–573, 574, 577,
591, 612, 657, 664, 694. II: 12, 19,
53, 54, 56, 59, 138, 143, 169, 173,
174, 175, 192, 200, 209, 216, 238,
258, 276, 277, 284, 287–288, 305,
306, 307, 310, 318, 324, 328, 329,
330, 331, 332, 333, 334, 338, 341,
342, 344, 345, 346, 347, 348, 350,
352, 353, 368, 380, 383, 386, 395,
396, 401, 403
Die militärische Lage ist günstig
II: 40
Die Mission der Ämter ist es II:
253
Die Nachtigall II: 372
Die neue Generation II: 34
Die nicht untergehn II: 266

413

Die Parole II: 40
Die Psychoanalen II: 344
Die Raben II: *369*, 393
Die Räuber II: 41
Die Redensart II: 32
Die Satire ist wehrlos II: 36
Die Schalek und der einfache Mann
 II: 257
Die Schönheit im Dienste des
 Kaufmanns 212. II: 185
Die Schuldfrage II: 31
Die Schwärmer II: 35
Die Sprache [EA 14] 570, 571, 576,
 634, 637. II: 12, *314*, 344, 347,
 348, 378, 379, 382
Die Sprache tastet wie die Liebe
 II: 113
Die Staackmänner II: 152
Die Tauglichen und die Untaug-
 lichen II: 35
Die Unüberwindlichen [EA 15]
 599, 611, 622. II: 353, 357, 359,
 360, 367, 368, 376, 404
Die Unüberwindlichen [Essay] II:
 360
Die unzulängliche Macht II: 39
Die veränderte Lage II: 40
Die Verlassenen, s. Den Verlasse-
 nen
Die wahre Eifersucht will nicht
 nur Treue II: 169
Die Werte II: 31
Die Zwangslage II: 33
Dorten 423. II: 271
Drei 373, 374, 381. II: 25, 26, 29,
 245, 247, 249, 252
Du bist sie, die ich nie gekannt
 523. II: 26, 41, 44, *325*, 327, 328
Du seit langem einziges Erlebnis
 II: 26, 42, 56, *312*, *323*, 329
Durch die Nacht II: 372

E. u. d. D., s. Eros und der Dichter
Eeextraausgabeee–! [Gedicht]
 241, 252, 280. II: *195*, 200
Ehrendoktorate II: 34
Eifersucht ist immer unberechtigt
 II: 35

Ein Berliner Kopf über eine Wie-
 ner Frisur II: 191
Ein Friedmensch II: *351*, 355
Ein Geduldspiel für Groß und
 Klein 319. II: 217
Ein leicht verständliches Epigramm
 437, 438. II: 38, 280, *281*
Ein Vorschlag 498. II: 320
Eine Lügennachricht 358. II: 240
Eine Mezzie 236, 252. II: 191, *195*
Eine prinzipielle Erklärung 448.
 II: 285
Einem Grüßer II: 40
Einem Polyhistor II: 31
Einem schwerhörigen Freunde 321.
 II: 28, *214*, 218
Einem Strategen II: 33
Einer der Ärgsten II: 257
Elegie auf den Tod eines Lautes
 257–258, 261. II: 195, *197*
Elysisches. Melancholie an Kurt
 Wolff 397. II: 260, *269*, 270
Epigramm aufs Hochgebirge 369.
 II: 25, 28, 54, *238*, *244*, 249
Er hat so Heimweh gehabt II: 322
Erlebnis 530, 533. II: 26, *329*
Er ließ etwas streichen II: 336
Er malte die Lebenden II: 215
Eros und d. D., s. Eros und der
 Dichter
Eros und der Dichter 498. II: 26,
 41, *312*, 320, 327
Ersatz II: 37
Er zwang sie, ihr zu willen zu
 sein II: 160
Es 649. II: *319*, 388
Es werde Licht 437. II: 38, *280*
Etymologie 438. II: 38, *281*
Expansion II: 33
»Extraausgabe«, s. Die letzten Ta-
 ge der Menschheit und Eeextra-
 ausgabeee–! [Gedicht]

F.F., s. Franz Ferdinand und die
 Talente
F.F.u.d.Tal., s. Franz Ferdinand
 und die Talente
Fahrt ins Fextal 300, 310, 323,

331, 419. II: 25, 26, 28, 54, 206, 209, 213, 219, 223, 268
Falte, s. An eine Falte
Fernes Licht mit nahem Schein 530, 533. II: 26, 42, 329
Flieder II: 39
Franz Ferdinand und die Talente 59, 542. II: 135, 333
Für A. L., s. Einem schwerhörigen Freunde
Für Nichtraucher II: 32

Gebet II: 242
Gebet an die Sonne von Gibeon 317, 318, 330, 389, 392, 427. II: 216, 217, 220, 240, 273, 303
Gebet während der Schlacht 359, 372–373, 376, 389, 392. II: 241, 245, 251
Gerhart Hauptmann II: 32
Gerüchte 373. II: 29, 247
Geheimnis II: 364
Gespenst am Tag II: 43
Gespenster II: 306
Gespräche 373, 374, 381. II: 25, 26, 29, 245–246, 247, 249, 252
Girardi im Burgtheater II: 35
Glossen werden Symbole II: 37
Goethe-Ähnlichkeit II: 35
Goethe und alles 400. II: 262
Goethe und die Tiere 400. II: 262,
Goethes Volk II: 281
Grabschrift für ein Hündchen 375. II: 29, 250
Grabschrift für Elisabeth R[eitler] 446. II: 38, 284
Gräfinnen II: 130
Griff und Mißgriff II: 358

Halbschlaf II: 299
Heimkehr und Vollendung 483. II: 309
Heine und die Folgen II: 116, 395
Herbstzeitlose oder Die Heimkehr der Sieger 541, 542. II: 332, 334
Höllenangst II: 37
Hugo v. Hofmannsthal II: 32
Huldigung der Künste am Namenstag II: 26, 39, 294

Hunde, Menschen, Journalisten II: 224
Ich stehe immer unter dem starken Eindruck II: 278
Ich kannte einen Hund, der war so groß wie ein Mann II: 156
Ich und der Stoff II: 37
Imago 569, 570. II: 344
Immergrün 648. II: 26, 43, 106, 387, 388
In dieser großen Zeit 83, 90, 91, 93, 128, 159, 441. II: 142, 144, 147, 149, 152, 155, 159, 160, 166, 282
In eigener Regie II: 36
In Künstlerkreisen verlautet II: 133
In memoriam Franz Janowitz II: 284, 287
Instanz des Reimes II: 37

Jahreszeit II: 34
Johannes, s. Sendung
Jugend 434–435, 436, 486, 588, 624. II: 19, 278, 279, 310, 351, 374

Kerr am Schreibtisch II: 350
Kinematographischer Heldentod II: 32
Klagelaute zum 25. Juni 1918, s. Schäfers Abschied
Klassiker-Ausgaben II: 37
Knappes Leben II: 31
Kokoschka und die andere II: 117
Kompliment II: 35
Krankenschwester, s. Die Krankenschwestern
Kriegsküche II: 32
Kultur und Presse II: 176

L.T.d.M., s. Die letzten Tage der Menschheit
Landschaft 179, 335, 336, 352, 354, 435, 455, 463, 556, 564, 565, 580, 599, 600, 632. II: 25, 26, 28, 54, 87, 238, 242, 249
Le papillon est mort II: 19
Lear im Burgtheater II: 397, 399

Leben ohne Eitelkeit 88, 105. II: 25, 26, 27, 53, 148, 152, 153
Legende, s. Abschied und Wiederkehr
Lichnowsky und Barnowsky II: 248
Liebeserklärung an Zerline Gabillon II: 342
Linguistik II: 31
Literatur oder Man wird doch da sehn [EA 21] 494–495, 546. II: 314, 318, 333, 336, 360
Literatur und Lüge [EA 22] 570. II: 344–345
Luxusdrucke II: 36

Madame L'Archiduc in Prag II: 378
Made in Germany II: 35
Mahnung 497. II: 319
Man frage nicht 648. II: 7, 8, 43, 149, 387, 388, 392
Marmor-Chronik II: 34
Meine Lustbarkeiten II: 322
Meinem Franz Grüner II: 276
Meinem Franz Janowitz II: 285
Memoiren 365, 367, 369, 370, 372, 375, 376, 389, 424. II: 25, 28, 243, 244, 245, 249, 272
Mit der Uhr in der Hand II: 30, 259
Mit Dir vor einem Springbrunnen, s. Vor einem Springbrunnen
Mit G. II: 291
Mit Gott II: 32
Mitteilung eines landesgerichtlichen Dekrets II: 131
Mittel und Zweck II: 40
Monolog des Alfred Kerr 499. II: 320
Mord in Ungarn II: 322
Mythologie 393. II: 258

Nach dreißig Jahren II: 19
Nach Goethe 306. II: 210–211
Nach zwanzig Jahren II: 41
Nachts [EA 25] 389, 396, 397, 471, 472, 473. II: 176, 256, 281, 304, 305

Nachts [F 406–412] 200. II: 178
Nachts [F 445–453] 389. II: 256

Optimismus II: 41
Otto Ernst als Strandläufer von Sylt II: 131, 137, 152

P.A. II: 37
Park, s. Wiese im Park
Per aspera ad astra II: 321
Peter Altenberg, s. P.A.
Peter Altenberg: Auswahl aus seinen Büchern von Karl Kraus II: 134
Phantasie an eine Entrückte 437. II: 25, 26, 37–38, 280
Prag II: 347
Prager Klassiker II: 32
Pro domo et mundo [EA 29] II: 176
Propaganda II: 33
Prozeß Veith II: 270

R.v.K. [= Rosen von Konopischt], s. Die Intimen
Razzia auf Literarhistoriker II: 203
Rede am Grab [Adolf Loos] [EA 1] II: 116, 392
Rede am Grabe Peter Altenbergs [EA 27] 471, 473. II: 134, 304, 305, 321
Reiseabenteuer II: 40
Reklamefahrten zur Hölle II: 105, 393
Religionskrieg II: 40
Repressalien II: 34
Revolution II: 36
Revolution in Deutschland II: 36
Richard Dehmel II: 32
Rosen von Konopischt, s. Die Intimen

S.n.a.Umg., s. Sehnsucht nach aristokratischem Umgang
Sage von Steinen 466. II: 25, 26, 40, 301
Sakrileg an George oder Sühne an Shakespeare? II: 382

Schäfers Abschied II: 25, 26, 39 bis 40, 294–297
Schilderung aus dem Erzgebirge II: 278
Schnellzug II: 26, 41
Schweizer Idylle II: 251
Sehnsucht II: 25, 26, 39, 294
Sehnsucht nach aristokratischem Umgang 138, 542. II: 136–137, 160, 162, 192, 333, 339
Seine Antwort II: 128
Selbstlose Gesellschaft 373. II: 29, 247
Sendung 253, 275–279, 285, 286, 288, 359, 361, 364, 370, 408, 428, 575, 576, 630. II: 25, 26, 28, 161, 195–196, 199, 200, 201, 202, 241, 242, 249, 348, 377
Shakespeare und die Berliner II: 248
Shakespeares Dramen I [HN 19] 665. II: 396, 397, 401, 404
Shakespeares Dramen II [HN 19] 674. II: 396, 397, 401, 404
Shakespeares Sonette [HN 20] 641. II: 384
Sidi!, s. Aus jungen Tagen
Siebenmonatskinder II: 143
Sie sind nicht imstande, einem Wort Leben zu geben II: 232
Siegesfeier II: 34
Silvester II: 38
Sinn und Gedanke 438. II: 38, 281
Sittlichkeit und Kriminalität [EA 31] II: 320
Ski und Fiedel 424. II: 272
Slowenischer Leierkasten 465. II: 25, 26, 40, 155, 296, 300, 344
So lesen wir alle Tage II: 31
Sonderbare Gäste II: 34
Spezialmassage II: 360
Sprachgebrauch II: 34
Sprichwörter II: 39
Springbrunnen, s. Vor einem Springbrunnen
Sprüche und Widersprüche [EA 32] 60. II: 128, 137, 219, 278
sterbende Menschen, s. Der sterbende Mensch

Straßenrufe II: 20, 39
Sturm und Stille 530, 533, II: 26, 42, 329, 340
Sylvester 1917 II: 288

Täuschung II: 35
Tagebuch II: 250
Thierfehd/1916, s. Landschaft
Todesfurcht II: 20, 369
Tradition II: 32
Traum 486. II: 25, 26, 41, 308, 310, 311
Traumstück [EA 33] 568, 569 bis 570, 573, 574, 593–594. II: 265, 343–344, 346, 351, 352, 354, 357, 363
Traumtheater [EA 34] 579. II: 265, 349–350, 351, 352

Um Perichole II: 372
Umgekehrte Propaganda, s. Propaganda
Um nicht auf lautes Herzklopfen Herein! zu sagen II: 160
Unsere Post II: 33
Unter dem Wasserfall 464. II: 19 bis 20, 25, 26, 40, 300, 310
Untergang der Welt durch schwarze Magie [EA 35] 168, 170, 174 bis 176, 180, 273, 541, 542, 543, 550, 552, 695. II: 19, 56, 169, 170, 172, 199, 256, 281, 332, 333, 334, 338
Unterricht 438. II: 38, 281

Vallorbe 428, 435, 436, 437, 439, 444, 447, 455, 459, 465, 484, 617. II: 25, 26, 35, 274, 276, 279, 280, 281, 293, 297, 300, 310, 311
Vergelt's Gott II: 25, 26, 38
Vergnügungsanzeigen II: 33
Verkehrte Götterwelt II: 35
Verlöbnis 433, 435. II: 25, 26, 30, 277, 278
Verlust II: 26, 42, 328
Vermächtnis, s. Sendung
Verschiedene Grüßer II: 40
Vert-Vert [HN 17] II: 374, 377

Verwandlung 200, 202, 207, 209, 328, 367–368, 377, 378, 382, 397, 426, 429, 433, 466, 694. II: 25, 26, 27, 52, 53, 158, *161–162*, 166, 175, 176, 222, 243, 245, 251, 252, 254, 257, 260, 273, 278, 300, 301
Verwandlung [II] II: 25, 26, 40, *300*
Verzicht 314. II: 28, *216*
Volkshymne II: 341
Vom Mut vor der Presse 574. II: 346
Vom Plagiat II: 216
Vom Reim, s. Der Reim
Von Herrn Schober und der Klage gegen ihn II: 354
Vor dem Einschlafen 373. II: 29, *246–247*
Vor dem Heldentod II: 35
Vor dem Schlaf II: 26, 41
Vor einem Springbrunnen 160, 162, 181, 191, 200, 203, 207, 209, 217, 218, 226, 255, 272–274, 277, 278, 306, 376, 419, 420, 421, 433, 452, 550, 551, 631. II: 25, 26, 27, 53, 165, *166*, 175, 176, 200, 250, 268, 270, 296, 303
Vorräte II: 32
Vorwort zum 60. Todestag Nestroys II: 333, 337
Vorwort zur letzten Berliner Vorlesung II: 312

W.Fr.: schw. Mann, s. Weiße Frau: schwarzer Mann
Wahlspruch II: 34–35
Wahnschaffe II: 30
Warnung des Lesers II: 37
Warum die Fackel nicht erscheint 658, 659. II: *385, 393*
Weg damit II: 393
Weiße Frau: schwarzer Mann 542. II: 333
Weltgericht [EA 36] II: 176, *305* bis *306*
Wer glaubt ihm? II: 355
Wer Kunst und Religion besitzt, s. Nach Goethe

Wie arm ist der Wasserfall II: 26
Wiederfinden im Diesseits, s. Sendung
Wiedersehen beim Abschied, s. Abschied und Wiederkehr
Wiedersehen mit Schmetterlingen 431, 476, 483. II: 25, 26, 30, 54, 275, 276, 277, 307, 309
Wie es kam II: 33
Wie man's anpackt II: 36
Wiese im Park 167, 181, 234–235, 237, 238, 239, 248, 252, 259, 262, 273–274, 280, 281, 351, 359, 369, 372, 422, 446, 463, 633, 642, 670. II: 25, 26, 28, 161, 162, 169, 188, *190, 194, 195, 200, 204*
Wien 556. II: 336, 339
Wiener Brief II: 313
Wiese, s. Wiese im Park
W.i.V., s. Worte in Versen
Wolkenkuckucksheim [EA 37] II: *348–349, 357*
Wollust II: 25, 41
Woodies Tod, s. Grabschrift für ein Hündchen
Worte in Versen [I] [EA 39.1] 255, 263, 272–274, 300, 311, 314, 328, 348, 364, 367, 426, 442, 443, 448, 449, 486. II: 53, 158, 184, *190, 192, 193, 194, 196, 197, 198, 199, 202, 203, 208, 216, 228, 234*, 242, 269, 273, 282, 286, 321
Worte in Versen II [EA 39.2] 420, 426, 430, 442, 443, 448, 449, 486. II: 53, *235, 245, 252, 269*, 273, 275, 282, 286
Worte in Versen III [EA 39.3] 438, 486. II: *54*, 280, 281, 284, 285
Worte in Versen IV [EA 39.4] II: 54, 259, 288, 294, 297, 300, 301, *305*
Worte in Versen V [EA 39.5] 502. II: 55, *312*
Worte in Versen VI [EA 39.6] II: 56, 325, 328, *338*, 339, 340, 343, 346, 371
Worte in Versen VII [EA 39.7] II: 349

Worte in Versen IX [EA 39.9] II: 197
Worte in Versen [I–IX] [EA 39] 569, 594, 619, 621, 641, 642. II: 12, 19, 176, 327, 333, 335, 337, 346, 347, 354
Worte Schopenhauers 391. II: 257
Worte von Jean Paul, Schopenhauer und Bismarck 93. II: 149

Zeichen und Wunder II: 36
Zeitstrophen [EA 40] II: *328*, 373
Zeuge Schopenhauer 258. II: 197
Zitate aus Schiller, Goethe, Jean Paul II: 251
Zu Sidies Hochzeitstag, s. Verwandlung

Zuflucht 437, 445. II: 12, 25, 26, 29, 54–55, *247*, 255, 256, 280, 284, 293, 296
Zum ewigen Frieden II: *289, 299,* 303, 393
Zum Namenstag II: 25, 26, 28, 39, *235, 297–298*
Zum Schießen komisch II: 266
Zum wohltätigen Zweck II: 156
Zur Sprachlehre [F 572–576] 493, 496–497. II: 314
Zur Sprachlehre, s. Die Sprache
Zur Ueberwindung des Hermann Bahr II: 313
Zusammenhänge II: 37
Zwei Soldatenlieder II: 30
Zwischen den Schlachten II: 34

Personenregister

Das Personenregister verzeichnet alle in Band I und II (bis Seite 405) genannten Personen mit der entsprechenden Seitenzahl. Bei Abkürzungen von Namen oder Kosenamen wird ein entsprechender Verweis gegeben, so daß dieses Register gleichzeitig zur Auflösung von Abkürzungen benutzt werden kann. Namen aus der Mythologie und Rollen aus Dramen werden nicht nachgewiesen. Genauere biographische Angaben zu einzelnen Personen finden sich unter der durch *Kursivdruck* hervorgehobenen Ziffer.

A., s. Peter Altenberg
P. A., s. Peter Altenberg
A., s. Alma v. M.
A., s. Viktor Adler
Adler, Bruno II: 350
Adler, Friedrich 653. II: 389–390
Adler, Guido II: 365
Adler, Hans 355. II: 238
Adler, Viktor 437, 438. II: *280*, 281
Alex, s. Alex Fürst Thurn und Taxis
Alff, Wilhelm II: 386
Altenberg, Peter 52, 190, 234, 235 bis 236, 326, 328, 331, 332, 336, 351–352, 368, 427, 471, 473, 502, 504, 607, 641. II: 19, 21, 84, 115, *133–134*, 189, 190, 214, 220, 222, 223, 224, 228, 235, 236, 243, 273, 304, 321, 322, 328, 335, 360, 364, 365, 381, 382
Althaus, Karl II: 47
Altmann Loos, Elsie II: 269, 270
Andreas, Oskar 194, 195. II: *176*, 177
Andreas-Salomé, Lou II: 50, 132
Anna [Dienerin in Janowitz] II: 393
Arco-Zinneberg, Olga Gräfin II: 397
Aristophanes II: 348
Arndt, Ernst Moritz 461
Auerbach, Eugen 608–609. II: 354, 364, 365, 367
Austerlitz, Friedrich II: 332, 363

B. 648. II: 387
R. B. 465. II: 300
B., s. Karl Graf Belcredi
B. [= Biograph], s. Leopold Liegler
Carl B......i, s. Karl Graf Belcredi
Bach, Johann Sebastian II: 267, 310
Bachofen, Johann Jakob II: 248
Baernreither, Familie II: 138
Baerwald, Hellmut II: 359, 360
Bahr, Hermann 491. II: 133, 211, 230, *313*
Balzac, Honoré de II: 333, 337
Banarelli, Alice II: 325
Baraocki, Mme 151. II: 163
Barbusse, Henri II: 363, 394, 398
Barnowsky, Viktor II: 233, 236, 248
Bartók, Béla II: 254
Bartosch, Josef II: 341
Bartsch, Rudolf Hans 321, 324, 334, 337, 340. II: *218*, 219, 220, 230, 257
Baudissin, Wolf Heinrich Graf 334, 336. II: 152, 153, 218, *226*, 266, 282, 292, 320, 331, 384
Bauer, Ludwig II: 171
Bauer, Otto 655. II: *389*, 391
Bauer, Viktor Ritter von II: 140
Beer-Hofmann, Richard II: 133
Beethoven, Ludwig van 379, 484. II: 229, 309–310
Bekessy, Hans II: 404

Bekessy, Imre 685, 693. II: 352, 404

Belcr., s. Karl Graf Belcredi

Belcredi, Karl Graf von 63, 150, 152, 155, 210, 230, 318, 388. II: *138*, 162, 163, 164, 184, 217, 324

Beneckendorf und Hindenburg, Paul von 357. II: *240*, *376*

Benjamin, Walter II: 17

Benn, Gottfried II: 386

Berchtold, Leopold Graf 653. II: *389*

Berchtold, Nadine Gräfin II: 223

Beresford, Lord 88. II: 148

Berg, Alban II: 68, 372, 392, 394, 398

Berger, Alfred von II: 197

Berger, Philipp II: 392

Bergmann, Robert II: 392

Berlepsch 456. II: 292

Bermann, Thomas Dr. II: 208

Bernhard, Dr. II: 212

Bernstorff, Johann-Heinrich Graf von 415. II: 267

Besant, Annie II: 209

Bettelheim-Gabillon, Helene 673. II: 342, *400*

Bidermann, Baron 673. II: *400*

Bierbaum, Otto Julius II: 211

Bildhauerin, s. Rilke-Westhoff, Clara

Binder 494, 514. II: 314, *326*

Biograph, s. Leopold Liegler

Biolog, s. Max Graf Thun

Bismarck, Otto von II: 149, 252

Bix, Maryla II: 376

Bl., s. Blanka Gräfin Deym-Herberstein-Kronacker

Blanka von Toskana, Erzherzogin 274, 282, 343. II: *199*, 201, 231, 264

Blau, Sigmund 675. II: 402

Blei, Franz II: 207

Bloch, Albert 691, 692. II: 13, 14, 18, 19, 20, 58, 59, 60, 61, 392

Bloch, Anna 692

Blum, Léon 655. II: 391

Blume, Bernhard II: 22, 121

Blumenthal-Weiss, Ilse II: 122

Börner, Wilhelm II: 254

Booswalder, R. II: 303

Bosel, Siegmund II: 404

Brandes, Steffi II: 64

Braumüller, Wilhelm 62. II: 137

Brecht, Bertolt 641. II: 10, 215, 360, 381, 382, 394

Breisach, Paul II: 374

Brendel, Ulrik, s. Liegler, Leopold

Breuning, Konstanze von II: 154

Briegleb, Klaus II: 220

Brindejont-Offenbach, Jacques II: 398

Brod, Max II: 124, 284, 286, *287*

Bronsgeest, Cornelis II: 368, 370, 371, 372, 374

Brukner, Fritz II: 350

Brüning, Heinrich II: 376

Buber, Martin II: 265

Bubna und Litic, Graf II: 298, 299

Bubna, Margarete Gräfin 461. II: 298

Bubna, Marietta Gräfin 461. II: 298

Bubna, Nikolaus Graf 461. II: 298

Bubna, Zdenko Graf 461. II: 298

Buck, Otto II: 191

Bumsti, s. Erzherzog Friedrich, Herzog von Teschen

Buquoy, Henriette Gräfin II: 223

Bürger, Gottfried August II: *225*, 335

Busch, Anton II: 357

A. C., s. Anton Baron Codelli

V. C., s. Vera Gräfin Czernin

C., s. Carl Graf Guicciardini

Cambon, Jules II: 154

Capaul II: 210, 296

Čapek, Karel II: 394

Carletto, s. Karl Graf Belcredi

Castell-Rüdenhausen, Alexander Graf 194, 199, 214. II: 177

Castiglioni, Camillo II: 404

Ch. [Charley], s. Karl Baron Nádherný

Ch., s. Margarethe und Moritz Ritter von Chlumecký-Bauer

Chambord, Henri Charles de Bourbon, Graf von 252. II: 195
Charley, s. Karl Baron Nádherný
Charlie, s. Karl Baron Nádherný
Chiavacci, Vinzenz II: 350
Chl., s. Margarethe und Moritz Chlumecký-Bauer
Chlumecký, Marietta von II: 140
Chlumecký, Mony II: 353
Chlumecký-Bauer, Margarethe [Gretel] von 76, 77, 105, 109, 576, 577, 592, 658, 666, 670, 671, 673, 675, 676, 682. II: 57, 58, 142, 332, 344, 353, 379, 384, 397, 399, 401, 402, 403, 405
Chlumecký-Bauer, Moritz Ritter von 70, 76, 323–324, 560, 571, 573, 576, 577, 592, 596, 620, 658, 666, 669, 670, 675, 676, 682. II: 57, 140, 141, 217, 219, 309, 332, 344, 384, 397, 401, 402, 403
Chotek, Sophie Gräfin 61. II: 134, 137
Clam Martinic, Sophie Gräfin v. und zu 325. II: 220
Claudel, Paul II: 50, 127
Claudius, Christiane II: 258
Claudius, Matthias 391, 393, 395, 398, 545, 582. II: 19, 242, 252, 256, 257, 258, 260–261, 266, 290, 319, 327, 334, 335, 350, 381
Cleff, Else 606. II: 26, 364
Codelli von Codellisberg, Baronesse Rosemarie II: 289
Codelli von Codellisberg, Anton Baron 341, 381, 385, 394, 403, 431. II: 115, 229, 230, 253, 258, 262, 267, 268, 277
Codelli, Niny, s. Valentine [Niny] Baronin Mladota-Codelli-Lumbe
Collalto, Manfred Graf II: 194
Colombey II: 210
Coudenhove, Viktor Graf 315, 383. II: 216
Cotta, Georg von II: 258
Cooney, Mary 65, 69, 86, 88, 89, 101, 102, 105, 110, 111, 112, 113, 116, 117, 118, 119, 128, 151, 154, 155, 162, 165, 181, 190, 203, 206, 209, 210, 236, 252, 272, 275, 287, 297, 298, 299, 300, 301, 303, 304, 305, 306, 307, 309, 310, 312, 313, 314, 315, 316–317, 318, 319, 321, 322, 323, 324, 325, 326, 327, 329, 330, 334, 339, 340, 345, 346, 348, 353, 354, 355, 356, 357, 361, 368, 377, 381, 384, 396, 406, 407, 408–409, 410, 412, 413, 414, 415, 416, 418, 419, 420, 421, 427, 431, 441, 442, 453, 456, 457, 468, 471, 476, 484, 491, 493, 503, 506, 544, 556, 574, 576, 577, 591, 594, 595, 596, 599, 601, 602, 611, 613, 614, 615, 616, 617, 618, 621, 624, 626, 629, 630, 642, 643, 646, 647, 658, 660, 662, 664, 668, 670, 672, 673, 674, 682. II: 48, 51, 53, 56, 57, 58, 59, 83, 93, 136, 138, 139, 154, 155, 162, 163, 164, 165, 166, 167, 168, 184, 186, 296, 209, 213, 216, 222, 223, 224, 225, 232, 239, 267, 268, 269, 275, 276, 282, 292, 296, 304, 305, 337, 339, 343, 347, 348, 369, 398, 399, 405
Conz, Bernhard II: 361, 362
Cricri 629, 631, 647, 650, 668. II: 397
Curtius, Julius II: 376
Czernin von und zu Chudenitz, Ottokar Graf 448. II: 285
Czernin von und zu Chudenitz und Morzin, Vera Gräfin 86. II: 148

D. 337
D., s. Didi
Frau v. D. [Malweib] 267–271, 281, 282, 285. II: 198, 199, 200, 201
Gräfin D., s. Dora Gräfin Pejacsevich
Dalberg, Karl Heribert Baron 394. II: 258
Dallago, Carl 130. II: 13, 150
Dallinger, Franz Theodor II: 45, 170
d'Annunzio, Gabriele 193, 248. II: 176

Dankl, Victor 331. II: 224
Dehmel, Richard 551. II: 113, 144
Deman-Schweitzer, Paula 326,
427. II: 220, 224, 273
Desfours, Gräfin 71. II: 141
Deym-Herberstein-Kronacker,
Blanka Gräfin 493–494, 501, 506,
507, 508, 525, 539–540, 552, 554,
557, 573, 574, 575, 577, 646. II:
307, *314*, 323, 324, 328, 339, 347,
349, 383, 385, 386
Deym von Střitež, Sophia Gräfin
573, 595. II: *347, 357*
Diderot, Denis 341. II: *231*
Didi 299, 304, 548. II: *207*, 337
Dietrichstein, Grafen II: 232
Dietrichstein, Alexandrine Gräfin
337, 346, 387. II: *228*, 255
Dillenz, R. II: 293
Dingelstedt, Franz Freiherr von
394. II: *258*
Dirsztay, Georgine Baronin II:
223
Dobrzensky von Dobrzenicz, An-
ton Graf II: 291
Dobrzensky-Corio, Franz Graf II:
64, 298
Dobrzensky von Dobrzenicz, Hein-
rich Graf 462. II: 299
Dobrzensky von Dobrzenicz, Ma-
ria [Mary] Gräfin 456, 458, 484,
490, 530, 609, 615, 687. II: 21,
48, 54, 60, 81, 156, *291–292*, 293,
298, 299, 305, 324, 325, 369
Dolbin, B. F. II: 360, 376
Dollfuß, Engelbert 684, 685. II:
57, 385–386, 390, 392, 401, 403
Donizetti, Gaetano 372. II: 244
Dopsch, Alfons II: 234
Dopsch, Marie 348, 399. II: *234*,
261
Dora, s. Dora Gräfin Pejacsevich
Dorit II: 64
Dostojewski, Fedor Michailowitsch
195, 197, 287, 308, 312, 317, 341,
344. II: 177, 202, 207, 211, 230
Drakovich, Gräfin 450. II: 286
Duse, Eleonora II: 176
Dvořak [Diener in Janowitz] 96,

181, 192, 234, 243, 274, 332, 333,
338, 351, 385, 399. II: *174*, 192,
199, 235, 295
Dvořak, Antonin 460. II: 150
Dworáck, s. Dvořak
Dworschak, s. Dvořak

E. 312
Ebert, W. 398. II: 260
Ebner, Ferdinand II: 143
Eckertz, Tilbert II: 64
Edelsheim, Gabrielle Gräfin, s. Pe-
jacsevich, Gabrielle Gräfin
Edelsheim-Gyulai von Marosne-
meth und Nádaska, Leopold II:
249
Egbert S.-T., s. Silva-Tarouca,
Egbert Graf
Ehrenstein, Albert 569. II: 172,
215, 315, 344
Eichendorff, Joseph von II: 167
Eichendorff, Louise Baronesse von
II: 222
Eichholz, Adolf II: 353
Eisenstein, Sergei M. II: 171
Eisler, Hanns II: 368
Eisner von Eisendorf, Familie II:
137
Elise [Dienerin in Janowitz] 257,
324. II: 53, 196, 197, 220
Engel, Erich II: 360
Ephron, H. II: 64
Ernst, Otto 44. II: 152
Eschenburg, Johann Joachim II:
225, 319
Eß, Karl van II: *172*
Eß, Leander van 174. II: *172*, 216
Essigmann, Alois 415. II: *267*
Esterhazy, Vera Gräfin 38. II: 130
Esterle, Max von 245, 319. II: 193
Euripides II: 233
Eysler, Edmund II: 226

F., s. Ludwig von Ficker
L.v.F., s. Ludwig von Ficker
F., s. Heinrich Fischer
F., s. Friedrich Graf Herberstein
F., s. Felix Graf Thun
Fantecci II: 398

Faulhaber, Michael von 655. II: *390, 391*
F.F., s. Franz Ferdinand d'Este
Feigl II: 185
Fey, Emil II: 391
Ficker, Birgit von 385. II: *254*
Ficker, Cäcilie [Cissi] von 312, 355, 362, 365, 383, 406, 409, 413. II: *239, 253, 266*
Ficker, Florian von 385. II: *254*
Ficker, Ludwig von 78, 115, 116, 119, 130, 171–172, 175, 180, 183, 189, 292, 298, 312, 328, 348, 352, 355, 362, 363, 365, 373, 375, 383, 399, 406, 409, 430, 431, 432, 454, 463, 486, 573, 663, 693–694. II: 11, 13, 19, 21, 23, 43, 51, 58, 80, *142–143*, 147, 150, 155, 156, 157, 170, 171, 172, 204, 213, 215, 222, 234, 237, 239, 242, 245, 248, 261, 264, 265, 276, 277, 289, 299, 311, 346, 350, 392, 395
Ficker, Rudolf von 431. II: *277*
Fischer, H. R. II: 22
Fischer, Heinrich 591, 592, 645, 652, 653, 692. II: 9, 17, 257, 345, *352–353*, 355, 356, 360, 368, 385, 386, 389, 390, 392, 393, 402
Fischer, Oskar II: 171
Fischer, Otokar 638, 641. II: *380*, 381, 392, 403
Fischer, Samuel II: 133
Fischer, Senta 645. II: 385
Fleischmann, Trude II: 64
Flocke, F. II: *254*
Franck-Witt, Lotte II: 376
Fränkel, Karl II: 115
Fraenkl, Viktor II: 356
Franz I., Kaiser von Österreich II: 44
Franz Ferdinand d'Este, Erzherzog 55–56, 59, 61. II: *59, 134*, 135, 137, 241
Franz Josef I., Kaiser von Österreich und König von Ungarn 395, 398, 450. II: *259, 265*
Franzel, Emil 665. II: *392, 396*
Freud, Sigmund 569. II: 344
Fridezko, Stefan II: 306

Friedell, Egon II: 237
Friedlaender [Buchhandlung] II: *255*
Friedrich, Hans II: 363
Friedrich, Erzherzog, Herzog von Teschen 394. II: *258*
Fritz [Diener in Janowitz] 346. II: *53, 194, 196, 224, 232*

G. 52
G., s. Carl Graf Guicciardini
C. G., s. Carl Graf Guicciardini
G., s. Gillian Fürstin Lobkowicz
Gabillon, Ludwig 562. II: 342
Gabillon, Zerline 562, 673. II: *342*, 400
Gábor, Andor II: 326
Gal, Hans II: 365
Gandhi, Mahatma II: 171, 172
Ganghofer, Ludwig II: 350
Gehlhoff-Claes, Astrid II: 190
Gellner, Hans II: 352, 354
Genée, Richard II: 362
George, Stefan 641. II: 113, 125, 248, 382
Gerke, Hans II: 124
Gespenst, s. die Kleine
Gilhofer [Buchhändler] 548. II: 337
Gintl, Frau 349. II: 235
Ginskey, Franz Karl II: 272
Glossy, Carl II: 137
Gluck, Christoph Willibald II: 267, 370
Glück, Franz II: 21, 42, 115, 116, 355, 400
Goblot, Germaine 626. II: *375*, 392
Goeckingk, Leopold Friedrich von II: 257, 319, 335, 381
Goethe, Johann Wolfgang von 306, 368, 378, 382, 391, 400, 432, 440, 442, 447, 455, 460, 461, 486, 495, 499, 508, 512, 524, 525, 526, 539, 546, 558, 559, 560, 564, 566 bis 567, 571, 572, 576, 579, 595, 619, 636, 641, 663. II: 12, 17, 19, 135, 146, 149, 162, 231, 243, 251, 262, 278, 281, 282, 283, 290, 298,

302, 310, 311, 318, 319, 320, 324,
325, 327, 328, 329, 333, 335, 336,
337, 340, 342, 343, 344, 345, 348,
349, 350, 354, 357, 361, 363, 371,
378, 379, 380, 381, 395
Goetz, Hermann II: 384
Gogol, Nikolai II: 227, 368
Goldmann, Leopold II: 196
Goldscheider, Ludwig II: 257
Goldstücker, Eduard II: 127, 271
Gottwald, Klemens II: 59
Gouthrey (?), Herr 101. II: 152
Granner, Joseph II: 279
Gretl, s. Margarethe von Chu-
    mecký-Bauer
Greunz, Josef 452. II: 284
Grillparzer, Franz 23, 394. II: 123,
    137, 167, 203, 229, 258
Grimmelshausen, Johann Jacob
    Christoffel II: 282
Großmann, Stefan II: 233, 236
Grüner, Franz 225, 430, 452. II:
    188, 215, 276, 286, 306, 344
Gryphius, Andreas II: 266, 319,
    326, 327, 331
Guérard, Theodor von II: 376
Günther, Johann Christian II: 319
Guicciardini, Carl Graf 36, 86, 87,
    104, 108, 119, 181, 193, 199, 202,
    204–206, 212, 217, 694. II: 20,
    49, 52, 53, 56, 130, 141, 145, 148,
    153, 157, 165, 176, 179, 180–184,
    185, 186, 187, 199
Guicciardini, Ferdinand Graf II:
    165
Guicciardini, Magdalene Gräfin
    II: 165
Gütersloh, Paris von II: 137

C. H. 649. II: 388
Grete H. 388, 422. II: 255, 270
H., s. Ludwig Hardt
H., s. Leopold Baron Hennet
H., s. Adolf Hitler
v. H., s. Hugo von Hofmannsthal
Baronin H., s. Gisela Baronin
    Heß-Diller
Habe, Hans II: 404
Habicht, Theo II: 386

Haecker, Theodor 299, 302, 306,
    314, 691. II: 207, 208, 210, 350
Hagedorn, Friedrich von II: 319
Halévy, Ludovic II: 231, 267, 371
Hamsun, Knut II: 312, 398
Hanako 24. II: 124
Hanssen, Ola II: 313
Harden, Maximilian II: 10, 128,
    145–146, 313, 355
Hardt, Ernst II: 19
Hardt, Ludwig 545–546, 548, 550.
    II: 335–336, 337, 338
Harsdörffer, Georg Philipp II:
    319
Hartl, Edwin II: 21, 43, 64
Hasenclever, Walter II: 260
Hauer, Karl 494. II: 143, 314
Haugwitz 91. II: 149
Hauptmann, Gerhart 426, 427, 429,
    436, 443, 457, 536, 644. II: 141,
    144, 273, 275, 282, 290, 292, 302,
    328, 331, 351, 384
Haydn, Joseph II: 310
Hayck, Max II: 171
Heck, Werner II, 23, 221
Heckenast, Gustav II: 222
Hecker, Max II: 251
Hegner, Jakob II: 50
Hejjas II: 326
Heim, Emmy 318, 322, 324. II:
    217, 219, 220
Hein, Alois Raimund 327. II: 221
Heine, Heinrich 259, 261, 287, 326,
    391. II: 202, 220, 380, 395
Heine, Albert II: 237
Heinrich, Karl Borromäus 97–98,
    130, 245. II: 19, 21, 150–151, 193
Heller, Hugo 344. II: 232
Hellseher, s. Raphael Schermann
Henlein, Konrad 665. II: 396–397
Hennet, Leopold Baron von 448,
    450. II: 285
Hennings, August II: 330
Herberstein, Blanka Gräfin, s.
    Blanka Gräfin Deym-Herber-
    stein-Kronacker
Herberstein und Proskau, Fried-
    rich Graf 573. II: 323, 346, 347
Hermann, Rudolf II: 392

Hermes, Johann Timotheus II: 319

Hernicz, Roman 504. II: 321

Hesse, Hermann II: 256

Heß-Diller, Friedrich Baron 253, 259–261. II: *118*, 195, 198

Heß-Diller, Gisela Baronin 38, 119, 253, 259–261. II: *118*, 130, 157, 195, 198

Heyer, Hermann II: 377

Hilferding, Rudolf 655. II: *390*, 391

Himmler, Heinrich II: 59

Hindenburg, s. Beneckendorf und Hindenburg, Paul von

Hitler, Adolf 655, 656, 659–660, 662, 665, 685. II: 355, 391, 394, 395, 396, 400

Hlavacek 408. II: 265

Höfer, Irma v. II: 226

Hölderlin, Friedrich II: 278, 290

Hölty, Ludwig Christoph II: 319

Hötzendorf, Conrad von II: 258

Hofmannsthal, Hugo von 340. II: 113, 133, 144, 204, *230*, 274

Hoffmann, Karel 460. II: 298, 299

Hoffmann von Hoffmannswaldau, Christian II: 319

Hohenau, Paul von II: 137

Hohenlohe-Schillingsfürst, Konrad Prinz zu 289, 294, 296. II: *202, 205*

Hollaender, Friedrich II: 371, 372

Holz, Arno II: 157

Hompesch, Pius Graf 383. II: *253*

Hopp, Julius II: 267, 366, 400

Horenstein, Jascha 622. II: 373

Horthy, Nikolaus II: 326

Horwitz, Kurt II: 352

Hoyer, Charlotte II: 243

Hussa, Maria 608. II: 365

Ibsen, Henrik 574. II: 178, 237, 258, 326, 327, 328, 347

Iltz, W. B. II: 373

Innitzer, Theodor 655. II: *390*, 391

Italiäner, s. Carl Graf Guicciardini

J., s. Johannes Baron Nádherný

J., s. Otto Janowitz

J., s. Georg Jahoda

Jhering, Herbert II: 367

Jackowska, Maria von 307

Jacobsen, Jens Peter II: 124, 319, 326, 327

Jacobson, Ilja II: 354

Jacobsohn, Siegfried 423. II: 21, *271*, 274, 395

Jahoda, Familie II: 13

Jahoda, Georg 544, 551. II: *334*, 338

Jalowetz, Heinrich II: 354

Janin, Clement II: 144

Janowitz, Franz 428, 447, 450 bis 452. II: 19, 274, 282, *284*, 286, 287, 306

Janowitz, Gustav 451–452. II: 287

Janowitz, Hans 451, 452. II: 284, *286*, 287

Janowitz, Otto 225, 451–452, 497, 548, 551, 609. II: 133, 188, 286, 287, 303, 319, 333, 338, 354, 357, 366

Jaray, Karl 657, 662, 677, 682, 693. II: 355, *392*, 395, 403

Jean Paul 336, 341, 378, 392, 396, 496, 588. II: 149, 154, 175, 219, 228, 230, 251, 252, 259, 290, 330, 335

Jenaczek, Friedrich II: 385

Jenckner, Franz II: 321

Jockl, Ernst II: 333

Joël-Heinzelmann II, 64

Johnson, Esther II: 178

Jonas, Klaus W. II: 248

J. P., s. Jean Paul

K. 12. II: 118

Dr. K. 544. II: 334

Dr. K., s. Viktor Kienböck

K., s. Georg Knepler

K., s. Oskar Kokoschka

K., s. Eugen Kornauth

K-d., s. Sören Kierkegaard

Kalmar, Annie II: 10, 26, 70, 128 133, 177, *196–197*, 223, 224, 344, 350, 404

Kann, Eva Maria II: 208
Kann, Helene 301, 371, 445–447,
455, 456, 491, 573, 602, 620, 622,
657, 658. II: 21, 81, 100, 208,
214, 244, 284, 290, 291, 298, 303,
304, 313, 347, 403
Kann, Rudolf II: 208
Kant, Immanuel 454. II: 289
Karl I., Kaiser von Österreich und
König von Ungarn 515. II: 204,
261, 265, 302, 322, 327
Karl X., König von Frankreich II:
195
Kassner, Rudolf II: 23, 291
Katzenelbogen II: 232, 236
Kenter, Heinz Dietrich II: 360
Kerr, Alfred 594, 599–600. II: 249,
320, 350, 351, 355–356, 359, 360,
382–383
Kerry, Otto II: 18, 23, 64, 116,
271, 338
Kerssenbrock, s. Korff gen. Schmi-
sing-Kerssenbrock, Rembert
die Kessler 396, 409. II: 260, 265
Kete, s. Kete Otto-Parsenow
Khevenhüller, Familie II: 290,
311, 331
Kienböck, Victor 31, 411. II: 129,
266
Kierkegaard, Sören 299, 302, 306,
494, 581. II: 207, 210, 251, 252,
290, 314, 350, 351
Kiesler, Hans Erwin II: 355
Killy, Walter II: 23
Kinsky, Marie 455. II: 290
Kinsky, Fürsten II: 310
Kippenberg, Anton II: 47, 121
Kippenberg, Katharina II: 47, 121
Kirschl, Wilfried II: 21, 28, 190,
193
Klabund 385, 391. II: 254
Klages, Ludwig II: 248
Klaj, Johann II: 319
Klarmann, Adolf D. II: 22, 124,
126, 233, 315
Klinkosch, J. C. II: 162
die Kleine 249, 305, 341, 359, 378,
401
Kleist, Heinrich von II: 380

Klemperer, Otto II: 372
Klopstock, Friedrich Gottlieb II:
319
Knepler, Georg 608–609, 610. II:
100, 364, 365–366, 367, 374
Koch, Franz II: 306
Kochanovszky, Gabrielle de, s.
Gabrielle Gräfin Pejacsevich-
Edelsheim-Kochanovszky
König-Jahoda, Frau II: 14
Königswarter, Victor Baron 461.
II: 298
Kohl, Anton II: 360
Kohn, Caroline II: 18
Kokoschka, Oskar 313, 332, 334,
337, 343–344, 347. II: 23, 115,
117, 119, 140, 157, 176, 188, 193,
198, 208, 210, 214–215, 216, 223,
232, 276, 293
Kolb, Anette 304–305. II: 210
Koller, Franz II: 308
Kolochy, Anastasia II: 309
Kolowrat-Krakowský-Liebstein-
ský, Graf Zdenko von II: 187
Kolowrat-Krakowský-Liebstein-
ský, Othmar [Otti] Graf 461. II:
299, 303
Korff gen. Schmising-Kerssenbrock,
Rembert 312, 327, 359, 377, 382.
II: 213, 222, 251
Kornauth, Egon 382–383, 385, 388,
391–392, 536. II: 227, 253, 254,
257, 267, 282, 283, 284, 331
Kornfeld, Paul II: 126–127
Kosel II: 64
Kovanic, Alice II: 298
Kraft, Werner 408. II: 13, 18,
23, 43, 193, 264–265, 380, 392,
395
Kraus, Alfred II: 115
Kraus, Mathilde II: 223
Kraus, Rudolf II: 115
Krebs-Erreger, s. Max Graf Thun
Krell, Herma II: 223
Křenek, Ernst 621. II: 13, 372, 392
Kreuzig, Fritz II: 304–305
Krischke, Adolf II: 216
Krolop, Kurt II: 22
Kronacher, Alwin II: 314

Kronacker, Blanka, s. Blanka Gräfin Deym-Herberstein-Kronacker
Kronacker, Paul II: 383
Kropp 388. II: 255
Krotoschiner II: 233, 236
Kürnberger, Ferdinand II: 286
Künstler, Gustav II: 23, 140, 236

L. 191. II: 176
L. 379, 380, 381. II: 252
L., s. Moritz Erwin Baron Lempruch
L., s. Mechtilde Lichnowsky
L., s. Erwein Prinz Lobkowicz
Wenzel L., s. Wenzel Prinz Lobkowicz
L., s. Adolf Loos
L., s. Loschek
C. L., s. Karl Ritter von Lumbe
Franziska L. 443. II: 282
E. L.-Sch., s. Else Lasker-Schüler
Lach, Robert II: 365
Langen, Margarethe II: 151
Lanner, Josef 460. II: 298
Lányi, Richard 387, 548. II: 64, 97, 178, 255, 311
Lasker-Schüler, Else 234, 381, 392, 675. II: 116, 125, 189–190, 205, 211, 393–394, 398, 402
Latzko, Andreas 448, 450. II: 285, 286
Laurin, Arne 684. II: 401, 403
Lazarus, Michael 691–695. II: 13, 392
Lederer, Moritz II: 287
Lehar, Franz 460
Lempruch, Moritz Erwin Baron von 171–172, 175. II: 21, 170, 172
Leschnitzer, Franz II: 392
Levin, Georg II: 189
Lia [Stepski?] 454. II: 290
Lichnowsky, Karl Fürst II: 310
Lichnowsky, Karl Max 6. Fürst 374, 378, 392, 484, 489, 520. II: 248, 249, 251, 252, 257, 313, 327, 336
Lichnowsky, Leonore Gräfin II: 328

Lichnowsky, Mechtilde 374, 378, 392, 462, 484, 489, 498, 503, 509, 510, 512, 514, 515, 518, 520, 525, 530, 533–534, 536, 539, 540, 543, 544, 546, 547, 548, 552, 554, 556, 559, 561, 563, 567, 570, 571, 573, 574, 576, 599, 602, 665, 687, 691. II: 13, 22, 26, 42, 56, 58, 60, 61, 62, 64, 91, 92, 94, 247, 248, 249, 251, 252, 257, 291, 309, 311, 322, 323, 324, 325, 326, 327, 328, 329, 330, 331, 332, 334, 335, 336, 337, 342, 343, 344, 345, 346, 376, 394, 396, 401, 403
Lichtwer, Magnus Gottfried II: 319
Liechtenstein, Familie II: 185
Liegler, Leopold 201, 212, 235, 245, 256, 303, 310, 313, 318, 319, 322, 323, 337, 371, 375, 378, 381, 452, 497–498, 501, 502, 559. II: 18, 19, 21, 84, 178, 185, 214, 217, 229, 250, 252, 287, 307, 311, 319, 321, 334
Liegler, Paul II: 64
Liliencron, Detlev von 79, 84–85, 89, 90, 382. II: 142, 144, 197, 253, 326, 327, 328, 331, 335, 381
Liska, Richard 686, 687. II: 404
Lobkowicz, Familie II: 137, 192
Lobkowicz, Anna Bertha Fürstin 267, 450. II: 198, 286
E. L., s. Erwein Prinz Lobkowicz
F. L., s. Ferdinand Prinz Lobkowicz
Lobkowicz, Erwein Prinz 406, 407, 408, 409, 410, 423, 427, 450, 464, 465, 466, 469. II: 264, 272, 286, 300
Lobkowicz, Ferdinand Prinz 448, 449, 455–456, 458, 465, 470, 480. II: 241, 285, 290, 293, 303, 307, 308
Lobkowicz, Gabriele Prinzessin 470, 480. II: 303, 307, 308
Lobkowicz, Gillian Fürstin 624, 630, 644, 651, 667, 675. II: 57, 60, 64, 100, 241, 368, 374, 376, 382, 384, 401

Lobkowicz, Johannes 464. II: 300
Lobkowicz, Leopoldine Prinzessin
II: 213
Lobkowicz, Martin Prinz 666, 667,
673. II: 397, 400
Lobkowicz, Maximilian [Max]
Fürst 359, 446, 448, 449–450,
451, 459, 465, 466, 470, 480, 488,
502, 594, 616, 618, 619, 623, 624,
629, 636, 637, 639, 640, 641, 644,
645, 651, 652, 653, 658, 662, 663,
664, 667, 669, 671, 673, 675, 676,
678–684. II: 21, 57, 60, 100, *241*,
286, 293, 303, 305, 306, 308, 322,
326, 347, 355, 358, 368, 370, 374,
376, 382, 384, 390, 395, 396, 401,
405
Lobkowicz, Paula Prinzessin 222,
224, 229. II: *186*, 188
Lobkowicz, Wenzel Prinz 212, 214,
222, 224, 292, 400. II: 164, *185*,
186
Lobkowicz, Zdenko Prinz 292,
295, 326, 400. II: *204*, *221*, 261
Lonay, Graf II: 194
Loos, Adolf 10, 11, 25, 44, 52, 85,
90, 192, 194, 212, 213, 240–241,
244, 251, 261, 264–269, 271, 281,
282, 283, 289, 301, 305, 309, 312,
313, 314, 318, 323, 325, 326, 327,
331, 333, 334, 337, 340, 341, 343
bis 344, 347, 350, 351–352, 359,
364, 367, 375, 377, 387, 388, 396,
398, 412, 419, 422, 427, 446, 448,
460, 543–544, 547, 602, 657, 693.
II: 11, 21, 23, 53, 80, 84, 103, 113,
115–116, 117, 125, 133, 137, 140,
185, 189, 192, 193, 198, 201, 210,
214, 220, 230, 236, *266*, 269, 270,
293, 375, 392
Loos, Bessie 419. II: 214, *269*, 270
Loos, Lina II: 103
Loos, Rudolf II: *256*
Loschek 387. II: *255*, 256
Ludwig, Emil II: *257*
Ludwig der Heilige II: 195
Lützow, Anna II: 299
Lumbe, Dora von, s. Dora Gräfin
Pejacsevich-Lumbe

Lumbe, Karl Ritter von *557*, *575*,
577. II: *115*, *340*
Lumbe, Ottomar [Otto] Ritter von
II: 54, 123, 323, *326*, 348
Lumbe, Rosa von, s. Rosa Baro-
nin Mladota
Lumbe, Valentine von, s. Valen-
tine [Niny] Mladota-Codelli-
Lumbe
Luther, Martin 174. II: 172, 219,
240, 252, 342
Luxemburg, Rosa II: 311, *323*

M… 648. II: 387
M. 382
Alma v. M. 336, 339, 348, 365, 373,
375, 377, 380. II: 234
Familie M. 307
Prof. M. 671. II: 399
M., s. Mary Cooney
M., s. Mechtilde Lichnowsky
M., s. Max Fürst Lobkowicz
M., s. Franz Mittler
O. M., s. Olivier Baron Mladota
M., s. Jan Münzer
M. [Maria], s. Rainer Maria Rilke
Mackeben, Theo II: 354
Mahler, Alma II: 232
Mahler, Fritz II: 360, 368, 370
Malweib, s. Frau v. D.
Malowetz von Malowitz, Baronin
Caroline [Lolly] 462. II: *299*,
303
Mann, Heinrich II: 190, 212
Mann, Thomas 130. II: 190
Marc, Franz 299, 307. II: *207*, 211
Marc, Maria II: 207, 211
Maria, s. Rainer Maria Rilke
Martin, s. Martin Prinz Lobkowicz
Mary, s. Maria Gräfin Dobrzensky
Mary C., s. Mary Cooney
Masaryk, Alice II: *57*
Masaryk, Anna II: 57.
Masaryk, Thomas Garrigue 475.
II: 21, 241, *306*
Mascagni, Pietro II: 164
Mavrak II: 362, 363
May May / Maymay, s. Mary
Cooney

Mayer, Carl II: 287
Meilhac, Henry II: 267, 371, 374, 377
Melowetz, s. Caroline Baronin Malowetz
Mendelssohn, Peter de II: 133
Mercier, Désiré 655. II: *390*, 391
Merck, Johann Heinrich II: 262
Methlagl, Walter II: 7, 21, 43, 193, 248, 387
Meyer, Georg Heinrich II: 176, 191
Meyerbeer, Giacomo II: 231
Michaelis, Karin 313, 325. II: 215
Gräfin Mielzinska 183. II: 175
Milhaud, Albert II: 352, 400
Miller, Norbert II: 260, 330
Mises, Richard von II: 60
Mitrowitz von, Eleonore II: 147
Mittler, Franz 608. II: *365*, *366*, 368, 370, 371, 372, 374, 377, 379, 381, 382, 383, 384, 396, 397, 399, 400, 401
Mitta, s. Maria Baronin Nádherný
Mladota von Solopisk, Johann Baron 342, 381. II: 231, *253*, 258
Mladota von Solopisk, Luise Baronin 342, 384, 453. II: *231*, 253, 258
Mladota von Solopisk, Olivier Baron 58, 85, 180, 181, 214, 342, 364, 381, 394, 403, 414, 417. II: *136*, 170, 174, 242, 253, 258, 281
Mladota von Solopisk, Paula Baronin 342. II: 231
Mladota von Solopisk, Rosa Baronin, geb. von Lumbe 181, 214, 229, 342, 364, 381, 414, 416, 417, 507, II: *136*, 170, 174, 189, 242, 253, 268, 281
Mladota von Solopisk-Codelli von Codellisberg-Lumbe, Valentine [Niny] Baronin 10, 52, 61, 62, 89, 339, 340, 342, 381, 385, 403, 415, 428, 429, 434, 435, 437, 438 bis 439, 440, 441, 442, 443, 455, 462, 512, 618, 619, 620, 621, 622, 629, 652. II: 64, 81, 103, *115*, 136, 229, 253, 262, 267, 268, 280, 282, 287, 289, 290, 299, 340

M. M. / M.-M., s. Mary Cooney
Mörike, Eduard II: 327
Morvay, Henry S. II: 336
Morena, Maria Carolina II: 184
Morgenstern, Soma II: 372
Mozart, Wolfgang Amadeus 499. II: 310
Müller, Frau II: 103
Müller, Hans II: 103
Münz, Ludwig 693. II: 23, 42, 140, 236, 344, 379, 403
Münzer, Jan 641, 664, 670, 672, 677–684. II: 380, *382–383*, 394, 395–396, 399, 402
Myra, Betty II: 226

N., s. Rolf Nürnberg
O. v. N., s. Olga Baronin Nádherný
N., s. Valentine [Niny] Baronin Mladota-Codelli-Lumbe
Schwester N. 628. II: 375
Nádherný von Borutin, Amalie [Amélie] Baronin II: 44, 45, 46, 47, 48, *121*, 123, 153, 165
Nadherny, Bartholomäus II: 44
Nádherný von Borutin, Erwin Baron II: 123
Nadherny, Franz II: 44
Nádherný, Johann Edler von II: 44
Nádherný von Borutin, Johannes Baron 35–36, 41, 42, 143, 181, 197, 205, 224, 253, 275–279, 285, 288–289, 446, 467, 631, 693. II: 11, 45, 46, 47, 48, 49, 50, 51, 52, 59, 73, 115, *116–117*, 119, 121, 123, 129, 130, 131, 132, 153, 161, 177, 180, 184, 199, 200, 202, 284, 300, 339, 348, 377
Nádherný von Borutin, Karl Baron 14, 16, 18, 19, 20, 21, 22, 23, 25, 26, 27, 29, 30, 31, 32, 34, 38, 41–42, 43, 46, 47, 49, 54, 55, 57, 58, 63, 74, 75, 81, 86, 87, 89, 90, 91, 94, 95, 96, 97, 98, 101, 104, 107, 108, 110, 111, 151–153, 155, 156, 159, 160–161, 162, 175, 181, 190, 194, 203, 209, 211, 212,

214, 223, 224, 235, 238, 248, 249, 250, 252, 264, 272, 273, 274, 275, 290, 291, 293, 295, 297, 300, 301, 302, 304, 305, 306, 309, 310, 314, 317, 318, 319, 320, 321, 324, 332, 334, 352, 357, 376, 378, 379, 380, 381, 382, 383, 384, 385–386, 387, 388, 390, 391, 392, 394, 396, 397, 399, 402, 407, 408, 409, 410, 411, 412, 414, 415, 416, 418, 419, 420, 423, 424, 425, 426, 427, 428, 429, 430, 435, 437, 448, 451, 453, 454, 455, 456, 457, 464, 466, 468, 484, 489, 492, 496, 501, 506, 521, 531, 536, 539, 553, 555, 557, 559, 571, 575, 586, 591, 592, 594, 595, 596, 597, 598, 599, 602, 608, 611, 613, 614, 615, 617, 618, 620, 621, 622, 623, 624, 625, 626, 628, 630–633, 640, 641, 661, 673, 693. II: 15, 45, 46, 47, 51, 52, 53, 55, 56, 57, 58, 59, 73, 78, 79, 92, 93, 103, 115, 119, 120, 121, 123, 128, 131, 140, 142, 143, 144, 145, 149, 150, 152, 153, 165, 167, 172, 183, 191, 194, 203, 250, 252, 260, 262, 264, 266, 268, 273, 282, 289, 298, 303, 307, 308, 311, 324, 334, 337, 342, 349, 350, 355, 374, 375, 376, 377, 381, 394, 400

Nádherný von Borutin, Karl Ritter II: 44, 45, 52, 159, 165

Nádherný von Borutin, Ludwig Johann Ignatz Ritter II: 45

Nádherný von Borutin, Maria [Mitta] Baronin 343. II: *231*, 264

Nadherny, Martin II: 44

Nádherný von Borutin, Olga Baronin 128, 129, 152, 252, 287, 294, 295, 317, 404. II: *159*, *163*, 205, 311, 332

Nádherný von Borutin, Oskar Baron 406. II: *231*, 264

Nadler, Josef II: 203

Nansen, Frithjoff 540

Napoleon Bonaparte 619. II: 371

Neher, Caspar II: 360

Nesitzky, Josef II: 308

Nestroy, Johann Nepomuk 225, 363, 426, 520, 530, 536, 541, 544, 547, 554, 561, 563, 572, 582, 622, 670, 674. II: 12, 133, 150, 188, 242, 266, 273, 290, 307, 326, 327–328, 329–330, 331, 332, 333, 335, 337, 339, 341, 342, 345, 346, 350, 354, 359, 362, 373, 399, 400, 401

Newes, Tilly, s. Tilly Wedekind

Newman, John Henry II: 207

Nicolai, Otto II: *227*

Niedermayer, Max II: 386

Nietzsche, Friedrich 100. II: 132, 380

Niny, s. Valentine [Niny] Baronin Mladota-Codelli-Lumbe

Noli 86, 151. II: 148, *163*, 174

Novakovic, Olga II: 361, 362

Novotna, Jarmila 622. II: 373

Nuitter, Charles II: 366, 374, 377

Nürnberg, Rolf 687. II: 197, *404*

K. O., s. Kete Otto-Parsenow

Frau O., s. Kete Otto-Parsenow

Frau v. O. 651. II: 388

Offenbach Jacques 413, 591, 593, 594, 603, 604, 605, 606, 607, 608, 609, 610, 613, 619, 620, 621, 622, 623, 624, 625, 633, 634, 635, 637, 642, 644, 647, 673, 674. II: 12, 231, 267, 352, 353, 355, 357, 361, 362, 363, 364, 365, 366, 368, 370, 371, 372, 373, 374, 377, 378, 379, 382, 383, 384, 386, 388, 396, 397, 400, 401

Ogg, Franz II: 18

Olga, s. Olga Baronin Nádherný

Oli, s. Olivier Baron Mladota

Oppenheimer, Max II: 117, *215*

d'Ora 152. II: 64, *163*

Orlik 424. II: *272*

Orloff, Iduschka II: 237

Orssich, E. II: 303

Otten, Ellen II: 23

Otto, Walter Friedrich 297, 299. II: 188, *205*, 350

Otto-Parsenow, Kete 299, 307, 325, 378, 554. II: 21, 188, *205*, 207, 211, 252

Dora P., s. Dora Gräfin Pejacse-
  rich-Lumbe
Ai. P. 458. II: 292
P., s. Hermine Proeschel
Professor P., s. Friedrich Pineles
Paganini, Niccoló 312
Paul, Adolf II: 281
Schweitzer, Paula, s. Paula Deman-Schweitzer
Pejacsevich-Lumbe, Dora Gräfin
  22, 30, 35, 42, 69, 70, 71, 80, 85,
  86, 87, 89, 98, 100–101, 116, 117,
  118, 183, 189, 198, 210, 212, 214,
  215, 218–219, 221, 222, 225, 227
  bis 229, 233, 236, 245, 248, 272,
  292, 299, 300, 304–305, 309, 310,
  311, 312, 314, 317, 321, 322, 324,
  325, 328, 334, 335, 337, 339, 348,
  349, 357, 359, 360, 363, 365, 366,
  367, 370, 376, 377, 378, 380, 381,
  385, 388, 391–392, 401, 403, 404,
  424, 429, 433, 443, 456, 458, 462,
  463, 468, 469, 472, 485, 490, 494,
  498, 501, 506, 516, 535, 546, 548,
  556, 574–577, 694. II: 15, 52, 53,
  54, 55, 56, 78, 79, 123, 128, 129,
  136, 139, 144, 161, 164, 174, 178,
  186, 188, 207, 234, 239, 240, 243,
  244, 249, 252, 254, 265, 269, 273,
  288, 293, 294, 295, 298, 303, 306,
  307, 310, 323, 337, 347, 348, 349,
  352, 377
Pejacsevich, Elemer Graf 420. II:
  269, 270
Pejacsevich, Markus Graf 410, 456.
  II: 265, 292
Pejacsevich-Edelsheim-
  Kochznovszky, Gabrielle Gräfin
  II: 64, 306
Perovic, Elma II: 226
Peschek, E. II: 46
Peter, s. Peter Altenberg
Petronius II, 319
Pfäfflin, Friedrich II: 64, 257, 275,
  285
Pfemfert, Franz 663. II: 395
Piccaver, Alfred 424. II: 272
Pineles, Friedrich 45, 52, 60, 287.
  II: 132, 133, 202

Pinthus, Kurt II, 260
Pius X. 94. II: 149
Plautus, T. Maccius 341. II: 231
Ploderer, Rudolf II: 372, 392
Pollack von Parnegg, Familie II:
  137
Pollak, Fritzi II: 337, 357
Pollinger, Erna II: 13
Princip II: 134
Proeschel, Hermine 460, 461. II:
  298
Pückler-Muskau, Hermann II: 363
Puschkin, Alexander S. II: 191

R. 55. II: 134
R. 553. II: 339
Rechtsanwalt R. 662. II: 395
I. R. 70, 72, 73, 104. II: 140, 153
M. R., s. Marcel Ray
E. R., s. Elisabeth Reitler
R., s. Rainer Maria Rilke
R. M. R., s. Rainer Maria Rilke
Romain R., s. Romain Rolland
Raabe, Paul II: 386
Rabelais, François II: 278, 290,
  292
Radecki, Sigismund von 693. II:
  190, 356
Raffael II: 144
Raimund, Ferdinand 306, 310, 363,
  380–381, 413, 415, 476, 524, 641.
  II: 12, 133, 137, 150, 203, 211,
  242, 252, 266, 306, 326, 328, 379,
  381, 382
Ramler, Karl Wilhelm II: 319
Rappaport von Porada, Familie
  II: 137
Rahsin, E. K. II: 211
Ray, Marcel 304, 341, 342, 618,
  645, 647, 648. II: 53, 210, 223,
  386, 387, 394, 397
Reich, Willi II: 64, 124, 254, 372
Reinhardt, Karl Friedrich Graf
  II: 17
Reinhardt, Max II: 248
Reifmüller, Franz II: 227, 251
Reiss-Jacobi, Lotte II: 64
Reitler, Elisabeth 301, 311, 325,

371, 422, 444–447, 449, 450, 452.
II: 19, 26, 115, *208*, 213, 214,
220, 244, 270, 283, 284, 304
Rembert, s. Rembert Korff gen.
Schmising-Kerssenbrock
Rembrandt II: 144
Renaud II: 64
Reuss, Leo II: 368
Rhodes, Cecil II: 146
Ribbentrop, Joachim von II: 402
Rilke, Johann Joseph II: 44, 45
Rilke, Rainer Maria 20, 105, 118,
 121, 154, 156–157, 164, 172, 223,
 234, 286, 290–294, 295, 296, 297,
 300–301, 302, 303, 304–305, 306,
 309, 310, 311, 313, 316, 317, 318,
 319, 321, 322, 323, 324–325, 327,
 331, 332, 334, 337, 338, 340, 347,
 353, 374, 381, 392–393, 394, 400,
 401, 405, 416, 423, 463, 477, 483,
 514, 515, 548, 585. II: 19, 20, 22,
 23, 44, 45, 46, 47, 48, 49, 50, 51,
 60, 108, 113, *121–122*, 125, 127,
 131, 132, 153, 156, 157, 158, 164,
 168, 171, 184, 188, 190, 201, 202,
 203–204, 205, 206, 209, 210, 212,
 213, 215, 217, 218, 220, 225, 228,
 229, 230, 233, 237, 247, 248, 257,
 258, 262, 263, 268, 271, 272, 291,
 307, 309, 326, 327, 351, 369, 372
Rilke, Ruth, s. Ruth Sieber-Rilke
Rilke, Ritter von Rüliken, Jaroslav
 II: 45
Rilke-Westhoff, Clara 300. II: 46,
 49, 121, *208*
Rilla, Paul II: 392
Ripper, Alice II: 299
Ringhoffer, Familie II: 138
Ritzel, Jörg II: 195
Roda-Roda 225. II: 188
Rodin, Auguste 99. II: 19, 46, 49,
 121, 151, 208
Roeder, Hans II: 64, 208, 209
Roedl, Urban II: 258
Röhm, Ernst 659–660. II: 394
Rokyta, Hugo II: 45, 48, 121
Rolland, Romain 71. II: 19, 141
Romer, Adam Graf 337. II: 228
Romer, Frau II: 228

Rommel, Otto II: 350, 392
Rost 381. II: 253
Rousseau, Jean Jacques II: 331
Rothe, F. II: 254
Rubens, Peter Paul II: 144
Rubinstein, Anton 312. II: 214
Rubinstein, Nikolaus 312. II: 214
Rubinstein, Arthur II: 214
Rudolf, Erzherzog II: 309
Russo 151. II: 163
Rysz. 331. II: 223

Dr. S., s. Oskar Samek
S., s. August Sauer
S., s. Edgar von Spiegl
S. Rembert, s. Rembert Graf Korff
 gen. Schmising-Kerssenbrock
Saathen, Friedrich II: 372
Salten, Felix II: 133, 224
Sch., s. Raphael Schermann
Sch., s. Johann Schober
Sch., s. Eugenie Schwarzwald
Saint-Geniès II: 231
Samek, Oskar 630, 640, 641, 652,
 658, 659, 660, 661, 662, 666, 667,
 686, 691. II: 13, 19, 20, 355, 360,
 365, *376*, 382, 389, 401, 404
Sandrock, Adele II: 237
Sardou, Victorien 342. II: 231
Sauer, August 290, 291, 292. II:
 137, *203*, 204
Saur II: 231
Schalek, Alice 450. II: 189, 257,
 286
Scheibenreiter, Berthold II: 308
Schermann, Raphael [Rafael] 172
 bis 174, 183–187, 189–190, 192
 bis 193, 194, 197, 199, 204–206,
 207, 208, 209, 212, 214, 219,
 226–233, 234, 235–236, 238, 240,
 245, 255, 322, 344, 349, 371, 449,
 459. II: 12, 19, 52, 84, *171–172*,
 175, 177, 179, 186, 189, 190, 192,
 199, 232
Schey, Philipp von 393, 400. II:
 203, 204, 257, 260, 262
Schick, Paul II: 18, 163, 344
Schiller, Friedrich 434, 461. II: 191,
 225, 252, 278, 335

Schink II: 348
Schirmer, Adolf II: 129
Schlaf, Johannes II: 263
Schlegel, August Wilhelm 334. II: 175, 218, 225, 292, 307
Schlegel, Friedrich 341. II: 230
Schlegel, Johann Elias II: 319
Schleyer, v. 291. II, 203, 204
Schloemer, Hugo 330–331. II: 223
Schneig 77. II: 142
Schnitzler, Arthur II: 133
Schober, Johann 684, 685. II: 320 bis 321, 352, 354, 355, 358, 403
Schoen, Ernst II: 17
Schönberg, Arnold 25, 291, 367, 385, 388. II: 123, 124–125, 140, 204, 243, 254, 255, 372
Schönborn, Gräfin 465. II: 301
Schopenhauer, Friedrich 93, 258, 260, 391, 462, 464, 465. II: 149, 197, 257, 301, 305
Schaukal, Richard II: 392
Schwarzmann, Dr. II: 392
Schweitzer, Paula, s. Paula Deman-Schweitzer
Schwieger, Jakob II: 319
Schreker, Franz II: 124, 372
Schubert, Franz 299, 398, 615. II: 198
Schuler, Alfred II: 248
Schultz, Klaus II: 21, 42
Schumann, Robert 299. II: 198
Schwarzenberg, Familie II: 137, 185, 192
Schwarzwald, Hermann II: 140, 215
Schwarzwald, Eugenie 69, 213, 244, 301, 302, 309, 313, 318, 325, 340, 343. II: 113, 140, 185, 193, 214, 215
Schweikart, Hans II: 352
Schweinburg, Fritz 661, 676, 686. II: 394, 404
Schweitzer, Dr. II: 220
Scribe, Augustin Eugène 342. II: 231
Sedlmayer, Henricus Stephanus II: 218
Seitz, Karl II: 306

Sekal 362, 363. II: 242
Serao, Mathilde II: 149
Seyr, Franz II: 23
Shakespeare, William 106, 181, 258, 291, 302, 320, 334–336, 337 bis 338, 340, 348–349, 360, 367, 369, 394, 413, 415, 417, 424, 426, 428, 443, 447, 450, 459, 515, 541, 543, 547, 551, 602, 619, 621, 633, 641, 642, 644, 665, 666, 670, 674, 687, 695. II: 12, 133, 150, 152, 153, 175, 178, 189, 191, 198, 206, 218, 222, 225, 227, 228, 229, 234, 241, 242, 243, 244, 248, 257, 258, 266, 267, 268, 272, 273, 282, 286, 290, 292, 301, 302, 307, 311, 319, 320, 327, 330, 331, 332, 333, 334, 336, 337, 351, 359, 361, 371, 373, 377, 378, 381, 382, 383, 384, 388, 393, 396, 397, 398, 399, 400, 401, 404
Sickingen, Franz Graf von II: 44
Sieber, Carl 515. II: 327
Sieber-Rilke, Ruth 515. II: 47, 327
Sieghart, Rudolf 383. II: 253
Silva-Tarouca, Familie II: 137
Silva-Tarouca, Egbert Graf 243, 340, 449. II: 230, 286
Skoda [Hofburgschauspieler] II: 226
Skudick, Baron 337. II: 228
Dr. Sl. 651. II: 338
Sobek 353, 379, 382, 388, 391. II: 237
Šolle, Zdeněk II: 22
Somerville, E. O. II: 241
Sonnenfeld, Paul II: 392
Soyka, Otto II: 150
Snowden, Ethel II: 325
Specht, Richard II: 127, 271
Spiegl, Edgar von 394, 397. II: 258
Spitteler, Carl II: 53, 150, 223
Sprissl, Ludwig 20, 77, 160–161, 162, 378, 628, 658, 666, 671. II: 92, 122, 335, 399
St., s. Ludwig Steiner
Staackmann, Alfred 43, 99, 153, 167. II: 131, 135, 137, 151, 152, 169
Stadler, Viktor II: 257

Stalin, Joseph II: 400
Stammler, Rudolf 244. II: 193
Stefan, Paul II: 140
Stefl, Max II: 354, 392
Steiner, Ludwig 651–652. II: 389
Stella = Esther Johnson II: 178
Stepski, Baron 428, 431, 432, 439, 441, 454. II: 274, 277, 281, 282, 290
Sternheim, Carl II: *383*, 384
Sternheim, Annapamela, geb. Wedekind 643, 646. II: 383
Steuermann, Eduard II: 365, 392
Stieve, Friedrich 72. II: 141
Stieve, Ingrid II: 141
Stifter, Adalbert 313. II: 23, 203, 221, 222
Stoessl, Otto II: 115, 392
Stolberg, Gräfin Auguste zu 378. II: 251
Strauß, Emil 684–686. II: 401, 403
Strauß, Johann II: 298, 402
Streicher, Julius II: 355
Stresemann, Gustav II: 171
Strindberg, August II: 319
Svabinsky, Max II: 298
Swarowsky, Hans II: 68
Swift, Jonathan 200–201, 515–516. II: 9, 178, 327
Szklenar, Hans II: 23

Egbert T., s. Egbert Graf Silva-Tarouca
T., s. Italo Tavolato
T./Al.T., s. Alex Fürst von Thurn und Taxis
T., s. Marie Fürstin von Thurn und Taxis
M. Th./Max Th./ G.M.Th., s. Max Graf Thun
Taaffe, Gräfin 319. II: 217
Tautenheim, R. II: 196
Tavolato, Italo 83, 111, 113, 115. II: 147, 150, 154, 155, 165
Tesar, L. E. II: 215
Teuffenbach, Rudolph Erhard Freiherr von 383. II: *253*
Th., s. Max Graf Thun
Thompson, Francis II: 207

Thomas, Rudolf II: 402
Thöny, Familie II: 311
Thun, Familie II: 137, 192
Thun und Hohenstein, Ernestine, Gräfin von 422. II: 270
Thun und Hohenstein, Felix Graf von 10, 492. II: *115*, 314
Thun und Hohenstein, Franz Graf II: 139, *270*
Thun und Hohenstein, Gabrielle Gräfin von 240–241, 242–243, 265–271, 281–283, 288, 289, 302. II: *192*, 198, 199, 200, 202, 209
Thun und Hohenstein, Johanna Gräfin von 221. II: 187
Thun und Hohenstein, Maria Josefa Gräfin von 492. II: 314
Thun und Hohenstein, Maximilian [Max] Graf 10, 30, 36, 43, 44, 46, 56, 57, 58, 60, 69, 70, 73, 77, 78, 80, 81, 83–84, 85, 90, 92, 104, 160, 240–241, 242–244, 245–247, 251, 264–271, 279–286, 289, 302, 344, 349–350, 367, 368, 413, 415, 448, 492–493, 496, 506, 514, 533, 651, 660, 669, 693. II: 20, 54, 55, 113, *114–115*, 132, 143, 167, *187*, 189, 192, 193, 194, 195, *197*, 198, 200, 201, 285, 307–308, 311, 314, 321, 323, 326, 339, 382, 388, 394, 395, 399
Thun und Hohenstein, Maximilian [Vater von Max Thun] II: 198
Thun-Kramarz 357. II: 240
Thurn und Taxis, Alexander Fürst von 318, 377, 389, 392, 394, 395. II: 132, 204, *208*, 256, 257
Thurn und Taxis, Marie Fürstin von 301, 309, 313, 322, 325, 331, 332–333, 337, 392. II: 23, 47, 51, 121, 127, 132, 204, 205, 206, *208*, 209, 214, 215, 217, 219, 223, 224, 228, 257, *263*, 292
Thurn und Taxis, Prinz Pascha [Sascha] II: 51, 132
Tieck, Dorothea 334, 336. II, *226*, 371
Tieck, Johann Ludwig 334, 336. II: 218, *225–226*, 227, 292

Tillier, Claude II: 175
Tirpitz, Alfred von II: 135
Tittel, Ignaz II: 46
Toni, s. Anton Baron Codelli von
  Codellisberg
Tr., s. Georg Trakl
Trakl, Georg 78, 83, 172. II: 19,
  22, 23, 80, 137, 142, *143*, 147,
  150, 151, 155, 171
Tréfeu, E. II: 366
Frau von Tsch. 398, 399. II: 261
Tschechov, Anton II: 312
Tschirschky von Bögendorf, Hein-
  rich 392. II: 257
Tschizewskij, D. II: 191
Türk, Joseph II: 222
Turnovsky, Johann 675, 682, 683,
  684, 685–686. II: 401, 403
Turnovsky, Marie, geb. Kraus 579.
  II: 70, *349*
Tywoniak, Jiří II: 48
Tyden, Pestry II: 64

Uhland, Ludwig 391
Ullmann, Regina II: 263
Ungar, Friedrich II: 397
Urbach, Reinhard II: 230
Urbanek 382, 386. II: 253

V. 78, 240, 241. II: 142, 192
V., s. Emile Verhaeren
Vansittart, Lord Robert Gilbert
  II: 60
Verdi, Giuseppe 334. II: 186, 227,
  234
Verga, C. II: 164
Verhaeren, Emile 405. II: 263
Vetsera, Mary Baronesse II: 309
Viertel, Berthold 693. II: 13, 150,
  274–275, 348, 352, 394
Vigny, Alfred Graf de II: 175
Viktor Emmanuel III., König von
  Italien II: 195
Vincenz, Charles II: 48, 49, 117
Voigtländer II: 211
Voss, Heinrich II: 282

W. 614. II: 369
Otto W., s. Otto Weininger
W., s. Baron Weiss-Tessbach

W., s. Franz Werfel
Frau W., s. Elisabeth Wolff-Merck
W., s. Kurt Wolff
W., s. Wottawa
W., s. Eleonore Wratislaw von
  Mitrowitz
Wacha, Frieda 666. II: 346, *355*,
  397
Waigand, Ernst II: 378
Walden, Herwarth II: 189, 214
Wangel 190. II: 175
Watteau, Jean-Antoine II: 144
Wattenwyl, Yvonne von II: 229
Watzmann, Hermann II: 68
Weber, Eugene II: 230
Webern, Anton II: 392
Weckherlin, Georg Rudolf II: 319
Wedekind, Frank 353, 441, 447,
  641, 662. II: 22, *237*, 281, 289,
  290, 326, 328, 331, 351, 354, 381,
  382, 386, 395
Wedekind, Tilly 646. II: 237, 281,
  383, *386*
Weigel, Hans II: 18, 23
Weigel, Helene II: 215
Weill, Kurt II: 360
Weininger, Leopold 459, 543. II:
  193, 293, 334
Weininger, Otto 243. II: 12, 137,
  193, 293, 334
Weiss, Wilhelm II: 355
Weiß, Richard II: 143
Weiss-Tessbach, Baron 23. II: 123
Werner, Fritz II: 226
Werfel, Franz 27–29, 32, 71, 154
  bis 155, 285–286, 347, 352, 403,
  423, 495, 496, 501, 549. II: 10, 19,
  22, 50, 124, *126–128*, 141, 164,
  176, 201, 232, 233, 236, 260, 269,
  270, 271, 274, 285, 286, 314–318,
  319, 321, 336, 338, 344
Weyr, Dr. II: 303
Widmann, J. V. II: 221
Wieland, Christoph Martin II:
  225
Wildgans, Anton II: 204
Wilhelm II., Deutscher Kaiser und
  König von Preußen II: 135, 283,
  302

Wilhelm, Kronprinz des Deutschen Reiches und von Preußen II: 302
Wilson, Thomas W. II: 285
Wingler, Hans Maria II: 23, 208, 214, 232
Wirth, Joseph II, 376
Witt-Hamburg, Gustav II: 355, 361, 362
Wittels, Fritz 546. II: *336*, 344
Wersch, Gräfin 307. II: 211
Wittgenstein, Ludwig 374. II: 171, *248*
Woinovich, Emil von 290. II: 203
Wolf, Melanie II: 223
Wolff-Merck, Elisabeth 374, 396 bis 397, 405. II: 247, 260, 263
Wolff, Kurt 194, 309, 311, 333, 348, 374, 396, 397, 401, 495, 499, 501, 502. II: 10, 22, 23, 126, 128, 176, 190, 212, 218, 225, 229, 247, 248, 256, 260, 262, 270, 314, 315, 318 bis 319, 320, 321
Wolfskehl, Karl II: 141, 248
Wolkenstein, Engelhard-Dietrich Graf 392. II: 257

Wolter, Charlotte 606. II: 364
Wottawa 509, 511. II: *324*
Wratislaw von Mitrowitz, Gräfin Eleonore 82, 109. II: 147
Wright, Georg Henrik von II: 248
Wüllner, Ludwig 348–349. II: 234
Wunberg, Gotthart II: 230
Wundermann, s. Raphael Schermann
Wurmbrandt 91. II: 149
Wydenbruck, Gabriele Gräfin 337. II: 228
Wydenbruck, Maria Gräfin 337. II: *228*, 229

Z. 211. II: 185
Zamorsky, Rittmeister II: 226
Zaschka, Milly II: 360
Zeller, Bernhard II: 23
Ziegler, Leopold II: 224
Zinn, Ernst II: 23
Zuckerkandl, Bertha II: 314
Zweig, Friderike Maria II: 263
Zweig, Stefan 405. II: 204, 263
Zwirner, K. II: 293

Sigelverzeichnis

Alle verwendeten Sigel beziehen sich auf die ›Karl-Kraus-Bibliographie‹ von Otto Kerry, München: Kösel 1970. Auf die Bandbezeichnung folgt die Seitenzahl. Häufiger zitierte Sekundärliteratur wird auf den Seiten 22–23 aufgeführt.

A Aphorismen [Kerry]

B Brief
→ BA Briefabschriften für Albert Bloch
  BAB Briefe von Sidonie Nádherný an Albert Bloch
→ BlH Blaues Heft *notes written after 1936, cf. II, 245*

EA Erstausgabe [Kerry]
→ EX Extrakte der Briefe

F Die Fackel

HN Karl Kraus als Herausgeber und Nachdichter [Kerry]

K Karte
K Otto Kerry, ›Karl-Kraus-Bibliographie‹
KK Karl Kraus

IN Inventarnummer

ÖNB Österreichische Nationalbibliothek, Wien

SN Sidonie Nádherný

T Telegramm
→ Tb Tagebuch Sidonie Nádhernýs

US Umschlagseite

Vf Vorfackel [Kerry]

  Werke von Karl Kraus, Hrsg. von Heinrich Fischer
W 1 Die dritte Walpurgisnacht, 1952
W 2 Die Sprache, 1954
W 3 Beim Wort genommen (Aphorismen), 1955
W 4 Widerschein der Fackel (Glossen), 1956
W 5 Die letzten Tage der Menschheit, 1957
W 6 Literatur und Lüge, 1958
W 7 Worte in Versen, 1959

438

W 8   Untergang der Welt durch schwarze Magie, 1960
W 9   Unsterblicher Witz, 1961
W 10   Mit vorzüglicher Hochachtung, 1962
W 11   Sittlichkeit und Kriminalität, 1963
W 12   Die chinesische Mauer, 1964
W 13   Weltgericht, 1965
W 14   Dramen, 1967
WStB   Wiener Stadtbibliothek, Wien

Inhalt

ERSTER BAND

Briefe von Karl Kraus an Sidonie Nádherný von
Borutin 9
Sidonie Nádherný: Mein Nachwort 689
Michael Lazarus: Nachwort 691

ZWEITER BAND

Das Öffentliche und das Private 9
Editorischer Bericht 13
   1. Textgestaltung. Von Walter Methlagl . . . 13
   2. Anmerkungen 17
   3. Chronologisches Verzeichnis der datierbaren
      Gedichte und Epigramme (Inschriften) von
      Karl Kraus mit Fundnachweisen 25
Sidonie Nádherný in ihren Tagebüchern und Briefen 44
Bildteil 63
Erläuterungen 111
Arbeitspraxis und Dank 406
Werkregister 411
Personenregister 420
Sigelverzeichnis 438

probable errors

I 319 Liegler's book ??? (I, 497f, 509) (713, 715)
321 error repeated (715)
423 Eisendorf +
542 ~~English missunderstood~~ ??
178 erste öffentliche Erwähnung .... in an? Ur Zeitung (300)
186 Verleitung m.t KK "geplant" (Nov. 1915)? (312)
150 Timon — not "zum ersten Mal" (189)
141 Rolland : mitreißen lassen (157)
149 Enzyklika (184)

----

371 die Rolle der Timon

397 financer

210 "eine liebevolles, verzeihendes Lachen"

344 Imago ≠ Kalmar / = SN ?